21 世纪特殊教育创新教材

主编单位
华东师范大学学前与特殊教育学院
南京特殊教育职业技术学院
华中师范大学教育科学学院
陕西师范大学教育学院
总主编：方俊明
副主编：杜晓新　雷江华　周念丽

学术委员会
主　　任：方俊明
副主任：杨广学　孟万金
委　　员：方俊明　杨广学　孟万金　邓　猛　杜晓新　赵　微
　　　　　刘春玲

编辑委员会
主　　任：方俊明
副主任：丁　勇　汪海萍　邓　猛　赵　微
委　　员：方俊明　张　婷　赵汤琪　雷江华　邓　猛　朱宗顺
　　　　　杜晓新　任颂羔　蒋建荣　胡世红　贺荟中　刘春玲
　　　　　赵　微　周念丽　李闻戈　苏雪云　张　旭　李　芳
　　　　　李　丹　孙　霞　杨广学　王　辉　王和平

21 世纪特殊教育创新教材·理论与基础系列

主编：杜晓新　　　　　审稿人：杨广学　孟万金

- 特殊教育的哲学基础（华东师范大学：方俊明）
- 特殊教育的医学基础（南京特殊教育师范学院：张婷、赵汤琪）
- 融合教育导论（华中师范大学：雷江华）
- 特殊教育学（雷江华、方俊明）
- 特殊儿童心理学（方俊明、雷江华）
- 特殊教育史（浙江师范大学：朱宗顺）
- 特殊教育研究方法（华东师范大学：杜晓新、宋永宁）
- 特殊教育发展模式（纽约市教育局：任颂羔）

21 世纪特殊教育创新教材·发展与教育系列

主编：雷江华　　　　　审稿人：邓　猛　刘春玲

- 视觉障碍儿童的发展与教育（华中师范大学：邓猛）
- 听觉障碍儿童的发展与教育（华东师范大学：贺荟中）
- 智力障碍儿童的发展与教育（华东师范大学：刘春玲）
- 学习困难儿童的发展与教育（陕西师范大学：赵微）
- 自闭症谱系障碍儿童的发展与教育（华东师范大学：周念丽）
- 情绪与行为障碍儿童的发展与教育（华南师范大学：李闻戈）
- 超常儿童的发展与教育（华东师范大学：苏雪云；北京联合大学：张旭）

21 世纪特殊教育创新教材·康复与训练系列

主编：周念丽　　　　　审稿人：方俊明　赵　微

- 特殊儿童应用行为分析（天津体育学院：李芳；武汉麟洁健康咨询中心：李丹）
- 特殊儿童的游戏治疗（华东师范大学：周念丽）
- 特殊儿童的美术治疗（南京特殊教育师范学院：孙霞）
- 特殊儿童的音乐治疗（南京特殊教育师范学院：胡世红）
- 特殊儿童的心理治疗（华东师范大学：杨广学）
- 特殊教育的辅具与康复（南京特殊教育师范学院：蒋建荣、王辉）
- 特殊儿童的感觉统合训练（华东师范大学：王和平）

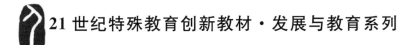
21世纪特殊教育创新教材·发展与教育系列

听觉障碍儿童的发展与教育
（第二版）

贺荟中　编　著

北京大学出版社
PEKING UNIVERSITY PRESS

图书在版编目(CIP)数据

听觉障碍儿童的发展与教育/贺荟中编著. —2版. —北京：北京大学出版社，2018.3
(21世纪特殊教育创新教材·发展与教育系列)
ISBN 978-7-301-28103-1

Ⅰ.①听… Ⅱ.①贺… Ⅲ.①听力障碍—儿童教育—教材 Ⅳ.①G762.4

中国版本图书馆 CIP 数据核字（2017）第 026488 号

书　　　名	听觉障碍儿童的发展与教育（第二版）
	TINGJUE ZHANG'AI ERTONG DE FAZHAN YU JIAOYU
著作责任者	贺荟中　编著
丛 书 策 划	周雁翎
丛 书 主 持	李淑方
责 任 编 辑	唐知涵
标 准 书 号	ISBN 978-7-301-28103-1
出 版 发 行	北京大学出版社
地　　　址	北京市海淀区成府路 205 号　100871
网　　　址	http://www.pup.cn　　新浪微博：@ 北京大学出版社
微信公众号	通识书苑（微信号：sartspku）科学元典（微信号：kexueyuandian）
电 子 邮 箱	编辑部 jyzx@ pup.cn　　总编室 zpup@ pup.cn
电　　　话	邮购部 010-62752015　发行部 010-62750672　编辑部 010-62767857
印 刷 者	北京鑫海金澳胶印有限公司
经 销 者	新华书店
	787 毫米×1092 毫米　16 开本　17.75 印张　350 千字
	2011 年 11 月第 1 版
	2018 年 3 月第 2 版　2025 年 7 月第 6 次印刷
定　　　价	59.00 元

未经许可，不得以任何方式复制或抄袭本书之部分或全部内容。
版权所有，侵权必究
举报电话：010-62752024　电子邮箱：fd@ pup.cn
图书如有印装质量问题，请与出版部联系，电话：010-62756370

顾明远序

去年国家颁布的《国家中长期教育改革和发展规划纲要》专门辟一章特殊教育，提出："全社会要关心支持特殊教育。"这里指的特殊教育主要是指："促进残疾人全面发展、帮助残疾人更好地融入社会。"当然，广义的特殊教育还包括超常儿童与问题儿童的教育。但毕竟残疾人是社会的弱势群体中的弱势人群，他们更需要全社会的关爱。

发展特殊教育（这里专指残疾人教育），首先要对特殊教育有一个认识。所谓特殊教育的特殊，是指这部分受教育者在生理上或者心理上有某种缺陷，阻碍着他的发展。特殊教育就是要帮助他排除阻碍他发展的障碍，使他得到与普通人一样的发展。残疾人并非所有智能都丧失，只是丧失一部分器官的功能。通过教育我们可以帮助他弥补缺陷，或者使他的损伤的器官功能得到部分的恢复，或者培养其他器官的功能来弥补某种器官功能的不足。因此，特殊教育的目的与普通教育的目的是一样的，就是要促进儿童身心健康的发展，只是他们需要更多的爱护和帮助。

至于超常儿童教育则又是另一种特殊教育。超常儿童更应该在普通教育中发现和培养，不能简单地过早地确定哪个儿童是超常的。不能完全相信智力测验。这方面我没有什么经验，只是想说，现在许多家长都认为自己的孩子是天才，从小就超常地培养，结果弄巧成拙，拔苗助长，反而害了孩子。

在特殊教育中倒是要重视自闭症儿童。我国特殊教育更多的是关注伤残儿童，不大关心自闭症儿童。其实他们非常需要采取特殊的方法来矫正自闭症，否则他们长大以后很难融入社会。自闭症不是完全可以治愈的。但早期的鉴别和干预对他们日后的发展很有帮助。国外很关注这些儿童，也有许多经验，值得我们借鉴。

我在改革开放以后就特别感到特殊教育的重要。早在1979年我担任北京师范大学教育系主任时就筹办了我国第一个特殊教育专业，举办了第一次特殊教育国际会议。但是我个人的专业不是特殊教育，因此只能说是一位门外的倡导者，却不是专家，说不出什么道理来。

方俊明教授是改革开放后早期的心理学家，后来专门从事特殊教育二十多年，对特殊教育有深入的研究。在我国大力提倡发展特殊教育之今天，组织五十多位专家编纂这部"21世纪特殊教育创新教材"丛书，真是恰逢其时，是灌溉特殊教育的及时雨，值得高兴。方俊明教授要我为丛书写几句话，是为序。

中国教育学会理事长

北京师范大学副校长

2011年4月5日于北京求是书屋

沈晓明序

由于专业背景的关系,我长期以来对特殊教育高度关注。在担任上海市教委主任和分管教育卫生的副市长后,我积极倡导"医教结合",希望通过多学科、多部门精诚合作,全面提升特殊教育的教育教学水平与康复水平。在各方的共同努力下,上海的特殊教育在近年来取得了长足的发展。特殊教育的办学条件不断优化,特殊教育对象的分层不断细化,特殊教育的覆盖面不断扩大,有特殊需要儿童的入学率达到上海历史上的最高水平,特殊教育发展的各项指标均位于全国特殊教育前列。本市中长期教育改革和发展规划纲要,更是把特殊教育列为一项重点任务,提出要让有特殊需要的学生在理解和关爱中成长。

上海特殊教育的成绩来自于各界人士的关心支持,更来自于教育界的辛勤付出。"21世纪特殊教育创新教材"便是华东师范大学领衔,联合四所大学,共同献给中国特殊教育界的一份丰厚的精神礼物。该丛书全篇近600万字,凝聚中国特殊教育界老中青50多名专家三年多的心血,体现出作者们潜心研究、通力合作的精神与建设和谐社会的责任感。丛书22本从理论与基础、发展与教育、康复与训练三个系列,全方位、多层次地展现了信息化时代特殊教育发展的理念、基本原理和操作方法。本套丛书选题新颖、结构严谨,拓展了特殊教育的研究范畴,从多学科的角度更新特殊教育的研究范式,让人读后受益良多。

发展特殊教育事业是党和政府坚持以人为本、弘扬人道主义精神和保障人权的重要举措,是促进残障人士全面发展和实现"平等、参与、共享"目标的有效途径。《国家中长期教育改革和发展规划纲要》明确提出,要关心和支持特殊教育,要完善特殊教育体系,要健全特殊教育保障机制。我相信,随着我国经济的发展,教育投入的增加,我国特殊教育的专业队伍会越来越壮大,科研水平会不断地提高,特殊教育的明天将更加灿烂。

沈晓明

上海交通大学医学院教授、博士生导师

世界卫生组织新生儿保健合作中心主任

上海市副市长

2011 年 3 月

丛书总序

特殊教育是面向残疾人和其他有特殊教育需要人群的教育,是国民教育体系的重要组成部分。特殊教育的发展,关系到实现教育公平和保障残疾人受教育的权利。改革和发展我国的特殊教育是全面建设小康社会、促进社会稳定与和谐的一项急迫任务,需要全社会的关心与支持并不断提升学科水平。

半个多世纪以来,由于教育民主思想的渗透以及国际社会的关注,特殊教育已成为世界上发展最快的教育领域之一,它在一定程度上也综合反映出一个国家或地区的政治、经济、文化和国民素质的综合水平,成为衡量社会文明进步程度的重要标志。改革开放30多年以来,在党和政府的关心下,我国的特殊教育也得到了前所未有的大发展,进入了我国历史上最好的发展时期。在"医教结合"基础上发展起来的早期教育、随班就读和融合教育正在推广和深化,特殊职业教育和高等教育也有较快的发展,这些都标志着我国特殊教育的发展进入了一个全球化、信息化的时代。

但是,作为一个发展中国家,由于起点低、人口多、各地区发展不均衡,我国特殊教育的整体发展水平与世界上特殊教育比较发达的国家和地区相比,还有一定的差距,存在一些亟待解决的主要问题。例如:如何从狭义的仅以盲、聋、弱智等残疾儿童为主要服务对象的特殊教育逐步转向包括各种行为问题儿童和超常儿童在内的广义的特殊教育;如何通过强有力的特教专项立法来保障特殊儿童接受义务教育的权利,进一步明确各级政府、儿童家长和教育机构的责任,使经费投入、鉴定评估等得到专项法律法规的约束;如何加强对"随班就读"的支持,使融合教育的理念能被普通教育接受并得到充分体现;如何加强对特教师资和相关的专业人员的培养和训练;如何通过跨学科的合作加强相关的基础研究和应用研究,较快地改变目前研究力量薄弱、学科发展和专业人员整体发展水平偏低的状况。

为了迎接当代特殊教育发展的挑战和尽快缩短与发达国家的差距,三年前,我们在北京大学出版社出版意向的鼓舞下,成立了"21世纪特殊教育创新教材"的丛书编辑委员会和学术委员会,集中了国内特殊教育界具有一定教学、科研能力的高级职称或具有本专业博士学位的专业人员50多人共同编写了这套丛书,以期联系我国实际,全面地介绍和深入地探讨当代特殊教育的发展理念、基本原理和操作方法。丛书分为三个系列,共22本,其中有个人完成的专著,还有多人完成的编著,共约600万字。

理论与基础系列。

本系列着重探讨特殊教育的理论与基础。讨论特殊教育的存在和思维的关系,特殊教育的学科性质和任务,特殊教育学与医学、心理学、教育学、教学论等相邻学科的密切关系,力求反映出现代思维方法、相邻学科的发展水平以及融合教育的思想对现代特教发展的影响。本系列特别注重从历史、现实和研究方法的演变等不同角度来探讨当代特殊教育的特点和发展趋势。本系列由以下 8 种组成：

《特殊教育的哲学基础》《特殊教育的医学基础》《融合教育导论》《特殊教育学》《特殊儿童心理学》《特殊教育史》《特殊教育研究方法》《特殊教育发展模式》。

发展与教育系列。

本系列从广义上的特殊教育对象出发，密切联系日常学前教育、学校教育、家庭教育、职业教育和高等教育的实际，对不同类型特殊儿童的发展与教育问题进行了分册论述。着重阐述不同类型儿童的概念、人口比率、身心特征、鉴定评估、课程设置、教育与教学方法等方面的问题。本系列由以下 7 种组成：

《视觉障碍儿童的发展与教育》《听觉障碍儿童的发展与教育》《智力障碍儿童的发展与教育》《学习困难儿童的发展与教育》《自闭症谱系障碍儿童的发展与教育》《情绪与行为障碍儿童的发展与教育》《超常儿童的发展与教育》。

康复与训练系列。

本系列旨在体现"医教结合"的原则，结合中外的各类特殊儿童，尤其是有比较严重的身心发展障碍儿童的治疗、康复和训练的实际案例，系统地介绍了当代对特殊教育中早期鉴别、干预、康复、咨询、治疗、训练教育的原理和方法。本系列偏重于实际操作和应用，由以下 7 种组成：

《特殊儿童应用行为分析》《特殊儿童的游戏治疗》《特殊儿童的美术治疗》《特殊儿童的音乐治疗》《特殊儿童的心理治疗》《特殊教育的辅具与康复》《特殊儿童的感觉统合训练》。

"21世纪特殊教育创新教材"是目前国内学术界有关特殊教育问题覆盖面最广、内容较丰富、整体功能较强的一套专业丛书。在特殊教育的理论和实践方面，本套丛书比较全面和深刻地反映出了近几十年来特殊教育和相关学科的成果。一方面大量参考了国外和港台地区有关当代特殊教育发展的研究资料；另一方面总结了我国近几十年来，尤其是建立了特殊教育专业硕士、博士点之后的一些交叉学科的实证研究成果，涉及 5000 多种中英文的参考文献。本套丛书力求贯彻理论和实际相结合的精神，在反映国际上有关特殊教育的前沿研究的同时，也密切结合了我国社会文化的历史和现实，将特殊教育的基本理论、基础理论、儿童发展和实际的教育、教学、咨询、干预、治疗和康复等融为一体，为建立一个具有前瞻性、符合科学发展观，具有中国历史文化特色的特殊教育的学科体系奠定基础。本套丛书在全面介绍和深入探讨当代特殊教育的原理和方法的同时，力求阐明如下几个主要学术观点：

1. 人是生物遗传和"文化遗传"两者结合的产物。生物遗传只是使人变成了生命活体和奠定了形成自我意识的生物基础；"文化遗传"才可能使人真正成为社会的人、高尚的人、成为"万物之灵"，而教育便是实现"文化遗传"的必由之路。特殊教育作为一个联系社会学科和自然学科、理论学科和应用学科的"桥梁学科"，应该集中地反映教育在人的种系发展和个体发展中所发挥的巨大作用。

2. 当代特殊教育的发展是全球化、信息化教育观念的体现，它有力地展现了人类社会发展过程中物质文明与精神文明之间发展的同步性。马克思主义很早就提出了两种生产力的概念，即生活物资的生产和人自身的繁衍。伴随生产力的提高和社会的发展，人类应该有更多的精力和能力来关注自身的繁衍和一系列发展问题，这些问题一方面是通过基因工程来防治和减少疾病,实行科学的优生优育,另一方面是通过优化家庭教育、学校教育和社会教育的环境,来最大限度地增加教育在发挥个体潜能和维护社会安定团结与文明进步等方面的整体功能。

3. 人类由于科学技术的发展、生产能力的提高,已经开始逐步地摆脱了对单纯性、缓慢性的生物进化的依赖,摆脱了因生活必需的物质产品的匮乏和人口繁衍的无度性所造成"弱肉强食"型的生存竞争。人类应该开始积极主动地在物质实体、生命活体、社会成员的大系统中调整自己的位置,更加注重作为一个平等的社会成员在促进人类的科学、民主和进步过程中所应该承担的责任和义务。

4. 特殊教育的发展,尤其是融合教育思想的形成和传播,对整个教育理念、价值观念、教育内容、学习方法和教师教育等问题,提出了全面的挑战。迎接这一挑战的方法只能是充分体现时代精神,在科学发展观的指导下开展深度的教育改革。当代特殊教育的重心不再是消极地过分地局限于单纯的对生理缺陷的补偿,而是在一定补偿的基础上,积极地努力发展有特殊需要儿童的潜能。无论是特殊教育还是普通教育都应该强调培养受教育者积极乐观的人生态度和做人的责任,使其为促进人类社会的进步最大限度地发挥自身的潜能。

5. 当代特殊教育的发展,对未来的教师和教育管理者、相关的专业人员的学识、能力和人格提出了更高的要求。未来的教师和教育管理者、相关的专业人员不仅要做到在教学相长中不断地更新自己的知识,还要具备从事普通教育和特殊教育的能力,具备新时代的人格魅力,从勤奋、好学、与人为善和热爱学生的行为中,自然地展示出对人类未来的美好憧憬和追求。

6. 从历史上来看,东西方之间思维方式和文化底蕴方面的差异,导致对残疾人的态度和特殊教育的理念是大不相同的。西方文化更注重逻辑、理性和实证,从对特殊人群的漠视、抛弃到专项立法和依法治教,从提倡融合教育到专业人才的培养,从支持系统的建立到相关学科的研究,思路是清晰的,但执行是缺乏弹性的,综合效果也不十分理想,过度地依赖法律底线甚至给某些缺乏自制力和公益心的人提供了法律庇护下的利己方便。东方哲学特别重视人的内心感受、人与自然和人与人之间的协调,以及社会的平衡与稳定,但由于封建社会落后的生产力水平和封建专制,特殊教育长期停留在"同情"、"施舍"、"恩赐"、"点缀"、"粉饰太平"的水平,缺乏强有力的稳定的实际支持系统。因此,如何通过中西合璧,结合本国的实际来发展我国的特殊教育,是一个需要深入研究的问题。

7. 当代特殊教育的发展是高科技和远古人文精神的有机结合。与普通教育相比,特殊教育只有200多年的历史,但近半个世纪以来,世界特殊教育发展的广度和深度都令人吃惊。教育理念不断更新,从"关心"到"权益",从"隔离"到"融合",从"障碍补偿"到"潜能开发",从"早期干预"、"个别化教育"到终身教育及计算机网络教学的推广,等等,这些都充分地体现了对人本身的尊重、对个体差异的认同、对多元文化的欣赏。

本套丛书力求帮助特殊教育工作者和广大特殊儿童的家长:① 进一步认识特殊教育的本质,勇于承担自己应该承担的责任,完成特殊教育从慈善关爱型向义务权益型转化;② 进一步明确特殊教育和普通教育的目标,促进整个国民教育从精英教育向公民教育转化;③ 进一步尊重差异,发展个性,促进特殊教育从隔离教育向融合教育转型;④ 逐步实现特殊教育的专项立法,进一步促进特殊教育从号召型向依法治教的模式转变;⑤ 加强专业人员的培养,进一步促进特殊教育从低水平向高质量的转变;⑥ 加强科学研究,进一步促进特殊教育学科水平的提高。

我们希望本套丛书的出版能对落实我国中长期的教育发展规划起到积极的作用,增加人们对当代特殊教育发展状况的了解,使人们能清醒地认识到我国特殊教育发展所取得的成就、存在的差距、解决的途径和努力的方向,促进中国特殊教育的学科建设和人才培养。在教育价值上进一步体现对人的尊重、对自然的尊重;在教育目标上立足于公民教育;在教育模式上体现出对多元文化和个体差异的认同;在教育方法上本着实事求是的精神实行因材施教,充分地发挥受教育者的潜能,发展受教育者的才智与个性;在教育功能上进一步体现我国社会制度本身的优越性,促进人类的科学与民主、文明与进步。

在本套丛书编写的三年时间里,四个主编单位分别在上海、南京、武汉组织了三次有关特殊教育发展的国际论坛,使我们有机会了解世界特殊教育最新的学科发展状况。在北京大学出版社和主编单位的资助下,丛书编委会分别于2008年2月和2009年3月在南京和上海召开了两次编写工作会议,集体讨论了丛书编写的意图和大纲。为了保证丛书的质量,上海市特殊教育资源中心和华东师范大学特殊教育研究所为本套丛书的编辑出版提供了帮助。

本套丛书的三个系列之间既有内在的联系,又有相对的独立性。不同系列的著作可作为特殊教育和相关专业的教材,也可供不同层次、不同专业水平和专业需要的教育工作者以及关心特殊儿童的家长等读者阅读和参考。尽管到目前为止,"21世纪特殊教育创新教材"可能是国内学术界有关特殊教育问题研究的内容丰富、整体功能强、在特殊教育的理论和实践方面覆盖面最广的一套丛书,但由于学科发展起点较低,编写时间仓促,作者水平有限,不尽如人意之处甚多,寄望更年轻的学者能有机会在本套丛书今后的修订中对之逐步改进和完善。

本套丛书从策划到正式出版,始终得到北京大学出版社教育出版中心主任周雁翎和责任编辑李淑方、华东师范大学学前教育学院党委书记兼上海特殊教育发展资源中心主任汪海萍、南京特殊教育职业技术学院院长丁勇、华中师范大学教育科学学院院长邓猛、陕西师范大学教育科学学院副院长赵微等主编单位领导和参加编写全体同仁的关心和支持,在此由衷地表示感谢。

最后,特别感谢丛书付印之前,中国教育学会理事长、北京师范大学副校长顾明远教授和上海市副市长、上海交通大学医学院教授沈晓明在百忙中为丛书写序,对如何突出残疾人的教育,如何进行"医教结合",如何贯彻《国家中长期教育改革和发展规划纲要》等问题提出了指导性的意见,给我们极大的鼓励和鞭策。

"21世纪特殊教育创新教材"

编写委员会

(方俊明执笔)

2011年3月12日

前　言

近年来,随着经济社会发展和文明程度提高,关爱残疾人、帮助残疾人成为社会新风尚,各界人士捐出了金钱、奉献了时间、表达了真挚爱心……常常令人感动。但残疾人事业是一门科学,只有采取正确的理念和行动深入研究其中规律、广泛普及相关知识,才会收到更加良好而持久的效果。

听觉障碍是最常见的感官残疾之一。全国第二次残疾人抽样调查表明,中国现有听力残疾人2004万,规模居所调查残疾种类第二位。通过科学方法,帮助听觉障碍人士减轻因感官残疾导致的生活、工作上的不便,使他们共享社会主义现代化建设成果,是一个重大课题。

党的十八大以来,听觉障碍研究和辅导工作得到了空前发展。高校特殊教育学科如雨后春笋般出现与发展起来,越来越多的青年学子走进了特殊教育园地,多学科相互支持、多角度协调推进的听觉障碍研究局面正在形成。具有人文关怀的先进理念,如聋本身并没有给聋人设置限制、聋人和正常人有着同样认知潜能等教育模式越来越被接受和采用。聋校教育不断拓展进步的同时,听觉障碍人士接受教育的渠道日益丰富。听障学生升入大学,突破了长期以来只有初等教育和中等教育的聋教育格局,为听障人士提供了学习更多知识、在更大程度上增强工作能力的机会。

本书的研究与写作,就是在这一背景下展开的。之所以选取听障儿童作为重点关注对象,是因为作为感官残疾的听障,无论先天或后天造成,都以儿童时期出现者影响最大,因为直接关系到语言习得,对人格发展产生重要作用;而且,我国听障儿童数量庞大。据全国第二次残疾人抽样调查,我国有0~17岁听力残疾人58.1万,其中0~6岁听力障碍儿童13.7万,每年由于各种致病因素新增听力障碍儿童约2.3万。

听觉障碍儿童的发展与教育,还是高校特殊教育学科基础课程之一。我们希望,这本书能实现几个目的:一是向学生、聋童家长以及其他助残人士介绍听觉障碍、听觉障碍儿童心理发展以及听觉障碍儿童教育的基本知识;二是介绍听觉障碍儿童干预及矫治的主要方法;三是推介当前关于听觉障碍儿童发展与教育的最新研究成果,使学生在掌握基础知识的同时,把握学科发展前沿,培养他们进一步钻研的兴趣。四是尽可能增强课程吸引力。

与以上目的相适应,本书努力呈现出四个特点:一是内容丰富,要言不繁。全书共分10章,包括了听觉障碍基础知识,听觉障碍儿童筛查、诊断与听力补偿,听觉障碍儿童的认知发展、语言发展、个性和社会性发展,听觉障碍儿童早期教育、聋校课程设置、各学科教学要领以及融合教育等内容,力争以有限的篇幅展现听觉障碍儿童发展与教育全貌。二是突出实践特色。介绍了听觉障碍预防的途径和注意事项,听障儿童筛查、诊断及补偿的主要方法、器械及如何进行评估等,并介绍了若干案例。三是大量参考新近刊出的文章、图书及外文资料。四是采取多种帮助学习者尽可能快而准地掌握知识点。

本书不仅可以作为高等教育特殊教育专业学生教材使用,对普通学校中听觉障碍儿童教师、有听觉障碍儿童的随班就读教师等也具有参考作用;还可作为听觉障碍儿童家长、听觉障碍儿童管理与康复工作者,以及关注听觉障碍儿童发展与教育的特殊教育工作者及研究者的重要资料。

《听觉障碍儿童发展与教育》2011年由北京大学出版社出版以来,成为多所高校特殊教育专业和学校的教材,受到了广大学习者的欢迎。大家也提出了一些有益的意见和建议。2014年国家教育部颁布了《特殊教育提升计划》,进一步提升了包括聋人教育在内的特殊教育事业的地位,也提出了新的更高要求和任务。本书于2014年修订过一次,当时修订就是在根据新的精神,参考最新成果,汲取各方建议的基础上进行的。主要修改内容包括:对第六章第四节听觉障碍儿童教育体系中的中等教育与职业教育部分、第六章第七节听觉障碍儿童早期干预部分进行了内容增补;还就书中的一些字句进行了修改。这次修订,在2014年修订基础上,邀请具有聋教育经验的学者参与。他们是:台湾台中科技大学应用中文系兼任助理教授郑国成博士、上海市聋儿康复中心林海英、广州市聋人学校潘梅英、广州市教育研究院特殊教育研究室教研员高珂娟、上海市聋哑青年技术学校校长杨七平诸学者。特别感谢的是,郑国成博士是一位家族遗传性的重度听觉障碍者,他克服听觉障碍给其带来的种种影响,一直就读于普通学校。通过唇读,其口语表达清楚。人到中年时,又自主学会手语,并获得中文博士学位。郑国成博士结合自身经验认真研读了本书,不仅对本书的修改提出了宝贵建议,还亲自撰写了第10章《与听觉障碍者对话应有的基本认知》。各位贤达的加盟,对提高本书水平,促进理论提升与实际运用,都大有裨益。

本次修订沿袭前两版书的基本结构,新增章节两处:第一,第9章的第4节《聋校沟通与交往教学》;第二,第10章《与听觉障碍者对话应有的基本认知》。结合听觉障碍领域研究的最新发展态势,修改与增补内容变化较大的有两章,分别是第7章的第3节与第8章。个别章节的位置有调整,上一版第9章第5节与第6节位置对调。本书的其他章节内容根据最新研究成果与发展动向,也有一定修改与内容的增补。

本书由贺荟中编著,各章节撰稿人:第1章,贺荟中;第2章,贺荟中、连福鑫;第3章,郭静、贺荟中;第4章,余晓婷、贺荟中;第5章与第9章第6节,徐步云;第六章,连福鑫、杨七平;第7章,连福鑫、林海英、贺荟中;第8章,贺荟中、高珂娟;第9章第1节、第4节,贺荟中;第9章第2节,陈萍、徐洁、孙珏、刘青、华海燕、贺荟中;第9章第3节,张颖、俞建华、邹霞萍、曹慧、黄雅萍、颜玲、贺荟中;第9章第4节,潘梅英、贺荟中第9章第7节,林海英。陈萍、徐洁、孙珏、刘青、华海燕、张颖、俞建华、邹霞萍、曹慧、黄雅萍、颜玲均为上海市第一聋校教师;连福鑫、徐步云、余晓婷、郭静、林海英为我已毕业的研究生。连福鑫现为杭州师范学院教师,徐步云现为加拿大维多利亚心理学系博士后,余晓婷现为上海市敬业初级中学教师,郭静现为华东师范大学组织部干部。

感谢我的博士研究生导师方俊明教授的关心信任,感谢北京大学出版社李淑方老师和唐知涵老师为本书出版付出的辛勤劳动,感谢所有关心与支持本书的师友。感谢上海市哲学社会科学中青班课题资助。

目 录

顾明远序	(1)
沈晓明序	(1)
丛书总序	(1)
前　言	(1)

第1章　听觉障碍的概述 (1)

第1节　听觉障碍的概念 (1)
- 一、听觉系统与听觉刺激 (1)
- 二、听觉障碍的定义 (7)

第2节　听觉障碍的分类 (8)
- 一、传导性听力损伤、感音神经性听力损伤和混合性听力损伤 (8)
- 二、听力残疾一级、二级、三级和四级 (9)
- 三、遗传性听力损伤和非遗传性听力损伤 (10)
- 四、器质性听力损伤和功能性听力损伤 (11)
- 五、先天性听力损伤和后天性听力损伤 (11)

第3节　听觉障碍的出现率与成因 (11)
- 一、听觉障碍的出现率 (11)
- 二、听觉障碍的成因 (12)

第4节　听觉障碍的预防 (15)
- 一、听觉障碍的社会预防 (15)
- 二、先天性听觉障碍的预防 (16)
- 三、后天性听觉障碍的预防 (16)

第2章　听觉障碍儿童筛查、诊断与听力补偿 (19)

第1节　听觉障碍儿童的早期发现 (19)
- 一、早期发现的意义 (19)
- 二、早期听力筛查 (19)
- 三、婴幼儿听力测试 (23)
- 四、婴幼儿言语测听 (25)

第2节　听觉障碍的诊断 (26)
- 一、主观测听法 (26)
- 二、客观测听法 (29)

第3节　听觉补偿与重建 (31)
- 一、助听器 (31)
- 二、人工中耳 (33)

　　　　三、人工耳蜗 …………………………………………………………… (35)
　　　　四、辅助听觉设备 ………………………………………………………… (38)

第3章　听觉障碍儿童的认知发展 …………………………………………… (41)

第1节　注意的发展 ……………………………………………………… (41)
　　　　一、视觉注意 ……………………………………………………………… (41)
　　　　二、无意注意、有意注意与有意后注意 ………………………………… (43)
　　　　三、听觉障碍儿童注意的品质 …………………………………………… (44)

第2节　听觉障碍儿童感知觉的发展 …………………………………… (45)
　　　　一、视觉 …………………………………………………………………… (46)
　　　　二、听觉 …………………………………………………………………… (49)
　　　　三、其他感知觉 …………………………………………………………… (50)

第3节　记忆的发展 ……………………………………………………… (52)
　　　　一、听觉障碍儿童的短时记忆 …………………………………………… (52)
　　　　二、听觉障碍儿童的长时记忆 …………………………………………… (54)

第4节　思维的发展 ……………………………………………………… (56)
　　　　一、直观动作思维 ………………………………………………………… (56)
　　　　二、具体形象思维 ………………………………………………………… (57)
　　　　三、抽象逻辑思维 ………………………………………………………… (57)

第4章　听觉障碍儿童的语言发展 …………………………………………… (60)

第1节　听觉障碍儿童语言发展的基础 ………………………………… (60)
　　　　一、语言能力与语言形式 ………………………………………………… (61)
　　　　二、听觉障碍儿童的牙牙语 ……………………………………………… (63)
　　　　三、手势在手语获得中的作用 …………………………………………… (66)
　　　　四、听觉障碍儿童认知能力对其语言发展的制约 ……………………… (68)

第2节　听觉障碍儿童语言的获得 ……………………………………… (70)
　　　　一、对听觉障碍儿童语言发展的理解 …………………………………… (70)
　　　　二、手语的出现 …………………………………………………………… (71)
　　　　三、手语与言语 …………………………………………………………… (73)
　　　　四、语义的发展 …………………………………………………………… (74)
　　　　五、父母语言输入与听觉障碍儿童的语言获得 ………………………… (75)

第3节　听觉障碍儿童文字的学习与阅读发展 ………………………… (77)
　　　　一、听觉障碍儿童文字的学习与发展 …………………………………… (77)
　　　　二、听觉障碍儿童阅读发展 ……………………………………………… (80)
　　　　三、听觉障碍儿童书面语表达的发展 …………………………………… (83)

第5章　听觉障碍儿童的个性和社会性发展 ………………………………… (87)

第1节　听觉障碍儿童的人际社会化发展 ……………………………… (87)
　　　　一、早期的母子互动 ……………………………………………………… (87)
　　　　二、依恋的发展 …………………………………………………………… (89)

三、同伴关系的发展 …………………………………………………… (92)
第2节　听觉障碍儿童的个性心理发展 ………………………………… (100)
　　一、听觉碍障儿童的人格发展 ………………………………………… (100)
　　二、听觉碍障儿童的自我发展 ………………………………………… (103)
第3节　听觉障碍儿童的社会认知发展 ………………………………… (107)
　　一、听觉碍障儿童的情绪发展 ………………………………………… (107)
　　二、听觉碍障儿童心理理论的发展 …………………………………… (110)
　　三、听觉碍障儿童的道德发展 ………………………………………… (115)

第6章　听觉障碍儿童的教育 ……………………………………………… (119)
第1节　听觉障碍教育发展历史 ………………………………………… (119)
　　一、国外听觉障碍教育发展的历史 …………………………………… (119)
　　二、国内听觉障碍教育发展的历史 …………………………………… (123)
　　三、观点与取向 ………………………………………………………… (126)
第2节　听觉障碍教育的基本原则 ……………………………………… (129)
　　一、个别化原则 ………………………………………………………… (129)
　　二、功能化原则 ………………………………………………………… (130)
　　三、社区化原则 ………………………………………………………… (132)
　　四、家长参与原则 ……………………………………………………… (133)
第3节　听觉障碍儿童的教育安置 ……………………………………… (135)
　　一、国外的教育安置模式 ……………………………………………… (135)
　　二、国内的教育安置模式 ……………………………………………… (136)
　　三、听觉障碍儿童教育安置的选择 …………………………………… (140)
第4节　听觉障碍儿童的教育体系 ……………………………………… (145)
　　一、早期教育 …………………………………………………………… (146)
　　二、基础教育 …………………………………………………………… (150)
　　三、中等教育 …………………………………………………………… (151)
　　四、高等教育 …………………………………………………………… (152)
　　五、职业教育 …………………………………………………………… (155)

第7章　听觉障碍儿童早期干预 …………………………………………… (161)
第1节　听觉障碍儿童早期干预概述 …………………………………… (161)
　　一、早期干预的概念及其重要性 ……………………………………… (161)
　　二、早期干预基本方案 ………………………………………………… (162)
　　三、个别化家庭服务计划 ……………………………………………… (164)
　　四、早期干预的基本原则 ……………………………………………… (167)
第2节　早期干预的内容与方法 ………………………………………… (168)
　　一、运动能力 …………………………………………………………… (168)
　　二、语言 ………………………………………………………………… (170)
　　三、认知 ………………………………………………………………… (178)

四、社会技能 …………………………………………………………… (179)
　第3节　听障儿童早期干预方法的发展 ……………………………………… (181)
　　一、听障儿童的沟通途径 ……………………………………………… (181)
　　二、听障儿童早期干预方法简介 ……………………………………… (182)
　　三、听障儿童早期干预方法的发展方向 ……………………………… (188)

第8章　听觉障碍儿童的课程 ……………………………………………… (191)
　第1节　课程概述 ………………………………………………………… (191)
　　一、课程类型 …………………………………………………………… (192)
　　二、课程结构 …………………………………………………………… (194)
　第2节　我国聋校培养目标的历史发展和理论基础 …………………… (195)
　　一、我国聋校培养目标的历史发展 …………………………………… (195)
　　二、理论基础 …………………………………………………………… (197)
　第3节　聋校课程设置 …………………………………………………… (199)
　　一、聋校课程设置的依据 ……………………………………………… (199)
　　二、聋校课程设置的原则 ……………………………………………… (200)
　　三、《聋校义务教育课程设置实验方案》的具体课程设置 ………… (201)
　　四、课程的实施与评价 ………………………………………………… (204)

第9章　听觉障碍儿童的教学 ……………………………………………… (207)
　第1节　听觉障碍儿童教学概述 ………………………………………… (207)
　第2节　聋校语文教学 …………………………………………………… (208)
　　一、聋校语文教学的要求 ……………………………………………… (208)
　　二、聋校语文教学的内容与方法 ……………………………………… (209)
　第3节　聋校数学教学 …………………………………………………… (214)
　　一、数学教学的要求 …………………………………………………… (214)
　　二、数学教学的内容与方法 …………………………………………… (215)
　第4节　聋校沟通与交往教学 …………………………………………… (217)
　　一、沟通概述 …………………………………………………………… (217)
　　二、沟通与交往的教学要求 …………………………………………… (218)
　　三、沟通与交往的教学内容与方法 …………………………………… (218)
　　四、沟通与交往的教学内容选择或教材编写建议 …………………… (223)
　第5节　聋校其他各科的教学 …………………………………………… (224)
　　一、律动教学 …………………………………………………………… (224)
　　二、体育教学要求 ……………………………………………………… (225)
　　三、美工教学要求 ……………………………………………………… (225)
　　四、劳动教育教学要求 ………………………………………………… (226)
　第6节　信息技术在聋校教学中的应用 ………………………………… (226)
　　一、信息化背景下学习方式的转变 …………………………………… (227)
　　二、聋校信息技术教育的基本情况 …………………………………… (227)

三、信息技术与其他学科课程的整合 …………………………………………（228）
　　四、聋校教学中常用的信息技术 ………………………………………………（229）
  第7节　听觉障碍儿童随班就读的教学 ……………………………………………（230）
　　一、随班就读的教学及准备 ……………………………………………………（230）
　　二、教学案例：听觉障碍学生随班就读中的双语教学 ………………………（233）

第10章　与听觉障碍者对话应有的基本认知 …………………………………（236）
  第1节　协助听障人士接受信息：清楚唇型、读出语义 …………………………（236）
  第2节　了解听觉障碍者的看话感知：视素 ………………………………………（237）
  第3节　了解影响听觉障碍者信息接受的外在问题 ………………………………（238）
  第4节　了解影响听觉障碍者信息接受的内在问题 ………………………………（240）
　　一、语句需要多次停顿 …………………………………………………………（240）
　　二、声调无法目测判读 …………………………………………………………（241）
　　三、明白语义中表达的大概意思就好 …………………………………………（242）

参考文献 ………………………………………………………………………………（244）

第 1 章　听觉障碍的概述

1. 了解并认识听觉系统的结构与功能。
2. 掌握听觉障碍的定义、分类。
3. 认识听觉障碍的出现率、成因与预防。

第 1 节　听觉障碍的概念

听觉作为人的主要感觉之一,不仅能够感知来自外界的各种声音,而且通过对这些声音的分辨,还能使人达到对各类事物的认识。更为重要的是,听觉是人习得语言与进行言语交际的重要途径,其对儿童心理发展与参与社会活动而言,具有极其重要的作用。人类是如何产生听觉的?人的听觉系统的结构与功能如何?

为了更清晰地了解听觉障碍概念,在介绍听觉概念之前,我们有必要了解一下听觉系统、听觉刺激与听觉特性。

一、听觉系统与听觉刺激

（一）听觉系统的结构与功能

听觉系统包括耳与听觉中枢两部分。耳由外耳、中耳、内耳以及与内耳相连的听神经构成。听觉中枢包括各级听觉中枢与大脑皮质颞叶听区(见图 1-1)。

1. 外耳的结构与功能

外耳包括耳廓与外耳道。耳廓除耳垂由脂肪和结缔组织构成外,其余由弹性软骨组成,外覆软骨膜和皮肤。耳廓借韧带和肌肉附置于头颅和颞骨。外耳道起于耳甲腔底,止于鼓膜,全长 2.5～3.5 cm,外耳略呈 S 形。外耳道外 1/3 部分是软骨部,外耳道内 2/3 部分是骨部。而新生儿的外耳道短且直,外耳道底也未骨化。外耳道的发育一直持续到 9 岁。[①]

外耳的主要功能是收集声音、增大某些频率的声音强度与对声源定位。

[①] 韩德民,许时昂. 听力学基础与临床[M]. 北京:科学技术文献出版社,2004:15.

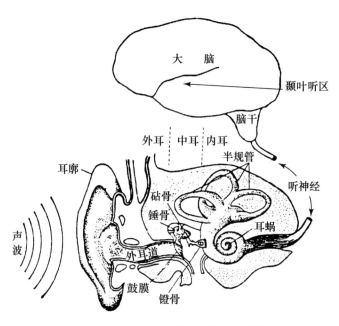

图 1-1　听觉系统示意图①

2. 中耳的结构与功能

中耳包括鼓室、咽鼓管、鼓窦和乳突四部分。

鼓室为含气空腔,形似六面体小盒(分为上、下、内、外、前、后六壁),容积约有1~2立方厘米,内有听小骨、听骨肌、韧带等。鼓室位于鼓膜与内耳外侧壁之前,向前借咽鼓管与鼻咽部相通;向后借鼓窦、乳突气房相通(见图1-2)。

听小骨由锤骨、砧骨和镫骨依次衔接组成听骨链,锤骨柄与鼓膜相连,锤骨头与砧骨体相连,砧骨的长脚与镫骨头相连(见图1-3)。镫骨的底部叫底板,底板正好抵在内耳外侧壁的前庭窗(卵圆窗)上,周围有韧带组织。当声波经外耳道引起鼓膜振动后,三块听小骨也随之发生运动,镫骨底板在前庭窗上下来回振动,又波及内耳的外淋巴液,使之发生振动。声波就是这样由中耳传进了内耳。

听骨肌包括鼓膜张肌和镫骨肌,分别附在镫骨柄和镫骨颈部。当外界大声刺激时,特别是在频率小于1~2 kHz的声音时,这两块肌肉会发生反射性收缩,鼓膜张肌收缩时将镫骨柄内向牵拉,鼓膜紧张,振幅减小,避免鼓膜被震破或伤及内耳;镫骨肌收缩时镫骨板以后缘为支点,向外离开前庭窗,以减少内耳的压力。此外,中耳肌的收缩还可以通过改变中耳的频响,使中耳频响曲线变得平缓,有利于对声音信号的传导;还通过选择性衰减低频声强度,减小低频声对高频声的掩蔽作用,有利于语言这样复杂的声信号的感觉。

---

① 方俊明,等. 特殊教育学[M]. 北京:人民教育出版社,2005:153.

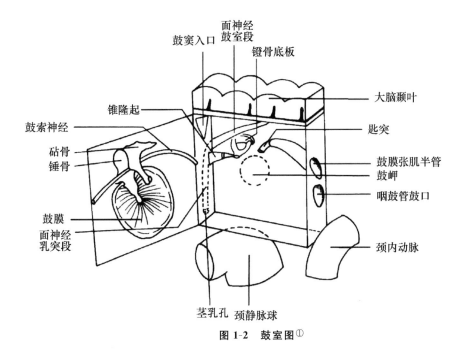

图 1-2　鼓室图①

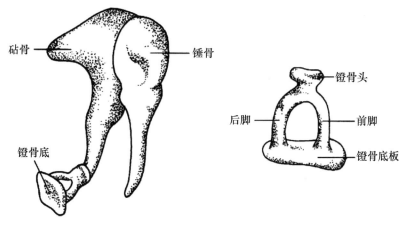

图 1-3　听骨链与镫骨②

咽鼓管为鼓室与咽部的通道,平均长 36 mm(见图 1-4)。咽鼓管两头膨大,中间狭小。靠近鼓室一端开口—鼓口,约宽 2 mm,高 5 mm,位于鼓室的前上壁;鼻咽端开口—咽口,约宽 5 mm,高 9 mm,位于下鼻甲后端向后 10 mm。成人的咽口低于鼓口相差15～25 mm。咽鼓管的鼓口始终是敞开的,而咽口就像一个单向阀门,平时关闭,只允许中耳内的液体或空气逸出,而不允许鼻咽部的分泌物和细菌进入鼓室;只有在张嘴、唱歌、咀嚼、打哈欠、吞咽时才开放,空气这时通过咽鼓管进入鼓室,使鼓室内、外的气压保持平衡。实际上,鼓室内外气

---

① 张华.助听器[M].北京:人民卫生出版社,2004:15.
② 同上书,第 16 页。

压相等,鼓膜受到声波刺激时才能产生正常振动,产生和保持正常的听力;一旦鼓室内外气压不平衡,鼓膜位置会异常,或外凸或内陷,产生耳痛或耳闷感,听力也将随之下降。此外,咽鼓管还有帮助中耳引流和保护中耳、防止上行感染发生的功能。

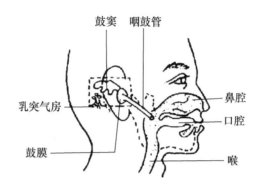

图1-4　咽鼓管位置①

婴幼儿咽鼓管长度为成人的一半,位置水平,管腔相对短而宽,且咽口位置较低,鼻及咽部的炎症易通过咽鼓管侵犯中耳,导致中耳炎的发病率较成人明显增高。

中耳的主要功能不仅有传音与提高听力的作用,而且有保护耳蜗的作用。

鼓膜的面积为90 mm²,其有效振动面积仅为55 mm²,而前庭窗的面积为3.2 mm²,故鼓膜有效振动面积与前庭窗的面积相差约17倍,因此当声波从鼓膜传到前庭窗时,声压就提高了17倍,约25 dB;加之听骨链的锤骨柄和砧骨长脚的长度为1.31∶1,通过杠杆作用使压力增加1.3倍(2.5 dB),因此中耳通过鼓膜与前庭窗面积的比差及听骨链的杠杆作用,共增压约22倍,从而使鼓膜与听骨链的传音效率约达27 dB,大大补偿了声波从空气到达内耳淋巴液时所衰减的约30 dB的能量。

听骨链对500～2000 Hz的声波起最大的共振作用;而鼓膜对800～1600 Hz的声波起共振作用,包括了外耳道对3000～4000 Hz的声波起共振作用,②可见外耳、中耳对语言频率具有最大的感受性。

中耳鼓膜张肌和镫骨肌,通过反射性强直性收缩,起到保护耳蜗的作用。收缩的强度与声强的大小成正比,但两肌的阈值有差别,声强较弱时,镫骨肌收缩,镫骨底板远离前庭窗,减弱内耳淋巴的运动;声强增强时,鼓膜张肌也开始收缩,减弱锤骨柄的运动,此时声强减少10 dB。由于肌肉的收缩有一定的潜伏期,因此突然发生的声响尚不能起到保护的作用。

3. 内耳的结构与功能

内耳由负责感受声音的耳蜗和负责感受位置的前庭器官组成,位于颞骨的岩锥内、颅中窝与颅后窝底之间,其主要结构有耳蜗、前庭和半规管。内耳因管道弯曲、结构精密,又称迷路。迷路又分为骨迷路和膜迷路,膜迷路镶嵌在骨迷路之内,两者形状相似,之间充满外淋巴液。膜迷路内有内淋巴液。两种淋巴液成分并不相同。

耳蜗形似蜗牛,由螺旋形管道围绕蜗轴盘旋数圈(转)而成(见图1-5)。人类耳蜗有

---

① 张宁生. 听力残疾儿童心理与教育[M]. 大连:辽宁师范大学出版社,2002:6.
② 张华. 助听器[M]. 北京:人民卫生出版社,2004:14.

2.5~2.75转,分别称为底周、中周和顶周,全长约为 35 mm,蜗底到蜗尖的高度约 5 mm。蜗轴壁上的骨螺旋板伸出基底膜和前庭膜,在耳蜗中将其隔成三个部分(即三个螺旋形管腔),分别是前庭阶、鼓阶和中阶。中阶就是蜗管,里面有内淋巴液,前庭阶与鼓阶都含外淋巴液,并在耳蜗顶端的蜗端处互相连通。卵圆窗和圆窗分别进入前庭阶和鼓阶。

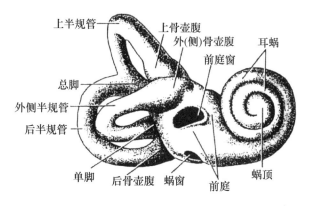

图 1-5　耳蜗示意图①

耳蜗基底膜上排列着与听觉器官密切相关的细胞组合体,叫螺旋器,也叫柯蒂氏器。它由许多支持细胞,内、外毛细胞组成,是人的听觉感受器,也是内耳的关键部位(见图 1-6)。如果它的毛细胞由于多种原因(如药毒、爆炸声、高热等)发生萎缩、脱落、退化,即使中耳传音功能良好,也难以激起毛细胞的兴奋,也就无法将声音传入脑的听觉中枢,从而出现听觉障碍。

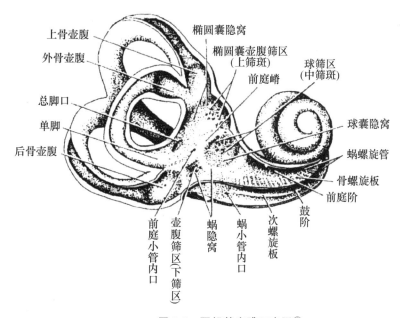

图 1-6　耳蜗基底膜示意图②

---

① 谢鼎华. 基础与应用听力学[M]. 长沙:湖南科学技术出版社,2003:40.
② 同上书,第 41 页。

内耳的主要功能是耳蜗接受传入内耳的机械声音振动信号,并将这种机械声音信号换为听神经生物电信号;耳蜗还具有对声音信息作初步频率、强度和适时分析的作用。

耳蜗的传音功能。耳蜗淋巴液属于耳蜗的传音结构。声波从外耳、中耳,最后通过镫骨板传入内耳。镫骨内移,圆窗膜外突,前庭阶与鼓阶之间形成一定压力差,引起基底膜振动。振动在基底膜上从蜗底向蜗顶传播时,振幅逐渐增加,当到达共振频率与声波频率一致的部位,振幅最大,离开部位后,振幅很快减小。

耳蜗的感音功能。声波通过机械传播导致基底膜及其螺旋器上毛细胞的振动,盖膜与基底膜各沿不同的轴上下移动,因而盖膜与网状板之间便发生交错的移动,即剪切运动,两膜之间产生了一种剪切力。在剪切力的作用下,使毛细胞的静纤毛发生弯曲或偏转,引起毛细胞兴奋,并将机械能变为生物电能。而使附于毛细胞底部的蜗听神经末梢产生神经冲动,经蜗神经及其中枢传导途径上传到听觉皮层,产生听觉。

耳蜗对声音信息作的初步频率、强度和适时分析作用。耳蜗基底膜的部位不同,所感受声音的频率不同。高频声引起的最大振幅部位在蜗底靠近前庭处,低频声的最大振幅部位靠近蜗顶,中频声则在基底膜底中间部分发生共振。800 Hz 以下的频率位于顶周,2000 Hz 位于蜗孔到镫骨足板的中点。而耳蜗基底膜通过三种不同的方式分析声音的强度。第一,当声音的强度增加时,通过基底膜振动的振幅变大,使毛细胞感受器电位增大,从而使神经纤维发放动作电位的频率增加,传入中枢后,中枢感觉到声音变响。第二,声音的强度决定基底膜振动的速度,当声音的强度增加时,随着基底膜振动的速率增加,被兴奋的毛细胞数目增加,越来越多的毛细胞被兴奋,从而有更多的神经纤维将冲动传入中枢,复合听神经动作电位的幅度变大,中枢感觉到响度增加。第三,当强度大的声音传入耳蜗后,由于基底膜振动的幅度和速率增加,将兴奋某些特殊内毛细胞。只有这些内毛细胞被兴奋,传入冲动至中枢,才会感觉到声音特别响亮。

4. 听觉中枢结构与生理

听觉中枢包括从耳蜗核至大脑皮层听区的听神经通路,是听觉神经系统在较高水平的听觉通路。听觉系统各级中枢的功能包括对声音的反应特性,中枢对声音信息的分析、加工与整合作用,不同音频在各级中枢的定位以及声源方向定位等方面。

声音在听觉中枢的传导途径很复杂,大致可分为五部分:螺旋器、螺旋神经节、蜗神经、蜗神经核和听觉中枢。当蜗神经走出内耳,进入脑干后分两支,分别进入脑桥与延脑交界处的蜗神经核(前核、后核)。前核的大部分纤维到达对侧的外侧丘系;少部纤维加入到同侧外侧丘系。两侧纤维分别经对侧和同侧的外侧丘系上行,大部分纤维止于四叠体的下丘处,也有一些经过下丘连合止于对侧的下丘系。外侧丘系的少部纤维继续到达间脑的内侧膝状体,最终止于颞上回的听觉皮层中枢。

听觉通路兼有行至同侧和对侧的纤维,一侧的耳蜗螺旋器的声刺激冲动可以同时传至两侧大脑的听觉皮层(颞区)。因而当一侧的听觉中枢发生病变时,必然是两侧的听觉通路受到损伤(见图 1-7)。

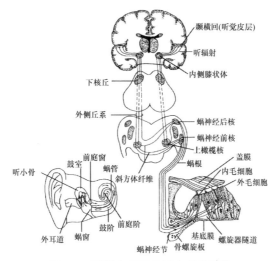

图 1-7　听觉中枢通路及有关核团[①]

（二）听觉刺激与听觉特性

声音作为人耳产生听觉的最基本刺激，其在传播过程中常用声波在媒质中振动的强度和频率来描述，但人耳并非对所有的声音都能感知到。人耳可以听见的声音频率范围为 20～20000 Hz，但人耳也并非对所有频率的声音都表现出同样的敏感性。实际上，人耳对不同频率的声音有不同的敏感度，对 1000～4000 Hz 的声音最敏感，对 500 Hz 以下或 5000 Hz 以上的声音，需要增加其强度才能感受到。人们日常讲话的声音频率在 300～3000 Hz 之间。临床听力检查则将 500～2000 Hz 定为语言频率，而听力损失程度就由个体在三个语言频率（500 Hz、1000 Hz、2000 Hz）听力损失的平均值而确定。因此，如果儿童在语言频率范围内听力损伤最为严重，就难以听到别人的讲话声，也难以通过听觉途径模仿发音和说话。所以，语言频率范围往往也被称作听觉的紧要区域（见图 1-8）。

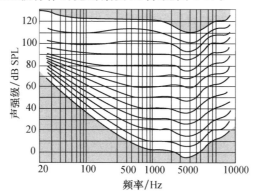

图 1-8　正常人耳的等响曲线[②]

二、听觉障碍的定义

听觉是通过大脑皮层对声音分析后所获得的感受，是由具有传导声音作用的传音器官

[①] 张华．助听器[M]．北京：人民卫生出版社，2004：21．
[②] 同上书，第 35 页。

和具有感受声音作用的感音器官协同完成,这个系统中的任何部位发生结构或功能障碍时均可导致不同程度的听觉障碍。

对听觉障碍进行确切界定较为困难。部分原因是由于与听觉障碍有关的教育工作者、医学人员与成年聋人对它的界定各不相同。教育上,关注的是听觉障碍与儿童语言学习和学业成就的关系,以及与需要的特殊教育服务的关系;医学上,更多关注的是听觉损伤程度;而成年聋人关注的是聋人个体对共同聋人文化的认同方式。实际上,用什么样的专业术语来描述聋人人群也没有达成共识,故而出现了"听觉障碍"、"听力障碍"、"听力损伤"、"听力残疾"、"耳聋"、"重听"等术语。1987年全国残疾人抽样调查使用"听力残疾"以后,我国现有法律、法规中更多采用"听力残疾"的名称。

我国学者指出:"听觉障碍是指由于各种原因导致双耳听力丧失或听力减退,以致听不到或听不清周围的声音。听觉障碍与听力残疾的意思相同。"[①]第二次全国残疾人抽样调查残疾标准中对听力残疾的定义是:"听力残疾,是指人由于各种原因导致双耳不同程度的永久性听力障碍,听不到或听不清周围环境声及言语声,以致影响日常生活和社会参与。"[②]为了能对听觉障碍这一概念有较为清晰的认识,我们有必要清楚聋与哑的关系。

耳聋人过去常被称作聋哑人,但聋与哑是既有联系但又不相同,其中聋是听觉系统出现问题,哑是口头言语表达出现问题。很多在出生前、学语前全聋儿童或刚学会说话的幼儿因为听力损伤,基本不能或完全不能感受到外界的语言刺激与其他声音刺激,造成了口头言语表达能力的丧失——即哑,临床上表现为既聋又哑,但这类儿童在言语器官方面一般不会有问题。可见,聋是因,是第一性(原发性)的缺陷;哑是果,是第二性(继发性)的缺陷。[③] 事实上,随着科学技术、医疗和特殊教育的发展,聋未必哑,哑未必聋。

第2节 听觉障碍的分类

根据不同分类标准,听觉障碍可以分成以下不同种类。

一、传导性听力损伤、感音神经性听力损伤和混合性听力损伤

按照听力受损的部位不同,可以将听觉障碍分为传导性听力损伤、感音神经性听力损伤和混合性听力损伤三大类。[④]

1. *传导性听力损伤*(conductive hearing loss)

传导性听力损伤病变存在于外耳或中耳,声音在到达内耳之前的振动受到阻碍,内耳功能正常但因刺激微弱而无法产生神经冲动,致使声音传导障碍导致传导性听力损伤。

2. *感音神经性听力损伤*(sensorineural hearing loss)

感音神经性听力损伤是由于耳蜗、听神经或听觉中枢等部位的病变而引起对声音感觉和认知功能障碍的听力损伤。该听觉障碍类型又包括以下几类。

---

① 张宁生. 听力残疾儿童心理与教育[M]. 大连:辽宁师范大学出版社,2002:12.
② http://www.cdpf.org.cn/wxzx/content/2007-11/21/content_25055637_2.htm.
③ 张宁生. 听力残疾儿童心理与教育[M]. 大连:辽宁师范大学出版社,2002:13.
④ 张华. 助听器[M]. 北京:人民卫生出版社,2004:22-23.

(1) 感音性听力损伤(sensory hearing loss)。感音性听力损伤的病变发生在耳蜗,主要由于耳蜗螺旋器的听毛细胞出现损伤或坏死,导致通过外耳、中耳传入内耳的声波不能被毛细胞感受,使正常的蜗神经末梢不能出现兴奋性电活动,例如噪声性听力损伤和药物性听力损伤。

(2) 神经性听力损伤(nervous hearing loss,蜗神经损伤)。神经性听力损伤是由于蜗神经及其以后部位的病变,使内耳听毛细胞在受到声刺激后产生的电活动不能继续沿蜗神经产生兴奋性电活动,使上传到听觉脑干、皮层的通路受阻,例听神经病变。

(3) 中枢性听力损伤(central hearing loss,脑干和皮层病变)。中枢性听力损伤是脑干以下各级听觉通路的功能正常,但由于脑干核团、神经传导通路病变,妨碍听觉信息上传到皮层听觉中枢;或者由于皮层病变导致对传入的听觉信息感觉和分析的综合能力下降,引起听觉功能减退。中枢性听力损伤可因脑肿瘤、脑外伤和其他中枢性疾病引发。

3. 混合性听力损伤(mixed hearing loss)

任何导致传导性听力损伤和感音神经性听力损伤的因素同时存在均可引起混合性听力损伤,它兼有传导性听力损伤和感音神经性听力损伤的特点。纯音测听常表现为骨导气导均下降,且骨导气导差距大于 10 dB。

二、听力残疾一级、二级、三级和四级

按照听力受损的程度,可将听觉障碍分为不同的等级。我国 1987 年第一次全国残疾人抽样调查标准中对听觉障碍的分级标准见表 1-1。我国的标准与世界卫生组织(WHO)、国际标准化组织(ISO)的标准基本一致,但我国 1987 年第一次全国残疾人抽样调查标准中听力残疾评定标准的诊断标准要高一点,当时在鉴定听力损失程度时,常以言语频率(500 Hz、1000 Hz、2000 Hz)听阈的均值计算;而世界卫生组织在 20 世纪 80 年代公布的听力损失程度的分级标准是根据 500 Hz、1000 Hz、2000 Hz 及 4000 Hz 气导平均阈值计算,二者均以双耳中听力损失较轻的一侧为准。[1]

表 1-1 听力残疾标准对照表[2]

听力损失程度(dB,听力级)	中国标准		WHO、ISO 标准		伤残人奥运会标准
	类别	分级	分级	程度	
≥110	聋	一级聋	G	全聋	可参加世界聋人运动会
91～110			F	极度聋	
71～90		二级聋	E	重度	
56～70	重听	一级重听	D	中重度	
41～55		二级重听	C	中度	
26～40			B	轻度	
0～25			A	正常	

---

① 张华. 助听器[M]. 北京:人民卫生出版社,2004:23.
② 方俊明,等. 特殊教育学[M]. 北京:人民教育出版社,2005:155.

我国 2006 年第二次全国残疾人抽样调查残疾标准对听力残疾的分级标准是：①

听力残疾一级：听觉系统的结构和功能方面极重度损伤，较好耳平均听力损失≥91 dBHL，在无助听设备帮助下，不能依靠听觉进行言语交流，在理解和交流等活动上极度受限，在参与社会生活方面存在极严重障碍。

听力残疾二级：听觉系统的结构和功能重度损伤，较好耳平均听力损失在 81～90 dBHL之间，在无助听设备帮助下，在理解和交流等活动上重度受限，在参与社会生活方面存在严重障碍。

听力残疾三级：听觉系统的结构和功能中重度损伤，较好耳平均听力损失在 61～80 dBHL之间，在无助听设备帮助下，在理解和交流等活动上中度受限，在参与社会生活方面存在中度障碍。

听力残疾四级：听觉系统的结构和功能中度损伤，较好耳平均听力损失在 41～60 dBHL之间，在无助听设备帮助下，在理解和交流等活动上轻度受限，在参与社会生活方面存在轻度障碍。

我国 2006 年第二次全国残疾人抽样调查标准与目前世界卫生组织推荐的听力残疾标准中的听力测试频率(500 Hz、1000 Hz、2000 Hz 及 4000 Hz)、听力残疾分类标准(四级)一致。第二次残疾人抽样调查听力残疾评定分级标准与 WHO—1997 年听觉障碍分级标准的比较可见表 1-2。②

表 1-2　第二次残疾人抽样调查听力残疾评定分级标准与 WHO—1997 年听觉障碍分级标准比较③

世界卫生组织 WHO—1997 年日内瓦会议推荐听觉障碍分级标准			2006 年第二次残疾人抽样调查听力残疾评定标准		
类别	级别	听力损失程度(dBHL)	类别	级别	听力损失程度(dBHL)
听觉障碍			听力残疾	一级	≥91
	极重度	≥81		二级	81～90
	重度	61～80		三级	61～80
	中度	41～60		四级	41～60

三、遗传性听力损伤和非遗传性听力损伤

按照遗传与否，可将耳听力损伤分为遗传性听力损伤和非遗传性听力损伤。由基因或染色体异常所致的听力损伤为遗传性听力损伤。这种听力损伤一般是由父母的遗传物质发生改变传给后代引起的。遗传性听力损伤可能于出生前发生，也可能于出生后发生。前者称为先天性遗传性听力损伤，后者称为遗传性进行性听力损伤。

非遗传性听力损伤是指除基因外的其他因素所导致的听力损伤，如：母亲怀孕 3～4 个月患风疹、流感等疾病，或者使用庆大霉素、链霉素等耳毒性抗生素，或分娩时间过长、难产、产伤，或新生儿缺氧、早产儿、低体重等。

---

① http://www.cdpf.org.cn/wxzx/content/2007-11/21/content_25055637_2.htm.
② 孙喜斌,李兴启,张华. 中国第二次残疾人抽样调查听力残疾标准介绍[J]. 听力学及言语疾病杂志,2006(6): 447-448.
③ 同上.

四、器质性听力损伤和功能性听力损伤

根据听觉障碍的性质,可以分为器质性听力损伤和功能性听力损伤。器质性听力损伤是指因听觉器官出现器质性病变导致的传音、感音功能异常所致的听觉障碍。轻者为重听,能听到对方提高的声音,重者为听力损伤,听不清或听不到外界的声音。无论是传导性听力损伤、传音性听力损伤还是混合性听力损伤,由于他们都具有器质性病变(外耳、中耳或内耳病变),因此都属于器质性听力损伤的一种。

功能性听力损伤是指由于心理因素和精神因素造成的听觉障碍,也叫非器质性听力损伤。一般情况下,功能性听力损伤患者不具有器质性损伤。但也有部分功能性听力损伤患者具有轻度器质性病变,只是他们的听觉障碍超过了实际的听敏度,此类情况也可称之为夸大性听力损伤。

五、先天性听力损伤和后天性听力损伤

按照听觉障碍发生的时间,可以将其分为先天性听力损伤和后天性听力损伤。

先天性听力损伤(congenital hearing loss)指在出生时即获得的听力损伤疾病,可发生在产前期、产期以及围产期。

后天性听力损伤(acquired hearing loss)指出生以后即获得的听力损伤疾病。常见因素主要包括感染性疾病、中毒性疾病和外伤性疾病等。

教育上认为,听觉障碍是先天的还是后天的都不太重要,关键是看听觉障碍是发生在语言发展之前还是之后。教育界通常按照儿童语言发展的关键期来划分,我国学者将听觉障碍分为学语前(4岁前)听力损伤和学语后(4岁后)听力损伤,[①]而国外教育者通常认为,如果听力损伤发生在2岁以前就为语言发展前听力损伤。[②]

第3节 听觉障碍的出现率与成因

一、听觉障碍的出现率

出现率是指在某特定时间内在一定人口中已存在的某种类型的患者人数,如今年学龄儿童中有听力残疾的儿童数。[③] 因出现率和教育计划的关系甚大,因此出现率是相关机构需要掌握的一个数据。

在美国,听力损伤的人大约2200万,占人口总数的8.6%。听力损失出现率最高的是在65岁和65岁以上的人群中,儿童中的出现率最低,据估计,18岁以下的儿童中有1.3%是听力损伤或重听儿童。[④] 1996—1997学年期间,接受特殊教育的学生约占所有学龄儿童(年龄

---

① 张宁生.听力残疾儿童心理与教育[M].大连:辽宁师范大学出版社,2002:15.
② 方俊明,等.特殊教育学[M].北京:人民教育出版社,2005:160.
③ 张宁生.听力残疾儿童心理与教育[M].大连:辽宁师范大学出版社,2002:16.
④ [美]路德·特恩布尔,等.今日学校中的特殊教育(下册)[M].方俊明,汪海萍,等译.上海:华东师范大学出版社,2004:758.

在6~21岁)的1.1%;美国大约有25%的听力损伤或重听学生还有其他某种障碍,而9%的听力损伤或重听学生还有两种以上的其他障碍,根据美国教育系统所使用的障碍类目,倘若其他障碍是他们的主要障碍,该类学生则被归入其他障碍人群中。[①]

1987年全国第一次残疾人抽样调查显示我国听力语言残疾的现患率为1.679%,全国共有听力语言残疾1770万人,占我国各类残疾人总数的34.3%,听力语言残疾规模位居所调查的各类残疾首位。[②] 2006年全国第二次残疾人抽样调查显示我国听力残疾的现患率为1.52%,全国共有听力残疾2004万人,占所有残疾人总数的24.16%。17岁以下单纯性听力残疾儿童22.15万,其中6~14岁学龄听力残疾儿童11万人,占总学龄听觉障碍儿童的4.1‰,且85.05%的听力残疾儿童在普通学校或特殊教育学校接受教育;[③]多重残疾中的听力残疾儿童35.93万,听力残疾的规模位居所调查的各类残疾的第二位。[④]

二、听觉障碍的成因

引起听觉障碍的原因繁多,加之听觉障碍种类的多样性,使对听觉障碍成因的分析较为复杂,故而出现从不同角度对听觉障碍成因分析的状况。从耳聋病原学角度进行分析发现,遗传与环境因素致聋各占50%,遗传性听力损伤包括综合征性听力损伤和非综合征性听力损伤,环境性听力损伤包括细菌感染、病毒感染、耳毒感染以及声损伤;[⑤]从不同性质(听力受损部位)听觉障碍的病因分析发现,传导性听觉障碍的病因有外耳道堵塞性病变、中耳畸形、听骨链缺失、中耳炎、耳硬化症、鼓膜穿孔、脑外伤、咽鼓管阻塞,感音神经性听觉障碍的病因有遗传、细菌感染、病毒感染、代谢功能障碍、药物中毒、噪音及颅脑外伤、膜迷路积水、听神经瘤及心因等因素。

我国1987年全国残疾人抽样调查结果(见表1-3)显示:遗传原因和发育所致的听力语言残疾占相当比重;药物中毒、高烧疾病、中耳炎等后天原因所致的听力语言残疾最多;值得注意的是,1987年的抽样调查显示的其他病因和病因不详的数量庞大。

表1-3 听力语言残疾儿童(含综合残疾)的致残原因分布[⑥]

原　　因	残疾儿童数	0~3岁	4~5岁	6~14岁
总　　计	2576	384	401	1791
家族遗传/近亲结婚	234	38	45	151
地方病(克汀病等)	17	—	2	15
发育畸形	179	46	34	99
妊期疾病	72	16	11	45

---

① [美]路德·特恩布尔,等.今日学校中的特殊教育(下册)[M].方俊明,汪海萍,等译.上海:华东师范大学出版社,2004:759.
② 转引自:沈励,刘民.听力残疾的流行病学研究进展[J].中国康复医学杂志,2009(3):281.
③ 中华人民共和国国家统计局. 2006年第二次全国残疾人抽样调查主要数据公报(第二号)[EB/OL]. http://202.123.110.3/fwxx/cjr/content_1308391.htm.
④ 沈励,刘民.听力残疾的流行病学研究进展[J].中国康复医学杂志,2009(3):281-283.
⑤ 肖自安,谢鼎华.遗传性基因研究——进展和未来应用[J].听力学及言语疾病杂志,2004(2):124-131.
⑥ 中华人民共和国民政部.中国残疾人抽样调查系列资料:残疾儿童资料[M].北京:中国社会出版社,1991:54.

续表

原因	残疾儿童数	0～3岁	4～5岁	6～14岁
药物中毒	307	34	56	217
高烧疾病	334	42	42	250
中耳炎	450	31	39	380
产钳外伤	10	4	2	4
外伤	25	2	5	18
噪声	2	1	—	1
其他	225	50	49	126
不详	721	120	116	485

我国2006年第二次全国残疾人调查结果（见表1-4）显示："0～17岁年龄段中,导致听力残疾的病因除原因不明外,占第一的是遗传,中耳炎占第二位,新生儿窒息、早产和低体重分别占第九和第十位。在各年龄段中,0～6岁组听力残疾的主要病因构成为原因不明、遗传、母孕期病毒感染等。7～12岁组听力残疾的主要病因构成为原因不明、遗传、中耳炎等。13～17岁组听力残疾的主要病因构成为原因不明、中耳炎、药物中毒等。不同年龄段病因构成不完全相同。"[①]

表1-4 听力残疾分年龄致残主要原因[②]

病因	0～6岁		7～12岁		13～17岁		合计	
	人数	构成%	人数	构成%	人数	构成%	人数	构成%
原因不明	93	34.70	129	30.42	116	25.38	338	29.42
遗传	52	19.40	78	18.40	69	15.10	199	17.32
中耳炎	12	4.48	62	14.62	89	19.47	163	14.19
药物中毒	17	6.34	56	13.21	79	17.29	152	13.23
母孕期病毒感染	18	6.72	24	5.66	25	5.47	67	5.83
其他	21	7.84	14	3.30	18	3.94	53	4.61
传染性疾病	8	2.99	21	4.95	18	3.94	47	4.09
创伤或意外性伤害	7	2.61	15	3.54	18	3.94	40	3.48
新生儿窒息	17	6.34	7	1.65	3	0.66	27	2.35
早产和低体重	10	3.73	5	1.18	7	1.53	22	1.91
全身性疾病	8	2.99	6	1.42	8	1.75	22	1.91
高胆红素血症	2	0.75	2	0.47	3	0.66	7	0.61
自身免疫缺陷性疾病	2	0.75	2	0.47	1	0.22	5	0.44
噪声和暴震	0	0	2	0.47	2	0.44	4	0.35
老年性儿聋	1	0.37	1	0.24	1	0.22	3	0.26
合计	268	100	424	100	457	100	1149	100

---

① 孙喜斌,于丽玫,张晓东,张彩萍,曲成毅. 中国0～17岁听力残疾儿童抽样调查分析[J]. 中国听力语言康复科学杂志,2008,5:14.

② 同上。

尽管已识别出几百种导致听觉障碍的原因,但教育上,最为关注的是听觉障碍是发生在儿童语言发展之前还是之后,即听觉障碍是学语前听觉障碍还是学语后听觉障碍,及其导致原因。

(一)学语前听觉障碍的成因

国外一项研究表明,大约有95%的学龄期听力损伤或重听学生为学语前听觉障碍。[①] 学语前听觉障碍的成因很多,但最为常见的有早产、难产、遗传、德国麻疹和先天性细胞巨化病毒,其他原因包括怀孕时的并发症和Rh因子。国内一项研究发现,高胆红素血症、卡那霉素注射史、庆大霉素注射史、低出生体重、化脓性中耳炎可能是新生儿听力障碍的高危因素。[②] 但仍有相当比例的学语前听觉障碍的致残原因不明。从表1-4可以看出,在我国各年龄段的听觉障碍儿童中,0~6岁组听力残疾的主要病因构成为原因不明、遗传、母孕期病毒感染等。

1. 遗传

遗传性听力损伤系来自亲代的遗传基因和染色体异常所引起。据统计,在儿童的感音神经性听力损伤中约有50%是由遗传因素所致,在成人的感音神经性听力损伤中约有20%源于遗传因素。遗传病变可发生在外耳、中耳和内耳,如发生在外耳、中耳可引起传导性听力损伤;发生在内耳可引起感音神经性听力损伤;如病变累及外耳、中耳和内耳,则可引起混合性耳听力损伤。

2. 早产或难产

一些出生时体重很轻的早产儿会出现听觉障碍,而有一些有脑出血经历或出生时内耳缺氧的婴儿也会发生学语前听觉障碍。

3. 母亲麻疹

胎儿极易受到某些病毒的侵袭。虽然麻疹对儿童和成年人不会有重大影响,但是对孕妇来说就非常危险,特别是在怀孕前三个月,因为这种病毒会侵袭正在发育的胎儿,常导致听觉障碍、视觉障碍、心脏疾病和许多其他严重障碍。对美国和加拿大于1964—1965年麻疹流行的调查结果发现:听觉障碍儿童的出现率戏剧般地增高,该次麻疹流行导致在20世纪70年代和80年代接受特殊教育服务的学生中有50%以上为听觉障碍。自从1969年研制出麻疹疫苗后,尽管麻疹仍是导致听觉障碍的原因之一,但由麻疹造成的听觉障碍的出现率已有所下降。

4. 先天性细胞巨化病毒

细胞巨化病毒(CMV)是一种常见病毒,在人体内一般处于非激活状态。该病毒不仅可传染给子宫内的胎儿,还可通过产道或母乳传染。当胎儿出生之前就染上细胞巨化病毒(CMV)和母亲在怀孕前三个月已经染上该病毒时,对胎儿的影响最为严重;但当母亲身上

---

① House Committee on Education and Labor. Hearing on the Commission on Education of the Deaf and Special Education Programs. Hearing before the Subcommittee on Select Education of the Committee on Education and Labor. House of Representatives, One Hundredth Congress, Second Session. Washington, D. C.: U. S. Government Printing Office, 1988.

② 徐秀,王穗芬,彭咏梅,刘湘云. 上海地区2378名新生儿听力筛查分析[J]. 中华儿科杂志,1997(11):571-573.

已经有抗体时,对胎儿的影响就相对较小。据估计,听觉障碍儿童中几乎有50%是源自细胞巨化病毒。目前,通过羊水穿刺技术可以检查出细胞巨化病毒,但还没有预防和治疗该病毒的手段。[①]

（二）学语后听觉障碍的成因

在听觉障碍儿童中,只有5%的儿童是学语后听觉障碍。在教育上,学语前与学语后的区别非常重要。因为学语后听觉障碍儿童有学习语言和运用语言交流的基础。

通常引起学语后听觉障碍的主要原因是脑膜炎和中耳炎。其他原因还有药物、高烧、耳下腺炎、麻疹、传染病和出生之后的外伤。国外一项研究表明,大约有60%的学语后听觉障碍的致残原因不明。[②]

1. 脑膜炎

脑膜炎是细菌或病毒对中枢神经系统的感染,这种感染也可扩展到其他器官,包括脑和耳。脑膜炎引起的耳聋往往是全聋,并在维持身体平衡方面出现困难,还能出现其他障碍。

2. 中耳炎

中耳炎由中耳发炎引起,它是6岁以下儿童最常见的耳病,主要发生于鼓室、乳突或中耳其他部位,根据发病时间不同可分为急性中耳炎和慢性中耳炎。[③] 急性中耳炎常由于急性上呼吸道感染、急性传染病以及不适当的擤鼻动作等引起。值得注意的是,由于婴幼儿机体抵抗力差以及解剖生理特点的影响,细菌容易通过宽大平直的咽鼓管进入中耳,更易引起中耳感染。急性中耳炎治疗不及时或治疗不当引起鼻咽部的慢性病灶可能是促使疾病发展的诱因。慢性中耳炎包括单纯型化脓性中耳炎、骨疡型中耳炎和胆脂瘤型中耳炎。其中,单纯型化脓性中耳炎最为常见,炎症多位于鼓室粘膜,浓液黏稠,听力损失为传导性听觉障碍,程度较轻;骨疡型中耳炎组织破坏范围广、鼓膜穿孔大,可有肉芽组织增生和程度不等的骨质破坏,存在较重的传导性听觉障碍;胆脂瘤型中耳炎是最具骨质破坏的炎性病变,其脓炎具有特殊的臭味,听力下降较重,早期呈传导性聋,晚期可引起混合性聋。此外,还有一种被称作分泌性中耳炎,是中耳粘膜的非化脓性炎症,成人及儿童均可发病,目前病因不完全明确。

第4节　听觉障碍的预防

尽管听觉障碍因听力损伤时间、程度、性质等不同对儿童造成的影响因人而异,但无论是学语前听觉障碍还是学语后听觉障碍,听觉障碍都会对儿童会话的音质、清晰度、语言技能的学习、教育成就、智力与情绪、人格等社会性方面的正常发展产生种种不良影响。虽然耳科学与听力学有了长足发展,但仍有许多听觉障碍的病因不明,且对于感音神经性听觉障碍的治疗,国内外尚无明显突破,因此,听觉障碍的预防显得尤为重要。

一、听觉障碍的社会预防

听觉障碍既是家庭问题,又是社会问题,因此社会性预防是减少听觉障碍的发生率的行

---

① 方俊明,等. 特殊教育学[M]. 北京：人民教育出版社,2005：161.
② 同上.
③ 张华. 助听器[M]. 北京：人民卫生出版社,2004：24-25.

之有效的重要途径。

（1）社会上应广泛开展遗传学咨询活动，大力宣传优生优育，普及优生优育知识，做好优生优育的咨询工作，提高人口素质。

（2）严格执行婚姻法，绝对禁止近亲结婚。

（3）重视长期从事接触有毒物质工作人员的防毒安全工作，特别是妇女。

（4）医疗等社会机构须严格掌握耳毒性药物的合理使用，并制定相应的法律。

（5）有计划地开展接种疫苗工作，防止传染性疾病的流行。

（6）搞好交通安全，降低环境噪音，预防环境污染。

（7）预防梅毒等性病致聋。

（8）发展基层卫生保健事业，发展聋儿康复事业与特殊教育，减轻聋残程度，防止听觉障碍儿童二次致残或第二性、第三性残疾的出现。

二、先天性听觉障碍的预防

先天性听觉障碍的原因主要有遗传、孕期和生产期的因素。

（一）预防遗传致聋

（1）严格禁止近亲结婚。

（2）两名先天性耳聋者之间不宜结婚，耳聋青年男女经过耳聋遗传咨询，判定其是否有家庭遗传性，在医生指导下决定是否生育。

（3）做好婚前检查和生育咨询工作，防止致残基因携带者的错误生育。

（4）对想生第二胎的聋童家长，尤其要搞好生育咨询工作和产前检查。

（二）预防孕期致聋

（1）妇女在妊娠期要特别防止各种病毒性传染病，预防糖尿病、肾病、甲状腺毒症。

（2）孕妇严格控制抗生素等耳毒性药物的使用。

（3）孕妇在妊娠时不可做全身麻醉手术。

（4）孕妇要避免遭受放射性损伤，避免接触有毒性物质。

（5）防止孕儿早产。

（三）预防产程致聋

（1）做好孕妇围产期的卫生保健工作，减少难产、早产及分娩时新生儿感染的发生。

（2）防止难产助产不慎，造成新生儿头颅外伤。

（3）防止孕妇产程过长及其他原因，造成胎儿缺氧窒息。

（4）防止胎儿脐带绞勒。

（5）对新生儿黄疸的 Rh 因子不合致聋，用刚生育不久的高度敏感的 Rh 阴性供血者的血浆提取的免疫球蛋白注射母体，抑制母体抗体反应，可使 90% 的婴儿得到预防。[1]

三、后天性听觉障碍的预防

后天性听觉障碍的主要原因是疾病、耳毒药物和外伤。

---

[1] 余敦清. 听力障碍与早期康复[M]. 北京：华夏出版社，1994.

(一) 预防病毒感染致聋

流行性传染病的病毒感染是导致婴幼儿后天听觉障碍的主要原因之一。其预防方法有以下几种。

(1) 注意营养、卫生,增强婴幼儿体质。
(2) 在传染病流行期间,不要让婴幼儿去公共场所、避免接触传染病患者。
(3) 注意给婴幼儿完成疫苗注射,增强儿童的免疫能力。
(4) 及时进行对症治疗。

(二) 预防药毒致聋

(1) 慎用耳毒性药物,明显家族史者为易感人群,用极少药物即可招来严重耳聋,用药时要慎而又慎(尤其是婴幼儿、老人等)。
(2) 必须用药时要定期测试听力并同时加用保护神经药物。
(3) 肝、肾疾患时少用药。
(4) 避免同时应用耳毒性的药物,以免产生协同作用。
(5) 避免一些不良因素,如噪声、高温等。
(6) 在中耳生疾、鼓膜大穿孔时,要避免高浓度耳毒溶液或粉剂进入中耳腔。

(三) 中耳炎的预防

(1) 增强儿童体质,预防伤风感冒,以防病菌经咽鼓管导致中耳炎症。
(2) 预防鼻窦炎、扁桃体炎,因为这些疾病容易并发中耳炎。
(3) 由于中耳的感染也可以通过血液引起,所以预防和及早治疗传染病,增强机体抵抗力,也能减少发生中耳炎的机会。
(4) 不要随便挖耳,防止鼓膜破裂造成中耳感染。
(5) 防止奶汁、污水灌入孩子的耳道。
(6) 预防异物进入孩子耳道。若小虫入耳,可用植物油或酒精滴耳,粘杀小虫,然后用棉签擦出。若其他异物入耳不能自然倒出,可请医生用耵聍钩取出。

(四) 预防外伤致聋

预防外伤致聋,主要是应注意婴幼儿的安全,防止摔、撞击等事故的发生。不要猛打孩子的头面部,避免导致中耳和内耳损伤,造成听觉障碍。

此外,聋儿专家高成华教授指出:"因耳聋儿童的常见病因主要包括药物中毒、遗传及感染性疾病三类,预防也应以此为重点,具体可分为一、二、三级预防:一级预防指避免致聋因素的出现和作用,如避免用耳毒性药物,预防能致听力损害的感染性疾病,通过优生优育预防遗传性耳聋等;二级预防是指当致聋因素开始损伤听力时,采取措施,尽量减轻其致聋作用,对初期的听力障碍要早发现、早诊断、早干预,使听力能尽量得到改善;三级预防是当患了耳聋后,通过听力语言训练,使其能提高听力和语言沟通能力。"①

 本章小结

听觉作为人类感知外界信息的主要感觉通道之一,在人类认识事物与进行语言学习与

---

① 高成华. 儿童耳聋预防[J]. 现代康复, 2000(12): 1916-1917.

日常交流中具有重要的作用。听觉系统包括耳与听觉中枢两部分。耳由外耳、中耳、内耳以及与内耳相连的听神经构成。听觉中枢包括各级听觉中枢与大脑皮质颞叶听区。实际上，听觉就是通过大脑皮层对声音分析后所获得的感受，是由具有传导声音作用的传音器官和具有感受声音作用的感音器官协同完成，这个系统中的任何部位发生结构或功能障碍时均可导致不同程度的听觉障碍。根据不同分类标准，听觉障碍可以分成不同种类，如先天与后天性听力损伤，传导性听力损伤与感音性听力损伤，即器质性听力损伤和功能性听力损伤，学语前听觉障碍和学语后听觉障碍等。导致听觉障碍的原因虽有几百种，但教育上最为关注的是，听觉障碍是发生在儿童语言发展之前还是之后，即听觉障碍是学语前听觉障碍还是学语后听觉障碍，及其原因。导致学语前听觉障碍的原因有多种，但最为常见的有早产、难产、遗传、德国麻疹和先天性细胞巨化病毒，其他原因包括怀孕时的并发症和 Rh 因子，也有一些不明原因；学语后听觉障碍的主要原因是脑膜炎和中耳炎，其他原因还有药物、高烧、耳下腺炎、麻疹、传染病和出生之后的外伤。

积极有效地开展听觉障碍预防，对个人、家庭和社会都具有重要的意义。

 思考与练习题

1. 听觉障碍的概念是什么？
2. 导致听觉障碍的原因有哪些？
3. 如何对听觉障碍进行分类？
4. 谈谈儿童耳聋预防的重要性。

第2章 听觉障碍儿童筛查、诊断与听力补偿

学习目标

1. 认识并掌握听觉障碍儿童早期听力筛查的原则、内容及具体方法。
2. 认识并掌握听觉障碍诊断的主要方法和具体操作。
3. 认识并掌握视听觉障碍儿童听力补偿的具体方法。

听觉障碍儿童的筛查、诊断与听力补偿与听觉障碍儿童的教育与发展关系密切。早期筛查是听觉障碍儿童教育的基本原则之一,可以第一时间对听觉障碍儿童进行听力补偿和教育;科学地诊断是听觉障碍儿童教育必不可少的一环,诊断的结果将为听觉障碍儿童选择听力补偿措施和制订教育计划提供依据;合适的听力补偿是开发利用儿童残余听力最直接的手段,可使听觉障碍儿童能够更有效地学习语言、接受教育。

第1节 听觉障碍儿童的早期发现

一、早期发现的意义

早期发现是听觉障碍教育"三早"原则之一,是指要尽可能早,特别是在婴幼儿期发现儿童的听觉障碍状况。只有尽早地发现听觉障碍儿童的听力状况才能在第一时间针对儿童的情况采取相应的听力补偿措施和教育干预计划。美国婴幼儿听力筛选联合委员会就规定:"为了使听力障碍婴幼儿获得良好的结果,所有的婴幼儿应该在出生1个月之内进行听力筛查。筛查未通过的婴儿,最迟应该在出生后3个月内接受全面的听力学评估。"

其实早期发现的最终目的仍是为了听力障碍者能够获得最大程度的语言交流能力和读写能力。如果在语言发展关键期时,儿童不能够获得语言学习的机会,他们在交流、认知、阅读、社会情感等方面的发展都将落后于同龄人。这种落后也将直接影响他们将来的受教育程度和就业能力。因此,早期发现并制定科学、适当的早期干预方法才能将这种风险降低至最小。

二、早期听力筛查

(一)早期听力筛查的发展概况

早期听力筛查,又称新生儿听力筛查,是指运用快速、简便的测试方法,根据设定的标准,从新生儿人群中鉴别出可能存在听觉障碍的新生儿的过程。它是早期发现听觉障碍儿童的重要手段和保证,但由听力筛查出的可能患有听觉障碍的儿童还需要通过进一步全面

的听力学诊断才能判断其是否具有听力损失。

早期听力筛查技术的发展不算很早。1973年,美国婴幼儿听力委员会首次提出确认新生儿听力损失高危险因素的五项标准,并提议对具有高危因素的儿童进行听力学评估。1988年,在美国教育部和卫生部的资助下,罗得岛、犹他州和夏威夷成立了听力评估中心,探讨在出院之前对全州的新生儿进行听力损失筛查计划的可行性。之后,美国婴幼儿听力联合委员会分别于1990年、1994年、2000年、2007年发表了"形势报告"。1994年的形势报告中批准了对听力损失的婴儿进行普遍性检测的目标;2000年的形势报告批准通过早期听力检测和干预整合各学科系统对所有婴儿进行普遍性筛查;2007年的形势报告批准了"目标性听力损失人群"的定义,并修改了筛查诊断方案。目前,美国各州均进行了新生儿听力筛查项目,在美国大约有95%的新生儿在出院之前接受了听力筛查。

我国听力筛查技术的发展也不算太晚。1999年,卫生部、中残联等10部委联合下发"关于确定爱耳日的通知",首次将新生儿听力筛查纳入妇幼保健的常规检查项目。此后一些省市相继开展此项工作。例如,2001年浙江省卫生厅发布"浙江省儿童听力筛查及聋儿康复管理办法"。2002年上海市卫生局发布的"关于在全市开展新生儿听力筛查工作的通知",分别在辖区内开展新生儿听力筛查工作。2004年我国卫生部颁布[2004]439号文件,正式将"新生儿听力筛查技术规范"纳入《新生儿疾病筛查技术规范》。随后,全国多数省制定新生儿听力筛查的相关法规和管理办法,开展此项工作。随着新生儿听力筛查项目开展的深入,我国也碰到一些技术和管理方面的问题,如:筛查模式单一、方法各异;筛查标准不明确、多学科合作不够、专业人员不足等。[①] 因此,亟须编制适合我国国情的"早期听力检测干预指南",同时培养专业人员,对听力筛查技术和可行性进行研究也显得尤其重要。

(二)早期听力筛查的原则

1. 美国的有关规定

为了确保早期听力筛查的系统性和有效性,需要对早期听力筛查工作做出一些原则性的规定。美国婴幼儿听力委员会对此做了如下规定。[②]

(1)所有出生一个月之内的婴儿应该纳入和使用生理学方法进行听力筛查。

(2)所有没有通过最初听力筛查和后续复筛的婴儿都应该在出生后3个月之内接受适当的听力学和医学评估以确定其是否存在听力损失。

(3)所有确诊为永久性听力损失的婴儿都应该在诊断之后尽快接受早期干预服务,且最迟不能超过6月龄。最好为患有听力损失的儿童准备恰当的简单易行的方案进入干预系统。

(4)早期听力检测与干预项目应该以婴儿家庭为中心,应该按照州和政府专业人员指南通过知情选择、共同决策和签订父母同意书以保证家庭的权利和隐私不受侵害。家庭对所有干预和治疗方面的信息享有知情权并可以咨询与听力损失有关的信息。

(5)在恰当的时机,儿童和家庭应该能够立刻享有高质量的科技产品的支持,包括助听

---

① 沈晓明. 我国新生儿听力筛查的现状[J]. 中华医学杂志,2003,83(4):266-267.
② 王秋菊,倪道凤. 早期听力检测和干预项目的原则和指南——美国婴幼儿听力联合委员会·2007年形势报告[J]. 听力学及言语疾病杂志,2008,16(5):359-373.

器、人工耳蜗植入以及其他辅助装置。

(6) 所有婴儿和儿童都应该在医学保育室内接受听力损失监控。不管有无高危因素,所有的儿童都应该由合适的专业人员进行后续交流能力发育评估。

2. 我国的原则

在总结国外经验和研究的基础上,针对我国各地区经济、筛查技术发展不平衡的现状,黄丽辉、倪道凤等提出了适合我国国情的早期听力筛查原则。[①]

(1) 我国在现阶段首推新生儿听力普遍筛查策略,即在有条件的地方,所有新生儿都应在出院前接受用生理学检测方法进行的听力筛查("初筛");对未通过"初筛"者,应在出生42天内进行"复筛";听力筛查通过但有听力损失高危因素者,需进行每6个月一次的听力监测。

(2) 尚不具备普遍筛查策略的单位,可采用目标人群筛查策略,将有听力损失高危因素的新生儿尽早转到有条件的单位筛查。对听力筛查通过且没有听力损失高危因素的新生儿,应由儿保科或听力筛查中心定期观察听力,发现异常者,及时转诊至儿童听力诊断中心。

(3) 在十分偏僻的农村和边远地区,所有婴幼儿都应在6月龄内接受儿保或初级听力保健人员进行的听觉发育观察表的调查。

(4) 未通过复筛的婴幼儿,都应进行听力学和医学评估,以确保在6月龄内确定是否存在永久性听力损失,并实施干预。

(5) 早期听力检测与干预项目应以家庭为中心,使家庭知晓所有关于听力损失及其治疗、干预和康复的信息。应确保婴幼儿及家庭的权利,并注意保护他们的隐私权。

(6) 应设计并建立全国统一的电子信息系统——新生儿听力筛查、诊断和干预数据库,并做好信息管理工作。

从听力筛查原则来看,在国内进行听力筛查需要考虑地区差异而采用不同的筛查策略。但无论采取何种筛查策略,都要确保每一位儿童都能够接受最基本的听力筛查服务。

(三) 早期听力筛查方法

由于新生儿还不具备主观能动性,不能够对筛查者做出主观反应,因此对新生儿进行听力筛查所采取的方法多为电生理测听方法,常用的有两种:耳声发射和自动听性脑干反应。

1. 耳声发射

耳声发射是产生于耳蜗的声能经中耳再穿过鼓膜,由外耳道记录得到。耳声发射与内耳的功能密切相关,对耳蜗功能损害造成的听力损失具有较高的敏感性和特异性,是美国婴幼儿听力联合委员会首先推荐的早期听力筛查方法。采用此方法进行早期听力筛查需要经过两个阶段。[②]

初次筛查阶段。对所有新生儿住院期间进行耳声发射筛查,未通过初筛者进入二次筛查阶段。

---

① 黄丽辉,倪道凤,等. 我国婴幼儿"早期听力检测及干预指南"编写思考[J]. 听力学及言语疾病杂志,2009,17(2):93-94.

② 韩德民,许时昂. 听力学基础与临床[M]. 北京:科学技术出版社,2004:440.

第二次筛查阶段。在婴儿出生后6周,对未通过初筛的婴儿再次进行耳声发射测试,仍未通过者则需要接受进一步的听力损失诊断和评估,以确定听力损失的程度。

此方法简便快捷,具有客观性、敏感性和无创伤性等特点,在婴儿出生后即可以进行测试,且婴儿出生3天后的检出率可达到90%,在新生儿听力筛查中具有重要的运用价值。但它只能测查耳蜗病变所造成的听力损失,且容易受到环境噪音、外耳和中耳特殊生理特点以及测试状态等因素的影响,假阳性率高。[①] 因此,新生儿通过耳声发射筛查仅代表其耳蜗功能正常,并不能排除听觉脑干通路存在病变的可能性。在对高危儿童进行听力筛查时,仅进行耳声发射检测是不够的,还需要采用自动听性脑干反应技术进行补充。

2. 自动听性脑干反应

自动听性脑干反应技术是在听性脑干技术的基础上发展起来的。自动听性脑干反应的刺激声为短声,初刺激声强为60~80 dB,频谱范围为700/750~5000 Hz,短声极性交替,最终通过对听性脑干反应V波信息进行分析处理,产生"通过"或"不通过"两种结果。它反映的是新生儿外周听觉系统、第八脑神经和脑干听觉通路的状态。

与耳声发射相比,自动听性脑干反应不仅能反应新生儿耳蜗的病变情况,而且能够反映新生儿的听觉脑干中枢的整体情况。采用此方法进行测试时,对环境要求不高,婴儿只需要处于自然睡眠状态即可,受中耳外耳道内异物影响也小,是一种非常准确、快捷的新生儿听力筛查手段,尤其适合高危儿童早期听力筛查。[②] 但是自动听性脑干反应对低频或非常高频的听力损失不敏感,存在假阳性的可能性。

针对自动听性脑干反应的不足,近年来发展了一项新技术——多频稳态反应(Mutiple Steady State Responses,简称MSSR)。其基本原理是调频和调幅处理后的不同频率声波,刺激耳蜗基底膜上相应的部位听觉末梢感受器,其所产生的听神经冲动沿着感觉通路传至听觉中枢所引起的头皮电位变化,通过对头皮电位变化的分析,自动判断是否通过筛查。[③] 此方法在识别低频听力损失方面比自动听性脑干反应更加准确,具有省时、频率特异性高、结果自动判断等优点,在确定新生儿各个频率听力损失程度上具有重要的应用价值。

(四) 早期听力筛查的模式

因为各种听力筛查方法都具有自身的不足,存在假阴或假阳的可能性,因此临床上通常将不同的方法相结合进行听力筛查。当前新生儿听力筛查存在三种方案:单一听力筛查技术、瞬态诱发耳声发射+快速听性脑干反应、耳声发射初筛+耳声发射复筛+快速听性脑干反应再筛。这三种方案又分别称为一步法、二步法、三步法。

1. 单一听力筛查技术方案

在此模式中,选取耳声发射或快速听性脑干反应中的一种方法对新生儿进行听力筛查。由于单一的方法都存在自身的缺陷,如:耳声发射会漏检神经性听力损失,快速听性脑干反应无法筛查出高频率听力损失,造成假阳性或假阴性的概率比较高,因此采用此模式进行新

[①] 吴皓,马衍. 新生儿听力筛查的现状和展望[J]. 中国眼耳鼻喉科杂志,2007,7(5):273-275.

[②] 欧华,梁传余,等.自动听性脑干反应在普遍新生儿听力筛查中的评价和应用[J]. 听力学及言语疾病杂志,2001,9(1):60-62.

[③] 李家荔,孔维佳. 新生儿听力普遍筛查中听力学检查技术和各国运用现状[J]. 临床耳鼻咽喉头颈外科杂志,2007,21(19):909-912.

生儿听力筛查的较少。有意大利学者调查表明当前只用瞬态诱发耳声发射进行听力筛查的机构为46.8%,只使用快速听性脑干反应的很少,为1.3%。[①] 但我国也有研究者指出单独使用快速听性脑干反应时,特异性和灵敏度高,转诊率和总费用低,尤其适合重症监护病房新生儿的听力检测。[②]

2. 瞬态诱发耳声发射+快速听性脑干反应方案

此方案是指在出生后3天内采用耳声发射技术对新生儿进行初次筛查,如果未通过,在三个月内采用快速听性脑干反应技术进行复筛。因为结合了两种筛查技术,具有互补的效果,因此采用此方案对新生儿进行听力筛查特异度高且最经济。但也有专家指出此方案并不适合对所有的新生儿进行听力筛查,对于9月龄以下的婴儿进行快速听性脑干反应筛查假阳性比较高,特别是对高危因素新生儿而言,宜采用先快速听性脑干反应+耳声发射的方案为妥。[③]

3. 耳声发射初筛+耳声发射复筛+快速听性脑干反应再筛

此方案是在2008年国际新生儿听力筛查会议上提出的,指先对新生儿进行耳声发射初筛,对未通过的进行耳声发射复筛,还未通过的再进行快速听性脑干反应再筛。此方案具有降低转诊率、减少假阳性、给家长带来的负面影响少和降低诊断费用的效果。[④] 但是由于该方案尚处于实验阶段,还需要更多的研究来对此进行验证。

实际上不同的新生儿筛查方案都具有自身的优势和缺陷所在,并不一定适合所有的新生儿,应根据筛查对象听力损失类型的不同设计适合的筛查项目、设备和方案。

三、婴幼儿听力测试

耳声发射、自动听性脑干反应等方法均属于电生理方法,其检测结果仅反映新生儿耳蜗或听神经至脑干的发育状况,无法反映整个听觉环路的状况,因此还需要使用听力行为观测法进行补充。正是由于主观的听力行为观测方法能够反映听神经至脑干到运动系统的整体功能,其在婴幼儿的听力测试中具有不可替代的作用。

(一)婴幼儿听力测试的方法

婴幼儿行为测听的方法很多,常见的有行为观察测听、视觉强化测听和游戏测听。

1. 行为观察测听

行为观察测听是在给声刺激后,觉察婴幼儿的听觉行为反应,如:转头、凝视、惊跳反应、眼睑反应等,评估婴幼儿的听力状况。此方法适合于大脑皮层中枢已经建立起自主意识能力的婴幼儿,临床常用于6个月以内的婴幼儿测试。

采用行为观察测听方法进行测试时,首先要选择合适的发声玩具,特别要注意所选的发声玩具所包含的频率要足够多。其次,要注意刺激声压级的监测,以便对测试结果做出正确

[①] 唐志辉,甘志珊,等. 婴幼儿、青少年和老年人听力筛查——香港经验[J]. 中国医学文摘耳鼻咽喉科学,2009,24(1):18-20.

[②] 李晓璐,卜行宽. 自动听性脑干反应在新生儿听力筛查中的应用[J]. 中国儿童保健杂志,2008,16(1):47-50.

[③] 卜行宽. 国际新生儿听力筛查概况[J]. 中国医学文摘耳鼻咽喉科学,2007,22(1):3-4.

[④] 卜行宽,黄丽辉. 2008年国际新生儿听力筛查会议(NHS 2008)简介[J]. 听力学及言语疾病杂志,2008,16(4):334-335.

的解释。再次,在测量时给声持续时间约为 3～5 秒,每次刺激的间隔时间至少持续 10 秒。发声玩具与测试耳的距离约为 30～45 厘米。一般情况下,行为观察测听需要测试者和诱导观察者共同完成。①

2. 视觉强化测听

视觉强化测听是在建立婴幼儿对声源刺激的条件反射后,通过视觉强化物对婴幼儿进行奖励,最后使得婴幼儿仍然能够将头转向不具有吸引力的声源方向。此方法适合于具有自主意识,但没有自主操作能力的婴幼儿,临床常用于 7 个月至 2.5 岁的小儿听力测试。

使用该法时,首先要建立测试声场。测试声场应简洁明了,除了扬声器和视觉强化灯箱外,不应有其他多余的杂物。参考测试点应与两个扬声器同高并与左右扬声器成 90°,接着建立条件反射。刺激声和玩具配对给出,直至婴幼儿听到刺激声能够进行自主反应。之后即可进行正式测试,逐渐降低声音强度,直至检测到阈值。②

由于视觉测听法对声音和视觉刺激物进行了多次重复,容易引起厌倦反应,在进行测听过程中可以适当变化视觉强化物。此外,在测试过程中,测试人员对儿童循声定向反应判断的准确性也显得尤其重要,一般要求两位测试者均对儿童的循声定向反应认可才通过。③

3. 游戏测听

游戏测听是指让婴幼儿参与简单、有趣的游戏,在听到刺激声音后能完成一个相应的动作。此方法需要婴幼儿的配合,适合具有自主操作能力的婴幼儿,临床常用于 2.5～6 岁年龄范围的小儿听力测试。

进行游戏测听之前,要选择恰当游戏测听项目和适当的声音刺激强度。一般而言,游戏要有趣而简单,声音刺激强度必须在 15 dB 或更高一些,还要通过训练建立条件反应。在这一环节中,主试者要向婴幼儿演示将要进行的测试游戏,让婴幼儿能够自然地带上耳机并根据声音刺激独立完成游戏活动。正式测试时,可采用纯音听力测试技巧,从 1000 Hz 和 4000 Hz 两个频率开始测试,得到婴幼儿听力的基本情况。之后再进行 2000 Hz、500 Hz、250 Hz 等频率的测试。

由于婴幼儿容易受到陌生环境和陌生人的影响,致使游戏测听结果产生偏差。此时可以培训家长对婴幼儿进行条件反应的建立和进行正式的游戏测听,帮助他们更加自然放松地参与游戏测听活动。④

(二) 婴幼儿听力测试需要注意的问题

1. 刺激声音的选择

常用的刺激声音有纯音、啭音、白噪声、高频窄带噪声等。纯音被认为是最理想的具有频率特异性的刺激声,能精确地检测人们在某个频率的听力状况。但是纯音的频谱比较单一,只能引起基底膜某个部位的共振,听神经发放的冲动少,声波容易形成驻波,不利于诱发婴幼儿大量的听性反应。噪声在引起婴幼儿听性反应时具有独特的作用,所引发的反应类型和数目都较纯音多。白噪声的声频范围较宽,能引起基底膜广泛的振动,使得听神经冲动

---

① 韩德民,许时昂. 听力学基础与临床[M]. 北京:科学技术文献出版社,2004:450-453.
② 孙喜斌. 视觉强化测听法[J]. 中国听力语言康复科学杂志,2004(5):26.
③ 陶征,王燕英. 婴幼儿视觉强化测听法及其进展[J]. 听力语言学及言语疾病杂志, 1995, 3(3):153-155.
④ 龙墨. 小儿游戏测听前期准备有关问题[J]. 听力学及言语疾病杂志, 2004, 12(5):342-343.

得到最大程度的释放,婴幼儿的反应率也较高。但是白噪声过宽的频率也容易导致假阴性的提高。① 所以在真正的测试过程中,可采用高频窄带噪声,或者用啭音、纯音、窄带噪音的交替刺激。

声音强度也是影响儿童听力测试的重要因素。一般认为新生儿对纯音反应的灵敏度不及噪声。强度过小,引出的反应少;强度过大,则可能造成新生儿的听力损害。所以,目前不管何种声音刺激其强度多采用 85~90 dB。

2. 听性行为的观察

婴幼儿对声音刺激的反应多种多样,主要属于皮层下中枢管理的非条件刺激,常见的听性行为有眼睑反应、惊跳反射、转头、眨眼等,这些听性反应可以归纳为三种类型:警觉反应(全身肌肉收缩、睁眼、眨眼等)、姿态反应(转头和眼睑反应)、适应反应(觉醒、哭叫等)。其中警觉反应和眼睑反应被许多学者认为是比较灵敏的听性反应行为。②

3. 婴幼儿测试位置及精神状态要求

一般情况下,进行行为测听时,婴幼儿的精神状态要充足,处于不饥不饱的状态,不能处于睡眠或浅睡眠状态。测试位置的选择要依据婴幼儿的性格和当时状态而定,可以采取父母抱着坐在父母腿上,也可以让儿童独立坐在舒适的椅子上的方式,但多采取后一种方式。如果一定需要采取父母抱着取位,父母一定注意不要随意抖动,也不宜出现多余的肢体动作和语言,以免干扰测听的结果。③

四、婴幼儿言语测听

人类是使用语言进行交流的群体,言语对我们而言具有重要的意义。前文所述的电生理筛查方法和听力行为测试多采用纯音或噪声进行,虽然能够测查出婴幼儿可能存在的听力损失,但还不够全面。在临床上,经常有婴幼儿表现出在纯音测听中无听力障碍,但却无法正确辨别言语声的现象,即言语听力差。因此,对婴幼儿的听力测查还应该包括言语测听。

言语测听是指用言语信号作为声音刺激来评价受试者的言语觉察阈和言语识别能力的听力学检查方法,它在评价婴幼儿听力损失程度、损伤部位定位诊断、评价听觉功能状态、评价手术效果、助听设备效果、听觉中枢和言语中枢功能等方面具有重要的应用价值。

(一)婴幼儿言语测听的方法

言语测听多采用词表为测验材料。不同年龄段的婴幼儿语言发展水平不同,所采用的测验材料也要有所不同。1 岁以内的婴儿可采用婴儿熟悉的语音进行测验,通过观察其听性行为反应以判断其言语听觉功能。1~3 岁的婴幼儿可采用与其年龄相称的词汇,通过听说复述法判断其言语听觉功能。3 岁以上的婴幼儿可以使用与成人相似的词表来评估其听觉功能。④

具体测试方法可分为听声识图法和听说复述法。听声识图法是指让婴幼儿指出与测试

---

① 池君,陶泽璋. 新生儿行为测听方法学的几个问题[J]. 听力学及言语疾病杂志,2001,9(4):246-247.
② 同上.
③ 邹建华. 儿童行为测听技术的应用与发展[J]. 中国听力语言康复科学杂志,2007,21(2):28-29.
④ 韩德民,许时昂. 听力学基础与临床[M]. 北京:科学技术文献出版社,2004:472-473.

者说出的词汇相对应的图片。此种方法对婴幼儿的言语语言能力要求比较低,适合3岁以下的婴幼儿。听说复述法是让婴幼儿在听到测试者说出的词汇后,重复说出或写出测试词汇。此法需要婴幼儿具有一定的言语语言理解和表达能力,临床上适合3岁以上的婴幼儿。

婴幼儿的言语测试需要在安静的房间内进行。测试时,被测试者和测试者并排而坐,距离0.5米。测试者用约70 dB的音量读出测试词,每词发音两次,让被试者确认。测试者要做好测试记录,主要记录发音词和答错词的序号。最后测试者对测试结果进行评定,言语最大识别得分≥90%即可视为听力正常。

(二) 婴幼儿言语测听材料

与听声识图法和听说复述法相对应的言语测听材料是封闭式测听材料和开放式测听材料。在英美地区,常用的封闭式测验材料有玩具识别测试、图片识别词汇测试、扬扬格测试等,常用的开放式测验材料有音素平衡常用词汇量表、Ling氏五音测试法等。这些测验主要以具有代表性的单音节词组成。还有一些测试包括了双音节词、三音节词和句子,如:Glendonald听觉筛选测试程序。[①]

在国内,目前使用比较多的婴幼儿言语测听词汇表是孙喜斌编制的"聋儿听觉言语康复评估词表"。它是以幼儿"学说话"及儿童日常使用最多的词汇为文字资料,通过图画的表现形式进行测试,其内容分为听觉能力评估和语言能力评估两部分。言语测验主要指听觉能力评估部分,它包括声调识别、单音节词识别、双音节词识别、三音节词识别、断句识别、语音识别、数字识别、选择性听取。全套言语测试词表共由424张彩色图片组成,并配有测试所用的CD光盘及听觉学习的两盘VCD。

第2节 听觉障碍的诊断

对听觉障碍的诊断方法多种多样,我国习惯根据受试者参与的主动性将其分为两大类:主观测听法和客观测听法。这里所谓的"主观"和"客观"并不是绝对的。主观测听不等于不可靠,它也具有"客观"因素,即也是准确、可靠、可重复测试的测听方法;客观测听也不等于不含主观因素,它同样受受试者的情绪状态、测试者的经验和鉴别标准等主观因素的影响。[②] 临床上测试者需要对此有深刻的把握,并向受试者做出准确的解释,以免造成曲解。

一、主观测听法

主观测听法用不同程度、不同频率的纯音或语音作为刺激声,要求受试者以主诉、手势或控制指示灯等方式对声音刺激做出主观反应,以测定受试者能听见的最低声音强度。它主要包括耳语测验、音叉测验、纯音测听、行为测听、言语测听等方法。主观测听法由于需要受试者对声音刺激做出反应,因此它对测试者和受试者都提出了较高要求。受试者的年龄、智力、精神状况等要能配合完成测试;而测试者需要接受专门的训练,熟知人类对各种声音刺激做出的不同反应,以便对测试结果做出科学合理的解释。以下将分别介绍各种主观测听法。

---

① 周晓妮,华清泉,曹永茂. 儿童言语测听材料[J]. 听力学及言语疾病杂志,2008,16(2):160-163.
② 邹凌. 主观测听还是行为测听:不仅是词义的区别[J]. 中国听力语言康复科学杂志,2006,16(6):63-65.

（一）耳语测验

耳语测验要求在长 6 米以上的安静室内进行。测试者在平静地呼吸后念字，每个字念两遍。如果受试者听不清楚测试者所念的字，测试者可以拉近与受试者之间的距离，直到受试者能够听清楚为止，并记录此时的距离。一般情况下，听力正常者能够听到距离 6 米的耳语。

耳语测验只是简单的听力筛查测验，集中对受试者语音能力的检测。此方法简单迅速，但只能初步估计受试者是否存在听力障碍的可能性，无法判断其听力障碍的性质。

（二）音叉测听

音叉测听是临床判断耳聋性质的常用方法之一。常用的音叉有钢制和铝合金制两种，由于铝合金较为轻便且不易生锈，因此较为常用。用于测验的音叉 5 支一组，一般分为 5 个频率，即 C128 Hz、C256 Hz、C512 Hz、C1024 Hz 和 C2048 Hz。其中以 C256 Hz 和 C512 Hz 最为常用。需要时，还可以将频率延伸至 C64 Hz 和 C4096 Hz。

测验时，测试者用小橡皮锤敲击音叉叉枝顶端 1/3 处，以产生均匀的音响。之后迅速将音叉置于规定的部位。气导测听时应将音叉上端的震轴对准外耳道口 1 厘米处，两臂末端与外耳道口处于同一平面上，并不能触及头发和耳廓。骨导测听时应将叉柄末端的底部置于颅面上或鼓窦区。一般情况下，气导测听时宜采用 C128 Hz、C256 Hz、C2048 Hz 的音叉，而骨导测听时宜采用 C256 Hz 和 C512 Hz 的音叉。[①]

音叉测听是常用的听力测试方法，其能够判别听力障碍属于传导性耳聋还是感音性耳聋，但无法明确区分听力损失的程度。

（三）纯音听力测试

纯音听力测试是指采用频率成分单一的纯音测试受试者在安静环境下能够听到频率的最小声音听力级的主观行为反应测听。它包括纯音气导听阈测听和骨导纯音听阈测听两部分，是临床听力检查中基本的检查方法。通过检查结果可以了解受试者的听力是否受损，以及受损程度和障碍类型等情况，是听力障碍诊断的重要依据。

1. 纯音测试的条件

纯音听力测试是标准化的听力检测方法，具有严格的测试条件：① 纯音听力计。一般情况下，纯音听力计需要包括 10～11 个频率作为测试信号，从高到低依次为 125 Hz、250 Hz、500 Hz、1000 Hz、1500 Hz、2000 Hz、3000 Hz、4000 Hz、6000 Hz、8000 Hz、10000 Hz。在测试过程中，为了避免非测试耳的参与，还可以使用听力计进行噪声掩蔽，通常在非测听耳加 30～40 dB 的噪音即可。② 隔音室。标准化的隔音室的墙壁、屋顶、地板都要有隔音和吸音装置，其室内噪声级不超过 30 dB。隔音室分为单室和隔室两种。单室时，测试者和受试者在同一房间内，测试者要避免受到自身语言或肢体语言的提示。隔室时，在两个房间之间安装单向玻璃和对话系统，方便测试者实时观察受试者的反应。

2. 纯音测试的过程

纯音听力测试包括气导听阈测试和骨导听阈测试两个部分。通常先进行气导测试，之后进行气导较佳耳的骨导测试，且进行骨导测试时需要进行噪音掩蔽。无论何种测试，国际

---

① 汤盛钦，曾凡林，刘春玲. 教育听力学[M]. 上海：华东师范大学出版社，2000：55-60.

标准规定的方法为升降法,即"降 10 dB 升 5 dB"的原则进行测试。在测试前,需要询问受试者的病史,对受试者的听力受损性质和程度有一定的了解;还需要向受试者解释测试仪器的使用、测试过程,让受试者做好心理准备并能准确配合测试。

(1) 气导听阈测试。气导听阈测试从较佳耳开始,通常测试从 1000 Hz 开始,声音强度为 40 dB。如果受试者做出反应可以以 10 dB 为一个等级逐渐降低,直至没有反应。然后以 5 dB 为一个等级逐渐加大测试音强度,直到受试者有反应。如此反复 3~5 次,只要在同一听力级上做出 3 次以上相同反应即为此频率的听阈。之后测试下一个频率,频率的顺序依次为:1000 Hz、2000 Hz、3000 Hz、4000 Hz、6000 Hz、8000 Hz、复测 1000 Hz。如果复测 1000 Hz,结果与第一次差 10 dB 以上应依次复测各频率,直到误差在 5 dB 以内。如果复测重复性很好,则可继续测量 500 Hz、250 Hz。然后,用同样的方法测试另一耳。[①]

测试时,给声刺激每次持续 1~2 秒,给声刺激之间的时间间隔不规则,但每次间隔应长于给声刺激的持续时间。

(2) 骨导听阈测试。骨导测验方法与气导测验方法基本相似。不同的是骨导听阈测试检察的是整个听觉传导通路的听力损失情况,骨导听阈测试能够了解听觉传导过程中的神经成分状况。骨导听阈测试时,噪声掩蔽和骨导振子所放置的位置显得尤为重要。在临床上都主张骨导测试时带上气导耳机,对非测试耳进行噪声掩蔽。骨导振子放置于耳廓后方的乳突部位,但应避免接触耳廓,在乳头和骨导振子之间也不能夹带头发,否则会把声音传到外耳道,造成测试误差。测试过程如下:① 受试耳戴好骨导耳机,对侧耳戴气导耳机,先不加掩蔽噪声测骨导听阈。② 于非测试耳加相当于该耳气导听阈级的掩蔽噪音,逐步加大噪声直至听不到纯音。③ 如噪声级比测试音高 40 dB 仍能听到纯音,则这一纯音级即为骨导听阈级。如纯音被掩蔽,则加大噪声直至又能听到纯音。④ 增加 5 dB 噪音级,如测试音听不到了,则加大纯音,直到加至重新听到纯音。重复这一步骤,直至连续两次增加 5 dB 噪声,纯音保持不变仍能听到纯音,此时即为骨导听阈。

(四) 行为测听

行为测听主要包括行为观察测听、视觉强化测听、游戏测听等方法,主要适用于年龄较小的儿童。详见本章第 1 节内容。

(五) 言语测听

在本章第 1 节"婴幼儿言语测听"中,对言语测听做了一些简单介绍。这里主要对儿童和成人言语测听的基本条件、基本项目及程序进行介绍。

1. 言语测听的基本条件

言语测听需要使用到的材料和设备有:言语听力计、隔音室、言语材料。

言语听力计需符合国家标准规定,通常具有信号输出、信号输入、噪声掩蔽、信号阻断、纯音测听等功能。

隔音室与纯音测听所需具备的隔音室条件相似,同样可分为单室和隔室两种类型(见本节)。测试者依据测试的具体需要进行选择。

言语材料内容多样,主要是指各种形式的言语测试表。在我国用于言语测听的材料主

---

① 韩德民,许时昂. 听力学基础与临床[M]. 北京:科学技术文献出版社,2004:277.

要为单音节词表、双音节词表、数字词表和短句词表等。常用的有张华等编制的"汉语最低听觉功能测试(MACC)"、张家禄编制的"汉语清晰度测试音节表"。近几年,张华等人又编制了"汉语测听词汇表(MSTM)",包括单音节词表、双音节词表、句表等部分,并进行了等价性评估和有效性分析。①②

作为言语测听最重要的条件,科学的言语材料需要满足以下条件:① 所选的词汇或句子为大家所熟悉的。② 所选词汇或句子在语音学上有差异性。③ 所选词汇或句子样本代表了当代普通话口语的语言并符合语音学规范。④ 各个词语或句表之间具有等价的可懂度。⑤ 便于科学研究和临床使用。③

2. 言语测听的基本项目和程序

言语测听项目众多,临床上常用的言语测试指标有:言语觉察阈限、言语接受阈限、言语识别率。

言语觉察阈限是指个体能察觉50%的言语信号所需的最低的言语级。在此言语级上,个体并不一定能够理解所觉察到的言语刺激。④ 进行言语觉察阈测试时,通常采用连续的言语声作为刺激,在受试者纯音平均听阈级之上30 dB开始进行测听。测试者以"降10升5"的原则提高或减低言语刺激声音的强度水平,直至受试者3次在同一刺激级做出反应,这一刺激级即为言语觉察阈。

言语接受阈限,也称言语识别阈,是个体能够清楚50%的言语信号所需的最低的言语级。一般采用扬扬格单词对此进行测试,也有采用单调的连续话语进行测验。测试时,先让受试者熟悉测试过程,之后以2~5 dB为一档降低语言级,每级至少向受试者播送两个检查项,直至受试者对此声级所给的检查项不能全部做出正确反应。此时,在此升级上再给以一组检查项(大于10个单项),以得分50%为基准,提高或下调语言刺激强度2~5 dB,直至受试者的反应正确率达50%,此言语声级就是言语识别阈级。⑤

言语识别率是指个体在特定言语级上能正确识别检查项目的百分比,其对个体病变的诊断、交流能力评价和康复效果评定等都具有重要的意义。通常采用音位平衡单音节词表进行测查。测查时,一般先从受试耳500 Hz、1000 Hz和2000 Hz纯音平均阈级上30~40 dB言语级开始,然后以5 dB为一档进行适当调整,直至测得最高的言语识别率,记录受试者的反应正确的单词数,并算出百分比。一般正常听力言语识别率可达90%~100%,达75%~90%者听说话有轻度困难,达60%~75%者听说话有中度困难,蜗后病变者的言语识别率可能低于30%。

二、客观测听法

客观测听法是不需要受试者主观配合的一大类测听方法的总称。以受试者接受声音刺

---

① 张华,王靓,王硕,等. 普通话言语测听单音节词表的编辑与初步等价性评估[J]. 中华耳鼻咽喉头颈外科杂志,2006(5):26-30.

② 同上。

③ 张华,陈静,王硕,等. 汉语(普通话)语句测听句表的编辑与评估[J]. 中华耳鼻咽喉头颈外科杂志,2005(40):774-778.

④ 汤盛钦,曾凡林,刘春玲. 教育听力学[M]. 上海:华东师范大学出版社,2000:82.

⑤ 韩德民,许时昂. 听力学基础与临床[M]. 北京:科学技术文献出版社,2004:312.

激后引起生理反应,如中耳对声音的阻抗现象、脑干电位等,来判断受试者的听力状况。此种检查法包括声导抗测听法、耳声发射、电反应测听法等。采用客观测听法进行听力检查,结果客观、准确性高,适用于无法主动配合检查的受试者,如婴幼儿、精神病患者等。由于耳声发射在本章的第 1 节中做过介绍,而且主要用于新生儿听力筛查,故以下简要介绍声导抗测听法和电生理测听法。

(一)声导抗测听法

声导抗测听法是测定中耳传音系统功能和脑干听觉通路功能的方法。其基本方法是将一定强度的探测音引入密闭的外耳道中,通过平衡系统监视其中声压级的变化,以测知鼓膜和听骨链对声音的接收和容纳能力。声导抗测听一般由专门的声导抗测试仪进行测查。由于其客观特性,声导抗测听可用于证实或补充其他测听方法的不足。对一般行为测听不能配合的患者,可用声阻抗测听来进一步检查。

1. 基本原理

声导抗测听的基本原理是:当声音以声波的形式到达鼓膜时,一部分声能被吸收并传导,一部分声能被反射回来或是在克服中耳介质中损失。被吸收和传导的声能被称为声导纳,而被反射回来或损失的部分声能称为声阻抗。中耳声阻抗越大,声顺越小,则传导的越少,反射或损失得越多。通过对声导抗和声阻抗的测量可以了解中耳传音系统的功能。

2. 声导抗测听项目和程序

声导抗检查的基本测试项目有鼓室功能曲线、静态声顺值、镫骨肌声反射。这里重点介绍鼓室功能测听和镫骨肌反射测听。

鼓室功能测听是测定外耳道压力变化过程中鼓膜和整个听骨链传音系统对探测声能的变化情况。测量时,将耳塞探头塞入受试测外耳道内,压力调至+200 毫米水柱,鼓膜被向内压紧,声顺变小;将外耳道压力逐渐减低,鼓膜渐移回原位而变松弛,声顺增大,直到外耳道与鼓室压力相等时,声顺最大;超过此点后,外耳道内变成负压,鼓膜又被向外吸紧,声顺变小。如此在外耳道压力变化影响下,鼓膜连同听骨链对探测音顺应性变化的全部过程,可画出一条峰形曲线,即鼓室功能曲线。该曲线分为正常型、低峰型、高峰型、平坦型和鼓室负压型。通过不同曲线可客观地反映鼓室内各种病变的特性,并显示鼓室压力,对鉴别诊断有重要意义。

简单而言,镫骨肌反射是指耳朵受到声音刺激时,镫骨肌收缩的结果。它有利于增加中耳传导途径的劲度以阻止过大声音传入内耳造成内耳损失,可采用声导抗仪进行测听。每次测听时在同侧耳用 1000 Hz、105 dB 的两个刺激,引起镫骨肌反射收缩。正常情况下,纯音听阈 0~10 dBHL 时,镫骨肌反射阈为 70~95 dB。由于面神经和听神经参与了镫骨肌反射,因此可以通过镫骨肌反射鉴别感音神经性耳聋是蜗后性的还是蜗性的。如果感觉神经性耳聋是蜗性的,镫骨肌反射阈值比正常人要低。纯音听阈与声反射阈之差小于 60 dB 表示有重振现象,是耳蜗病变的重要指征。

(二)电生理测听法

电生理测听是指利用声信号刺激受试者听觉系统中末梢神经至中枢通道产生神经冲动,利用计算机记录这些神经冲动电位的放大、叠加,以此判断受试者听力状况的测听方法。根据电生理测听所记录的听觉系统部位的不同,可以分为耳蜗电图、脑干电反应和皮质电反应。其中,耳蜗电图记录的是听觉系统末梢的电位。脑干电反应和皮质电反应记录的是中枢神经系统所发出的电位。它们都可以用于客观测定个体的真实听力,反映毛细胞、听神经和中枢神经的功能。临床上多用于婴儿、伪聋及精神病人的听力测试。

耳蜗电图记录三种电位:耳蜗微音器电位、总和电位、听觉神经动作电位。耳蜗微音器电位来自于耳蜗基底回的外毛细胞;总和电位是由内耳基底膜非线性振动而引起的耳蜗支流电位;而听觉神经动作电位是许多耳蜗神经纤维兴奋时发出冲动的综合电位。测试采用听觉诱发电位仪进行记录。记录时,反转电极置于鼓膜后下方,参考电极置于对侧耳垂、乳突或额头上,采用每秒 5~11 次的短声作为刺激交替给予,滤波频谱范围为 10 Hz~3000 Hz。耳蜗电图记录适用于婴幼儿及不合作的成年人听阈的测定,能够用于传导性聋、非器质性聋、伪聋的鉴别以及突发性聋的诊断、预后的估计。

脑干电反应主要指快速听性脑干反应,这在本章第 1 节里已做介绍,这里不再复述。

第 3 节 听觉补偿与重建

对婴幼儿的早期筛查和听力诊断最终的目的是为了对其所存在的听力缺陷进行弥补,帮助他们发展残余听力。进行听力补偿的方法有多种,如:佩戴助听器、人工耳蜗植入、人工中耳以及其他听觉辅助设备的应用。

一、助听器

助听器是将声音信号放大并传入耳内的弥补性装置,它有助于提高听力障碍者的听觉能力。助听器是目前使用最为广泛的人工助听技术,主要适用于感觉神经性耳聋、部分混合性聋以及少部分传导性耳聋的群体。

(一)助听器的工作原理

任何一款助听器都主要由四部分组成:传声器、放大器、接收器、电池。传声器即麦克风,作用是将声波转换成电信号,并传送至放大器。放大器把接收到的电信号进行放大、滤波后,传送给接收器。接收器将放大了的电信号再转换回声波,输出至耳道。电池是维持助听器工作的能量来源,类型多样,目前使用较多的是锌-空气电池,其电量足、价格适中,且对环境无污染。

(二)助听器的类型

助听器的发展历史悠久。传统上,有盒式助听器、眼镜式助听器、耳背式助听器、耳内式助听器、耳道式助听器、骨导式助听器六种。盒式助听器和眼镜式助听器出现较早,由于它们的本底噪声高,缺陷明显,目前很少使用,正逐渐被淘汰。耳背式助听器体积小、功率大、失真小、外形美观,是世界卫生组织推荐发展中国家首先使用的助听器。[①] 耳内式和耳道式助听器造型精巧,佩戴舒适方便,适合轻度、中度、重度听力障碍者使用。骨导式助听器适用于先天性发育不全的患者适用,如外耳道闭锁、耳部畸形,也适用于具有骨导听力损失的传

---

① 卜行宽. WHO《发展中国家助听器及其服务指南》在我国的推广和应用[J]. 中国医学文摘耳鼻喉科学,2009,24(2):63-64.

音性和混合性耳聋。①②

随着技术的发展,近年来开发出了新式助听器,应用较为广泛的是骨锚式助听器。它是20世纪80年代发展起来的一种特殊骨导式助听器,是一种植入式的助听装置。骨锚式助听器包括三个部分:钛质植入螺钉、外部连接桥基、可拆分的声音处理装置。钛质螺钉须通过手术植入颅骨的乳突腔内,声音处理器则通过卡口式连接固定于桥基上,便于安装和拆卸。骨锚式助听器适用于各种原因导致的传导性和混合性听力损失、单侧感音神经性听力损失以及无法佩戴传统助听器的个体。

与传统助听器相比,骨锚式助听器通过植入的方式确保了该装置的安全性和稳定性;由于不堵塞外耳道,有利于减少外耳道感染发生率、避免佩戴区域疼痛不适。同时,声能直接经颅骨传递,免除了软组织的干扰,降低了声反馈啸叫的发生,提高了声音传送效率且音质好。但与其他骨导式助听器相似,骨锚式助听器在群体交流环境中的助听效果一般。③

助听器技术仍将继续发展,并呈现出两个明显的趋势:第一,为了满足佩戴者美观的需要,助听器日益微型化,从早期的盒式发展至今天的深耳道式。第二,为了提高助听器的性能,助听器日益数字化,从最初的模拟声音处理模式发展成为全数字式的声音处理模式,提高了言语理解度和佩戴舒适度。

(三) 助听器的选配

选择合适的助听器有助于促进听觉障碍儿童的康复,但并不是价格越昂贵的助听器就一定越好。需要在专业人员的指导下,对听觉障碍儿童的听力损失及助听器相关知识进行了解,并采用相关验配技术进行助听器选配。具体的验配过程可以分为以下三个阶段。

第一阶段:了解听觉障碍者的基本信息。

这一阶段需要做的工作包括收集听觉障碍者的一般资料、询问疾病史、进行儿科常规检查、裸耳听阈测试和各项听力检查等。一般情况下,听力损失<80 dBHL的感觉神经性聋患者首选使用助听器。

第二阶段:选择合适的助听器和耳膜。

根据第一阶段中收集的听觉障碍者基本信息,在这一阶段要确定助听器选配耳、选择适合听觉障碍者的助听器类型并配制耳膜。

助听器佩戴耳有单耳和双耳两种选择。除非一耳全聋,通常都要坚持双耳佩戴助听器。如因故只能单耳配用时,要遵循以下原则确定佩戴耳:① 如双耳听力损失均<60 dB,应选择听力差的一侧。② 如双耳听力损失均>60 dB,应选择听力好的一侧耳。③ 如双耳听力损失相差不多,应选择听力曲线平坦的一侧。④ 应选择生活中习惯使用的"优势耳"一侧。④

选择助听器类型时,除了要考虑听力障碍者的年龄、病因、听觉障碍类型和程度等因素外,最重要的是要考虑最大声输出。最大声输出的选择需要遵循以下原则:① 轻度听觉障碍者选择最大声输出<105 dB(SPL)的助听器。② 中度听觉障碍者选择最大声输出为115~

---

① 郗昕. 助听器选配[J]. 中华耳科学杂志,2004,2(1):76-78.
② 汤盛钦,曾凡林,刘春玲. 教育听力学[M]. 上海:华东师范大学出版社,2000:119.
③ 李洁,赵守琴. 骨锚式助听器研究进展[J]. 听力学与言语疾病杂志,2009,17(2):175-178.
④ 中国残疾人康复协会听力语言康复专业委员会. 助听器验配操作规范[试行][J]. 中国康复理论与实践,2009,15(4):393-394.

124 dB(SPL)的助听器。③ 重度听觉障碍者选择最大声输出为 125～135 dB(SPL)的助听器。④ 极重度听觉障碍者选择最大声输出为 135 dB(SPL)的助听器。①

耳膜材料要选择对人体无伤害、不产生热、无变形、符合国家标准的产品。如果听觉障碍者是儿童，随着儿童耳廓和外耳道的发育，耳膜还需要定期进行更换。一般情况下，1 岁以内的儿童，3～6 个月更换一次；1～2 岁期间，6～9 个月更换一次；2～3 岁期间，9～12 个月更换一次；3 岁以上，每年更换一次。②

第三阶段：助听器调试。

该阶段要让听觉障碍者试戴助听器，对助听器听阈进行初步测试，并初步确定助听器的音量、音阈、声输出及增益位置。可多次调试助听器，如果效果仍不满意，需更换助听器。

（四）助听器适应性训练和效果评估

选配好助听器之后，需要对听觉障碍者进行适应性训练，教会他们如何使用助听器，如何使助听器的作用达到最大的听力补偿效果。还需要对助听器的听力补偿效果进行评估，以便对助听器进行重新调试。

1. 助听器适应性训练

助听器适应性训练阶段是为了让听觉障碍者学习使用助听器，并逐渐适应助听器所带来的声效。训练时，一般遵循三个原则：① 每天佩戴的时间由短到长。② 助听器的音量由小逐渐增大。③ 聆听的声音由简单音逐渐过渡到复杂音。一般情况下，适应性训练周期为 1～2 个月，如果听觉障碍者能够听辨测试音并作出正确的反应，就可以过渡到下一个阶段。③

2. 助听器效果评估

此阶段是对听觉障碍者佩戴助听器后对听力补偿效果的评估。评估的方法有听觉能力数量评估和听觉功能评估两类。前者是使用啭音、窄带噪声或主频明确的复合音在特定条件下测试听觉障碍者助听器听阈，可选择的方法有视觉强化测听、游戏测听及应答测听等；后者是采用言语测听方法来测量佩戴助听器后听觉障碍者的语言识别阈和语言识别率以评价助听效果。我国残疾人康复委员会将助听效果分为四级：一级为最适范围，音频感受范围在 250～4000 Hz，言语最大识别率在 90% 以上；二级为适合范围，音频感受范围在 250～3000 Hz，言语识别率在 80% 以上；三级为较适范围，音频感受范围在 250～2000 Hz，言语识别率在 70% 以上；四为看话范围，音频感受在 1000 Hz 以内，言语最大识别率在 44% 以上，需借助看话来理解语言。④

二、人工中耳

人工中耳，又称植入式助听器，是将声波转化为机械振动，直接振动听骨以有效刺激内

---

① 中国残疾人康复协会听力语言康复专业委员会. 助听器验配操作规范[试行][J]. 中国康复理论与实践，2009(4): 393-394.
② 同上。
③ 孙喜斌. 聋儿助听器选配(第 4 节)[J]. 现代康复，2000，4(7): 1118-1119.
④ 中国残疾人康复协会听力语言康复专业委员会. 助听器验配操作规范[试行][J]. 中国康复理论与实践，2009(4): 393-394.

耳、听神经和中枢的可植入体内的一种微型助听设备。人工中耳于20世纪80年代发展起来，与传统的助听器相比，它不再是将声波能量进行扩大传入耳内来获得增益，而是通过将声波能量转化为机械能来获得增益。因此，它传送的声音更加逼真自然，还能避免啸叫声的产生。

（一）人工中耳工作原理

人工中耳主要由麦克风、放大电路、连接器、电池、感应线圈、振动器六部分组成，其中振动器是由固定板、支柱及二片逆性压电陶瓷板黏合而成，是人工中耳的核心部分。[①] 其工作原理主要包括三个部分：一是用麦克风接受外界声音，将声能转化为电能；二是经过接在电池上的电路将电脉冲放大，其装置包括放大器、电池等；三是根据电磁感应原理，通过电磁线圈将与听骨链直接接触的振动器振动，即放大的电脉冲又转换为机械振动。之后机械能直接而高效地传递到内耳的淋巴液，使得淋巴振动，从而刺激听觉末梢感受器产生听觉。

（二）人工中耳的类型

根据植入元件不同，人工中耳可分为全植入式人工中耳和部分植入式人工中耳两种类型。全植入式人工中耳将麦克风、放大电路、连接器、电池、感应线圈、振动器全部植入体内。目前此类助听器多采用压电陶瓷晶片作为传感器，其工作过程无需将电信号转换为磁信号，能量消耗少，更省电。全植入式人工中耳较为美观，且能够满足个体适应特殊场合的需要，如游泳、淋浴等。因此，全植入式人工中耳更加受到推崇。但是目前此类人工中耳手术要求精确、难度大，临床应用比较少。部分植入式人工中耳是只把感应线圈、振动器植入体内，其他设备置于体外的助听装置。因此，部分植入式人工中耳可以分成体内部分和体外部分两部分。相比全植入式人工中耳，部分植入式人工中耳进行手术的难度较小，临床运用的也比较多。但是部分植入式人工中耳仍然需要一个外部装置容纳初级线圈，没能达到美观的标准。[②]

根据振动器产生振动的不同原理，又可以将人工中耳分为压电式人工中耳和电磁感应式人工中耳两类。压电式人工中耳是将电信号转化为电磁场而驱动附着于听骨链上的磁铁振动；而电磁感应式人工中耳是将电信号转化为电磁场进而驱动附着于听骨链上的磁铁振动。

（三）人工中耳的植入

人工中耳最早应用于传导性或混合性听力损失的患者，后来开始运用于感音神经性听力损失的患者、先天性外中耳畸形导致的传导性听力损失患者。目前主要用于感音神经性听力损失患者，且仅用于成年人（大于18岁）的听力补偿。在临床运用中，适合人工中耳植入的听觉障碍者至少需要满足两个最基本的条件：① 听觉障碍者必须残存一定的耳蜗功能；② 佩戴传统助听器无法满足听觉障碍者的需求。

在此基础上，部分植入式人工中耳和全植入式人工中耳对植入个体的听力状况和生理状况还具有不同的要求。一般而言，进行部分植入式人工中耳植入的个体气骨导差值≤10 dB，言语识别率＞60%，近两年的听力波动＜15 dB，无中耳炎、外耳道炎、中耳手术历

---

① 任重，金济霖. 人工中耳的基础和临床[J]. 国外医学耳鼻喉科学分册，1989，13(3)：133-135.
② 赵守琴，韩德民. 植入式助听器[J]. 中国耳鼻咽喉头颈外科，2008，15(4)：193-196.

史,植入部位皮肤无异常。进行全植入式人工中耳植入的个体需要满足以下条件：频率大于 3000 Hz,听力损失为 90 dB;500 Hz 时,听阈≤30 dB;200~500 Hz 时,听阈≥30 dB,两耳听力相差≤20 dB;在生理上,乳突气化比较好。①

不同的人工中耳,植入的方式也不一样。全植入式人工中耳多采用耳后切口,完成乳突轮廓化后,经面神经隐窝打开后鼓室,再植入各元件。部分植入式人工中耳也采用耳后切口的方式植入,但一般将植入体的线圈固定于耳蜗,将浮置转换器置于砧骨或是圆窗上,外体置于耳后与植入体相对应。②

（四）人工中耳植入效果评估

人工中耳属于比较新的助听器技术,尚处于研究开发阶段,进行人工中耳植入还存在一定风险。影响人工耳蜗植入效果的因素多样,主要来自两个方面：第一,人工中耳植入手术需要对听骨链进行操作,如果植入的人工中耳的振动幅度过大,可能会对蜗内结构造成急性创伤而加重感音神经性耳聋,表现为术后骨导阈值升高。第二,人工中耳植入体的牢固程度也会影响植入效果。植入体松动后会对听骨链形成额外的压力和重力,并不断对其进行运动冲击,从而导致接触部位的骨质吸收。③ 所以对人工中耳植入效果的评估显得较为重要。与佩戴助听器效果评估相似,对人工中耳植入手术的评估也包括：助听听阈、言语识别率、满意度问卷调查等。目前,尚未形成比较统一的标准。

人工中耳在国外已经发展了 30 多年,自 20 世纪 90 年代以来我国也有部分学者进行了研究。作为一种新的助听技术,其给不适合佩戴助听器的听觉障碍者带来了福音。虽然人工中耳价格昂贵,手术存在一定困难,且无法替代传统的助听器,但它具有自身无法比拟的优势,必将在听觉障碍者的康复中占据一席之地。

三、人工耳蜗

人工耳蜗,又称电子耳蜗,是一种特殊的永久性植入到耳蜗中的声-电转换装置,其功能是取代内耳毛细胞直接电刺激听神经而产生听觉,对帮助感音性神经耳聋的患者恢复听力和语言交流能力具有极大的作用。

人工耳蜗已经发展了 20 多年,随着技术的日新月异,已从最初的单导装置发展为如今的多导系统,并开始逐步进行全植入式人工耳蜗的研发,同时,进行人工耳蜗植入的年龄也日益降低。2000 年,美国食品和药物管理局批准儿童人工耳蜗植入术的最低年龄为 12 个月,部分有丰富经验的中心甚至把最低年龄的限制降到 6 个月。

（一）人工耳蜗的工作原理

目前市面上人工耳蜗品种繁多,但其组成部分和工作原理大致相同。一般而言,人工耳蜗有五个主要组成部分：体外麦克风、言语处理器、传送线圈、接收器-刺激器、电极。人工耳蜗的工作原理是麦克风拾取体外声音信号,并将声音信号转换成电信号,传送至言语处理器;言语处理器对接收到的电信号进行分析并转换成合适的电刺激传送至埋植于耳蜗内的

---

① 刘翔,郑亿庆. 中耳植入式助听器的研究进展[J]. 听力学及言语疾病杂志,2002,10 (4)：273-275.
② 同上.
③ 宋炳楠,蔡超,李永新. 人工中耳发展现状[J]. 国际耳鼻喉头颈外科杂志,2008,32(6)：348-351.

电极;电极受到电刺激产生电流作用于耳蜗残存的螺旋神经节细胞的周边末梢或细胞体,促使其产生神经动作电位并经神经中枢听觉通道传入听觉皮层产生听觉。[①]

（二）人工耳蜗的类型

根据植入体内电极的数量,人工耳蜗可分为两类:单导人工耳蜗和多导人工耳蜗。单导人工耳蜗是人工耳蜗技术初期发展的产物,只植入一个电极,对基底神经节的刺激有限,所能引发的神经动作电位较为微弱。单导人工耳蜗只能帮助患者感知环境的声音,却因为缺乏频率信息,不能帮助患者识别言语。因此,目前单导人工耳蜗已不再使用。多导人工耳蜗,顾名思义,是植入了多个电极,一般为8~22个电极。它能够刺激更多的耳蜗部位,诱发更多的神经动作电位,因此能分辨多种音调,对言语识别较好,目前临床所使用的多为此类型。

根据植入元件划分,人工耳蜗也可分为部分植入式人工耳蜗和全植入式人工耳蜗。部分植入式人工耳蜗分为体内部分和体外部分。接收器-刺激器和电极为植入体内部分;体外麦克风、言语处理器、传送线圈为体外部分。而全植入式人工耳蜗将植入式的传感器替代体外麦克风,随同言语处理器和传送线圈一起植入中耳腔内。但目前临床所使用的人工耳蜗都是部分植入式人工耳蜗,全植入式人工耳蜗还在研制中,有学者估计将在2~3年内问世。[②]

（三）人工耳蜗植入

并不是所有的听觉障碍者都适合人工耳蜗植入,在进行人工耳蜗植入之前需要对请求植入人工耳蜗的听觉障碍者进行听力状况、语言能力及佩戴助听器历史等进行综合性的评估,并根据适应症标准选取进行人工耳蜗的植入手术。

1. 人工耳蜗的适应症和禁忌症

各国对人工耳蜗的适应症和禁忌症都进行了规定。我国于2003年"人工耳蜗植入工作指南"里对人工耳蜗适应症和禁忌症作了规定,并于2006年卫生部刊发的"人工耳蜗临床技术操作规范"里进行了修订。[③]

（1）人工耳蜗植入适应症具体规定如下。

语前聋患者:双耳重度或极重度感音神经性聋;最佳年龄应为12个月至5岁;助听器选配后听觉能力无明显改善;家庭对人工耳蜗有正确认识和适当的期望值。

语后聋患者:双耳重度或极重度感音神经性聋;各年龄段的语后聋患者;助听器选配后言语识别能力无明显改善;对人工耳蜗有正确认识和适当的期望值。

（2）人工耳蜗植入禁忌症相应规定如下。

绝对禁忌症:内耳严重畸形病例,如Michel畸形或耳蜗缺如;听神经缺如;严重的精神疾病;中耳乳突化脓性炎症尚未控制者。

相对禁忌症:全身一般情况差;不能控制的癫痫。

一直以来,内耳畸形患者一直被排除在人工耳蜗植入候选者之外,但随着技术的提高,

[①] 韩德民,许时昂. 听力学基础与临床[M]. 北京:科学技术文献出版社,2004:545-548.
[②] 迟放鲁,吴拥真,康厚禹,等. 全植入式人工耳蜗的研究进展[J]. 中国医学文摘耳鼻咽喉科学,2009,24(5):241-242.
[③] 卫生部. 人工耳蜗临床技术操作规范. 2007.

耳蜗发育不全、耳蜗分离不全/畸形、共同腔畸形患者也能选择性地接受人工耳蜗植入手术。[①]

2. 人工耳蜗植入术前评估

术前评估的目的是通过听力学和医学的综合评价以判定患者是否适合实施人工耳蜗植入手术。所需要进行的术前评估包括以下内容。[②]

(1) 医学评估。医学评估主要是检查听觉障碍者的总体身体健康状况，听力损失的病史、病因以及耳蜗和外耳、中耳的发展状况，为选择合适的方案和手术侧别提供依据。总体健康状况主要通过医院的各项常规检查进行，而听力损失的病史可通过问卷形式获取信息。对病因及耳部发展状况的了解主要通过影像学技术，包括对耳蜗进行计算机辅助断层成像(CT)和磁共振成像(MRI)，以了解是否发生耳蜗缺失或畸形。

(2) 听力学评估。听力学评估包括声导抗测听、耳声发射、听性脑干诱发电位、言语测听等内容，目的在于量化听觉障碍者术前的听力、交流能力以及使用听力补偿装置的成效。

(3) 心理/康复评估。这部分评估包括对听觉障碍者的家庭生活状况、家庭支持体系、教育状况、职业状况进行评估。目的在于了解听觉障碍者对人工耳蜗植入的效果预期和康复能力。

3. 人工耳蜗植入

目前一般的人工耳蜗植入手术已经基本标准化，包括切口、乳突切开、创建植入体骨床、后鼓室切开、耳蜗开窗、电极植入、植入体固定和关闭切口八个基本步骤。在植入的过程中，要注意对植入者残余听力进行保护。

术后，一般2~4周开机，并开启外部装置进行调试。调试内容有：通过测试电极阻抗了解植入体的工作状况；测试并设定各通道的电刺激阈值和最大舒适值；进行实时聆听，根据受试者的反应进行适当调整后保存调试结果。

(四) 人工耳蜗植入术后康复和评估

人工耳蜗植入后，需要进行听力语言康复训练和术后评估，术后听力语言康复训练是为了帮助患者在日常生活中能够适应并正确使用人工耳蜗装置；术后评估则是对人工耳蜗植入后所达成的听力补偿效果进行检测，并对人工耳蜗进行再次调适。

1. 术后听力语言康复训练

术后康复训练包括听力训练和语言训练两个部分。听力训练包括声音觉察、声音辨别、声音理解等方面的内容，其最主要的目的是帮助听觉障碍者利用人工耳蜗倾听各种声音，逐渐适应各种声音，并步入有声社会。语言训练部分包括词汇积累、单词表达、句子表达、对话、聆听技巧训练等内容，使得听觉障碍者逐渐能够听懂他人的语言，并习得灵活运用语言。除此之外，康复训练还应该包括人工耳蜗使用方法的介绍、社会情感培训等支持性服务。

进行听力语言康复训练的具体方法有两种：听觉口语训练法和情境自然口语疗法。听觉口语训练法强调个案训练，提倡为听觉障碍者提供良好的语言学习环境，尽早学习聆听语言和各种声音，从而形成交流能力。情境自然口语疗法提倡在随机或人为的自然生活环境

---

① 曹克利. 人工耳蜗植入技术及其进展[J]. 中国医学文摘耳鼻咽喉科学，2007, 22(5): 259-261.
② 郗昕，冀飞，洪梦迪. 人工耳蜗技术报告(Ⅲ): 人工耳蜗植入前的评估和候选[J]. 中国听力语言康复科学杂志，2006, 16(3): 33-35.

中,引导听觉障碍者主动与人交往,学习说话,使听觉障碍者形成和发展语言。[①]

2. 术后评估

康复训练后,就可以进行人工耳蜗植入的效果评估,主要包括医学评估、听力学评估、言语评估和语言评估。其中医学评估、听力学评估和言语评估基本与术前评估相似(这里不再复述),而语言评估主要包括语音清晰度、词汇量、模仿句长、听话识图、看图说话、主题对话六项内容,评估多采用中国聋儿康复中心和全国聋儿康复工作协调办公室编制的《聋儿听觉言语康复评估方法指导手册》中的相关测试内容进行。

四、辅助听觉设备

辅助听觉设备是指助听器和植入装置以外的帮助听觉障碍者更好地感知环境声音并做出反应的辅助听觉设备。这些设备不仅可以放大声音,也可以将声音转换成视觉、触觉信号,以帮助听觉障碍者与他人沟通,或增强他们独立生活的能力。它是助听器、人工中耳、人工耳蜗的有利补充。

目前的辅助听觉装置种类较多,根据功能可以分为四类:声音增益系统、电视辅助系统、电话辅助系统、警觉信号系统。其中声音增益系统又包括无线调频系统、感应线圈系统、红外线系统、有线连接器件等,主要用于帮助听觉障碍者提高与人沟通的能力。电视辅助系统、电话辅助系统及警觉信号系统的主要功能是帮助听觉障碍者增强独立生活的能力。以下将对这些系统做简要的介绍。[②][③]

(一) 无线调频系统

无线调频系统是目前运用最为广泛的辅助听觉装置,多用于教室的教学。该系统主要由发射器和接收器两部分组成,接收器与助听器或人工耳蜗相连,发射器戴在说话者的身上或放在讲台上。使用时,发射器的麦克风接收环境中的听信号,发出无线调频信号,接收器将其捕获、放大并发送至听觉障碍者使用的助听设备。该系统的优势在于能够消除距离对言语理解的影响,而且不仅可以一对一地使用,也可以一对多地使用。

(二) 感应线圈系统

感应线圈系统是最早的辅助听觉设备,多用于聋校、家庭、影剧院、礼堂等公共场所,它由线圈和接收器(T档)两部分组成。麦克风接收声音信号后,将其传送至线圈产生磁场,T档将接收磁场的信号并将其传给带有T档的助听器进行放大后传至听觉障碍者的内耳。该系统使用起来价格较为低廉,但是容易产生磁场干扰,影响效果。

(三) 红外线系统

红外线系统由麦克风、二极管和耳机三部分组成。麦克风拾取声音信号,二极管将其转换成红外线光波弥散在环境中,听觉障碍者所佩戴的耳机将接收到的红外线光波转换成听信号并进行放大。红外线系统可用于剧院、会议室等公共场所,也可用于个人放大,但它不宜在室外使用,因为它容易受自然光线的干扰。

---

① 韩德民. 儿童人工耳蜗植入的术前评估和术后康复[J]. 中国听力语言康复科学杂志,2005,10(3):6-8.
② 韩德民,许时昂. 听力学基础与临床[M]. 北京:科学技术文献出版社,2004:568-574.
③ 王树峰. 康复听力学及其康复措施[J]. 中国听力语言康复科学杂志,2006,14(1):73-75.

(四) 有线连接器件

有线连接器件提供将声音与听音人之间的直接物理连接。它由麦克风、放大器和外部耳机组成。使用时,麦克风放置于声源处,声音由放大器接收放大并传递至耳机,之后传入耳内。此类辅助助听系统多用于社区医院、汽车、家庭等可以固定的场所。但是由于其受物理连线的限制,很难运用于公共场合。

(五) 电视辅助系统

电视辅助技术是帮助听觉障碍者改善感知电视声音信号的装置,它主要通过封闭式字母技术来实现。首先在电视信号的一个频段内隐藏说明字幕,然后听觉障碍者通过安装电视字幕解码器将文字显示出来。电视辅助技术对言语识别率低下的听觉障碍者极其有用。

(六) 电话辅助系统

由于言语辨别能力差,听觉障碍者在使用电话的过程中可能存在声音不清、音量不够大的问题,放大设备也无法满足他们的需要。这就需要设计新的技术帮助他们进行电话交流。目前使用较多的是文本电话技术,即通过标准的电报技术和电话线传递视觉信号。如果双方都是听觉障碍者,可以安置文本电话解码器,直接输入文本交流。如果有一方是听力健全人或听力较好的听觉障碍者,他们可以通过文本电话中继系统进行话语交流,话语由中继系统转换成文本传送给文本电话使用者。

(七) 警觉信号系统

警觉信号系统种类较多,包括闪光门铃、振动闹钟、闪光电话以及组合系统等。组合系统由一块腕表和几种传送器组成,腕表显示各种警觉信号的标志,并产生振动而被感知。传送器可以接受婴儿哭声和各种报警声,也可与门铃、电话、闹钟等连接,将声音信号通过无线方式传给腕表。警觉信号系统有利于提高听觉障碍者的生活自理能力。

本章小结

听觉障碍儿童的筛查、诊断与听力补偿在听觉障碍儿童的教育和发展中具有举足轻重的作用。听觉障碍儿童的早期筛查是听觉障碍教育的重要原则之一,已经被世界各国所重视。听觉障碍诊断是制订听觉障碍儿童教育计划的依据,听觉补偿有利于促进儿童语言的发展。

无论是对听觉障碍儿童的筛查还是诊断都包含两种基本的方法:客观测听法和主观测听法。在早期筛查中,客观测听法包括耳声发射、快速听性脑干反应等电生理方法,可组合成单一听力筛查技术方案、瞬态诱发耳声发射+快速听性脑干反应、耳声发射初筛+耳声发射复筛+快速听性脑干反应再筛三种筛查方案。对婴幼儿的主观测听方法包括主观行为测听、视觉强化测听、游戏测听等方法。听觉障碍的诊断所采用的方法基本与听力筛查方法相似。主观测听法包括了耳语测验、音叉测听、纯音听力测验、行为测听和言语测听等。客观测听法包括声导抗测听法和电生理测听法。主观测听由于需要受试者对声音刺激做出反应,适合具有主动配合能力的群体,其能够反映听神经至脑干到运动系统的整体功能和言语听觉能力;客观测听结果客观、准确性高,适用于无法主动配合检查的受试者,但其只能反应听觉障碍儿童中耳、耳蜗或听神经至脑干的发育状况。

听觉障碍补偿方法包括四种方式：佩戴助听器、人工中耳植入、人工耳蜗植入、使用辅助听觉设备。助听器是通过扩音的方式进行听力补偿，是最为普遍的听力补偿方法。听觉障碍者需要在专业人员的指导下进行助听器的选配并进行适应性训练和佩戴效果评估。人工中耳是通过机械振动的方式进行听力补偿，传送的声音更加逼真自然。但是人工中耳植入困难，应用较少。人工耳蜗是通过电生理刺激的方式进行听力补偿。近年人工耳蜗发展迅速，植入年龄已经拓展至婴幼儿，成为听力补偿的重要方式。人工耳蜗植入需要经历专业的术前评估、术后训练和术后评估等环节。辅助听觉设备是一种通过触觉、听觉、视觉达到听力补偿的装置，包括无线调频系统、红外线系统、有线连接器件、感应线圈、电话辅助技术、电视辅助技术及警觉信号系统等，有利于提高听觉障碍者与他人沟通的能力和生活自理能力。

本章思考题

1. 早期听力筛查的意义是什么？
2. 婴幼儿听力测试的具体方法有哪些？具体的操作过程和适用对象各是什么？
3. 主观测听法与客观测听法包括哪些测听方法？
4. 听力补偿的具体措施有哪些？

第3章 听觉障碍儿童的认知发展

学习目标

1. 掌握听觉障碍儿童感知觉及其发展特点。
2. 掌握听觉障碍儿童注意及其发展特点。
3. 掌握听觉障碍儿童记忆及其发展特点。
4. 明晰听觉障碍儿童思维及其发展特点。

如果将人看成是一个信息输入和输出系统,输入就是信息的接受过程,输出则是信息的产出过程。在输入与输出系统之间,我们的大脑对信息进行着感知、记忆、思维等信息的加工处理。注意虽不是一个独立的心理过程,但参与所有的心理过程,相当于一个信息监控设备。我们通过视觉、听觉、触觉、振动觉、语言运动觉等通道对外界信息进行感知,视觉、听觉、触觉、振动觉、语言运动觉等就是我们获得信息的输入途径。该系统的正常工作,是我们进行更高级心理活动的基础。对于部分或全部丧失听觉的听觉障碍儿童而言,其认知系统及其发展有何特点?本章将分别从听觉障碍儿童的感知觉、注意、记忆、思维四个方面来具体探讨听觉障碍儿童的认知发展特点。

第1节 注意的发展

注意是心理活动或意识对一定对象的指向和集中,是一种伴随着感知觉、记忆、思维等心理过程产生的心理特性或状态。虽然它本身并不是一种独立的心理过程,但它参与所有的心理过程。如学者乌申斯基说:"注意是我们心灵的唯一门户,意识中的一切,必然都要经过它才能进来。"①注意对听觉障碍儿童来说,同样具有重要意义。但由于听力损失,他们只能"以目代耳"去感知事物,致使注意的产生和发展受到影响和限制,难以达到正常儿童注意的水平。

一、视觉注意

对正常儿童来说,一般引起和保持他们注意的刺激主要来自两方面,即视觉和听觉。如看书入迷是视觉刺激引起注意的高度集中,而听音乐入迷则是听觉刺激引起注意的高度集中。但听觉障碍儿童因听力部分或全部丧失,往往更多采取"以目代耳"去认识世界。其优

---

① 张宁生.听力残疾儿童心理与教育[M].大连:辽宁师范大学出版社,2002:43.

势兴奋中心主要产生和保持在视觉感受区,注意大都是由视知觉刺激引起的。[①] 可见,视觉注意在听觉障碍儿童的发展中扮演着重要的角色。

(一) 不同视野下的视觉注意加工

视野可以分为中央视野和外周视野。一般情况下,普通个体的中央视野能力优于外周视野能力。与普通儿童相比,听觉障碍儿童在这两个视野条件下的视觉注意加工却表现出了差异性。

1. 中央视野下的视觉注意加工

在不同的视觉加工任务上,听觉障碍儿童在全视野或中央视野上的视觉注意加工具有差异性。不少实验研究发现,在不需要大量注意资源的低水平视觉任务上,如:在对比度、形状和时间辨别等方面,听觉障碍者并没有表现出比听力正常者更好的成绩或更高的加工效率;而在高水平的视觉任务,也就是需要大量注意资源的任务上,如:面孔加工、客体的空间建构和转换及视觉运动刺激加工等方面,听觉障碍者则表现出更好的成绩、更高的加工效率或者显示出更有效的加工。[②]

而在视觉搜索任务方面,听力正常者显示出正常的不对称性视觉搜索模式;而先天聋者却表现出一种对称性视觉搜索模式,两种条件下均为平行加工。[③][④] 这说明当任务需要系列加工,即对注意性加工的需求更高时,先天聋被试的视觉加工更加有效,存在感知觉的补偿性增强。

2. 在外周视野中的注意加工

不同的实验数据从事件相关电位、行为数据以至功能性磁共振成像角度发现,听觉障碍者在完成实验任务时,外周视野的注意资源增加,注意效率提高,明显优于听觉正常者在这个视野的表现。可以认为,对于在外周视野和中央视野上的注意加工机制的差异,听觉障碍者与正常人不同,他们的外周视野下的注意加工更发达。

是什么原因导致了听觉障碍者外周视野加工机制的增强?是因为听觉缺损使他们不得不坚持从外周视野中获得、补充环境信息久而久之练就的,还是因为长期使用落在视野下部的手语而潜移默化形成的?研究者使用这样一种范式进行探讨:[⑤]在实验中除了先天聋和听力正常被试组之外,再加入一个对照组,称为聋人的听力正常子女组(Hearing Offspring of Deaf,简称 HOD)。他们是父母为聋人的听力正常人,并且与其他先天聋被试在相同的年龄从父母那里学会手语,即他们与先天聋被试有相同的手语经验,但听力正常。如果实验结果是在某种认知作业上,听力正常被试与先天聋被试之间有显著差异,而先天聋被试和 HOD 组被试之间无显著差异,则说明先天聋被试在该作业上认知能力的改变由使用手语的经验造成。如果实验结果为先天聋被试与听力正常被试和 HOD 组被试之间的差异均显

[①] 吴永玲,国家亮. 聋童注意的特点及其培养[J]. 特殊儿童与师资研究,1994(2):31-34.

[②] 张明. 听觉障碍人群的注意加工机制[J]. 中国特殊教育,2005(8):11-14.

[③] Stivalet, P., Moreno, Y., Richard, J., et al. Differences in visual search tasks between congenitally deaf and normally hearing adults[J]. Cognitive Brain Research,1998(6):227-232.

[④] Treisman, T., Gormican, S.. Feature analysis in early vision:evidence from search asymmetries[J]. Psychological Review,1988(95):1548.

[⑤] 张明. 听觉障碍人群的注意加工机制[J]. 中国特殊教育,2005(8):11-14.

著,则说明先天聋被试认知加工能力的改变是由早期听觉剥夺本身造成,而与手语使用经验无关。内维尔(Neville)和同伴的实验均报告出了后一种结果,这说明听觉障碍者的外周视野加工机制的增强是由听力损失本身造成的,而不是长期使用手语造成的。

(二)视觉注意的保持

注意的保持是指注意保持在某件事物或活动上的时间长短,是注意稳定性的表现。保持时间长则稳定性好,反之则稳定性差。霍姆(Hom)等人在考察影响先天耳聋被试视觉注意保持性的因素时发现,先天性耳聋儿童在注意保持性任务上的成绩好于听力正常儿童。[1]

但是在共同注意的保持上,听觉障碍儿童表现出了缺陷。米切尔(Mitchell)和同伴用儿童行为量表,通过听觉障碍儿童的父母和教师的填写来评定听觉障碍儿童行为问题的产生,证实听觉障碍儿童是不成熟的、冲动的、粗心的,不能有效使用社会和环境线索与他人共同注意一件事物。

(三)视觉注意的发展

听觉障碍儿童视觉注意出现的时间与普通儿童相差无几,但听觉障碍儿童视觉注意的发展稍微滞后于普通儿童。有研究发现,普通儿童视觉注意的快速发展期是在7~8岁,而听觉障碍儿童的快速发展期延迟到了8~9岁。[2]

(四)充分利用听觉障碍儿童的视觉注意,促进其发展

在对听觉障碍儿童进行教育康复训练的时候,需要注意在交流之前引起他的注意。而听觉障碍儿童只能通过肢体动作、面部表情、嘴唇运动和手语来理解。因此应充分利用其视觉注意引起注意,引发交流的开端。具体的方法有以下几种。

第一种,在他视力所及的范围内摇手,叫他的名字。

第二种,停下所有的动作。如果在运动过程中突然完全停下来,尤其是当手里拿着东西的时候,听觉障碍儿童很有可能会很好奇停止的原因而看教育者的脸,从而引起其注意。

第三种,把吸引听觉障碍儿童的物体拿到你的面前,在交流时,听觉障碍儿童通常对物体更感兴趣,利用这个方法,可以使其注意到那个物体和脸。

第四种,把手指向吸引听觉障碍儿童注意的物体,或者走到那个物体前面打手势或手语。[3]

二、无意注意、有意注意与有意后注意

(一)无意注意占优势

无意注意又称为不随意注意,是指事先没有目的也不需要意志努力的注意。[4] 它是在对要注意的东西没有任何准备也没有明确认识任务的情况下发生的。注意的引起与维持不是依靠意志的努力,而是取决于刺激物本身的性质。

无意注意是听觉障碍儿童主要的注意方式,在学前阶段就已经有了很好的发展。初入

---

[1] 张兴利,施建农.听力障碍对视觉注意的影响(综述)[J].中国心理卫生杂志,2006(8):501-503.

[2] Smith, L. B., Quittner, A. L., Osberger, M., et al. Audition and visual attention The developmental trajectory in deaf and hearing populations[J]. Development Psychology,1998, 34 (5):840-850.

[3] [美]桑迪·尼尔曼,[美]德沃尔·格林斯坦,[美]达林·戴维.聋童早期教育指南[M].吴安安,编译.南京:江苏教育出版社,2009:29.

[4] 彭聘龄.普通心理学[M].北京:北京师范大学出版社,2004:189.

学的儿童其无意注意在学习过程中仍然起着重要的作用,且主要从视觉通道选择注意的对象,因此,新奇、强烈、对比度鲜明和运动变化的物体可以吸引他们的注意。[1]

（二）有意注意发展缓慢

有意注意又称为随意注意,是指有预定目的、需要一定意志努力的注意,是需要通过意志的努力,使注意力坚持在要学习的东西上的注意,是一种积极、主动的形式。

听觉障碍儿童的有意注意发展缓慢,主要是在学习过程中逐步发展起来的,接受系统教育时间较长的听觉障碍儿童的有意注意发展相对快一些。到高年级,随着年龄的增长、语言的发展和知识的丰富,他们的有意注意逐渐增强。听觉障碍儿童可以控制自己不再随时被新异的刺激分散注意力、东张西望,而是可以做到有目的的用意志组织注意去完成任务。[2]

（三）有意后注意发展困难

有意后注意又称为随意后注意,是注意的一种特殊形式。[3] 它同时具有无意注意和有意注意的某些特征:它与有意注意一样,和自觉的目的、任务联系在一起,但又像无意注意一样,不需要意志的努力。它是在有意注意的基础上发展起来的。

基于听觉障碍儿童有意注意的发展低水平,加之他们主要依靠视觉注意,在课堂上只能借助教师的口型、动作表情和多媒体教学等直观的教学手段来保持注意,且一段时间后视觉容易疲劳,无法保持高效,在此情况下形成有意后注意比较困难。因此听觉障碍儿童普遍有意后注意发展水平较低。[4]

三、听觉障碍儿童注意的品质

（一）注意的范围相对狭窄

注意广度又称注意范围,指在同一时间内能清楚地知觉到对象的数量。正常儿童的注意广度发展在幼儿阶段发展较快,但发展水平依然比较低,直至中学阶段注意广度发展才接近成人水平。

听觉障碍儿童的注意范围狭窄,由于听觉障碍儿童单纯由视觉参与注意活动,加之知识经验相对贫乏,所以他们注意范围狭小。在一项关于普小二年级和聋校二年级儿童的实验研究中,在10秒钟内,向被试呈现刺激物:轿车、小刀、铅笔、袜子、杯子、橡皮、马、椅子、床、浴盆、毛巾、电视机等各种颜色和形状的实物或玩具,这些刺激物无规则地排成一行,记录被试在此时间内注意到的对象的数量。结果表明,12岁左右的听觉障碍儿童对无规则的放在一起的各种玩具和实物的注意范围为6～7个,而正常8岁儿童为8～10个。这表明对于同时呈现的相同刺激物,听觉障碍儿童注意范围明显落后于正常儿童。[5]

注意范围的大小,取决于人的过去的经验,[6]听觉障碍儿童随着知识经验的积累,注意广度会逐渐扩大。

---

[1] 张宁生.听力残疾儿童心理与教育[M].大连:辽宁师范大学出版社,2002:44.
[2] 教育部师范教育司.聋童心理学[M].北京:人民教育出版社,2004:40.
[3] 彭聃龄.普通心理学[M].北京:北京师范大学出版社,2004:192.
[4] 教育部师范教育司.聋童心理学[M].北京:人民教育出版社,2004:40.
[5] 吴永玲,国家亮.聋童注意的特点及其培养[J].特殊儿童与师资研究,1994(2):31-34.
[6] 朱智贤.儿童心理学[M].北京:人民教育出版社,2003:358.

（二）注意的分配比较困难

注意的分配是指在同时进行两种或几种活动的时候，能够把注意指向不同的对象上。正常儿童注意分配在幼儿至小学阶段已有长足发展，而后则进入缓慢发展的时期。

听觉障碍儿童注意的分配比较困难，他们在同一时间内很难使注意集中在不同的视觉对象上，只能由注意的转移来代替。如正常儿童可以边听教师讲课边看多媒体课件，还能边做笔记，可以同时产生听觉、视觉、动觉的注意，是注意的恰当分配；而听觉障碍儿童无法在看多媒体课件的同时，听教师讲授并记录，只能按先后顺序看教具再看话或看话再看教具，是注意快速转移。由于注意分配的感知过程是连续的，而注意转移的感知过程是间断的，因而聋童获得的感知形象往往缺乏完整性。[①]

（三）注意的转移能力较差

注意的转移是根据新任务有意识地把注意从一个对象转移到另一个对象上。正常儿童的注意发展是逐步发展的，幼儿有意注意的转移处于刚刚形成阶段。小学一年级至二年级，儿童的注意发展迅速，以后为缓慢上升期和停滞期。[②]

听觉障碍儿童注意转移的能力也较差，他们不善于根据活动任务有意识地把自己的注意从一件事情迅速转移到另一件事情上。[③] 例如，在课堂上，教师使用新奇的教具时，他们完全被吸引，当教师继续往下讲课时，他们也很难将注意跟上教师的教学，而是继续停留在刚才的教具上。

（四）注意的稳定性较差

注意的稳定性是指在一定时间内把注意保持在某一事物或活动上。幼儿的注意稳定性表现为随年龄的增长而提高，但总体水平仍很低。小学二年级至五年级阶段，儿童的注意稳定性发展迅速。

听觉障碍儿童在学习活动中很难将注意长时间保持和集中在所从事的活动上。首先，听觉障碍儿童无法感知物体的整体性，对所注意的物体容易失去兴趣；其次，听觉障碍儿童依赖视觉注意，长时间的视觉加工容易导致视觉疲劳，从而导致注意转移，如聋童在课堂上很容易离开教师所讲的内容而将注意力转向别的刺激物上；最后，聋童在学习和生活中借助注意的转移来代替注意的分配的特点也会使其难以保持注意的稳定和集中。[④]

第2节　听觉障碍儿童感知觉的发展

人类认识世界始于感知觉。感觉是人脑对直接作用于感觉器官的客观事物的个别属性的反映，而知觉是人脑对直接作用于感觉器官的客观事物的整体反映。

听觉障碍儿童由于部分或全部丧失了听觉，其感知觉特点有其独特性。本节将对听觉障碍儿童的视觉、听觉、触觉、振动觉和语言运动觉等感知觉特点进行分别阐述。

---

① 吴永玲,国家亮. 聋童注意的特点及其培养[J]. 特殊儿童与师资研究,1994(2)：31-34.
② 林镜秋. 大中小学生注意转移的实验研究[J]. 天津师范大学学报, 1996(6)：33-37.
③ 吴永玲,国家亮. 聋童注意的特点及其培养[J]. 特殊儿童与师资研究,1994(2)：31-34.
④ 同上。

一、视觉

视觉是人类和其他动物高度发展、最为复杂和有重要作用的感觉,是使用眼睛感受光波刺激以察觉物体的颜色、模式、结构、运动和空间深度的感觉。[①]

对正常人而言,其有80%的信息来自视觉,[②]是人们获取信息的重要途径。对于部分或全部丧失听觉的听觉障碍儿童而言,视觉在他们的生活、个体发展中愈显重要。听觉障碍儿童其所接受的外界刺激90%以上来自视觉,[③]视觉是听觉障碍儿童获得信息的主要途径。

(一)听觉障碍儿童视觉特点

1. 视觉反应

反应时是指给出刺激到应答反应间的这段时间。作为一种反应变量,反应时可以很好地测量个体的视知觉发展水平。无论是听觉障碍儿童还是正常儿童,随着年龄的增长和心理的发展,其视反应时会逐渐缩短,但由于听觉障碍儿童部分或全部失去了听力,二者有所差异。我国研究者通过实验研究发现:① 正常儿童与听觉障碍儿童简单反应时随年龄增长和受教育水平提高都有逐渐缩小趋势,且缩小显著。② 听觉障碍儿童一年级视知觉比正常儿童差;但随年级增长、受教育水平提高,其视觉反应发展速度快于正常儿童,但无法赶上正常儿童的水平。[④] 国外的研究也发现,听觉障碍人士对视觉对比度的敏感度、闪光融合、明度辨别、辨别运动方向以及速度等方面都低于正常人水平。[⑤] 这些与学术界普遍认为的"补偿理论",即某个感觉通道的输入被剥夺以后,个体会更多地依赖其他感觉通道的理论看似矛盾。如果考虑更多方面,上述只是发现听觉障碍儿童在某些视觉反应任务上没有优势,但他们可能在其他方面体现出来,即感觉补偿可能发生在其他层面。现在从行为与脑功能的许多研究发现,听觉障碍人士的边缘视野注意加工超过正常人,尤其在对需要强注意的复杂任务上;[⑥⑦]此外他们对边缘视野处的运动物体的觉察能力远比正常人强。[⑧⑨] 我国研究者也发现,听觉障碍学生视觉图像识别的敏度优于正常学生。[⑩]

整体看来,听觉障碍者的简单视觉反应并没有明显地优于正常人,只是在某些方面可能体现出一定的优势,但在某些方面又体现出劣势。[⑪]

[①] [美]理查德·格里格.心理学与生活[M].王垒,译.北京:人民邮电出版社,2003:78.

[②] 彭聃龄.普通心理学[M].北京:北京师范大学出版社,2004:88.

[③] 教育部师范教育司.聋童心理学[M].北京:人民教育出版社,2004:32.

[④] 李焰.聋童与正常儿童视觉反应时比较[J].沈阳师范学院学报:社科版,1995(4):9-13.

[⑤] Bavelier, D., Nevillem, H. J.. Cross-modal plasticity: where and how? [J]. Nature Review of Neuroscience. 2002(3): 443-452.

[⑥] Neville, H. J., Lawson, D. S.. Attention to central and peripheral visual space in a movement detection task: an event-related potential and behavioral study II. Congenitally deaf adults[J]. Brain Research, 1987(405): 268-283.

[⑦] Baveleir, D., Tomann, A., Hutton, C., et al. Visual attention to the periphery is enhanced in congenitally deaf individuals[J]. The Journal of Neuroscience, 2000, 20 (RC93): 1-6.

[⑧] Neville, H. J., Lawson, D. S.. Attention to central and peripheral visual space in a movement detection task: an event-related potential and behavioral study Ⅱ. Congenitally deaf adults[J]. Brain Research. 1987(405): 268-283.

[⑨] 张明.听觉障碍人群的注意加工机制[J].中国特殊教育,2005(8):11-14.

[⑩] 雷江华,李海燕.听觉障碍学生与正常学生视觉识别敏度的比较研究[J].中国特殊教育,2005(8):7-10.

[⑪] Marc Marschark. Educating Deaf Students [M]. New York: Oxford University Press, 2002: 117.

2. 视觉认知

听觉障碍儿童对物体的视觉认知能力起点水平低,但随着年龄的增长而逐步发展,且发展速度较快,这得到了国内外实验研究的证实。国外研究者将图片以正常位置和倒置位置逐张呈现给听觉障碍儿童和正常儿童,每次呈现三张,呈现时间分别为22毫秒、27毫秒、32毫秒,要求被试辨认,三次全正确为180分。结果显示:① 低年级听觉障碍儿童的视觉认知能力低于正常儿童。② 他们认知倒置物体的困难比正常儿童更大。③ 他们的视觉认知发展速度较快,到四年级时已接近正常成人。[①]

我国研究者发现,在14~17岁年龄段,听觉障碍儿童的心理旋转视觉表象能力处于发展期,而听觉正常儿童则处于停滞期,且听觉障碍儿童与听力正常儿童在心理旋转的视觉表象能力上均显示出性别差异,且男性优于女性,所不同的是听觉障碍儿童只在错误量上出现差异,而听觉正常儿童在各项指标上都存在差异。[②] 另外一些视觉认知任务的实验,以汉字作为刺激,对听觉障碍儿童的非对称性视觉搜索进行研究,发现听觉障碍儿童随着视觉搜索任务难度的增大,表现出比正常儿童更高的搜索效率。[③] 但是也有一些实验显示,听觉障碍儿童搜索目标的速度慢于正常儿童。[④]

听觉障碍儿童的视觉认知,从不同的实验报道出的各种结果来看,听觉障碍儿童的视觉认知并没有突出地优于正常儿童,只是在个别方面存在优势,而在某些方面甚至稍劣于正常儿童。这也许与时间维度有关,在"补偿假说"的理论体系下,听觉缺损可能带来视觉的补偿是在视觉大量使用,在练习效应的基础上熟能生巧形成的,视觉的补偿多少与听觉缺损的时间有关,加之练习的效应等,即缺损时间越早,练习越多,其补偿也就越多。而在缺损的早期,由于不适应以及"缺陷假说"中的其他原因,视知觉的能力也许会在某些方面落后于同龄听力正常人。[⑤⑥]

随着生活经验的积累,听觉障碍儿童对手语使用越来越熟练,这也可能会增强其某些认知能力。这一假设得到了研究的证实,有研究表明手语的使用不仅可以增强使用者的心理旋转、想象、短时记忆容量等方面的认知能力,[⑦]而且可以增强听觉障碍者对脸部信息的处理能力。[⑧]

但是在视觉阅读方面,听觉障碍儿童却显示出与正常儿童的差异。[⑨] 研究者发现听觉障碍儿童在阅读的视觉认知任务上落后于正常儿童。而且,在匹配阅读年龄和非言语智力后,测验显示听觉障碍儿童的阅读眼动与正常儿童不同。国外调查数据显示,大部分听觉障碍儿童在

---

① 教育部师范教育司. 聋童心理学[M]. 北京:人民教育出版社,2004:33.
② 方俊明. 感官残疾人认知特点的系列实验研究报告[J]. 中国特殊教育,2001(1):1-4.
③ 张茂林. 聋生与听力正常学生在非对称性视觉搜索中的比较研究[J]. 中国特殊教育,2007(2):19-22.
④ 张兴利,施建农,黎明,宋雯. 听力障碍与听力正常儿童视觉注意技能比较[J]. 儿童心理卫生,2007,21(12):812-817.
⑤ Marc Marschark. Educating Deaf Students [M]. New York:Oxford University Press,1979:116.
⑥ 张明. 听觉障碍人群的注意加工机制[J]. 中国特殊教育,2005(8):11-14.
⑦ Bavelier, D., Dye, M. W., Hauser, P. C.. Do deaf individuals see better? [J]. Trends in Cognitive Science, 2006 (11):512-518.
⑧ McCullough, S., Emmorey, K.. Face processing by deaf ASL signers:evidence for expertise in distinguished local features[J]. Journal of Deaf Study and Deaf Education, 1997, 2(4):212-222.
⑨ R. J. Bench. Communication Skills in Hearing-impaired Children[M]. London:Whurr Publishers,1992:136.

高中毕业时只能达到三年级或四年级的阅读水平。[1] 因此有研究者怀疑听觉障碍儿童的阅读落后是由他们的阅读视觉认知缺陷造成的；同时，也有学者发现，只有在需要记忆参与的任务中有这样的结果,但这一机制尚不清楚。后期的研究表明,全聋孩子的视觉认知问题比重听儿童的更加严重。[2] 因此需要更多的协助帮助他们赶上同龄儿童的阅读水平。[3][4]

3. 视觉缺陷

听觉障碍儿童比正常儿童可能出现更多的视觉缺陷问题,色盲较多、视力受损较多。国外对学龄听觉障碍儿童和听力正常儿童的视觉缺陷情况调查显示,聋童有40%～60%存在视觉缺陷,而正常儿童只有20%～30%。[5]

此外,不同听觉损失程度的儿童具有视觉缺陷的可能性有所差异。相比重听的儿童,聋童视觉缺陷的比例更高。萨奇曼(Suchman)报告的数据就发现,25%的重听儿童有视觉缺陷,而聋孩子视觉缺陷的比例达到57%。[6]

4. 视觉补偿

视觉是听觉障碍儿童信息输入的最主要途径,他们的视觉表象清晰、完整、接近实物。虽然听觉障碍儿童并没有天生的视觉优势,但由于后天的锻炼,视知觉发展速度快。有实验让听觉障碍儿童和正常儿童观察电车之后画出所观察物,结果听觉障碍儿童画的电车包含更多的细节。但在概括性上,听觉障碍儿童落后于普通儿童。[7]

"缺陷假说"和"补偿假说"同时存在,大量实验说明了缺陷和补偿是一对矛盾的统一体。对一个残疾人来讲,造成系统性缺陷和系统性补偿的可能性同时存在,对听觉障碍儿童亦是如此。如何通过良好的教育和训练(包括劳动技术与职业教育)来避免系统性缺陷和形成系统性补偿是特殊教育应当努力解决的问题；[8]听觉障碍儿童潜能的挖掘更是特殊教育所面临的挑战。

（二）听觉损伤对儿童产生的影响

1. 对脑结构的影响

听觉损伤对听觉障碍人士的脑结构会产生一定影响。聋人对物体运动的脑机制研究发现,聋人在完成观察物体运动的任务过程中,不仅整合各感觉通道信息的后顶叶视皮层出现更多激活,而且听觉皮层也被激活。[9] 这说明早年的感觉剥夺经历、视觉补偿作用造成了聋人大脑在联合皮层和听觉皮层的重塑。更有研究证明,大脑重塑现象和个体的听力损失程

---

[1] Goldin-Meadow, S., Mayberry, R.. How do profoundly deaf children learn to read? [J]. Learning Disabilities Research & Practice, 2001(16): 222-229.

[2] R. J. Bench. Communication Skills in Hearing-impaired Children[M]. London: Whurr Publishers, 1992: 137.

[3] Donna Gilbertson, Scot Ferre, D.. Considerations in the Identification, Assessment, and Intervention Process for Deaf and Hard of Hearing Students with Reading Difficulties[J]. Psychology in the Schools, 2008, 45(2): 104-120.

[4] 贺荟中. 聋人阅读研究进展与动态[J]. 中国特殊教育, 2004(5): 52-56.

[5] 张宁生. 听力残疾儿童心理与教育[M]. 大连: 辽宁师范大学出版社, 2002: 36.

[6] R. Conrad. The Deaf Schoolchild: Language and Cognitive Function[M]. London: Harper & Row, 1979: 65.

[7] 张宁生. 听力残疾儿童心理与教育[M]. 大连: 辽宁师范大学出版社, 2002: 35.

[8] 方俊明. 我国特殊教育研究的回顾与展望[J]. 中国特殊教育, 2000(1): 1-4.

[9] Bavelier, D., et al. Impact of early deafness and early exposure to sign language on the cerebral organization for motion processing[J]. Journal of Neuroscience, 2001(21): 8931-8942.

度以及听力损失的时间长度成正比。[①] 近年来,对这一问题的探讨引起国际不少学者从脑功能的角度进行深入探讨。

2. 对个体个性的影响

对听觉损伤严重的听觉障碍儿童而言,因其大部分的交流是通过视觉而实现的,这可能会影响到他们的社会发展。有研究表明,聋童比同龄儿童在情绪上显得更加被动和不成熟,相比正常儿童,听觉障碍儿童表现出更强的攻击性和好斗性,也更容易烦躁和生气,[②]而这一现象与他们只能使用视觉符号、手语而不能使用口头语言的社会、教育经历有关。[③]

二、听觉

听觉是仅次于视觉的重要感觉,是用耳感受声波刺激觉察噪音、音调等的感觉。[④]

听觉不仅是我们直接获得外界信息的重要来源,还是感受纯音和复合音,区分乐音和噪音,辨析言语音和非言语音,以及认识世界的重要渠道和途径;通过听觉我们可以进行定位,认知位置、距离和运动状态,把握事物的本质。对听觉障碍儿童而言,听力的丧失不仅影响了他们获得事物完整性的信息,缩小了其感知范围,使其难以识别物体的某些特性,而且还会影响其利用声音进行定位与感知的能力。

(一)听力损伤对听觉障碍儿童听觉认知产生的影响

1. 局限了感知活动

听觉与视觉的相互补充使我们感知到丰富形象、立体鲜明的世界。生活中大量的刺激都是视听信息的综合,因此如果缺失了视听信息中任一信息,感知到的都是不完整的。听力的损失造成听觉障碍者感知活动受到局限。[⑤]

2. 缩小了知觉范围

相比视觉,听觉的知觉范围较广,特别是当刺激来自身后或者是不透明的物体的另一侧时,听觉往往能觉察出刺激物,而视觉无法进行知觉。如"未见其人先闻其声"、"墙外行人,墙里佳人笑"。听力的损失,使得听觉障碍儿童无法利用听觉扩展自己的知觉范围广度。

3. 缺失了某些特性

听觉有三个心理参数:音高、响度和音色。听觉的丧失,让听觉障碍者丧失了从这三个方面知觉物体特征的能力。比如,某人声音沙哑,听觉障碍者无法猜测出这个人可能患了感冒;电脑运行发出声音,他们也无法猜测可能机箱风扇出现了问题。

4. 影响了声音定位

人们可以运用声音来判定物体在空间中的位置,特别是当很难看到物体的时候,这是通过两种机制来实现的:对到达每只耳朵的声音相对时间和相对强度的测量。[⑥] 当没有时间

---

① Finney, E. M., et al. Visual stimuli activate auditory cortex in deaf subjects: evidence from MEG[J]. Neuro report, 2003(14): 1425-1427.
② Mark Marschark. Psychological Development of Deaf Children[M]. New York: Oxford University Press, 1993: 22.
③ 同上。
④ [美]理查德·格里格. 心理学与生活[M]. 王垒,译. 北京:人民邮电出版社,2003: 78,87.
⑤ 张宁生. 听力残疾儿童心理与教育[M]. 大连:辽宁师范大学出版社,2002: 32.
⑥ [美]理查德·格里格. 心理学与生活[M]. 王垒,译. 北京:人民邮电出版社,2003: 92.

差异或强度差异时,可通过转动头以改变耳朵的位置打破平衡,获得位置信息。耳朵在定位中起到了重要的作用。而聋童缺失了听觉,影响了利用声音进行定位的功能。

(二)残余听力

1. 听觉障碍儿童残余听力状况

听觉障碍者未达全聋而残存的部分听能力是残余听力,大部分的听觉障碍儿童都具有不同程度的残余听力。对 410 名听觉障碍儿童的调查结果显示,65%的儿童听觉阈限≥91 dB HL,18%的听觉阈限在 81 dB HL～90 dB HL,13.5%的听觉阈限在 61 dB HL～80 dB HL,2.6%的听觉阈限在 41 dB HL～60 dB HL,听觉阈限小于 40 dB HL 的仅占 0.9%。[①] 另有研究显示,85%耳聋学生听力损失<100 dB HL,他们都有残余听力。[②]

2. 残余听力的特点

(1) 残余听力频率分配不均。残余听力在各个频率上的分配并不均匀,在低频区残余听力较多。有调查显示,75.4%的聋人在低频区具有残余听力,[③]大多数感音神经性听力损失者所能够接受的声音频率在 125 Hz 以下,在这个频率内他们保留着较好的听潜能。[④] 所以只有当外界的声音刺激达到一定的强度和频率时,聋童才能感觉到。在康复方面应该注意利用这一特点,配备合适的助听设备,发挥残余听力的作用。

(2) 对语音感知难度大。残余听力虽然让听觉障碍儿童具备了一定的听觉感知能力,但无法对语音做出全面、清晰的感知。正因为如此,具有残余听力的儿童往往失去了学习语言的最佳时机,词汇量相对少,理解力相对差。[⑤]

(3) 对声音刺激的感知受到局限。尽管具有残余听力,但是听觉障碍儿童对周围环境中的各种声音,还是比较难以通过听觉进行分辨、感知的。

近些年来的听觉语言科学实践证明,在婴幼儿时期或儿童语言形成关键期,即使是 36～60 分贝的听力损失(正常听力为 20 分贝以下),也可以使儿童语言发育出现明显的迟缓或障碍。如果在聋儿 2～3 岁以前配用各种助听放大设备进行语言康复训练,对其残余听力进行有效开发利用,可以使半数以上的聋儿摆脱聋哑状态。

三、其他感知觉

除视觉与听觉外,感觉还包括皮肤觉、嗅觉、味觉等外部感觉和内脏感觉、前庭觉、运动觉等内部感觉。[⑥] 听力的损伤对听觉障碍儿童的触觉、振动觉、语言运动觉等都造成了一定的影响。

(一)触觉

触觉是一种皮肤感觉,由非均匀分布的压力(压力梯度)在皮肤上引起的感觉,叫做触压觉。有研究发现,在学龄初期,听觉障碍儿童的触觉落后于正常儿童,他们触摸动作与正常

---

① 张勉,高阳.聋哑学校聋儿听力调查结果的比较和分析[J].中国耳鼻咽喉头颈外科杂志,2008(12):671-673.
② 朱丽雅,董明敏,魏育今.100例耳聋学生的听情况调查[J].中国民政医学杂志,2001(4):215.
③ 张东红,于君,白晶,李丹.280例成年聋人听力状况调查[J].中华物理医学与康复杂志,2002(2):91.
④ 陆玲,邢光前,卜行宽.30名聋校学生扩展低频听力测试报告[J].南京医科大学学报,2000(5):234.
⑤ 教育部师范教育司.聋童心理学[M].北京:人民教育出版社,2004:31.
⑥ 彭聃龄.普通心理学[M].北京:北京师范大学出版社,2004:80.

儿童相比显得少而单调。① 例如，听觉障碍儿童触摸物体时，可能拿在手里不动或者仅仅触摸物体的个别部分，很少触摸物体的整体。在通过触觉对物体进行大小辨别上，听觉障碍儿童和正常儿童没有差别，且辨别规律与正常儿童和成人相同。② 在触觉敏感度上，听觉障碍儿童优于正常儿童。如希夫（Schiff）和同伴发现，7岁半至19岁半的听觉障碍儿童在振动触觉感受性和两点阈上都比正常儿童好。③ 研究者认为，听觉障碍儿童可能更多地依靠触觉信息感知发生在周围环境中的事件，同时，发音和语言训练使触觉得到了锻炼，提高了触觉水平。

（二）振动觉

振动觉也属于触压觉的范围，④它的独特之处，使它对听觉起到了较大的补偿作用，因此被称为"接触听觉"。听觉障碍儿童可以靠振动觉感受音乐⑤、欣赏音乐、体会发音器官的振动、学习语言、辨别物体的运动。听觉障碍儿童在振动触觉感受性上比正常儿童敏感。

（三）语言运动觉

语言运动感觉是运动觉的一种，指人在发音说话时产生的极为复杂的感觉，自己体会发音器官的各部分是如何动作的，包括发音器官的位置、语言运动的方向、发音器官紧张的力度或强度、语言运动的时间等。语言运动感觉同人的思维活动、交往活动有密切的关系，是非常重要的感觉，⑥常简称为语言运动觉。

在幼儿期及学龄前期，正常儿童随着语言的掌握，逐渐产生和形成了语言运动的感觉；而听觉障碍儿童只有当接受发音说话训练之后，才有可能开始产生和形成语言运动感觉；在之前，由于发音器官难以产生语言运动，语言运动器官基本处于停滞发展状态。

语言运动觉在听觉障碍儿童的语言学习过程中起着非常重要的作用，⑦听觉障碍儿童如在语言学习中，没有或者只有少量听觉输入和反馈，那么他们只能通过语言运动觉来感受自己的发声，并做出恰当的调整。对听觉障碍儿童语音获得和发展的研究发现，听觉障碍儿童最难获得发音运动复杂、舌尖的发音部位不易把握、发音方法是擦音和塞擦音、气流控制很难的声母，容易混淆发音部位近的舌尖音和舌面音，难以区分送气音和不送气音。可以看出，这些变化大都需要听觉来辨别，很难依靠语言运动觉来感知，因而听觉障碍儿童在学习中常常遇到障碍。⑧ 现在常用的声音矫治方法中，有很多就是通过锻炼、加强听觉障碍儿童的语言运动觉，以促进其语言学习的。⑨

---

① 教育部师范教育司.聋童心理学[M].北京：人民教育出版社，2004：35.
② 张宁生.听力残疾儿童心理与教育[M].大连：辽宁师范大学出版社，2002：37.
③ 同上书，第36页.
④ 彭聃龄.普通心理学[M].北京：北京师范大学出版社，2004：118.
⑤ 教育部师范教育司.聋童心理学[M].北京：人民教育出版社，2004：35.
⑥ 同上.
⑦ 张宁生.听力残疾儿童心理与教育[M].大连：辽宁师范大学出版社，2002：37.
⑧ 汤盛钦.教育听力学[M].上海：华东师范大学出版社，2000：211.
⑨ 韩德民.听力学基础与临床[M].北京：科学技术文献出版社，2005：604.

第 3 节　记忆的发展

记忆是在头脑中积累和保存个体经验的心理过程,即人脑对外界输入的信息进行编码、存储和提取的过程。[1] 简单而言,记忆就是过去经验在人们头脑中的反映。根据信息保持时间的长短,记忆可分为感觉记忆、短时记忆和长时记忆。在本节我们将从信息保持时间长短的角度对听觉障碍儿童的短时记忆和长时记忆进行讨论,其中主要讨论对视觉的记忆。

一、听觉障碍儿童的短时记忆

短时记忆,是信息从感觉记忆到长时记忆之间的一个过渡阶段。它对信息的保持时间大约在一分钟左右,是处于感觉记忆和长时记忆的中间环节。

（一）短时记忆的广度较为狭窄

相比普通儿童,听觉障碍儿童的短时记忆广度比较狭窄。国外采取序列报告法探讨短时记忆容量的研究发现,听觉障碍被试比正常被试回忆的项目要少得多。[2] 有人认为,这可能是因为听觉障碍被试使用的手语言的产出要比言语花费较长时间,而且手势表征也比以言语为基础的表征占用更多的记忆容量,所以聋人的短时记忆容量才远远小于健听人的短时记忆容量。[3] 但同样采取序列报告而实验材料选取有利于聋被试的手势刺激,听觉障碍被试回忆的项目依然比正常被试要少。[4]

研究者能否采用语言代码对刺激材料进行标识才是听觉障碍儿童记忆广度狭窄的原因所在。只要刺激材料能够被语言标示,听觉障碍儿童的短时记忆广度就可能小于普通儿童。以其他视觉项目为实验任务考查听觉障碍被试和健听被试的短时记忆容量,结果发现,听觉障碍被试回忆的项目依然远少于健听被试,因为许多视觉项目仍能得到言语标记。但是一旦所记忆的材料无法用语言标示时,听觉障碍儿童的记忆广度则与普通儿童无异。[5] 例如:有研究发现听觉障碍被试和健听被试在空间位置的回忆上没有差异,因为空间位置任务难以得到言语标记。[6]

国内关于汉字的短时记忆容量研究表明,听觉障碍者与听力正常人在高频简单字的短时记忆容量上不存在差异,在低频简单组中短时记忆容量也没有差异,仅仅在低频复杂字上听觉障碍者与听力正常人的短时记忆容量差异显著。[7][8] 这些是汉字加工的独特之处,其原

---

[1] 彭聃龄.普通心理学[M].北京:北京师范大学出版社,2004:206.
[2] Campbell, R., Wright, H.. Deafness and immediate memory for picures: dissociatons between "inner speech" and the "inner ear"[J]. Journal of Experimental Child Psychology, 1990(50): 259-286.
[3] Bellugin, U., Klima, E. S., Siple, P.. Remembering in sign[J]. Cognition, 1975(3): 93-95.
[4] Logan, K., Mayberry, M., Fletcher, J.. The Short-term memory of Profoundly deaf people for Words, Signs, and Abstract Spatial Stimuli[J]. Applied Cognitive Psychology, 1996(10): 105-119.
[5] Wilson, E. K.. Working memory for sign language: a window into the architecture of the working memory system[J]. Journal of Deaf Studies and Deaf Education, 1997, 2(3): 121-130.
[6] Logan, K., Mayberry, M., Fletcher, J.. The Short-term memory of Profoundly deaf people for Words, Signs, and Abstract Spatial Stimuli[J]. Applied Cognitive Psychology, 1996(10): 105-119.
[7] 王乃怡. 听力正常人与聋人短时记忆的比较研究[J]. 心理学报,1993,25(1): 9-16.
[8] 袁文刚. 聋人与听力正常人短时记忆比较研究[J]. 中国特殊教育,2000(1): 27-30.

因还在进一步的探讨之中。①

（二）存在短时记忆多种编码方式

对于正常人而言，短时记忆编码方式有听觉（声音）编码、视觉（形状）编码和语义编码。有实验证明，短时记忆的编码是以语音听觉占优势的。莫雷认为，短时记忆编码可能是随情境而不断改变的一种策略，也有人认为，显示（视、听）通道改变也会引起短时记忆编码方式的改变。②

早期研究认为，由于聋人无法建立以言语为基础的代码，因此，聋人短时记忆没有声音编码。但过去20年的研究发现，实际情况并非如此。康拉德（Conrad）采用序列回忆实验范式，探讨了先天性耳聋学生短时记忆的编码方式，结果发现，语音相似性混淆现象在一些聋生身上同样存在；同时，语言发展较好的聋生有声音混淆错误，而语言较差的聋生则没有声音混淆错误。据此推想，某些聋生在短时记忆中将视觉符号转换成在功能上与语音代码相似的一种代码。③多德和赫梅林（Dodd & Hermelin）认为，由于聋生通过唇读获取信息，使得他们能够形成以言语为基础的代码。④但坎贝尔和赖特（Campbell & Wright）对此提出疑义，他们认为，即使聋生表现出以言语为基础的代码，该类代码与健听人所使用的以言语为基础的代码本质不同，而且探讨聋童是否存在以言语为基础的代码，远不如考虑把以言语为基础的代码看做是聋童在不同阶段发展出来的不同水平技能。例如：一聋童仅能在音节水平上对字词作总体语音表征（Gross Phonological Representation），另一聋童却能用声韵知识对该字词作充分而具体的语音表征等。那么，聋童到底能成功地发展到何种水平的以言语为基础的代码？聋童群体极大的异质性使此问题更趋复杂化，例如影响因素有听损程度、阅读能力和言语的可理解性等；且不同任务要求不同水平的语音意识，例如言语回答任务要比非言语回答任务要求聋被试更可能使用以言语为基础的代码。⑤

聋人短时记忆是否存在多种编码方式，且能根据不同实验任务情景灵活地选用短时记忆编码方式？有研究者仍采取康拉德实验范式，实验材料选取有利于聋人的视觉语言——手语。结果发现，与康拉德和赫尔（Hull）的"语音相似性效应"极相似，聋人在回忆结构相似的手语远不如回忆结构不同的手语，如：他们在回忆英国手语（BSL）的"CHOCOLATE"时常被误为"SISTER"，因为它们之间的手形、方向和手势的运动完全相同，只是位置不同。⑥这说明视觉代码是聋人短时记忆的重要编码方式。威尔逊（Wilson）认为，聋人打手语者可能以手语言的特点为基础在短时记忆中建立视觉性编码。⑦因此可以肯定，聋人短时记

---

① 贺荟中，方俊明. 聋人短时记忆研究回顾与思考[J]. 中国特殊教育，2003(5)：28-31.
② 刘万伦. 短时记忆研究综述[J]. 巢湖学院学报，2003(3)：6-10.
③ 王甦，王安圣. 认知心理学[M]. 北京：北京大学出版社，1992.
④ Dodd, B., Hermelin, B.. Phonological coding by the Prelingually deaf[J]. Perception and Psychophysics, 1977(1)：413-417.
⑤ Campbell, R., Wright, H.. Deafness and immediate memory for picures: dissociatons between "inner speech" and the "inner ear"[J]. Journal of Experimental Child Psychology, 1990(50)：259-286.
⑥ Shand, M. A.. Sign-based short-term coding of ASL signs and printed English Words by Congenitally Deaf Singers[J]. Cognitive Psychology, 1982(14)：1-12.
⑦ MacSweency, M., Campell, R., Donlan, C.. Varieties of short-term memory coding in deaf teenagers[J]. Journal of Deaf Studies and Deaf Education, 1996, 1(4)：249-262.

忆存在多种编码方式,实验任务和被试手语言知识及言语能力水平等深深影响着被试短时记忆的编码方式。①

（三）言语材料刺激下的短时记忆

对于听觉障碍者而言,他们从听觉获取信息的通道受到限制,于是视觉通道成为极其重要的输入通道,而在视觉通道中,言语材料又是人类最为丰富的信息来源,那么听觉障碍者的言语材料刺激下的短时记忆是否有异于正常人的特点呢？最初的研究认为,听觉障碍者是没有语言编码的,也就是说,即使对于言语材料的刺激,他们也只能使用手语或是其他方式的编码策略,因此,其短时记忆的容量明显小于正常人。后来的不少研究报告发现,语言发展较好的听觉障碍儿童更多地使用言语为基础的编码,而语言发展不好的听觉障碍儿童使用的编码策略更多的是语言和图像编码,即会使用语言编码。但总体而言,听觉障碍儿童对语言材料的编码仍然以视觉编码即图像编码为主,语言编码所占比例仍然比较少。

二、听觉障碍儿童的长时记忆

长时记忆是指存储时间在一分钟以上的记忆。它里面存储着我们过去学到的知识和经验,为其他所有的心理活动提供了必要的知识基础。它虽然在头脑中的存储时间很长,但其容量并没有限制。长时记忆的信息来源大部分是对短时记忆内容的加工,也有由于印象深刻而一次获得的。长时记忆中的信息是有组织的知识系统。它和短时记忆一样,对于人的学习和行为决策有重要意义。信息存储在长时记忆中,在需要的时候可以被提取。

（一）听觉障碍儿童的长时记忆编码

长时记忆的信息编码就是把新的信息纳入已有的知识框架内,或把一些分散的信息单元组合成一个新的知识框架。长时记忆有不同的编码类型,普通个体以语义编码为主,而听觉障碍儿童以图像编码为主。研究者们设计了几乎不需要言语作为中介的实验任务来验证此观点。比如,他们对7~12岁的听觉障碍儿童分组进行测验,采用的实验任务是成对关联。在关联任务里,听觉障碍儿童需要记住两个玩具各与四种颜色中的某一种关联。测试的时候,呈现任意一种颜色,要求他们指出与这种颜色相应的玩具,连续正确十次（一共四十组）则任务成功。实验结果发现,7~10岁的听觉障碍儿童与正常儿童的识别能力没有差别,然而11岁和12岁的听觉障碍儿童的任务完成比他们同龄的健听儿童要差一些。研究者认为,听觉障碍儿童的视觉记忆容量与健听儿童并无差异。11岁和12岁的两组儿童之所以会显示出记忆能力的差异性更可能是由教育训练导致的认知发展不同造成的。② 此外,也有研究者认为,在颜色关联任务上,健听儿童可能是使用语言编码,而听觉障碍儿童使用的是视觉编码,这两种不同的编码策略导致了二者在记忆成绩上的差异。

（二）听觉障碍儿童长时记忆的组织与提取

组织是指集合和联系材料。例如,要记住一个清单：男人、狗、绿色、辣椒粉、女人、小

---

① 贺荟中,方俊明. 聋人短时记忆研究回顾与思考[J]. 中国特殊教育,2003(5)：28-31.

② Marc Marschark. Psychological Development of Deaf Children[M]. New York：Oxford University Press,1993：168.

孩、麻雀。我们会立刻注意到,这份清单能分成三组(宠物、人和调料),这样进行组织加工有助于记忆这些项目。①

有人认为因为听觉障碍儿童的特殊经历和教育,可能会使他们的组织有所不同,这种说法并没有任何依据。实际上,听觉障碍儿童的长时记忆组织与正常儿童并无大的不同,只是他们的组织模块可能更加易变而已。20世纪70年代的一些研究发现,听觉障碍儿童和正常儿童对于熟悉的物体均采用了相同的组织方式、反应、储存、归类,只是听觉障碍儿童比较少用基于意义的提取策略。② 在一项研究中,让听觉障碍和听力正常的两组大学生完成单词联想测验,一共有80个单个的词,对每一个进行联想,他们需要写下当看到这个词之后,第一个出现在大脑里的联想词。结果显示两组的反应基本一致。只是在反应记忆组织的相关性、紧密性等几个维度上出现显著的差异。听觉障碍者的词汇组织没有正常组那么具有同质性,联想紧密程度较低,即在记忆的组织上,听觉障碍儿童由一个词到另一个词的联想比较松散,相关概念之间的联系不紧密,比较宽泛。这预示着在提取、问题解决或是阅读的过程中,听觉障碍者的反应可能没有健听者直接,因此可能导致诸如阅读困难这样的问题。③

此外,听觉障碍儿童在长时记忆内容的组织方面缺乏灵活性。他们不善于把一个项目的所有内涵统一为一个整体。比如,一只鸭子,其特征只是一动物,是会游泳的,是会走路的,是可以食用的,是会制造噪音的,是会捉虫子的,等等,但听觉障碍儿童不能把这些以及更多关于鸭子的信息灵活地统一起来。他们认识一个概念在分类分层结构中的位置时,还无法达到自动化水平,因此他们常常无法迅速地反应出鸭子是动物、鸭子是鸟或鸭子是家禽。这不是说他们不知道这些知识,只是他们在对于这些原先熟悉的知识的激活上没那么自动和灵活。

事实上,我们对听觉障碍儿童知识组织的了解还远远不足,他们可能还有一些我们没有观察到的特别的组织方式,研究者们正开始对这些问题进行研究,我们期冀有一天可以描述出听觉障碍儿童的知识组织方式、他们知识的结构及其影响因素。

(三)听觉障碍儿童长时记忆的策略

记忆策略是认知活动的一种特殊形式,是指经过主观努力,在一定目标的指导下,用以提高记忆成绩所采取的各种措施。听觉障碍儿童在记忆的规律和遗忘规律方面与听力正常者并没有明显的差异,听觉障碍儿童的记忆策略只是在听力正常者的基础上稍加改变,与他们的特点进行匹配,就可以有效地帮助他们进行记忆。

1. 精细复述

提出精细复述这种方法的人认为,当人们在第一次学习某种信息的时候,对他进行复述可以精细加工材料、丰富编码。这样做可以增加识记内容的各联系之间的关系,使得这些联系看起来没有那么陌生和随意。进行精细加工的途径可以利用各种感觉通道进行叠加,比如在记忆图画的时候,可以通过语言对其复述,将图画编成一个故事。又比如,在记忆一短文字的时候配以图画,利用视觉表象增加回忆,即可以同时利用多种编码进行记忆。

---

① 梁巍.长时记忆的类型与加工[J].中国听力语言康复科学杂志,2004(6):61.
② Marc Marschark. Educating Deaf Students[M]. New York: Oxford University Press,2002:123-124.
③ 同上书,第124页。

对于听觉障碍儿童来说,他们完全或部分缺失了听觉,使得在使用这个策略的时候需要进行一定的调整,对于所有的视觉编码、触觉编码、动觉编码、听觉编码等多种感官的编码,要选择其可以有效利用的方式,即视觉编码、触觉编码、动觉编码等,通过这些感观的协同活动,达到对材料的记忆。例如,在识记一篇文章的时候,可以利用手语阐述,同时将文字配以图画或者识记演练的动觉编码等多种编码方式来进行精细复述,加强记忆。

2. 记忆术

记忆术是一种提高记忆的方法策略,是通过与熟悉的、以前编码过的信息相联系的方法来编码的一系列事实的技术。许多记忆术是通过提供一些准备好的提取线索来帮助组织不同的无序信息而起作用的。[①] 其中之一是地点法,它通过与将需要记忆的一系列内容与熟悉的地点相联系,来增加提取的有效性。比如,需要记住一首长诗,那么可以将这首诗分成许多小节,各小节是一个记忆的整体,而每个小节之间的顺序就可以通过地点法,将他们在内心与某条熟悉的路上的各个特征建筑相联系,在回忆的时候,就可以通过在内心走过这条路线来找到与每个地点相联系的小节。那么对于听觉障碍儿童,他们用作地点记忆法的内容当中可以不存在声音编码,而尽可能多地运用视觉和动觉等感觉编码。

第4节 思维的发展

人不仅可以认识事物和现象的外部联系,而且可以认识事物和现象的本质和规律,这种通过大脑活动认识事物内在联系的高级、复杂的认知活动过程就是思维。思维是借助语言、表象和动作实现的、对客观事物概括的和间接的认识,是认识的高级形式。[②]

思维的发展与语言的发展密切联系。在一定程度上,语言发展的高度直接影响了思维尤其是抽象思维的发展。语言发展的限制自然对听觉障碍儿童思维的发展产生了重大影响。与普通儿童相似,听觉障碍儿童的思维发展也经历了从具体形象思维向抽象逻辑思维的转化,只是听觉障碍儿童的思维一直以具体形象思维为主,其逻辑思维的发展相对比较缓慢,且带有直观性的特点。

一、直观动作思维

直观动作思维是指在思维过程中以实际动作为支持的思维。与普通儿童相似,直观动作思维是听觉障碍儿童最先发展的思维能力。所不同的是,随着年龄的增长,普通儿童的直观动作思维的重要性有所下降,只占思维能力较小的一部分,但它在听觉障碍儿童的思维过程中仍占主导作用。这与听觉障碍儿童尤其是聋童使用手语进行交流相联系。作为听觉障碍儿童语言的符号,手语是由一系列的动作组成的,是对具体事物、动作及特点的模拟,依赖于外在的物质基础,在此基础上发展出来的思维能力必然以直观动作思维为主要成分。以手语为基础的思维,虽然生动活泼,但是难以表达抽象的思维概念。

---

① [美]理查德·格里格. 心理学与生活[M]. 王垒,王甦,等译. 北京:人民邮电出版社,2003:211.
② 彭聃龄. 普通心理学[M]. 北京:北京师范大学出版社,2004:246.

二、具体形象思维

具体形象思维是凭借事物的形象和表象进行的思维,即凭借对具体形象的联想而不是事物的本质和关系,借助概念、判断和推理进行的思维。具体形象思维是正常儿童在小学阶段的主要思维方式,其后他们的抽象思维发展趋于成熟,成为主要的思维方式。而对于听觉障碍儿童来说,由于言语形成和发展的迟缓,使得他们的思维较长时间停留在这个阶段,直到十四五岁。[①]

听觉障碍儿童的具体形象思维不仅发展漫长,而且其整个思维即使在其思维已经为抽象思维占主导的时候,具体形象思维仍然起着支撑的作用,表现出具体形象性的特点。在形成抽象概念的时候,如果没有具体形象的举例,或熟悉事物的铺垫,听觉障碍儿童很难理解用语言描述出的概念。比如,如果没有铁轨、双杠、人行横道的引入,听觉障碍儿童很难正确理解"在一个平面内不相交的两条直线叫平行线"这个概念。

三、抽象逻辑思维

抽象逻辑思维是运用概念、理论知识解决问题时的思维,也称为抽象思维、逻辑思维。抽象逻辑思维是人类典型的思维模式,是思维发展的最高阶段。

对于听觉障碍儿童而言,他们的抽象逻辑思维也遵循着由低到高和由少到多的发展规律,但是在发展速度和发展程度上都落后于普通儿童。在发展速度上,听觉障碍儿童的抽象逻辑思维停留在具体形象阶段的时间较长。一般而言,正常儿童进入小学后,随着书面语言能力的提高,其到10~11岁时抽象思维能力就获得了高速发展,但是听觉障碍儿童要到15~16岁时抽象思维才逐渐占主导地位。在发展程度上,听觉障碍儿童把握概念中的抽象成分比较困难。[②]例如,他们可以认识各种水果,但是却比较难掌握水果的概念,常出现概念的扩大或缩小的情况,准确掌握概念比较困难,比如,把"黄瓜"当成"水果",扩大了水果的概念。此外,在进行抽象思维能力的时候,听觉障碍儿童还需要依赖于形象思维和具体动作思维的转介作用。例如,在学习数学概念"4"的时候,需要通过具体的事物:4个苹果、4个人、4支铅笔来学习。一旦脱离具体的事物,就无法形成对"4"的完整理解。

抽象逻辑思维的形成依赖于个体分析综合、比较、抽象概括能力的发展,听觉障碍儿童在这些思维过程中都表现出了自己的特殊性。[③]分析综合能力上,听觉障碍儿童分析事物比较粗略,无法将事物的各个部分严格区分出来,自然也无法很好地把握事物各个部分的属性。这与他们的语言能力可能具有一定的关系,事物的属性往往需要用形容词进行标识,但听觉障碍儿童所掌握的形容词数量比较贫乏,无法很好地对事物的属性做出合理、精确区分的形容。随着语言能力的提高,听觉障碍儿童的分析能力逐渐增强,并能够逐步区分出物体的各部分属性。但是在表象水平上的属性区分相对还是比较困难。分析是综合的前提,正是因为听觉障碍儿童分析能力的缺陷,导致了其在综合出抽象概念时候的困难,且不准确。比较能力上,听觉障碍儿童倾向于将事物做出区分,因此比较容易辨别出事物之间的差异

[①] 教育部师范教育司.聋童心理学[M].北京:人民教育出版社,2004:71.
[②] 张宁生.听力残疾儿童心理与教育[M].大连:辽宁师范大学出版社,2002:69.
[③] 王志毅.听力障碍儿童的心理与教育[M].天津:天津教育出版社,2007:32-34.

性,而抽象概括出物体的共性存在困难。在实际活动过程中,听觉障碍儿童就会表现出无法同时谈论事物的异同,即当让听觉障碍儿童关注物体的差异性时,他们就必会去概括共性,而当指引他们认识了事物的共性之后,他们会忽略事物之间的差异。抽象概括能力方面,听觉障碍儿童多停留于初级抽象概括水平。他们容易注意到的是事物的外在共性,而非本质的属性。比如,他们倾向于将马铃薯、红薯、花生归为一类,因为它们都长在地里,都可以吃。听觉障碍儿童的抽象概括能力还表现出极强的刻板性,缺乏灵活性。他们往往囿于工具或材料固有用途的观念而限制了个人的思考能力,表现在日常生活中,常常无法理解同一个事物可以属于不同的概念。例如,听觉障碍儿童无法接受电脑可以是科技产品,也可以是办公用品,或者可以是礼物。

但这并不是说例听力的损失导致了听觉障碍儿童的认知能力或者抽象逻辑思维能力落后,相反,听觉障碍儿童和普通儿童在认识能力和发展潜力上并没有差异性。甄芳采用视觉推理和系列推理测量听觉障碍和健听儿童的推理思维能力时发现,在使用非语言材料进行测量时,听觉障碍和健听者的先天智力和后天潜能并没有差异性。[①] 听觉障碍儿童的逻辑思维能力发展主要受限于其语言能力发展滞后。所以,通常情况下听觉障碍儿童抽象思维能力发展比较晚,但掌握了一定词汇量之后,在语言的帮助下能够形成较高水平的抽象概括能力。

总之,听觉障碍儿童在思维发展的早期阶段,即具体动作思维和想象思维阶段,并不落后于正常儿童,只是在抽象思维发展阶段比较缓慢,水平较低。而且,其抽象逻辑思维随着语言的发展和经验水平的提高也随着提高,甚至达到普通人的水平。

 本章小结

听觉障碍儿童的认知发展既遵循普通儿童认知发展的一般规律,由简单到复杂、由具体到抽象、由被动到主动、由零乱到成体系,又因听觉障碍儿童缺乏有效的听觉活动而表现出与普通儿童不一样的认知发展特性。在感知觉上听觉障碍儿童的认知发展特点有:听觉障碍儿童的视觉反应和视觉认知在某些方面可能体现出一定的优势,但在某些方面又劣于听力正常人。这样的特点对他们的大脑结构和个体气质都产生了一定的影响;他们听力的全部或部分丧失对认知活动产生了一定的影响,因此有效利用残余听力就显得意义重大;他们的其他感知觉都因为听力的缺失而产生了正性或负性的变化;听觉障碍儿童的注意发展稍缓于正常儿童,而他们在全视野或中央视觉注意加工的各水平上,较正常人群有一定的优势,在外周视野下的注意加工更发达;他们无意注意、有意注意以及有意后注意的发展缓于正常儿童。更多的实验表明,听觉障碍儿童在注意的各个品质上也有相应的特点;大多实验表明听觉障碍儿童的短时记忆容量小于正常儿童,这可能与他们缺少语音编码有关,不同的编码特点使他们在言语材料和熟悉而有意义的非言语材料刺激上显示出与正常人不同的特点;他们长时记忆的编码有与短时记忆相应的特点,且组织更少灵活性。听觉障碍儿童的直观动作思维、具体形象思维和抽象逻辑思维的发展缓于正常儿童,且在发展比重上有一定不同。

---

① 甄芳.听力障碍学生和听力健全学生推理思维的对比研究[J].中国特殊教育,2004,45(3):71-74.

思考与练习

1. 听觉障碍儿童的注意有何特点?
2. 如何利用听觉障碍儿童的视觉注意促进其发展?
3. 听觉障碍儿童的思维有何特点?
4. 听觉障碍儿童的短时记忆在哪些方面表现出优于正常儿童?

第4章 听觉障碍儿童的语言发展

 学习目标

1. 了解听觉障碍儿童语言发展的基础。
2. 掌握听觉障碍儿童语言获得的特点。
3. 掌握听觉障碍儿童文字习得及阅读能力的发展特点。

"语言"是人类相互沟通和交流的主要工具,是人类在社会实践中学习知识、掌握科学、了解自己的中介。语言对人的终身发展有着重要的意义。对于儿童而言,语言的意义更为深远,语言可以帮助儿童思考事物、计划事情、理解周围的世界,并帮助儿童成为社会中的一员。对于听觉障碍儿童也是如此,从人的大脑构造中的语言功能区和遗传机制来说,听觉障碍儿童与健听儿童拥有同样的学习语言和发展语言的生理基础,只是因为听觉障碍儿童丧失了通过听觉感受语言的能力,才使得他们在后天习得语言的途径、效果上和健听儿童存在明显的差异。① 倘若听觉障碍儿童能够在早期发展其语言,他们也可以用语言与他人交流,用语言进行思考,用语言表达他们的想法,通过人际交流了解周围的世界、发展思维。

第1节 听觉障碍儿童语言发展的基础

由于很多心理学家对听觉障碍儿童和健听儿童的语言发展十分感兴趣,因此出现了两个最基本的问题:儿童是怎样学会语言的?儿童习得语言和掌握其他能力所采用的方法是否相同?要回答这两个问题将涉及大量的潜在因素,这些因素包括:① 语言是不是人类独有的能力,比如我们的沟通语言与大猩猩通过训练掌握的语言是否有本质的区别? ② 儿童选择学习哪种语言是否与其语言习得策略、生物程序或者选择符号沟通系统的倾向性有关? ③ 语言掌握的程度,特别是早期语言学习的效果,可以说明儿童的成熟度和运动能力,但是能不能说明儿童今后的语言认知能力、问题解决能力和信息加工能力呢? ④ 儿童正在学习的语言和他生活地区的方言会存在交互作用,那么儿童的语言学习能力与周围丰富的语言资源是否存在交互作用?

这些问题所获得的解答表明儿童的生理特点、认知能力和语言能力都会影响儿童语言发展,换言之,这些潜在因素不仅决定儿童什么时候学习语言,在哪里学习语言和怎么发展语言,还决定儿童学习语言的特点。此外,它们还会影响儿童认知能力和社会化发展。所以本节将集中介绍影响听觉障碍儿童语言发展的因素。

---

① 何迎春.探索聋童语言发展规律[J].现代特殊教育,2003(11):21-22.

一、语言能力与语言形式

听觉障碍儿童可以根据自身的特点选择先学习哪种语言,而直接影响听觉障碍儿童选择语言形式的因素包括:残余听力的程度,对语言形式的偏好,天赋,所在社区的资源,父母对于儿童失聪的反应以及其所具备的语言能力,等等。其中听觉障碍儿童所具备的语言能力是儿童选择何种语言形式的决定性因素。[①]

(一) 语言形式

语言是为了进行信息交流才产生的。有效的人类沟通是以语言为基础的,语言就是由语音符号和形体动作符号按一定的规律形成的体系。人类的语言具有目的性,是人类最复杂的行为,它涉及语音、语调、语法、语义及面部表情等内容。除了语言,其他任何一个人类行为都不会有如此多的要求。

语言形式是语言的声音系统和形态结构系统。语言的客观存在形式可以分为:口语语言形式和书面语语言形式,方言和共同语,民族语言和民族交际语。语言形式是语言的外部表现方式,它将语音、语法等语言要素相结合来表达语言的意义,进行情感的沟通。

(二) 语言能力

"语言能力"这一概念是乔姆斯基(Chomsky)在彻底否定行为主义语言理论的基础上创建"转换生成语法"时提出来的。乔姆斯基认为:"语言能力"是本族语者所习得的语言知识,这种知识往往是隐含的,即知其然而不知其所以然。语言能力是语言的基础。一个人的语言能力和语言并不总是相一致的。也就是说,一个人的实际语言运用并不总是他的语言能力的确切反映,因为在语言使用的过程中由于某些原因(如过度疲劳、注意力不集中、过于激动或过分紧张等),人们往往会出现"言不由衷"、"词不达意"的失误现象。例如一个会说英语的人可能会因某种原因把句子"I took the book home"说成"I took the hook bome"。这类语言运用中的失误显然不能表明人们不具备这方面的语言能力。因此,乔姆斯基等转换生成语言学家们主张将"语言能力"和"语言"区别开来,并认为语言研究的目的在于对人类所特有的语言能力作出解释,而不是像结构主义的描写语言学那样仅仅满足于对语言行为作出描写和分类。

根据乔姆斯基的转换生成语言理论,一个人的语言能力主要表现为以下几个方面:第一,能指出哪些声音或语素的组合是母语中可能存在的,哪些可能是不存在的;第二,能区别符合语法的句子和不符合语法的句子;第三,能区别出一些结构相同或相似,但实际意义却不同的句子;第四,能辨别出结构不同但意义有联系的句子;第五,能辨别出句子的歧义,即同一结构具有一个以上的释义;第六,能意识到句子之间的释义关系,即结构不同的句子具有相同的语义。[②]

语言是一种交流工具,除了语言能力之外还需要哪些条件才能形成语言呢?首先,需要一个语言环境,只有当儿童能在适合的环境中与他人进行适当地交流,语言才能正常发展;

---

① [美]桑迪·尼尔曼,[美]德沃尔·格林斯坦,[美]达琳·戴维.聋童早期教育指南:家庭和社会共同帮助听觉障碍儿童成长[M].吴安安,编译.南京:江苏教育出版社,2009:39-46.
② http://edu.sina.com.cn/en/2005-08-18/155334085.html.

其次,照料者的语言能力、语言形式和对语言的重视程度都会影响儿童语言发展;第三,儿童学习语言的动机。这三个因素都会对儿童的语言能力发展产生一定的影响。①

施莱辛格和梅多(Schlesinger & Meadow)对学前普通儿童和听觉障碍儿童的语言能力进行比较,发现有75%的听觉障碍儿童语言能力存在显著落后。奎格利和保罗(Quigley & Paul)比较了接受口语训练的听觉障碍儿童与正常儿童的语言能力后发现,听觉障碍儿童的语言发展顺序和普通儿童基本一致,但大部分听觉障碍儿童的发展速度较为缓慢。学者林宝贵和李真贤曾对小学高年级阶段听觉障碍儿童的语文能力进行评估,发现听觉障碍儿童的语文能力相当于7至10岁普通儿童的语文水平,即小学二三年级水平,平均比普通学生落后了3.7个学年。②

（三）语言形式与语言能力的关系

"语言能力与语言形式存在差异"这一观点最早是由乔姆斯基提出的。在他看来语言的表现形式（例如,有限的说话方式）与这些说话方式下的语言知识是不相等的,即通过观察儿童或其他年龄段的语言使用者,分析他们语言表现中的流利部分和不流利部分,可以建构出语言知识的一种范式,这种范式可以让说话者随心所欲地组织出新的句子,这种新的句子是无穷尽的,也可以使说话者依据语言标准判断哪些句式是可以被人们接受的,而哪些是不能被他人接受的。这样在人们心中就出现了语法结构的概念。人们通过语言的语法结构来组织符合社会要求的沟通语言。但并不是每次说话都需要严格按照语法结构,因为语言的流利度与很多因素有关,如,人们在说话时的心理因素、环境因素等。此外,一个充足的、丰富的内部心理词典会提供一个良好的语言结构工作模型,并且提供给说话者更好的语言知识。因此,在乔姆斯基看来,语言能力与语言形式并不对等,并且意识到语言能力会影响语言形式,但令人惊讶的是,这些结论并没有得到充分的运用。研究者尚未尝试着去建构一个专属于听觉障碍儿童的语言系统,也没有将这些语言学领域上的结论运用到听觉障碍儿童语言教学上,而是将关注的焦点放在直接描述听觉障碍儿童的语言形式上,或是尝试着用汉语的语法系统地规范听觉障碍儿童的语言。与此同时,大量的研究聚焦于理解手语的语言学特点,但是对听觉障碍儿童本身的研究还处于初级阶段。③

因此,对于听觉障碍儿童而言,我们应该更关注其语言能力的发展,而不是刻意地规定他们采用哪种语言形式。

对听觉障碍儿童语言能力的研究似乎已经迫在眉睫,因为听觉障碍儿童的语言环境存在很高的异质性（通常表现为语言环境严重不足）,同时他们没有统一的语言,或使用中国手语,或使用地方手语,或使用手指语,这种语言环境的高度异质性和语言形式的不统一,使得对听觉障碍儿童语言能力的研究尤为重要。乔姆斯基所提出的语言能力与语言形式的区别模型(competence-performance distinction)强调了听觉障碍儿童的语言能力与他们选择的特殊的语言形式并不完全等同。

语言能力与语言形式的关系一直受到人们的关注,如今有一类听觉障碍儿童越来越引

---

① R. J. Bench. Communication skills in hearing-impaired Children[M]. London: Whurr Pubishers ltd, 1992: 5.
② 林宝贵. 听觉障碍教育与康复[M]. 台北: 五南图书出版股份有限公司, 1998: 323.
③ Chomsky, N.. Aspects of the theory of syntax[M]. Cambridge, Ms: MIT Press, 1965.

起研究者们的兴趣,他们从小生活在语言刺激不足的环境里,当他们长大后需要通过后天的练习来规范他们的语言系统。这时,人们不得不再次认为由于语言环境因素等不利因素而导致听觉障碍儿童语言形式不当,但这并不能证明其语言能力不足。由于手势动作的习得比口口语习得早,所以一个相关的议题也受到人们的关注,即是否存在手势优势。最终,争论的焦点在于有些研究者把早期手势的形成看做是习得手语的铺垫,而另一些研究者认为早期手势只是语言交流作用的提前表现。人们认为健听儿童的手势具有一定的社会交往和语言沟通的功能,那么人们同样认为听觉障碍儿童的动作行为和手势行为具有相同的功能。手势以及其他一些非语言和非文字的技能也能映射出儿童在语言发展过程中没有表现出来的认知能力,包括对语言与生俱来的认知能力和对非语言动作的认知能力。因此,无论儿童使用的是手语还是口语,他们的语言能力都能从中体现出来。

现如今的研究和讨论高度重视语言能力和语言形式的研究,主要涉及语言和其他的认知能力,语言的产生和语言的理解,口语的产生和手势动作的产生等方面的研究,这些研究的课题可以帮助我们理解语言的整体性以及语言、认知和社会发展的相互作用。

这些观点让我们开始考虑语言沟通功能(沟通功能是以语言对接受者的作用作为判定标准的)和符号沟通(以儿童的认知能力为基础,以明显的沟通文本为依据)的作用。研究的焦点在于,在生命的最初几年中,无论是听觉障碍儿童还是健听儿童都表现出了初步的口语和手势动作的沟通能力,表现为听觉障碍儿童和健听儿童都在发出声音,都在使用简单的手势动作。[①]

二、听觉障碍儿童的牙牙语

(一)听觉障碍儿童是否也会出现牙牙学语阶段呢?

根据贝特(Bethe)的研究发现在儿童早期就可以利用手部和关节进行运动,这类儿童早期对手部的练习表明儿童已经开始发展手势或口语了。亚伯拉罕森(Abrahamsen)认为牙牙语阶段取决于是否拥有必要的发声器官,从生理角度看,语音和手势都是儿童早期的发声器官。口语或手语的产生是基于灵活而精确的运动系统的。[②] 儿童如果能发音则口语会成为其牙牙语阶段的主要语言,如果不能使用语音,那么儿童就会将手势作为牙牙语阶段的主要语言。

听觉障碍儿童手部和口语的牙牙学语与听觉障碍儿童语言习得基础、语言发展的心理和生理基础有关。对听觉障碍幼儿口语牙牙语的观察有助于解释儿童对口语的先天资质和口语发展的潜能,也有助于研究自身听反馈对正常语音发展的作用。

研究听觉障碍儿童是否出现牙牙语阶段具有很大的实际意义,奥勒和艾勒斯(Oller & Eilers)认为:如果听觉障碍幼儿的牙牙语与正常儿童的方式和出现的年龄一致,那么就能证明人类生来就有语音遗传,且这类语音遗传不关乎外部的听觉经验,也就是说即使幼儿听不到外界的声音也能在早期进行发音。另一方面,如果听觉障碍婴儿语言发展阶段与正常

---

① Marc Marschark. Psychological development of deaf children[M]. New York:Oxford University Press,1993:75-82.

② Abrahamsen,A.,Cavallo,M.. Is the sign advantage a robust phenomenon? From gesture to language in two modalities[J]. Merrill-Palmer Quarterly,1985,31(2):177-209.

儿童不同,那么就能证明听觉经验对有意义语音的出现具有很大作用。实际上,牙牙语可以锻炼婴儿的发音器官,对婴儿的潜在语言和今后语言的精确性有一定影响。[①]

对牙牙语是否属于语言的初级阶段,不同的研究者有不同的观点。有部分研究者认为牙牙语虽然是语言的一种形式,但不具备语言的功能,例如交流功能等,因为牙牙语和语言的发展关系不大,且牙牙语并不像真正的语言那么复杂。而有些学者认为牙牙语是一种语言形式,且对今后的语言能力起着积极的作用。例如:奥勒等人以10个孩子的牙牙语和早期语言为研究材料,这些孩子中5个年龄处于6~8个月,5个年龄处于12~13个月。研究者发现所有较大的孩子在有意义语言中表现出来的语音特点在较小孩子的牙牙语阶段也能被观察到。这种牙牙语和早期语言的相似性证明虽然牙牙语是由不标准的发音构成的,但是它具有调整语言结构、完善口语功能和形成语言的作用。

从研究者的大量研究结果可以得出一个令人兴奋的结论:听觉障碍儿童的牙牙语可能与口语的牙牙语具有相同的性质。但我们首先需要考虑这样一个问题:手势的牙牙语对听觉障碍儿童而言是不是与口语牙牙语对正常儿童的功能一样呢?这个问题对于分析语言的发展有重要的意义。

(二) 是不是真的存在手势牙牙语?

口语的牙牙语涉及儿童的语音结构,包括元音和辅音的运用,而手势的牙牙语涉及手语的结构。无论听觉障碍儿童的手势牙牙语是为了练习手势还是仅仅为了打发时间,但对于听觉障碍儿童的父母来说具有社交含义。这就类似于正常儿童不断练习"Ma"这个音时,正常的父母会给予极大的关注及及时的回应,因此听觉障碍儿童的手势牙牙语也会引起听觉障碍父母或懂得手语的健听父母的回应。可见,无论是口语的牙牙语还是手势牙牙语都存在一定的社交功能。

普林茨(Prinz)作为语训教师和研究者,对出生就用手语的健听儿童的手势牙牙语进行了研究。普林茨为被试提供一个语言发展环境,但是这个环境并不是完全自然的语言学习环境。他发现被试使用"儿童手势"(baby signs)和"儿童语言"(baby words),就如同其他听力正常的儿童一样。同时,被试也出现了类似于手势牙牙语的动作,比如摇晃手,此类动作和其父母做的手语相似。有趣的是,被试的这种类似模仿的手势比其同时期做的其他手势更准确,更具有辨别性。这些模仿的手势在手语的结构上和手势的空间位置上经常出现被压缩或被省略的现象。[②] 普林茨把这类模仿的手势更多地称为手势牙牙语而不是精确的手语。事实上,被试的手势牙牙语仅是手语的变形。

正常儿童口语的出现和发展遵循一定的规律。一般而言,3个月到11个月之间为牙牙语阶段,此阶段是语言正式出现前在心理、认知、社会角色方面的准备阶段。婴儿开始发出一些简单的声音,由一个单音到一个音节,再到能够使用这些声音表达情感和意图。婴儿在这个阶段表明了人类所特有的,在成长早期能够对语言暗示做出敏锐反应的认知能力。根据美国麦克吉尔大学的劳拉派蒂托(Laura Pattio)和他的同事对正常儿童牙牙语的声音和听觉障碍儿童相当于牙牙语的手势进行比较研究发现,在自然手语环境下长大的听觉障碍

---

① Oller, D. K., Eilers, R. E.. The role of audition in infant babbling[J]. Child Development,1988,59(2):441-449.
② Prinz, P. M.. Simultaneous acquisition of ASL and spoken English[J]. Sign language studies,1979(25):238-296.

儿童在4~7个月大时会出现两种手势活动：一种是正常儿童也会出现的手势，另一种是具有印记性质的、来自他们所观察到的手语中的手势。后者一般没有真正意义，但却包含构成美国手语的要素（如手形、方位、运动）。从他们的研究可以得出如下结论：这种手势的牙牙语在听觉障碍儿童中普遍存在，相当于正常儿童口语的牙牙语阶段。这也表明听觉障碍儿童同样具有在成长早期对语言暗示做出敏感反应的认知能力。[①]

以上证据表明：听觉障碍儿童年幼时期也会出现健听儿童牙牙语的阶段。但如今专家们的兴趣点不在于研究父母双方都会手语的听觉障碍儿童的手势牙牙语上，而在于那些父母是健听者且不会手语的听觉障碍儿童的手势牙牙语上。这种情况涉及缺乏牙牙语的听觉反馈或缺乏语言反馈的儿童是不是会出现牙牙语。同时，通过对比听觉障碍父母对听觉障碍儿童牙牙语的反馈和健听父母对健听儿童牙牙语的反馈可以更好地理解父母语言输入对此阶段儿童语音和语言发展上起到的重要作用。

（三）听觉障碍儿童的口语牙牙语

对听觉障碍儿童有语言意义的牙牙语研究较少，相对地，对听觉障碍儿童的口语牙牙语和早期发音却研究的比较多。

穆尔斯和弗兰伊（Moores & Frany）认为，当健听儿童从听觉反馈中得益并进入牙牙语阶段时，听觉障碍儿童却因为缺乏外部的听力刺激或缺少来自自身的听觉反馈而逐步丧失了牙牙语的能力。这个结论被莱恩博格（Lenneberg）等人的研究所证实。在实验中，莱恩博格等人观察了两组被试，其中一组被试全是健听儿童且他们的父母也都是健听人，另一组中有一个听觉障碍儿童和三个健听儿童，且他们的父母都是听觉障碍者。所有这些被试都处于发音阶段。该实验从以下六个发音类型分析儿童的语料：有节奏和无节奏的哭叫、惊叫、重复性的声音、自语、自然声音。最终数据表明：儿童无论拥有健听父母还是拥有听觉障碍父母，他们在以上六个维度上都不存在差异。可见，父母的语言类型对儿童早期的听觉辨别没有特别大的影响。[②]

莱恩博格认为在之后的发音过程中哭叫对自语会产生影响，在自语之后就会出现口语的牙牙语阶段，在儿童能发出多种多样牙牙语之后就会出现第一词。莱恩博格（1967）对2名父母为听觉障碍人的听觉障碍儿童和16名听觉障碍儿童进行观察，此项观察从儿童2岁开始到15岁结束。莱恩博格得出如下结论：一定程度上讲，听觉障碍儿童语言发展轨迹和健听儿童是平行的，但听觉障碍儿童的牙牙语出现的比较晚，一般出现在2岁到5岁。

莱恩博格的研究经常被人解释为听觉障碍儿童和健听儿童具有相似的发音阶段和牙牙语阶段，但是直到健听儿童达到第一个词语的阶段时，听觉障碍儿童可能牙牙语的发音还不是很丰富。与莱恩博格不同，很多研究者采用单一被试或小样本的研究方法得出了一些更具体、更深入的结论，甘蒙和奥登（Gammon & Otomo）对11名4~28个月中度和重度的听觉障碍儿童和11名4~18个月听觉正常的儿童进行观察研究，他们发现听觉障碍儿童的辅音发音明显减少，而听力正常儿童却不断增加。这种差异在8个月后表现得最为明显，此时健听儿童会表现出与年龄相符的规范的牙牙语，而听觉障碍儿童的语音丰富性明显不够。

---

① 国华. 自然手语习得与优生语言习得之比较及其启示[J]. 中国特殊教育，2007(3)：21-25.
② Lenneberg, E.. Biological foundations of language[M]. New York: John Wiley & Sons, 1967.

这种差异在中度听觉障碍儿童身上表现得较小,但在重度听觉障碍儿童身上表现得很明显。这些发现证明儿童的听力损失程度对听觉障碍儿童早期发音的数量和质量有明显的影响,但父母的听力状况对听觉障碍儿童早期发音的数量和质量没有显著影响。①

上述实验还发现,由于听力损失,听觉障碍儿童缺乏与父母的口语和听觉的交流,这会显著地影响他们的认知能力、社交能力、语言能力和生活技能的发展。②

三、手势在手语获得中的作用

目前,对听觉障碍儿童早期手势牙牙语的研究是为了解释有意义手势出现的时间而不仅仅是关注手语的某个部分。因此,现阶段缺乏对手语中具有信息意义的手势动作的研究。就手势而言,听觉障碍儿童和正常儿童的比较研究较为普遍,但是得出的结论多为听觉障碍儿童存在发展偏差的现象。在这一节中,我们主要讨论听觉障碍儿童手势出现的时间。

(一)听觉障碍儿童手势概述

听力正常的成年人和儿童在说话过程中会伴有手势动作,这些手势动作能够体现他们语言产生过程中的心理状态,并为我们提供一个绝好的研究契机。听觉障碍儿童的手势动作和身体动作也能帮助我们理解他们对世界的感知,这些手势动作对手语具有特殊的意义,它们对听觉障碍儿童的语言结构和语言机制也有一定的作用。

通过对比美国手语中规范的词汇和听觉障碍家长经常在家使用的"超结构"、"非通用"的手势,在口语交流时,人们发现"健听人会不同程度地使用手势动作,但是这些手势和他们所用的口语没有差异,即手势表达的内容和口语的内容是一致的"。在手语交流时,手语使用者也会使用这种手势动作,且这些手势动作与规范手语词汇共用一个表达通道,即听觉障碍者在交流中手势动作和手语是同步出现的。由此就产生了问题——如何区分在手语表达中真正的手语和构成手语的手势动作,这就是美国手语研究中的一个核心问题。

事实上,这种强调区分手语和手势动作的观点已经有所改变了,现今很多研究者都会将手语和手势动作一起使用。例如,称健听儿童的手势为"象征性手语"或将听觉障碍儿童产生的所有手势动作都称为手语,无论这些手部动作是否具有词汇意义。

(二)听觉障碍儿童的主要手势动作

马尔斯查克(Marschark)将那些有意义的手势动作按照其语言特点进行分类,划分的依据为手势动作的词汇特点、通用性和系统性。这种分类涉及两个关键性问题:第一,同一分类中的手势动作,其心理语言学功能是否相似。第二,同一分类中的手势动作对听觉障碍儿童或健听儿童语言获得的作用是否一致。在听觉障碍儿童日常交流中会有三类具体且有意义的手势:① 指示类手势动作。② 模仿类手势动作。③ 表演类手势动作。当儿童能熟练运用手语时这三类手势动作仍将继续存在,且每类手势动作都有不同的语言交际功能。③

1. 指示类手势动作

手势动作诸如手指指点和手掌指示组成了美国手语的部分词语,且这些词语会出现在

---

① Stoel-Gammon, C., Otomo, K.. Babbing development of hearing-impaired and normally hearing subjects[J]. Journal of Speech and Hearing Disorders,1986, 51(1):33-41.

② Marc Marschark. Psychological development of deaf children[M]. New York:Oxford University Press,1993:79-82.

③ 同上。

儿童学习手语的早期阶段。由于这个原因,研究者倾向于将指示类手势动作看做评价听觉障碍手语者语言能力的标准,即听觉障碍儿童是否能较好地使用指示类手势作为反应其语言水平的一个指标。

2. 模仿类手势动作

模仿类手势动作与听觉障碍儿童和正常儿童语言发展中的语义内容有密切联系,它会涉及象征性动作和描述性功能。模仿类手势动作的定义涉及儿童做手势动作时的目的。对鉴定这类手势动作的关键是,无论是用手语表达还是用口语表达,接受信息的人必须要能理解手势中的模仿性。基于上述意义,模仿性和其他的一些特性可以提供最佳的例子来证实语言和手势之间确实存在互补性。

3. 表演类手势动作

研究者观察到很多健听儿童的手势动作中包含大量表演性的动作而不是指示类或模范类的动作。在某些情况下,儿童手里确实像握着假想物,也许是假设自己把手里的东西给别人看或是递给别人。

一般情况下,对客体意见的手势动作首先获得发展,而后是转喻别人的观点的手势动作,紧接着是对角色意见的手势动作,最后才出现客体依存性的手势动作。

表示对客体意见的手势会在手型、位置、方向和运动上对客体进行纯粹的模仿,有时也会通过表达事物的某个特点来形成手语,但是这类手势还是缺少表演性。相反的,转喻他人观点的手势使儿童明确使用某个手势来代表有联系的事物,表演性更强。

(三)听觉障碍儿童的手势动作从何而来

皮亚杰(Piaget)认为在儿童语言发展阶段词汇和手势几乎同时产生,因为词汇和手势都反映儿童内部认知特征。这些产物都可以证明儿童从感知运动阶段过渡到形象思维阶段。如果手势和词汇有着相似的功能,儿童肯定会使用一种积极的方式去联系手势和口语。

大量证据表明语言和非语言能力并不是平行出现的,而且儿童的手势和言语能力之间的联系也不是很清晰、很密切的。贝特等人在研究中描述了前语言阶段儿童手势动作发展的顺序。他们发现儿童早期尤其是9~10个月时的手势动作是为了要引起周围人的关注,12个月时,儿童就会主动发出具有沟通意思的手势动作,到13个月时就能做出具有交流意义的指示类手势动作了。① 可见,手语的发展顺序与语言能力的发展顺序相类似,从这个角度看,手语可能是一种语言。

(四)听觉障碍儿童手势动作的出现

贝特等人的研究结果的核心内容就是语言出现前的手势似乎是出现第一个词汇或手语的铺垫,它具有社交和象征的功能。正是因为手语这种社会交往功能,使得无论是听觉障碍儿童的手语还是健听儿童的手语,它们最终都将被更广泛使用的手语和口语系统所代替。

指示类手势是从手势动作向手语过渡的关键。在相关研究中,佩蒂托(Petitto)评估了从早期非语言结构到出现语言这个过程中手势的作用。她分析了其父母为听觉障碍人士的听觉障碍儿童学会美国手语中人称代词"我"和"你"的时间点。不同于任意的声音符号,美

---

① Volterra, V.. From gesture to language in hearing and deaf children[M]. Washington D. C.: Gllaudet University Press, 1994: 79-92.

国手语中的人称代词是指向特定对象的,正常儿童到 9 个月时就能使用类似的人称代词了,但是听觉障碍儿童的这个时间点尚没有最终确定。但是佩蒂托认为可以通过这类观察揭示听觉障碍儿童是何时从前语言阶段过渡到语言表达阶段的。[①]

（五）社会交往中的手势

除了非语言(前语言)阶段的指点与手语中某些偶尔表指示的词汇具有相似性之外,指示手势还具有其独特性:手势与社会交往有关。在儿童期间,手势和语言相继出现是为了能让听觉障碍儿童在生活中进行社会交往和情感交流。因此,那些缺少语言的听觉障碍儿童需要发展这种类似的、可以替换的沟通系统。

在社会交往中,指示类手势具有专门的作用——交流需要和表达愿望。既然指示类手势很重要,那么它们也许对健听儿童也具有非常重要的作用。听觉障碍儿童所表现出来的指示类手势与在健听儿童中观察到的基本一致,且具有相同的功能。[②] 正是由于指示类手势动作的社会交往作用很大,因此可将其作为儿童早期语言发展的指标。

四、听觉障碍儿童认知能力对其语言发展的制约

（一）语言和认知的关系

当代研究者对语言和认知的关系有三种观点：第一种观点认为语言和认知是等价的；第二种观点认为语言和认知是独立的；第三种观点认为语言和认知是相互作用的,两者可能被相似的或同质的另一个因素所影响。第三个观点从某种程度上说是令人信服的。

应该说,任何一种语言的习得都需要一个早期的认知系统作为基础。认知系统会随着儿童经验的改变而发生改变。认知系统会将儿童的注意力从自我中心转变为关注外部环境,之后儿童才会想到要使用语言或手势进行沟通。根据这个观点,麦克尼尔(McNeill)认为无论是听觉障碍儿童还是健听儿童,他们的早期手势会为儿童出现的第一个真正的口语或手语提供重要的证据,所以在早期我们就需要注意儿童的手势。白里辛(Pylyshyn)认为语言习得中涉及的"原始认知系统"并不是特定语言的产物,无论语言的形式如何都需要有"原始认知系统"的支持。[③]

（二）语言的理解和产生

从语言与认知的关系看,语言和认知很可能是相互作用的,可能在某些方面语言起到主导作用,而在另外一些方面认知能力起到主导作用。[④] 儿童通过分析从外部获得的信息来尝试自己解决问题,他们会把对外部世界的分析作为处理事情的背景。其中一类信息就是我们所说的"语言",当我们谈到语言时也会遇到很多需要解决的问题,这种问题主要表现在对语言的理解和产生上,即儿童究竟是先学会理解语言还是先学会产生语言。尤其是,在自然环境中,语言的理解一般先于语言的产生。与此同时,儿童会在上下文的支持下产生特殊的

---

① Petitto, L. A.. On the autonomy of language and gesture:Evidence from the acquisition of personal pronouns in American Sign language[J]. Cognition,1987, 27(1):1-52.

② Marc Marschark. Psychological development of deaf children[M]. New York:Oxford University Press, 1993:89-91.

③ McNeill, D.. So you think gestures are nonverbal? [J]. Psychological Review,1985, 92(3):350-371.

④ Meier, R. P.. Out of the hand of babes:On a possible sign advantage in language acquisition[J]. Language, 1990, 66(1):1-23.

语言结构,但是儿童可能无法在别人的语言中理解这些特殊的语言结构。可见,语言的理解和语言的产生究竟哪个先出现还是值得研究者进一步研究的。

听觉障碍儿童语言理解和语言产生的领域独立性比正常儿童更明显。当听觉障碍儿童出生在健听家庭中,他们一出生首先接触的是口语环境,所以他们更容易通过一些线索理解口语的含义,但是对于口语的产生却不太容易。与此同时,听觉障碍儿童在社交过程中会使用手势动作,但是他们对于其他人的手势却很难理解,类似的情况在正常儿童身上也会出现。在学校里,教师们很重视让听觉障碍学生互相练习手语、口语和书面语,并进行相应的图示练习。在这种情境中,也许听觉障碍儿童理解文本容易而觉得书面语比较困难,他们更容易记住与手语表达结构类似的语言结构,但是这类语言结构一般不符合英语的规范表达。[1] 可见,听觉障碍儿童从口语角度上分析是口语理解先出现,而从手语角度上看是手语产生先出现。

即使我们意识到听觉障碍儿童对于口语理解和口语产生会存在问题,但是人们一直认为他们的语言能力(包括另外一些认知技能)只适合进行以口语为基础的评估。然而对听觉障碍儿童实施以口语为基础的评估和以手语为基础的评估会得到不同的答案。一些研究者开始考虑口语形式和手语形式对语言发展起到互利或相互影响的效果。另一些研究者预计现今的观点会对听觉障碍儿童真正的语言能力有所扭曲。这种扭曲会影响我们对听觉障碍儿童的语言运用能力的判断,而语言运用能力又是我们对儿童其他方面表现的预判指标,所以这种扭曲会对我们判断儿童的能力造成很大偏差,同时也会对儿童语言方面的能力表现的评价有所降低。[2]

(三)认知经验对语言习得的潜在影响

当我们坚持着这样一个观点——语言和认知从本质上讲是相互依存的,那么毋庸置疑儿童的早期经验将会对两者都起作用。普遍的观点认为经验和儿童的生理系统都会对语言和思维产生影响。这是否意味着缺少经验会对听觉障碍儿童的语言习得、认知发展和社会化发展产生影响?

听力剥夺一直影响着听觉障碍儿童的社会发展和语言发展,而且这种影响主要是由于听觉障碍儿童在幼年阶段的活动受限所致。这种限制除了由听力缺陷造成之外,还来自父母的过渡保护。过渡保护减少了儿童户外活动的时间和对外界世界探索的机会,阻碍了他们结交多样性的玩伴,缩小了他们的活动范围。而这会间接影响儿童的语言发展。事实上,与其他儿童一起玩耍的时间与儿童的词汇发展有紧密的联系。语言和同伴互动之间的关系对大多数听觉障碍儿童具有很大的意义。因此,在听觉障碍儿童处于幼年时要尽量为他们提供更多的活动时间、更多的交友机会,这样有助于他们的语言发展。

对事物的不同体验以及从父母或其他儿童那里获得的语言经验对听觉障碍儿童认知结构的形成具有一定作用。但对不同年龄段所起的作用有所差异。一般对年龄大些的听觉障碍儿童的影响较小,而在年幼的听觉障碍儿童身上体现得较明显。年龄较大的听觉障碍儿

---

[1] Petitto, L. A.. "Language" in the prelinguisitic child. In F. Kessel (Ed.), Development of language and language researchers: Essays in honor of Roger Brown. Hillsdale, NJ: Lawrence Erlbaum, 1988:187-221.

[2] Everhant, V. S.. Linguistic flexibility in the written and signed/oral language[J]. Reading Reseafch Quarterly, 1988, 46(2): 174-193.

童,作为较好的语言问题解决者,能更好地根据他人的语言来建构自己的概念。这种建构概念的能力很大程度上依靠儿童所掌握的语言功能和语言的运用能力。

儿童语言基础的提高很难通过学校教学来实现。这不是说学校教育对提高听觉障碍儿童的沟通能力没有作用,而是说他们所起的作用有限。有证据显示,聋校忽略了对儿童严格的训练,尤其是对语言和认知能力的训练。聋人教师和教育者有时会过分相信依据学校中的课程和活动安排所进行的语言训练效果。但实际上,儿童除了能在自己感兴趣的活动中学到大量词汇外,在历史、文学和社会学科中只能学到很少的词汇。

第2节 听觉障碍儿童语言的获得

人类语言的产生和发展是在一定的环境下进行的。健听人习得母语离不开环境的作用,但听觉障碍儿童由于自身的生理特点,即丧失部分或全部听力,因此在其语言获得过程中环境因素和外部条件显得尤为重要。梅多(Meadow)指出听觉障碍儿童获得语言时最大的问题不是他们缺乏听觉能力,而是他们缺乏学习语言的环境。[①]

手语作为听觉障碍儿童年幼时有效的沟通模式,对其产生和获得的探讨有助于揭示听觉障碍儿童语言习得的一般特点。但手语习得与口语习得是否遵循同样的规律,目前尚不清楚。虽然很多研究者认为口语和手语是等价的,但是这个观点仍然缺乏实证依据。因此,本节内容的重点是详细分析听觉障碍儿童语言发展的顺序和阶段,其中包括手语习得和口语习得。

一、对听觉障碍儿童语言发展的理解

个体学习语言须在生理机能上达到一定的成熟度,须具有健全的构音器官、完整的大脑,再加上外在环境为儿童提供足够的语言示范,让儿童与环境中的人产生语言性的交互作用,否则儿童无法遵循一定的顺序发展语言。[②] 其中听力是儿童学习语言的关键,因此早期失聪会严重阻碍语言发展,其原因主要有以下两个方面:第一,听力损失将大量减少儿童倾听的机会,减慢儿童学习说话的过程;第二,有的听觉障碍会使儿童无法区别口语的元素。因此,听觉障碍儿童语言发展总体上较正常儿童滞后。具体影响听觉障碍儿童语言发展的因素包括以下三个方面。

第一,儿童是否接受手语训练或口语训练,其父母是健听人还是听觉障碍者均会对儿童语言发展产生影响。与我们通常的看法不同,这些因素虽然对语言发展具有重要作用,但并不是语言发展的决定因素。听觉障碍儿童大部分都是在手势和口语的双重沟通环境下成长的。唯一的不同是某些听觉障碍儿童是以手势为主要沟通模式的,而另一些是以口语为主要沟通模式的。听觉障碍儿童究竟选用哪种沟通模式很大程度上依赖于父母的听力状况。有些家长或儿童可能有残余听力,这些人可以在口语中得益,因此尽管他们在特殊情况下会使用手语,但是在多数情况下还是使用口语。同样,即使听觉障碍儿童接受了口语训练,手

---

① Meadow, K. P.. Deafness and child development[M]. Berkeley:University of California Press,1980:42-43.
② 林宝贵.听觉障碍教育与康复[M].台北:五南图书出版股份有限公司,1998:320.

势沟通系统也会在家长和孩子之间发展起来。这种手势沟通系统在沟通功能和沟通内容上都起到或大或小的作用。在任何情况下,听觉障碍儿童的这种语言多样性会对语言选择和语言使用起到很重要的作用。

第二,儿童所接触的成年人使用语言的质量和种类,即他们语言能力的好坏或所使用语言类型的多样性对儿童语言发展会有不同的影响。拥有健听父母的听觉障碍儿童经常无法获得手语能力,而重度听觉障碍儿童无法从外部的语言环境中获益。

第三,儿童习得语言的年龄。这个因素涉及两个方面:第一,听觉障碍儿童是学语前聋,还是学语后聋;第二,儿童的听力损失是快速形成的还是逐步发展的。一般而言,学语前聋、快速形成的听力损失的儿童口语的学习相对比较困难。

为了发展听觉障碍儿童的语言能力,一般会对其进行手语训练或者口语训练。但这两种训练的效果还值得商榷。有研究发现无论是给听觉障碍儿童进行手语训练还是进行口语训练,他们的语言技能都比正常的同龄儿童差。同时,还发现当听觉障碍儿童长期参加口语项目的训练后,在课堂上他们倾向于使用口语,但是在其他情境仍然会使用手语。这种现象在聋人学校中非常普遍,听觉障碍儿童和正常儿童在教室里或教室外大多喜欢使用手语进行交流。此外,儿童还会光明正大地用手语聊天,而教师却没有注意到他们正在进行的这种交流。

二、手语的出现

贝特认为手势(gestures)可以作为预测儿童早期词汇的第一指标,手势可以为词汇提供社会交往符号系统。[①] 一般而言,儿童出现的第一个手势动作要比第一个词汇早,在使用双语(英语和手语)的儿童中,他们手语出现的时间要比词汇早。这些事实使人们不禁提出这样的疑问:手势是不是出现得比较早,手语出现在手势的后面还是和手势同时出现?

(一)手语的习得

手语不仅是一种基础的沟通系统,还有其自身的价值,包括复杂的内部结构、自我更新、语义和语法。虽然手语的词汇材料相对口语比较形象,但是在语言形式和语言意义上存在潜在的联系。

关键期是语言习得的重要特征。所有的语言发展都存在关键期,因为儿童的发音和声音控制具有时间性,只有在这个时期内获得发展,之后在整个少年期语言能力才会持续发展。从这个角度看,手语的习得很可能不存在发展的关键期,因为手语一直不被认为是一种语言。如果真是如此,那么对于儿童进行手语的训练就显得无关紧要。在早期只需对儿童进行口语训练,当口语训练的效果不大时再进行手语训练即可。但这种做法往往造成儿童从学习中所接受的信息量缺乏,语言能力的发展也有限。相反,如果手语是一种语言,那么学习手语就会像学习其他有声语言一样具有关键期,手语的教学方法和教育程序也应该有规律可循。

那么手语到底是否存在关键期呢?已有的研究证明手语确实存在关键期。伍德沃德(Woodward)通过实验发现 6 岁之前就开始学习手语的听觉障碍者所掌握的手语语法知识要比 6 岁之后开始学习手语的听觉障碍者更全面。更为重要的是,出生就开始学习手语的

---

① Bates, E.. Inegrating language and gesture in infancy[J]. Development Psychology,1989,25(6):1004-1019.

听觉障碍儿童对口语和书面语的掌握会更好。梅和费舍尔（May & Fischer）做了一系列的实验也发现，出生后就使用手语的听觉障碍者在深层手语语义和语法认知加工上要比关键期之后才开始接触手语的听觉障碍者好得多。①

（二）第一个手语

关于听觉障碍儿童第一个手语出现的时间，学术界目前尚未达成一致。一般而言，听觉障碍儿童第一个手语出现的时间在出生后9～12个月左右，与健听儿童出现第一个口语词汇的时间相差不大。② 古德温（Goodwyn）等人追踪了22个8～11个月大的正常儿童，其中有8个是用符号手势与其父母进行沟通的。实验中，他们给儿童的父母提供有关的玩具来促进儿童使用手语，并鼓励他们使用其他的手势进行日常的交往。研究者通过电话访问的方式来获得儿童手势和词汇的发展情况。实验发现，儿童第一个手势动作出现在11.94个月，而第一个口语词出现在12.64个月。在"五选一"的任务中，手势出现在13.55个月，而口语出现在14.28个月。③

但也有一些研究者指出，儿童简单手语出现的时间较早，大约在7～9个月，甚至有学者指出有些听觉障碍儿童早在5.5个月时就出现了第一个手语。从生理结构上看，手势动作的肌肉要比口语所需的肌肉成熟得早，手部和手指的神经成熟要比口语所需的发声器官的成熟早，所以手语的发展比口语早也不足为奇。

当然，引起儿童手语发展和口语发展差异的因素不仅包括神经系统和肌肉的发展，也包括儿童与母亲之间的肢体接触或眼神交流。儿童和母亲的这种接触和交流会提高儿童对手势动作的关注。另一方面，手语对语言学习者而言比口语更具有可视性，这样有利于儿童学习手语。所以早期语言学习阶段，儿童学习手语的热情比口语更大。

（三）手语词汇量的增长

在习得第一个手语词汇后，听觉障碍儿童的手语词汇量增长迅速。尼尔森（Nelson）的研究发现，在15.1个月时听觉障碍儿童就能达到10个词的词汇量，在19.6个月能掌握50个词汇，在19.8个月能学会10个短语。④ 另外也有研究发现，10个月的儿童可以掌握10个手语词，13个月的儿童可以掌握85个手语词，21个月已经可以掌握200个手语词了，而且在听觉障碍儿童学会的前10个手语单词中，有30％为形象性手语，37％为指示类手语，33％为自创性手语。⑤

（四）手语和早期语言发展

在前语言阶段，听觉障碍儿童使用手势符号代替语言功能和语言意义进行有效的沟通。比如：一个儿童想要得到一件他拿不到的玩具时，他通常会一边指着他想要的东西，一边看着他的妈妈，这就是手势的交流功能。对听觉障碍儿童这一语言发展特点的研究有利于探

---

① Amatzia Weisel. New perspectives on language and deaf education[M]. Washington，D. C.：Gallaudet University Press，1998：13-15.

② R. J. Bench. Communication skills in hearing-impaired children[M]. London：Whurr Pubishers ltd.，1992：117.

③ Goodwyn, S. W., Acredolo, L. P.. Symbolic gestures versus word: Is there a modality advantage for onset of symbol use? Paper presented at biennial metings of the Society for Research in Child Development，1991.

④ Nelson，K.. Structure and strategy in learning to talk[J]. Monographs of the Society for Research in child development，1993，38(1-2)：149.

⑤ R. J. Bench. Communication skills in hearing-impaired children[M]. London：Whurr Pubishers ltd.，1992：117.

讨前语言阶段听觉障碍儿童的语言发展,也能帮助我们了解手势发展与语言习得的关系。

关于手语和早期语言发展的关系,可以总结为四点:第一,无论是健听儿童还是听觉障碍儿童都会使用手势符号进行交流沟通;第二,听觉障碍儿童的手势符号与健听儿童的口语词汇出现的时间差不多;第三,早期手势符号的作用多为表达需求的,随着儿童的成长其作用逐渐转变为以"命名"为主;第四,手势交流系统在儿童语言习得上是一个很重要的阶段。

因此,手语在功能上与口语一致,而且手语可以作为听觉障碍儿童表达愿望的交流工具。

三、手语与言语

当听觉障碍儿童在早期需要沟通和交流时,家长就可以帮助他去理解手势和口语词汇,这对他们使用手语或口语是一个很好的准备。在早期,家长需要鼓励听觉障碍儿童使用手势,同时也要鼓励他们发音说话。在孩提时代,使用手势是很自然的。无论是听觉障碍者还是健听者,他们都会使用自己的手、身体和面部表情来表达意义。这些动作被称为肢体语言,是手势的初期阶段,为孩子学习手语作了很好的准备。在此阶段,孩子也会发出声音,这些是他们将来发展口语和交流技能的基础。让孩子体会声音从身体里发出时的那种感觉,教他如何控制呼吸、口形和舌头运动来发出不同的声音。因为听觉障碍使得他们学习发音很困难,所以当他们开始学习发音的时候要鼓励他们。① 因此,在儿童学习语言的早期阶段,应该提倡他们手语和口语一起学。

在聋教育中长时间存在的一个争论为:是要把手语引入听觉障碍儿童教育中以弥补他们的听觉障碍,还是激励儿童去掌握口语。事实上,并没有实际的证据去支持任何一方的说法。

在普通儿童语言发展的过程中,其手势沟通的能力和口语沟通的能力存在很大的落差,具体表现为手势沟通能力好于口语沟通能力。一般情况下,个体倾向于选择手势或口语中的一种表达方式来描述一个事物,通常不会同时使用手语或口语。有研究表明儿童在表达同一个参照物时仅有16%的被试会同时使用手语和口语形式。这种现象不仅在幼儿时期出现,在成人时期同样如此。

一直以来有一种误解认为手语训练会影响听觉障碍儿童口语能力的发展。实际上,诸多研究表明,潜移默化的手语训练对听觉障碍儿童的词汇发展不会有负面影响。相反,口语和手语在语言产生和语言接受上会有互补作用,即手语的训练在一定程度上能够促进听觉障碍儿童口语能力的发展。一般而言,父母为听觉障碍者或者具有手语能力的健听者的听觉障碍儿童,其早期语言和认知的发展都比较好。

但也有研究者指出早期手语对听觉障碍儿童的积极作用是暂时性的。吉尔(Geers)用听力-口语测试研究了168个听觉障碍儿童的手语技能和口语技能,又用完全沟通测验对159个听觉障碍儿童进行测试。所有的儿童都在5~9岁之间,并且在早期就出现重度的听力损失。他们发现当儿童长大后仍然使用手语或当他们同时使用手语和口语时,他们的口

---

① [美]桑迪·尼尔曼,[美]德沃尔·格林斯坦,[美]达琳·戴维.聋童早期教育指南:家庭和社会共同帮助听觉障碍儿童成长[M].吴安安,编译.南京:江苏教育出版社,2009:39-46.

语测试和完全沟通测试的差距几乎为零。同时,在完全沟通测试中儿童的口语表现仍然低于手语表现,但是这种口语上的落后可能只是短时间内的,而不是长期的。在儿童5~6岁时,若儿童同时使用口语和手语,两种语言的能力不存在本质的区别,在儿童7~8岁时,拥有听觉障碍父母的儿童在两种语言上存在可见的、微小的差异。可见,儿童早期手势训练会对将来的语言能力产生一定的影响,但这种影响是短暂的。①

四、语义的发展

语义是指语言的意义和内容。当儿童学习语言的内容时,他们就会发现掌管词汇、短语和句子的内部语言规律。研究者们十分关注每个词汇的语义成分,通过分析每个短语的语义作用可以测试儿童的语义发展情况。②

(一)早期语义关系的掌握

听觉障碍儿童和健听儿童在早期语义发展上表现出相同的模式。格里斯沃尔德(Griswold)等人发现听觉障碍学前儿童的词汇量只包括表示存在的、时间的、数量的和方位的手势。纽波特(Newport)发现听觉障碍儿童在16个月时就出现了表达存在的手势,表现出了表达意愿、意图的语义。③ 但是听觉障碍儿童和健听儿童语言中的语义概念或多或少存在差异。马歇尔(Marschark)发现听觉障碍儿童在幼儿时期会过度概括名词的语义,但是对于年长的听觉障碍儿童却不具有这种语义特征。④

(二)语义的后期发展

艾伦博格(Ellenburg)等人对一个听觉障碍儿童的手语进行研究发现,3岁7个月到5岁11个月的儿童手势使用率会有所下降,面部和身体的动作表明儿童在使用约定手语和分类手语的比率有所增加。在儿童4岁左右手语的表达会影响语义关系。一般2岁的听觉障碍儿童即使他们能完全理解动词的含义,也不会使用动词手语。听觉障碍儿童会用多种手势的顺序来表达同一个意思。例如,三个词组成的句子"我给你"与直接用方位性动词"给"来表达是具有不同的效果的。相似地,从2岁6个月开始,指示类手势和其他手势会与手语一起使用,这样就会避免使用一些复杂的手语结构。

3岁之内,听觉障碍儿童开始使用一些动词变式,诸如指示方向的、说明地点的和表明位置的。在4岁半时,儿童会使用一些手语变式来表示他们的做事方法、意图和原由。与健听儿童一样,听觉障碍儿童也会出现不正确的词汇或结构的过度泛化,尤其会出现在指示类动词上。当健听儿童达到这个年龄时,他们会逐步规范这些不规则的动词,而听觉障碍儿童会逐步规范非方位性动词,如碰、坐等。

从儿童3岁开始,指示类动词的手语就会逐步消退,开始使用正确的指示方位、主导性和拥有性的代词,其中代词的出现比较晚。例如,主导性和拥有性代词一般会在6个月的健

---

① Geers, A.. Acquistion of spoken and signed Englsh by profoundly deaf children[J]. Jounal of Speech and Hearing Disorders,1984,49(4):378-388.

② Barbara, R.. Schirmer. Language and Literacy Development in Children Who Are Deaf[M]. New York:Merrill Pub Co, 1993:9.

③ Marc Marschark. Psychological Development of deaf children[M]. New York:Oxford University Press,1993:115-116.

④ Marschark M. Pshchilogical perspectives on deafness[M]. Hillsdale, New York:Lawrence Erlbaum,1993:7-26.

听儿童口语中出现。坎特(Kanter)对2名听觉障碍儿童进行研究后发现,只有1名儿童在这个年龄段出现了拥有性的代词,但是出现的次数很少。直到4岁左右,听觉障碍儿童的拥有性代词才得到了完全的发展。[1]

五、父母语言输入与听觉障碍儿童的语言获得

儿童与其父母或其他家庭成员的语言交流经验对儿童的语言发展具有重要的影响。为了让儿童能较好地学习语言,需要为其提供大量与成年人进行语言交流的机会。

(一)听觉障碍儿童的口语输入

一般而言,听觉障碍父母对听觉障碍儿童的沟通需要比健听父母更为敏感。这不仅是因为听觉障碍父母主要通过手语与听觉障碍儿童进行交流沟通,更在于他们曾经具有相同的渴望——对于沟通的渴望。但也发现有些健听父母在听觉障碍儿童幼年时期就表现出对儿童沟通反馈的惊人敏感性,只是健听父母总是缺乏使用手势途径进行沟通的能力和自信,因此会尽量避免使用手语沟通模式。但无论怎样,父母总是听觉障碍儿童语言学习的重要信息来源,父母所使用的语言都可能成为儿童将来使用的语言,也就是说作为一个语言的接听者,儿童很可能会由于成人的语言形式而调整自己内部的语言结构,改变自己的语言能力。

在实际的养育过程中,父母也会适当调整自己的语言以适应听觉障碍儿童现有的语言能力水平。无论是健听父母还是听觉障碍父母,只要他们使用手语,速度就会变得较慢、内容就会变得更简单,并且会使用一些简短的、压缩的手语形式。同时,他们还会根据听觉障碍儿童的视野调整手语的幅度和空间位置。厄尔汀(Erting)分析了听觉障碍父母与其3～6个月的听觉障碍儿童进行互动时所采用的语言。结果发现单个手语的结构为父母手语最常使用的结构(大约有30%的这类手语是事物的名称),而且这些手语都出现在儿童可以看到的视野范围之内。更为重要的是,父母人为地把手势动作移到这个范围内,而不是因为手语需要自然出现在这个位置。此外,厄尔汀和他的同事们还发现父母的手势会伴随着积极的、生动的面部表情和唇部动作,而且在手势的动作幅度和形态上都有所夸大。很显然,这些特点和父母使用手势时故意打得很慢、很简单的作用一样,都是为了让儿童能较好地接受父母的语言。在听觉障碍儿童内部语言机制还不成熟的情况下,父母使用更慢的、更简单的语言有利于听觉障碍儿童使用简单的内部语言机制去同化这些新的词语和句式。[2]

此外,在健听父母与他们听觉障碍儿童的非正式交流中有一个倾向是显而易见的,那就是健听的成年人倾向于使用高度简化的、信息量不足的手语与听觉障碍儿童直接交流。斯威舍(Swisher)对6名拥有4岁6个月至6岁听觉障碍儿童的健听父母进行研究发现,健听父母与听觉障碍儿童进行交流的语言平均长度不超过4个音节,在这些交流中有近50%的语句存在手语省略的现象。斯威舍还发现近18%的口语信息在手语编码过程中遗失,即使

---

[1] Hoffmeister, R. J.. Acquisition of signed languages by deaf children[M]. Washington, D. C. : Gallaudet College Press.

[2] Erting, C. J., Prezioso, C.. From gesture to language in hearing and deaf children[M]. Washington D. C. : Gallaudet University Press, 1998:97-106.

这些内容是形象的、具体的,也同样会产生信息遗漏。①

因此,儿童早期如果语言输入形式是他们所需要的,那么他们的语言能力会有很大的提高,如果忽略了儿童早期的语言输入,那么他们今后在许多方面的发展都会受到影响。

(二) 妈妈语

成年人与儿童进行交流时会采用一种特殊的语言模式,我们将其称为"妈妈语"。妈妈语有四大特点:第一,语音上,发音清晰、语调夸张;第二,句子简短;第三,语义简单,多为具体的事物;第四,命令句和疑问句占多数。②

有研究者认为"妈妈语"这个术语使用不当,因为在照料孩子的过程中,不仅母亲会调整自己的语言模式,其他的照料者也会,甚至家里年长的孩子也会使用这种语言模式。③

虽然对妈妈语的特征有一个统一的定义,但是对妈妈语的作用还是众说纷纭。总体而言,有两种说法:第一,妈妈语可以说明语言习得时的语言多样性。例如,母亲使用法语,那么儿童就倾向于学习法语。第二,语言习得是一种互动的过程。环境中的语言输入也许对这种互动过程很重要,但是儿童在其中也担任了很重要的角色。因为儿童在互动的过程中必须是积极的、主动的,这样他们的语言才能得到提升。④

1. "妈妈语"的直接效应

一般而言,语言习得的"直接效应"模式是用来描述妈妈语和儿童语言之间的直接关系。这种语言模式表明母亲会根据儿童的语言表现或对儿童语言发展的期待来调整自己的语言水平,使自己的语言水平更适合儿童模仿,有时妈妈语会比儿童的语言水平更高一点。母亲的这种语言形式可以刺激儿童语言发展,并根据母亲的语言来调整自己语言发展的频率。换句话说,"直接效应"模式将母亲的口语输入看做是儿童语言习得的主要途径。

2. "妈妈语"对听觉障碍儿童语言的作用

国内相关研究比较一致地认为母亲的语言特征对听觉障碍儿童语言发展存在影响。贺利中在其研究中发现,由于听觉障碍导致听觉障碍儿童获得更少、更模糊的语言输入,他们既不能获得自然环境下健听母亲的口语表达,也很少有机会参与自然有意义的会话,这些都是影响儿童语言发展的重要因素。在研究中90%的听觉障碍儿童都不同程度地出现了语言发展迟缓现象。⑤ 可见,妈妈语的输入量不足可能导致听觉障碍儿童语言发展迟缓。贺利中在研究儿童语言发展的影响因素时发现,家庭中父母的语言输入特点直接影响着儿童的语言发展。由于有高等教育背景的家庭和没有高等教育背景的家庭父母的语言输入方式不同,这就导致在相似的母子互动情境中,儿童在言语倾向、言语行动和言语变通语用发展的三种水平的一般评价指标上均存在发展差异。⑥

---

① Swisher, M. V.. Perceptual and cognitive aspects of recognition of signs in peripheral vision. InMarschark, M. et al. Edt. Psychological perspectives on deafness. Psychology Press,1993:209-227.
② James, S. L.. Normal language acquisition[J]. Semin Pediatr Neurol,1997,4(2):70-76.
③ Owens. Language development: An introduction[M]. New York: Merrill Pub Co.,1992.
④ Barbara, R. Schirmer. Language and Literacy Development in Children Who Are Deaf[M]. New York: Merrill Pub Co,1993:21-22.
⑤ 贺荟中,贺利中.4—6岁听觉障碍与健听儿童语用交流行为之比较[J].华东师范大学学报:教育科学版,2009(3):63-72.
⑥ 贺利中.影响儿童语言发展的因素分析及教育建议[J].教育理论与实践,2007(3):31-33.

田芳芳借鉴美国哈佛大学语用研究框架,立足听觉障碍儿童,着重探讨了4岁重度听觉障碍儿童在亲子阅读背景下言语行为的特点。结果表明:在亲子阅读情景下,听觉障碍儿童与其健听父母所使用的言语倾向类型数量和言语变通类型数量处于同一水平。DJF(讨论当前关注的焦点)、DHA(引导听者对事物和人的注意)是听觉障碍儿童与其健听父母共同的主要言语倾向类型。ST(陈述自己的观点)是听觉障碍儿童与其健听父母共同的核心言语行动类型。听觉障碍儿童与其健听父母在使用言语倾向、言语行动、言语变通三个水平的类型数量上没有显著性相关关系。[1]

连福鑫在半结构环境下,采用国际上通用的儿童语言资料转换系统-CHIDES、母子言语互动交流行为编码系统-INCA-A 以及 CLAN 数据分析程序对在口语环境下4岁重度听觉障碍儿童与其健听母亲的语用交流行为的特点及其关系进行探讨。研究发现:4岁重度听觉障碍儿童的语用交流行为发展迟缓,其健听母亲言语运用也出现滞后;4岁重度听觉障碍儿童与其健听母亲的语用交流行为交流模式为"母亲为主导的问答式";4岁重度听觉障碍儿童与其健听父母在语用交流行为类型使用数量上并没有显著性相关,但在共同的核心语用交流行为类型上有显著性相关,二者相互影响。[2]

第3节 听觉障碍儿童文字的学习与阅读发展

语言是儿童正常发展的基础,是儿童探索世界、与人交流的工具。众所周知,听觉障碍儿童常常无法完全融入健听人社会,无法实现无障碍交流,直到他们学习了健听人所使用的口语或书面语为止。为了更早地融入主流社会,一方面要培养听觉障碍儿童早期有效的交流技能;另一方面要提高儿童的书面语言技能,主要是儿童的书面语言的理解与表达能力。

尽管经过十几年的努力,但是大部分听觉障碍儿童在文字学习和阅读能力上还是比同龄的健听儿童落后。现今的数据表明:18岁的听觉障碍儿童在他们离开学校之后的阅读能力只停留在4至6年级的水平。只有3%的18岁听觉障碍儿童可以拥有和18岁健听儿童一样的阅读能力,超过30%的听觉障碍儿童在离开学校时还是处于目不识丁的文盲状态,但是却有一些听觉障碍成人和听障儿童是优秀的阅读者和作者。我们究竟应该怎样理解这种差异呢?究竟是什么阻碍了教育者发展听觉障碍学生学习语言的步伐呢?这些问题都是值得我们关注的,也是我们接下来要分析讨论的。[3]

一、听觉障碍儿童文字的学习与发展

文字学习对今后儿童语言的发展,尤其是书面语和文字阅读的发展有很大的作用。但是听觉障碍儿童在词汇的学习上具有很大的困难。早期的词汇联合和词汇分类的研究发现,与同龄的健听儿童相比,听觉障碍幼儿词语的广泛性和联合性更弱,且在语义范畴中词汇组织能力更差。这些文字习得和掌握上的缺陷造成了听觉障碍儿童语言和经验上的缺

---

[1] 田芳芳.亲子阅读情景下4岁重度听觉障碍儿童语用研究[D].上海:华东师范大学,2009.
[2] 连福鑫.4岁重度听觉障碍儿童与其健听母亲语用交流行为特点及其关系研究[D].上海:华东师范大学,2007.
[3] Barbara, R. Schirmer. Language and Literacy Development in Children Who Are Deaf[M]. New York:Merrill Pub Co,1993:100-120.

乏,从而导致儿童阅读能力低下。布拉塞尔和奎格利(Brasel & Quigley)的研究也发现父母为听觉障碍者、自身使用口语的听觉障碍儿童在涉及词汇理解的测验分数要比那些父母为健听、自己使用手语的听觉障碍儿童的分数好很多。这两类儿童都是在家里接受早期语言,但是很明显在文字测试项目上,那些早期接触过英语的儿童比接触手语的儿童的表现更好。①

听觉障碍儿童除了词汇知识的广度和深度较差之外,在词汇运用能力上也比较差,表现为无法对熟悉词汇进行快速的再认。引起再认速度差异的原因有两个:第一,缺乏听力经验可能会降低词汇通达的自动性;第二,听觉障碍儿童在口语和非口语词汇上的进步比较慢。

总体而言,引起听觉障碍儿童语言发展缓慢的原因有两个:第一,听觉障碍儿童学习文字时,每个文字的形态和意义可能是分离的;第二,文字的语法结构可能与文字的内部意义分离。所以我们应该先考虑儿童对文字再认的特点。②

(一)听觉障碍儿童文字的学习

听觉障碍儿童书写文字的主要目的是为了交流信息和交流想法,并能通过文字的形式长久地保存下来。听觉障碍者会使用书写文字的方法与其他的非核心家庭成员和他们的朋友进行笔谈。因此,我们必须培养听觉障碍儿童的文字书写能力。

通常情况下,儿童通过两种途径来感知学习文字。第一种途径是通过周围环境去感知文字。他们会对饭店的招牌、报纸里的新闻、食物包装袋上的名字以及其他事物上的文字产生兴趣。第二种途径是通过阅读故事书学习文字。因为阅读能力和书写能力都是以词汇、语音、语义为基础的,即儿童的文字能力是以阅读为基础的。针对第一种途径,可以扩宽儿童的活动环境,增加环境中的文字刺激。针对第二种途径,我们应该尽量为儿童提供充足的阅读材料,以此来培养他们的阅读能力。③ 学者在研究了家长-儿童的互动模式和老师-儿童的互动模式后发现:儿童在阅读故事书时表现得很独立。当家长或教师讲故事给儿童听时,他们很少一个字一个字地对应着书上的文字念,他们会随着自己情绪的变化改编故事,除此之外,他们在重复讲同一个故事时的语言组织也会有所不同。因此,故事书中的内容就成为家长和儿童或教师和儿童的一种互动。在这种互动中,参与者们会共同寻找故事的意义,并帮助儿童学习文字。儿童正是在阅读故事书时,不断增加他们对文字的理解和印象。因此,听觉障碍儿童虽然听不到声音,我们还是应该通过其他交流方式让他们养成阅读的习惯。④

有关听觉障碍儿童如何开始学习文字的研究至今还很少。在自由选择练习中,康威(Conwy)发现听觉障碍儿童在学前阶段对用文字表达意义和内容这件事的兴趣很大。听觉障碍儿童可以通过学习学会自如地书写。埃伍德特(Ewoldt)对听觉障碍儿童进行了长达三

---

① Brasel, K., Quigley, S. P.. Influence of certain language and communicative environments in early childhood on the development of language in deaf individuals[J]. Journal of speech and Hearing Research,1977(20):95-107.
② [美]卡罗尔.语言心理学[M].缪小春,等译.上海:华东师范大学出版社,2004:115-118.
③ R. J. Bench. Communication skills in hearing-impaired children[M]. London: Whurr Pubishers Itd, 1992:151.
④ Barbara, R. Schirmer. Language and Literacy Development in Children Who Are Deaf[M]. New York: Merrill Pub Co, 1993:125.

年的书写训练(4至7岁),发现听觉障碍儿童的书写能力有了极大的提高,但是在任何境况下,自然教学法和正规教学法都没有本质的区别。[①]

学习兴趣对学习文字具有重要的促进作用,需要采取有趣、有意义的形式对听觉障碍儿童进行文字学习训练。特鲁瓦克斯(Truax)用三周的时间对6~7岁的听觉障碍儿童实施了一项计划。老师为他们编故事,在听完故事之后每个孩子都要讲一个小故事,老师还会问些相关的问题。然后,儿童用图画的形式来表现故事里的主要人物、场景和背景知识,最后让他们再复述故事。计划实施一段时间之后,研究者让儿童在每幅图画上加上一些简单的文字。儿童讲故事和写故事之间的相互联系性很大。儿童能将自己的想法通过文字告诉别人,能用口语来复述故事并进行小组讨论,这些都会让他们对学习文字产生很大的兴趣。特鲁瓦克斯的研究值得进一步推广,特别是他试图将阅读和文字用集体讨论的形式联系成一个整体。

(二)听觉障碍儿童文字书写上的表现

听觉障碍儿童掌握的词汇比较少,而且他们对语义的掌握也比较薄弱,所以他们在文字书写上的困难比健听儿童更多。通常情况下,听觉障碍儿童的书写能力要远远低于他们的手势表达能力,这在一定程度上表明了听觉障碍儿童的书写能力落后与儿童的认知能力和语言能力无关,文字应该可以被听觉障碍儿童所掌握。

与同龄的健听儿童相比,听觉障碍儿童在文字书写时倾向于使用更短的、结构变化更小的、句子完整性更差的表达形式。同时,听觉障碍儿童更善于使用集中的、具体的、具有形象性的词汇,所以文字书写也表现得更简单、更直白。

除此之外,听觉障碍儿童在文字书写上经常出现词汇遗漏。大量的研究发现听觉障碍儿童在文字表达上,尤其是形容词、副词、连词和助动词上比同龄的健听儿童少,而且名词和动词也有类似的情况发生。在某种程度上,这种差异来源于儿童在学校期间所接受的书写练习和文字教育。[②]

(三)我国在听觉障碍儿童文字学习与发展上的相关研究

除了国外有听觉障碍儿童文字学习和发展的相关研究,国内学者们也开始涉足这个领域。因为中文的结构与英语不同,所以至今该项研究主要集中在对汉语实词的研究和对汉语结构学习的研究上。其中陈凤芸指出:动宾结构是汉语中最基本、最重要的句法结构之一,是普通儿童文字学习的一个重要环节,熟练地掌握和运用述宾结构,对于听觉障碍儿童语言能力的发展起着重要作用。陈凤芸通过对听觉障碍儿童汉语述宾结构学习特征的调查分析,列举了动宾结构在听觉障碍儿童书面语中的四种异常运用,包括:动词"价位"运用不当、动宾搭配不当、成分残缺不全和成分重复连用,建议通过规范手语、增加语言实践、加强语法教学和提升教师的语言学素养来提高听觉障碍儿童的文字表达能力。[③]

[①] Ewoldt, C.. A psycholiguistic description of selected deaf children reading in sign language[J]. Reading Research Quarterly,1981, 17(1):58-89.

[②] Marc Marschark. Psychological Development of deaf children[M]. New York: Oxford University Press,1993.

[③] 陈凤芸.试论聋童汉语述宾结构的习得特征[J].中国特殊教育,2008(1):50-55.

二、听觉障碍儿童阅读发展

阅读能使我们了解世界,使我们拥有更深层、更灵活的概念。但是听觉障碍儿童可能因为听力损失的关系而出现阅读障碍。那些中耳部位严重受损或中重度听力损失的儿童会在词汇学习和阅读理解上存在发展滞后的现象。

(一)听觉障碍儿童的阅读能力

与健听儿童相比,听觉障碍儿童的阅读能力较差、发展滞后,且没有改善的倾向。普遍的观点认为当听觉障碍儿童完成学校教育时,他们的阅读能力仅有 9 岁或 10 岁的水平。[①]在学校期间,听觉障碍儿童每年阅读能力的提高程度有限,部分儿童的阅读能力甚至没有提高。

导致听觉障碍儿童阅读能力发展低下的原因有很多,比如:教师的不当教学和聋教育的设置不当都可能影响听觉障碍儿童阅读能力发展。但一直以来,所采用的交流语言对儿童阅读能力发展的影响才是学界关注的焦点。目前来看,并没有足够的证据显示出听觉障碍儿童的阅读缺陷是由于采用不同的语言教学导致的,或者说采用何种语言进行教学能对听觉障碍儿童的阅读能力产生根本性的影响。[②]但不可否认的是,教学所使用的语言形式确实会对听觉障碍儿童的阅读能力发展产生或多或少的影响。多数研究结果显示采用手语教学或日常生活交流更有利于听觉障碍儿童阅读能力的发展。弗农和科勒(Vernon & Kohler)发现在两个寄宿制学校中父母为听觉障碍者的听觉障碍儿童在 SAT 阅读项目中的成绩要比父母为健听者的听觉障碍儿童高很多。[③]詹森姆(Jensema)和同伴对听觉障碍儿童的家庭进行了调查,发现在那些父母中有一名是健听者而另外一名为听觉障碍者的家庭中,他们通常会把口语作为主要的交流工具,而当两个家长都是听觉障碍者时手语就会用得比较频繁。一般情况下,两个家长都是听觉障碍者的听觉障碍儿童的阅读能力最好,拥有一名听觉障碍家长的听觉障碍儿童也会比拥有两名健听家长的听觉障碍儿童的阅读能力发展得更好,这种优势体现在阅读、书写能力、词汇量、篇章理解和语法知识等各个方面。[④]

(二)听觉障碍儿童的阅读干预

对每一个儿童而言,当阅读速度每分钟小于 40 字时就无法理解阅读的内容了。听觉障碍儿童的阅读速度一般都低于这个标准。词汇量掌握得少、在语义理解方面存在困难可能是造成听觉障碍儿童阅读速度缓慢的重要原因之一。针对这种状况,一个可行的解决方法就是等听觉障碍儿童掌握足够的词汇、语法和语音之后再开始阅读。但是这样,听觉障碍儿童的阅读能力势必滞后于健听儿童。因此,应该将重点放在听觉障碍儿童的默读上,并且可以尝试给听觉障碍儿童讲故事,以此为他们提供一个文字发展的机会。

---

① Amatzia Weisel. Issues Unresolved: New perspectives on language and deaf education[M]. Washington. D. C.: Gallaudet University Press, 1998:130.

② Marc Marschark. Psychological Development of deaf children[M]. New York:Oxford University Press,1993:204-205.

③ Brasel, K., Quigley, S. P.. Influence of certain language and communicative environments in early childhood on the development of language in deaf individuals[J]. Journal of speech and Hearing research,1977(20):95-107.

④ Jensema, C. J., Trybus, R. J.. Communicating patterns and educational achievements of hearing impaired students[M]. Washington,D. C.:Gallaudet College Office of Demographic Studies,1978: 37-40.

应该说,听觉障碍儿童阅读教学的方法有很多。例如:通过发声阅读和多种材料阅读,以提高儿童的词汇量;教会听觉障碍儿童在阅读时进行适当的回看以训练他们的阅读技巧。但最常用的是语言经验教学法。该教学方法不提倡直接锻炼儿童的阅读能力,而是通过周围的教师、家长对听觉障碍儿童的阅读产生积极的影响。教师主要是儿童阅读的指导者、阅读计划的制订实施者;家长主要为儿童提供家庭阅读指导。在教学过程中,要为听觉障碍儿童提供适合他们想法和经验的阅读材料,以提高有意义的阅读目的。这种方法关注的是语言的整体使用,而其他阅读训练的方法更注意语言的深层结构,如词汇、语法和语义等。语言经验法是以社会语言学为基础的,强调语言的自然交际作用,致力于儿童语言兴趣和动机的激发,因此儿童通过练习在语言相关任务上确实能获得成功。此外,由于阅读材料都是教师根据每个儿童的个性特点挑选的,所以词汇、语法和语句上的要求肯定能符合儿童自身的语言条件。语言经验教学法的其他优势表现在:第一,使用手语的听觉障碍儿童可以通过练习得知手语是怎样转换成文字的,这种转换并不仅仅是逐字逐句的翻译,而是意译;第二,儿童可以明白无论是口语、手语还是书面语都是表达自己愿望的方式。

但是语言经验教学法也有其不足之处:第一,该方法规定教师可以决定儿童应该采用何种阅读材料。但是当教师不了解儿童的语言现状时,该方法的效果就会受到很大的影响。或者当教师对儿童语言发展不敏感,一味地让儿童阅读那些已经掌握的材料,阅读效果也不会有很大的提高。第二,该方法没有明确告诉教师应该如何在儿童阅读中教授他们合适的阅读技巧。因此,只有当教师对这些阅读发展的理论知识掌握得很透彻时才能真正实现该方法的预期效果。[①]

(三) 国内对听觉障碍儿童阅读能力的研究

国内如今也有越来越多的专家学者开始致力于听觉障碍儿童的阅读能力研究。

词汇阅读方面目前相关的研究较少,只是教育部师范教育司在《聋童心理学》一书中对国外的相关研究进行了总结,并指出:听觉障碍儿童的语言发展速度与正常儿童相比更为缓慢。[②]

在书面表达和理解上,国内学者哈平安在其《聋人的语言及其运用与习得》一书中指出:大部分聋生的书面表达能力很低,但是书面理解能力尚可。虽然普遍认为,书面理解能力与书面表达能力之间存在联系。书面表达能力非常低的人,其书面理解能力也不太可能很高。但这只是一般推理。书面表达能力很低的聋生,其书面理解的实际水平到底如何,哈平安做了一定的观察研究。他在聋校高二年级进行读书讲故事活动,要求学生读课外书,然后,运用手势把读过的故事"讲"出来。在这个活动中,不少聋生都能把自己的故事准确地"讲"给同学。这一情况表明:这些聋生虽然没有能力让别人看懂他们的书面语言,但是他们却能基本理解他人的书面语言。可见,聋生的阅读能力要优于他们的书面写作能力。[③]

在语篇阅读理解上,听觉障碍儿童发展滞后。贺荟中通过即时(眼动、探测技术等)研究法与延时(回答文后问题)研究法相结合,集中探讨了在字词识别能力完好的情况下,语言发

---

① R. John Bench. Communication skills in hearing-impaired children[M]. London:Whurr Pubishers ltd,1992:147-150.
② 教育部师范教育司.聋童心理学[M].北京:人民教育出版社,2002:60.
③ 哈平安.聋人的语言及其运用与习得[M].长春:吉林文史出版社,2005:175-182.

展前全聋学生与低于其三个年级的健听学生在篇章阅读过程的认知比较。研究结果发现：语言发展前全聋学生在句子表征、建立文本局部连贯与整体连贯上与低于其三个年级的听力正常学生加工方式一样，但在加工效果上，语言发展前全聋学生远差于低于其三个年级的听力正常学生。该研究证实了当前聋人阅读的主流观点，即聋个体与听力正常个体阅读过程的加工方式相同，但发展滞后；发现了语言发展前全聋学生阅读能力低于其同龄健听学生的部分本质原因，即语言发展前全聋学生即使字词识别能力完好，但在句子表征、建立文本局部连贯、整体连贯、背景信息的激活与抑制无关信息方面均存在问题。[1] 此外，该研究者还进一步采用眼动分析法和回答文后问题等即时与延时相结合的方法，探讨了在字词识别能力完好的情况下，语言发展前全聋学生与低于其三个年级的听力正常学生的篇章阅读过程的眼动与阅读效率。结果发现：语言发展前全聋学生阅读记叙文的整体能力与低于其三个年级的听力正常学生有差距，主要表现在文章阅读的整体效率显著低于听力正常学生；语言发展前全聋学生除注视次数和回视次数的眼动指标上与低于其三个年级的听力正常学生有显著差异外，在其他眼动指标上均未见差异；语言发展前全聋学生虽与低于其三个年级的听力正常学生在文本信息的储存能力上没有差异，但是以反复回视、增加注视点等为代价的。[2]

刘灿使用眼动分析技术对不同阅读能力聋生的回指推理能力做了研究，结果发现：在简单语篇环境下，不同阅读能力聋生均能发生即时代词回指推理，且回指推理能力与阅读能力呈正相关；复杂语篇环境下，两组被试均不发生即时名词回指推理。此外，通过对三个系列实验中眼动仪记录的眼动指标进行分析，我们还发现：低阅读能力聋生的注视点持续时间较短，注视点分布较凌乱，且回视次数过多；而高阅读能力聋生的阅读方式与之相反。[3] 孙彬彬同样采用眼动技术通过三个系列实验，研究不同阅读能力聋生在语篇阅读过程中的连接推理及其内在认知影响因素，研究发现：在语篇阅读过程中，聋生在局部连贯和整体连贯水平上都会即时构建连接推理，但只有高阅读能力聋生能成功构建局部连贯水平的连接推理，两类聋生都无法建立整体连贯水平的连接推理，且在阅读过程中表现出阅读策略的不熟练和信息加工能力的低下。工作记忆容量限制是影响聋生阅读过程中推理加工能力的重要因素。[4]

袁茵对听觉障碍中小学生的汉语阅读能力做了研究，结果显示：第一，听觉障碍中小学生汉语阅读能力发展基本与正常儿童一致，遵循从低到高的发展规律，受到多种内外因素的影响；听觉障碍中小学生汉语阅读能力结构由简单到复杂，有分化的倾向；听觉障碍中小学生在不同难度的汉语材料阅读中问题辅助阅读、提纲辅助阅读、标记辅助阅读、图示辅助阅读策略对阅读效果有一定的影响，但四种阅读辅助策略的影响作用不同。第二，听觉障碍中小学生汉语阅读能力相关因素主要包括理解能力、阅读习惯、动作技能、阅读背景、阅读技能、基本知觉能力、阅读动机、沟通方式，其中理解能力、阅读技能、基本知觉能力、阅读动机是内部因素；阅读习惯、阅读背景、动作技能、沟通方式是外部因素；其中贡献率最大的是理解能力；理解能力与阅读背景、理解能力与阅读习惯、阅读习惯与基本知觉能力等因素间具

---

[1] 贺荟中. 聋生与听力正常学生语篇理解过程的认知比较[M]. 上海：复旦大学出版社，2004：1-127.
[2] 贺荟中，贺利中. 聋生篇章阅读过程的眼动研究[J]. 中国特殊教育，2007(11)：31-35.
[3] 刘灿. 聋生汉语语篇阅读中的回指推理研究[D]. 上海：华东师范大学，2009.
[4] 孙彬彬. 聋生语篇阅读过程中的连接推理研究[D]. 上海：华东师范大学，2009.

有共变性。第三,听觉障碍小学生汉语阅读能力的心理结构包括感知能力、理解能力、保持能力、评价能力、阅读速度;听觉障碍中学生汉语阅读能力的心理结构包括感知能力、理解能力、保持能力、应用能力、评价能力、阅读速度,表现出能力水平不断提高、能力因素逐渐分化的特点。第四,听觉障碍中小学生在不同难度材料阅读中,采用问题辅助阅读、图示辅助阅读、标记辅助阅读、提纲辅助阅读,对阅读效果有一定影响。即听觉障碍小学生在适宜难度材料阅读中提纲辅助阅读、标记辅助阅读、图示辅助阅读成绩较好;在较难的材料阅读中问题辅助阅读的效果较好。听觉障碍中学生在适宜难度材料阅读中问题辅助阅读、图示辅助阅读成绩较好;在较难的材料阅读中提纲辅助阅读、标记辅助阅读的效果较好。在使用不同的阅读策略时难度、年级、性别因素部分表现出主效应显著和交互作用显著。[1]

杨飞燕结合有关听觉障碍与聋教育,阅读与阅读过程,阅读能力等相关理论,运用测验法、问卷法、访谈法、文献法、观察法、经验总结法等调查研究的方法,针对南京聋人学校听觉障碍高中生的语文阅读速度、整体阅读能力、认读感知能力、理解分析能力、鉴赏评价能力、迁移运用能力等现状进行了调查,发现听觉障碍生虽掌握了一定的阅读方法,但总体阅读理解能力属中等偏低水平,对文章内容缺乏整体意义上的把握,较难分析文章的主旨,在归纳文章的结构特点和层次上存在问题。[2]

三、听觉障碍儿童书面语表达的发展

书面语表达作为一种技能,儿童可以通过不断地练习,从失败中吸取经验,最后掌握书面语表达的规则。但是有些儿童可以最终掌握这项技能,而有些则不能。

(一)书面语表达的加工过程

为了能清晰了解书面语的加工过程,需要将书面语表达加工的每个步骤分开讨论。书面语的加工过程可分为以下几个步骤:计划阶段、书写阶段和修改阶段。[3]

1. 计划阶段(planning)

计划阶段包括形成主题和内容,对内容进行组织,并设定每个段落的目标。计划阶段涉及书面语表达的一切准备工作。例如:小标题的格式、每小段的主题、简略的提纲等。计划阶段也可以包括一些演习。例如:与他人进行讨论,或就自己设定的主题征求他人的意见。但是计划阶段也可以是作者默默思考的阶段。计划阶段会出现在书面语表达的任何时期,可以是事先计划,也可以是边写边构思。[4]

2. 书写阶段(writing)

书写阶段被称为书面语表达阶段、思维转换成文字阶段或使自己的想法具体化的阶段,当然每个不同的研究者会为这个阶段设定一个专用术语。在此阶段中,资深的作家会尝试性地将他们的想法写在稿纸上,无论他们的构思是单词、句子、段落还是一篇完整的文章。

---

[1] 袁茵.听觉障碍中小学生汉语阅读能力研究[D].大连:辽宁师范大学,2004.
[2] 杨飞燕.听觉障碍高中生阅读能力现状调查及其思考[D].南京:南京师范大学,2006.
[3] Barbara, R. Schirmer. Language and Literacy Development in Children Who Are Deaf[M]. New York: Merrill Pub Co., 1993:125.
[4] Newkirk, T.. The non-narrative writing of young children[J]. Research in the Teaching of English,1987, 21 (2):121-144.

3. 修改阶段(revising)

修改阶段包括复读和复写。修改可以被认为是对每个单词的重新审读,对每个写作思路的重新思考,在此阶段作者会使用一些工具书以更好地把握每个单词,有时会对文章的用词进行删减、替换等。修改可以理解为重新思考每一个短语和句子,然后尝试用其他的文字来表达同样的意思。修改意味着对之前所写的文章进行回顾,修改也意味着作者通过修改后会对自己的书面语表达的内容和形式更满意。

(二) 书面语表达的发展

儿童书面语表达的发展与他们的口语和手语的发展以及他们阅读能力的发展有紧密联系。哈斯特(Harste)等人提出了儿童从 3 岁到 6 岁期间书面语表达发展的八个阶段:组织阶段、意图阶段、形成阶段、避免错误阶段、社会行为阶段、上下文阶段、文章阶段和主张阶段。①

1. 组织阶段(organization)

儿童 3 岁时开始能够区分乱涂乱写和书面语,他们会在自己的涂写中赋予其语言表达的意义。组织模式也可以在儿童对语音、语义和语法的关注中体现出来。

儿童尝试着使用自己的认知去掌握书写的组织规则。哈斯特等人发现:儿童会使用根据词汇的语音来书写、根据词汇的形态来书写、根据词汇的意义来书写三种书写策略。

2. 意图阶段(intentionality)

儿童书面语表达的第二个阶段被称为"意图阶段"。从儿童开始使用涂写开始,他们就把自己的意图、想法、愿望在他们书写的符号中表达出来。换句话说,他们期望成年人把他们的涂写看成是一种书面语表达的形式。

3. 形成阶段(generativeness)

在此阶段,儿童开始尝试安排或重新组织他们的书面表达形式,以此来创造不同的意义和形式,这样书面语可以随着儿童想法的改变而改变,修改后的书面语既能表达儿童的想法又能达到沟通的目的。语言的形成意味着儿童已经掌握了一种用有限的词汇表达无限意义的能力。书面语表达的形成阶段意味着儿童已经可以自如地掌握有限的书写符号,并能用这些符号创造无限的意义。

4. 避免错误阶段(risk-taking)

此阶段儿童的年龄已经达到 4 岁,他们能感受到"真正的书面语言"有很多的限制,并且在这个阶段儿童不愿意在他们的书面语中尝试任何新的东西。在 5~6 岁时,他们常常会参考已有的书面语来规范自己的书面语表达方式,这样使他们感觉更安全。哈斯特把这个时期儿童的这种态度称为"学习弱点"。

5. 社会行为阶段(social action)

哈斯特等人观察了 3 岁的儿童,发现他们能够再认书面语。这不仅仅是一种语言的形式,更能体现出书面语的社会性。阅读者、演讲者、听众和作者都确认在语言表达的各个方面都会有社会化的存在,因此儿童为了能融入社会,为了能表达自我的愿望,为了能与他人沟通,就必须学会语言,学会书面语表达方法。

---

① Harste, J.. Jerry Harste speaks on reading and writing[J]. The Reading Teacher,1990,43(4):316-318.

6. 上下文阶段(context)

儿童对他们生活环境中所使用的书面语言的语言特点、语言情境和文化特点都具有很强的敏感性,并能充分体会到这些因素在书面语表达中的重要作用。例如,他们会在书面语中采用更多的正式的语言形式,而口语中则较多采用非正式语言。

7. 文章阶段(text)

在儿童书面语表达发展的早期,儿童倾向于在他们的书面语中寻找词组,倾向在文章的开头使用固定搭配的词组。此时,在儿童的头脑中已经开始出现文章整体性的概念,并且开始为他们的文章做整体的规划。

8. 主张阶段(demonstration)

儿童对其他人的书面语很感兴趣并且很关注。儿童的书面语中常常包含那些他们曾经看到过的书面语表达形式。例如:曾经看到过的报纸、书籍、其他儿童的文字表达内容或父母、教师的书面语等。

书面语表达发展的研究表明:儿童在进入学校之前,书面语表达能力就已经开始发展了。当我们看到儿童在玩想象游戏、画图、涂鸦、阅读、与他人交流、自言自语或对着自己做手语时,就已经见证了儿童使用外显的手段表达自己内心想法的能力。[①]

(三)学校阶段儿童书面语表达能力的发展

我们无法对听觉障碍幼儿在学校阶段的书面语表达能力的发展有一个清晰、准确的认识。书面语理论只提供一个关于书写过程和技巧的理论。不像口语的学习有一个确定的理论,书面语表达能力的发展没有一个固定的模式,且不足以分析听觉障碍儿童的书面语表达能力的发展模式。也许有人会问:"难道没有人可以告诉我听觉障碍学生什么时候可以使用规范的书面语?什么时候他们写的东西才能看上去像一篇文章?什么时候他们编的故事才能凑足字数?什么时候他们的文章能符合文章的结构和层次?什么时候他们会用更好的结尾来结束文章而不是一句简单的结束句?什么时候他们才可以写报告、日记、信、诗歌、感谢信、说明文、收据和其他形式的书面语?"

这些问题的答案,至少现在都依赖于儿童自身,也依赖于周围的学习环境。听觉障碍儿童学习书面语和健听儿童不同吗?听觉障碍儿童在学习书面语时遇到的困难会更大吗?过程会更艰难吗?乐趣会更少吗?不!至少,理论上不是。研究表明有很多听觉障碍儿童都能在书面语表达和阅读中发挥他们的潜力。

可见,听觉障碍儿童可以通过学校的教育、周围的语言环境来提高自己的书面语表达能力。

(四)国内对听觉障碍儿童书面语表达能力的研究

书面语是指凭借文字符号来作为信息载体的形式。国内现在聋生的书面语状况很不乐观。

瞿秋霞在其文章中指出:在读聋生书面语学习现状比较差。在一篇有200个句子的书面语材料中聋生就有95处错误,错误率几乎是50%,其中以结构残缺、用词不当两类错误居

---

① Barbara, R. Schirmer. Language and Literacy Development in Children Who Are Deaf[M]. New York: Merrill Pub Co, 1993:136-138.

多,分别占33.68%和30.52%,这说明当前我国在读聋生书面语表达能力相当差。①

刘德华在其研究中尝试就聋生在学习书面语过程中出现的一些动词使用问题做一简单的归纳,对其产生问题的主、客观原因进行初步分析,并就聋校的语文教学今后如何加强教学改革,有针对性地提出了一些有建设性的建议,从而帮助聋生克服学习书面语中遇到的困难。通过研究发现:聋生的书面语水平与同龄的健全儿童相比,无论是对词语的理解、应用,还是造句、作文,差距都比较大。聋生书面语中动词及相关成分运用中出现的问题归纳起来,主要有以下一些表现形式:动词运用不当、成分残缺、语序颠倒和搭配不当。②

 本章小结

本章集中探讨听觉障碍儿童早期语言发展,包括:从手势到手语的转衔,儿童出现的第一个手语和第一个口语,儿童的语义输入与输出。由于方法上和理论上的限制,使得这部分的研究和结论还不够完善。此外,有些研究结论模棱两可,使得研究者对听觉障碍儿童语言的研究更感兴趣,且更显出这类研究的重要性。

听觉障碍儿童早期手语的研究表明:听觉障碍儿童早期接触的手语无论对听觉障碍儿童的语言产生还是语言理解都会有一定的促进作用,随着儿童年龄的增长,口语和手语交流在儿童成长过程中会体现出越来越多的互补效益。

听觉障碍儿童语义发展上的研究表明:尤其是对那些使用手语的听觉障碍儿童进行手语评估时发现,听觉障碍儿童的语义发展和健听儿童的语义发展是平行的,并没有落后。而对于那些早期缺乏有效语言模式的儿童而言,他们就会在语言理解和产生上出现更多的障碍。

听觉障碍儿童文字学习和阅读发展的研究表明:听觉障碍儿童的书面语能力和阅读能力都要比健听儿童落后,但是导致这种落后的原因至今尚未明确。

可见,对听觉障碍儿童语言的研究涉及的内容很广泛,但是深度还不够,所以这个领域的研究仍会是今后的核心和焦点。

 思考与练习

1. 如何理解听觉障碍儿童的语言发展?
2. 听觉障碍儿童语言获得有哪些特点?
3. 听觉障碍儿童早期语言环境对今后语言发展有什么意义?
4. 手语和口语对听觉障碍儿童早期交流有哪些作用?
5. 听觉障碍儿童在文字学习和阅读能力的发展上有哪些特点?

---

① 瞿秋霞.关于加强聋生书面语教学的思考[D].武汉:华中师范大学,2005.
② 刘德华.聋生书面语中动词及相关成分的异常运用[J].中国特殊教育,2002(2):43-46.

第5章 听觉障碍儿童的个性和社会性发展

学习目标

1. 掌握听觉障碍儿童的人际社会化发展特点及其原因。
2. 掌握听觉障碍儿童的个性发展特点及其原因。
3. 掌握听觉障碍儿童的社会认知发展特点及其原因。
4. 了解听觉障碍儿童的个性和认知发展之间的联系。

环境对人的社会性发展的作用是巨大的。因为,至少从出生起,我们就不断地、主动或被动地和周围的人进行着互动。实际上,婴儿在胚胎内就已经可以感知母亲的心跳、呼吸节奏、声音等刺激,并和母亲进行互动。这些早期的互动主要发生在父母(更主要是母亲)和孩子之间,并对孩子今后的社会化、情绪、自我和个性的发展产生直接或间接的影响。虽说很多研究都用了"父母"(parents)这个词,然而,研究中的主体则大多为母亲。对于父亲在听觉障碍儿童社会化发展中所起到的作用,尚未进行过特别关注。听觉障碍对听觉障碍儿童的社会性发展有何影响?本章将分别从听觉障碍儿童的依恋、同伴关系、人格、自我、情绪、心理理论和道德等方面来具体探讨听觉障碍儿童的个性和社会性发展。

第1节 听觉障碍儿童的人际社会化发展

一、早期的母子互动

(一)概述

婴幼儿阶段,孩子和母亲之间有着特别的互动过程,这种过程同孩子和其他同伴或成人互动的过程有所不同。母子间的交往互动是一个渐渐形成的过程,母亲和孩子逐渐适应对方,最终形成有效互动。在这个过程中,同时性(synchrony)和相互性(reciprocity)是至关重要的,其中,同时性主要是指母子在日常互动中所同时发生而无法分割的行为模式,而相互性则表现在那些母子之间的相互依赖和补充的行为上。同时性和相互性可以让互动行为串联成刺激——反应链。例如,一般情况下,孩子会用啼哭来引起母亲的注意,而当母亲注意到这一事件以后,便会用抚摸、言语安慰或者怀抱的方式来抚慰孩子;在这种情况下,孩子的情绪往往会暂时稳定下来,并看着母亲,而母亲则会和孩子说话并微笑;作为对母亲的一种"回应",孩子也可能发出一些声音,从而使得母亲说更多的话语并做更多的动作。从上述的例子中我们可以看到,语音线索在母子互动中至关重要,然而对于听觉障碍儿童,尤其对90%的听觉障碍儿童与其健听母亲而言,声音线索的缺失是否会改变母子互动的方式,甚至影响母子互动的质量?这是需要

我们探讨的话题。

（二）听觉障碍鉴别时间的影响

欲回答上述问题，我们必须考虑另一个现实，那就是90％的听觉障碍儿童的父母是健听的，更重要的一点是，如果父母自身是健听的，往往就很难在孩子一出生时就发现孩子的听觉障碍，因为这会受到诸多因素的影响。比如，孩子的听损程度、父母是否清楚自己孩子有致聋基因、孕期疾病（比如母亲的风疹）、产后疾病（比如孩子的脑膜炎）、家庭中孩子的数量、父母给孩子做鉴定的意愿等。由于这些因素的影响，大多数听觉障碍孩子的鉴定都是在1～3岁之间进行的。当父母不知道自己的孩子有听觉障碍时，他们和孩子沟通过程中的相互性就会受到影响，因为听觉障碍的孩子往往无法接收到信号，即使收到了信号也无法用惯常的形式作出回应。此外，父母会对这种相互性的缺乏而感到焦虑、恐惧、自责甚至愤怒，因为他们无法帮助自己的孩子解决这些问题，甚至他们并不知道问题出在哪里，这些日积月累的情绪体验会改变父母和孩子沟通时的方式和态度，进一步影响他们和孩子之间的互动过程。

即使父母发现了孩子的听觉障碍，他们也难以立刻改善自己和孩子的沟通方式。原因在于，孩子的听觉障碍对于多数父母而言都是一个打击。而对于重大的打击，个体在经历最初的四个阶段，也就是否认（deny）、愤怒（angry）、回旋（bargain）和抑郁（depressed）以后，才可能心态平和地接受现实。在父母得知自己孩子有听觉障碍时，他们往往会表现出震惊和难以置信，他们可能会再次去别处进行鉴定来进行求证。有些母亲可能会长时间地停留在"否认"这个阶段，她们会四处求医，或者仍然把自己的孩子当做健听的孩子培养而刻意回避他们听觉障碍的现实。

（三）母亲互动方式的调整

在母亲最终接受了孩子有听觉障碍这个事实以后，她们和自己孩子的沟通方式也会有所改变。一般来说，如果孩子无法对声音作出反应，那么他们的母亲，不论是否自身有听觉障碍，都会更多地使用视觉和触觉的刺激来替代常用的语音刺激线索。研究表明，触觉刺激不论对于健听还是听觉障碍的孩子来说，都是很重要的母子互动方式，但是听觉障碍儿童的母亲会使用更多的触觉刺激来和自己的孩子互动。① 同样，斯宾塞（Spencer）的研究表明，12～18个月的听觉障碍儿童的家长在和孩子互动的过程中，使用了更多的视觉和触觉刺激。② 所以，如果听觉障碍孩子的母亲采取了适当的措施，那么她们还是可以把这种母子互动提高到接近正常的水平。此外，虽然视觉和触觉的刺激可以作为语音刺激的替代，但是由于它们之间的不同物理属性，这种替代的彻底性和有效性还是有所不同的。比如，一个比较明显的问题在于，语音刺激存在音调的变化，高音调的语音刺激会诱发婴儿的不安感，而低音调的语音刺激则具有安抚的作用，这种音调的不同所造成的不同效果是听觉障碍儿童所无法感觉到的。而非语音刺激和语音刺激在功能上都可以找到相互对应之处，大量的触觉安抚也可以使听觉障碍儿童安静下来。

除此之外，听觉障碍可能会影响听觉障碍儿童在母子互动中的反应性和主动性。首先，

---

① Rea, C. A., Bonvillian, J. D., Richards, H. C.. Mother-infant interactive behaviors: Impact of maternal deafness[J]. American Annuals of the Deaf, 1988,133:317-324.

② Spencer, P. E.. Communicative behaviors of hearing mothers and their hearing impaired and hearing infants[J]. Paper presented at the biennial meetings of the Society for Research in Child Development, 1991.

反应性的高低与刺激的方式和强度都有关系。例如,当一个人刚把手放在冰凉的水中会感到不适,而过了一段时间以后,同样温度的水已经不会造成这种不舒服的感觉,因为感觉的适应造成了反应性的降低。对于听觉障碍儿童来说,由于听觉通道的损失,他们往往在接受信息的时候比较低效,而他们的母亲则会在交流过程中体现出焦虑,故而会发出更多的刺激信息。长此以往,经常性地接受过多的冗余信息刺激,会造成听觉障碍儿童对于母亲所发出的刺激反应性的降低。其次,由于母亲对于听觉障碍儿童的交流能力的不信任,她们便会主动担当起母子互动发起者的角色。研究表明,低龄听觉障碍儿童在和母亲的互动过程中处于被动和不活跃的地位,而他们的母亲则相应的处于更加主导的地位。[①] 在这里我们似乎看到母亲对于亲子互动过程的自我调试,对于听觉障碍儿童来说,母亲对他们交流能力的不自信导致她们改变了互动中刺激的属性,也改变了互动双方之间的动力关系,而这些改变则直接导致了听觉障碍儿童的母子互动发展中反应性和主动性的缺失,所以,这种变化其实是一种"过度调试"。如果要改变这种状况,则需要母亲作出相应的调整,首先她们必须更好地接受自己孩子有听觉障碍的现实,并且要更乐观地去看待这个现实,这样才能在行为上有所改变。

总之,在婴幼儿时期,听觉障碍儿童的认知特点和他们母亲的行为方式都会影响到母子间的关系。母亲的行为方式也会由于她们对听觉障碍儿童互动方式的"过度调试"而有所改变。

二、依恋的发展

(一)概述

依恋是幼儿与成人互动中的一种现象,表现为幼儿对于自己的母亲或者某个特定的家庭成员保持亲近和联系的意图。正常孩子在8个月左右就会明显地表现出和母亲或者其他抚养者保持亲近关系的意图。最广泛使用的评价依恋类型的方法为"陌生情境"法。最先使用它的是美国心理学家安斯沃斯(Ainsworth),她通过对婴儿的依恋行为进行实验研究,指出婴儿的依恋行为可以分为三种类型。A型(约占20%)为回避型,这个类型的婴儿容易与陌生人相处,容易适应陌生环境,在与母亲刚分离时并不难过。但独自在陌生环境中待一段时间后会感到焦虑,不过很容易从陌生人那里获得安慰。当分离后再见到母亲时,对母亲采取回避态度。B型(约占70%)为安全型,当最初和母亲在一起时,这个类型的婴儿很愉快地玩;当陌生人进入时,他们有点警惕,但继续玩,无烦躁不安表现。当把他们留给陌生人时,他们停止玩,并去探索,试图找到母亲,有时甚至哭。当母亲返回时,他们显得比以前同母亲更亲热。当再次把他们留给陌生人,婴儿很容易被安慰。C型(约占10%)为反抗型,这个类型的婴儿表现出很高的分离焦虑。由于同母亲分离,他们感到强烈不安;当再次同母亲团聚时,他们一方面试图主动接近母亲,另一方面又对来自母亲的安慰进行反抗。A型和C型都属于不安全型依恋类型。

(二)听觉障碍儿童依恋的特点

对于听觉障碍儿童而言,他们和母亲依恋关系的发展是否和健听孩子有所不同呢?作

---

① Wedell-Monnig, J., Lumley, J. M.. Child Deafness and Mother-Child Interaction[J]. Child Development, 1980 (51): 766-774.

为社会化过程的一个方面,依恋在不同社会文化背景下存在差异。比如,德国孩子的分离焦虑更少,而日本孩子的情感依赖性比较强。听觉障碍孩子的依恋特点和健听孩子也会有所不同,因为,听觉障碍孩子发展出非安全型依恋的可能性较高。[①] 首先,从健听母亲的角度来说,她们对于孩子听觉障碍的事实普遍感到压力和抑郁,所以就忽视了他们的需求;健听母亲可能没有相应的转变沟通策略,而是继续使用语音刺激来安抚自己的孩子,或者对于母子互动的过程过于控制,从而忽视了孩子的需求、主动性以及愿望。从孩子的角度来说,他们可能无法意识到自己的语音在互动过程中的重要性(因为他们无法建立起声音和反应的连接关系),由于"用进废退",在以后的互动中便无法以通常的方式来引起别人的注意和关心,或者由于母亲不在视野范围内时,孩子无法通过听觉来觉察母亲的存在,故而更容易引起分离焦虑。之前已经提到过母亲的言语刺激对于母子互动的影响,而对于依恋而言,同样,这种影响十分重要。首先,最直接的影响在于,母亲的言语往往是孩子能否意识到母亲离开和回归的主要信息来源。前面提到过依恋从婴儿8个月左右就开始出现,而语言发展研究的证据则表明婴儿在8~9个月时已经可以理解一定数量的语音词汇,包括母亲用来告知自己孩子她们会暂时离开的词汇。所以,对于语音刺激的理解可以帮助健听儿童得知母亲会离开的事实。而同样,健听儿童也可以在母亲不在身边时留意母亲的动向,如果他们听到母亲的声音时,就会意识到母亲快要回来了。然而,听觉障碍儿童都无法做到这些,他们可能无法有效地意识到母亲即将离开和回来的事实,所以,分离焦虑和与此相关的行为也无法体现。[②] 其次,母亲的言语还存在间接的影响。依恋中包含了情绪的成分,而儿童早期的情绪发展和母亲的言语和非言语行为都有着密切的关系。但是,听觉障碍儿童建立这种联系的能力会比较差,或者说,他们建立这种能力的条件比较有限。所以,对言语信息接受能力的缺乏会造成听觉障碍儿童情绪认知能力发展的缺陷,从而间接地影响到他们的依恋发展。

(三) 听觉障碍儿童依恋的实证研究

针对听觉障碍孩子依恋发展的实证研究不多,主要是分析不同交流能力的听觉障碍儿童的依恋发展,以及比较听觉障碍和健听儿童的不同依恋类型,但这两方面的研究得出了貌似矛盾的结果。格林伯格(Greenberg)等的研究关注了不同沟通能力的听觉障碍儿童的依恋发展状况。他们同样采用了陌生情境的研究范式,对28对听觉障碍儿童—健听母亲的互动小组进行了观察研究。他们的研究发现,高交流能力的互动小组(母亲同时使用口语和手语)比低交流能力的互动小组(母亲只使用口语)有着更为成熟和安全的依恋模式。而莱德伯格和莫布里(Lederberg & Mobley)的研究表明,听觉障碍儿童的依恋类型和健听儿童相比虽然存在一些不同,但是总体而言比较类似。[③] 他们对41对健听—听觉障碍的母子和41对健听的母子之间的依恋类型和母子互动质量进行了研究。参加研究的儿童年龄都在18~25个月之间,研究者采用了自由游戏以及陌生情境的范式,对母子互动的情况进行观察。

---

① Weisel, A., Kamara, A.. Attachment and Individuation of Deaf/Hard-of-Hearing and Hearing Young Adults [J]. Journal of Deaf Studies and Deaf Education, 2004, 10(1): 51-62.

② Greenberg, M., Marvin, R.. Attachment patterns in profoundly deaf preschool children [J]. Merrill-Palmer Quarterly, 1979(25): 265-279.

③ Lederberg, A. R., Mobley, C. E.. The Effect of Hearing Impairment on the Quality of Attachment and Mother-Toddler Interaction [J]. Child Development, 1990(61): 596-1604.

研究发现,56%的听觉障碍儿童以及61%的健听儿童属于安全型依恋,这两个比例并没有显著的差别。此外,在对母子互动的质量、母亲的主导性、敏感性和对孩子的情感等方面的评价均没有发现差异。不过,在研究者的观察中,还是发现了一些细微的差别,比如听觉障碍儿童和他们的母亲互动的时间更短,主要是由于他们无法看到或听到母亲的交流而打断互动的过程;而听觉障碍儿童的母亲在互动过程中更主动。但总体而言,听觉障碍儿童和健听儿童的依恋类型没有很大的差别。所以,研究者认为,在听觉障碍儿童出生的第一年和第二年的时间段内,母亲满足孩子需求的能力对于母子互动的影响要大于孩子自身能力的因素。这也印证了一种"直觉式教养"的观点,这种观点认为,母亲依靠自己的直觉来调整和儿童互动交流的方式,从而更好地满足孩子的需求并提供更好的互动。可见,对孩子听觉障碍的早期鉴定十分重要。因为"直觉式教养"的前提就是母亲知道孩子有听觉障碍,这样才能最大程度地减少由于听觉障碍所造成的母子互动损失。然而,仔细分析上述研究发现,该研究的方法有些局限,首先,他们的听觉障碍—健听的母子被试都参加过一个早期干预项目,所以,这样的实验结果也有可能是因为早期干预的结果所导致。此外,由于被试年龄限于18~25个月,从年龄上来说可能并不适合使用陌生情境的范式。而一项后续的跟踪研究发现,同一批被试在3岁的时候,听觉障碍儿童的母子互动过程更加由母亲主导,而听觉障碍儿童则相对缺乏主动性、创造性和互动乐趣。[1] 研究者把这种变化归结为听觉障碍儿童的自身发展,因为对于母亲的各项评分和上一次的研究相比都没有显著的变化。

(四)听觉障碍儿童依恋的培养

依恋对于儿童今后的社会化发展具有重要作用。对于健听儿童而言,安全型的依恋可以让他们拥有更好的探索环境的能力、更好的同伴和配偶关系、更好的职业调适能力、更强的应对负面和压力情境的能力、更好的自我形象以及更高的幸福感;而不安全型的依恋则有着相反的作用,比如更容易感到沮丧、不服从长辈和教师的管教、对于成人和同伴的攻击性行为以及和父母的感情疏远等。对于听觉障碍儿童而言,依恋发展所产生的影响与健听儿童基本相同。既然母亲对于听觉障碍儿童的依恋发展有着如此重要的影响,那么,她们应该如何帮助自己的听觉障碍孩子更好地发展依恋关系?

首先,对于家有听觉障碍儿童的健听母亲而言,她们需要学习手语,从而更多地使用全面的沟通手段,而不仅仅是口语沟通。手语不但可以利用听觉障碍儿童的视觉输入优势,还可以更好地帮助儿童掌握手语,从而为他们日后的社会化打好基础。其次,母亲不能在和孩子互动过程中过度掌握主动权,而是要尽量保持平等的关系,母亲要更像是一个互动的推动者和促进者,而非互动的主导者。这不但和孩子的依恋发展有关,还可以影响到他们日后的社会化发展。最后,母亲要提高自己对于听觉障碍儿童心理发展特点的知识水平,这样做无疑可以为自己和孩子的互动提供理论上的指导。总之,母亲要尽可能采取积极、有效的母子互动手段,尽可能满足孩子的沟通需求,并争取及早发现并及早进行干预和训练。

---

[1] Lederberg, A. R., Willis, M. G., Frank, K. H.. A Longitudinal Study of the Effects of Deafness on the Early Mother-child Relationship[J]. Paper presented at the biennial meetings of the Society for Research in Child Development, 1991:1-7.

三、同伴关系的发展

(一) 概述

同伴关系是指年龄相同或相近的儿童之间的一种共同活动和相互协作的关系,其中主要包括同龄人之间或心理发展水平相当的个体之间的交往过程中所建立和发展起来的一种人际关系。同伴交往则是同伴关系在行为上的体现,主要是指同伴之间通过接触产生相互影响的过程。每个孩子终究都要离开家庭的襁褓踏入社会,而他们也必然要和除了父母长辈以外的个体发生联系,从婴儿期到幼儿期,儿童与成人的交往持续减少,而与其他儿童的交往则持续增加。尽管同伴关系不像母子关系那样持久和牢固,却可以为儿童提供与众多同龄伙伴平等和自由交流的机会,因此是一种全新的人际关系体验。孩子踏入社会的第一站便是教育机构,在教育机构中,孩子们交往和互动的对象变成了与他们年龄相仿的同伴。尽管孩子们也经常和教师保持着互动,但是同伴关系仍是他们更为重要的人际关系。进入小学以后,儿童开始成群结队地进行着互动,互动的内容涉及游戏、探讨学习和生活等诸多方面。和母子关系一样,语言和听力水平在任何社会互动行为中都占有非常重要的地位。听觉障碍儿童所经历的母子关系会受到他们听力水平的影响,但是母亲会进行一些自身的努力来适应这个互动过程。然而同伴关系的参与者则更为平等和独立,他们没有义务和责任来为听觉障碍的同伴进行自身的调整。不过,就像母子互动过程中,母亲的听力状况会影响到母子互动和交往一样,同伴的听力状况也会因此影响同伴交往的过程。所以,在聋校和融合学校中的听觉障碍儿童会经历不同的同伴交往过程,也可能对他们今后的发展产生不同的影响。总之,同伴关系的发展是一个十分复杂的问题,对于听觉障碍孩子而言,在不同的时期和不同的环境中,他们都会有不同的同伴关系体验,鉴于此,以下将分别介绍听觉障碍儿童在学前和学龄阶段的同伴关系发展特点以及影响因素。

(二) 学前阶段的同伴交往

学前阶段对于听觉障碍儿童而言,是他们离开父母踏入社会的第一步。在这个阶段,他们会离开母亲的无条件积极关注的保护伞,进入一个相对陌生、疏离但是平等的环境。在学前教育机构中,听觉障碍儿童一方面需要学会和同伴以及教师进行互动;另一方面,他们也需要处理自己的分离焦虑,尤其在刚进入学前教育机构的阶段,这个问题会显得尤其重要。而随着时间的推移,听觉障碍儿童渐渐适应了这个新的环境和新的同伴,他们便把对母亲的依恋转移到新建立的同伴关系中去了。

1. 学前听觉障碍儿童同伴互动的特点

在学前阶段,听觉障碍儿童和健听儿童都是初次涉足社会,并开始构建自己和同伴之间的互动经验。听觉障碍人群沟通方式的独特性大多是由于他们后天听觉被剥夺的经验所造成,那么,对于学龄前的听觉障碍儿童来说,这种经验塑造的影响可能还没有产生十分明显的作用。

一般来说,社会互动的行为特点可能会受到认知因素的影响,对于听觉障碍儿童来说,听力和语言能力的缺乏可能导致他们与别人互动形式和内容的改变。在听觉障碍儿童进入学前教育机构时,同伴互动占了他们社会互动中的大部分时间,他们也开始发展自己和同伴的友谊关系并有了自己的朋友,那么听觉障碍儿童和健听儿童在友谊关系上有无差异?莱德伯格等对33名健听儿童和29名听觉障碍的3~5岁儿童的室外游戏进行了7个月的观察,重点考察这些孩子与非朋友、临时朋友以及长期朋友的关系。[①] 他们发现,不论是听觉障碍儿童还是健听儿童,都会在某一特定时刻有一个临时朋友和一个长期朋友,而听觉障碍儿童之间的友谊和健听儿童之间的友谊在稳定性方面没有明显的差别。并且,他们还发现听觉障碍儿童和健听儿童的择友偏好也比较类似,比如他们都偏好和同一性别以及同一种族的同伴成为长期的朋友。

然而,对于听觉障碍儿童来说,语言能力的不足可能成为他们和他人沟通交往时的一大障碍。那么语言表达能力是否会影响到听觉障碍儿童同伴互动的内容和方式呢?对此,莱德伯格等发现,不论是面对听觉障碍同伴还是健听同伴,听觉障碍儿童很少在沟通时频繁使用正式的语言,但是他们仍然会使用很多非言语的沟通手段来使同伴互动更加有效。[②] 听觉障碍儿童更多地使用视觉沟通的方式来和听觉障碍同伴进行沟通,沟通更加随意,内容也更加广泛。而他们和健听儿童的沟通则更加以事物为中心。由此可见,听觉障碍儿童和不同听力状态的同伴交往的方式和内容都存在一定差别。

此外,莱德伯格还发现,在学前情境中,具有较高语言能力的听觉障碍儿童更能胜任同时和多名同伴一起互动的任务,并可以更好地和教师互动,以及在互动时产生和接受更多的语言刺激。[③] 但是,莱德伯格并没有发现语言能力和听觉障碍儿童的同伴互动质量以及儿童的同伴选择之间具有显著的关系。所以,他总结认为,语言和社会技能在很大程度上是独立发展的。这个结论和莱德伯格之前的研究结论有一定的联系性,因为如果听觉障碍儿童在同伴互动时较不频繁地使用正式语言,那么语言对他们同伴互动的影响自然也不会十分明显。

总之,在学前的阶段,不论是同伴互动的形式还是内容,听觉障碍儿童和健听儿童并没有十分明显的区别。

2.学前听觉障碍儿童同伴互动的有效性

听觉障碍儿童通常缺乏相应的社会技能来加入到互动过程中去。在自由游戏的场景中,听觉障碍儿童的互动发起请求会更多地遭到健听同伴的拒绝,[④]而他们在互动过程中会收到不恰当的互动发起请求,比如手势或从背后传来的声音等。更常见的情况是,听觉障碍儿童在一边看着同伴进行互动,很少主动地去参与到互动过程中去。[⑤] 不过,这也有可能是听觉障碍儿童所采取的一种观察策略,或者说是一种"观望"的状态。雷曼(Remine)对听觉障碍儿童和健听儿童的观望和加入互动的行为进行了研究,结果发现健听儿童更多地采取了观望的手段,一旦他们的加入请求被拒绝,他们则会更积极地采取观望的策略来等待下一

[①] Lederberg, A. R., Rosenblatt, V., Vandell, D. L., Chapin, S. L.. Temporary and long term friendships in hearing and deaf preschoolers [J]. Merrill-Palmer Quarterly, 1987(33): 515-533.

[②] Lederberg, A. R., Chapin, S. L., Rosenblatt, V., Vandell, D. L.. Ethnic, gender, and age preferences among deaf and hearing preschool peers [J]. Child Development, 1986(57): 375-386.

[③] Lederberg, A. R.. Social interaction among deaf preschoolers: the effects of language ability andage [J]. American Annals of the Deaf, 1991(136): 53-59.

[④] Vandell, D. L., George, L. B.. Social Interaction in Hearing and Deaf Preschoolers: Successes and Failures in Initiations [J]. Child Development, 1981(52): 627-635.

[⑤] Levy-Shiff, R., Hoffman, M. A.. Social behavior of hearing impaired and normally hearing preschoolers [J]. British Journal of Educational Psychology, 1985(55): 111-118.

次加入的可能性；①而听觉障碍儿童则缺乏这种策略组织的能力，并缺乏恰当的加入行为，这可能是由于他们对被拒绝的风险有着较高的估计，所以为了规避风险，听觉障碍儿童的加入便显得缺乏主动性。国内也有相应的研究，比如夏滢和周兢运用同伴提名、观察、访谈及质化分析的方法，对早期融合教育班级内两名听觉障碍儿童的同伴交往过程进行了动态考察。②他们的研究发现：听觉障碍儿童发起交往的有效性低，提出的交往要求经常与情境不符，并有使用攻击行为引起他人注意或通过模仿他人发起交往的行为特点。听觉障碍孩子对于同伴交往过程的保持能力是否会受到他们自身障碍的影响呢？一般来说，重度听觉障碍儿童的同伴交往参与程度比较低，而他们维持互动的时间往往较短；此外，他们交往的对象比较单一，往往都偏好和听觉障碍儿童进行互动。而国内另一项相应研究也发现，听觉障碍儿童与同伴维持交往的形式单一、持续时间较短，经常因为无法相互理解而中断，而每当产生冲突时，听觉障碍儿童更倾向于以抱怨或诉求的方式解决冲突，方法的有效度较差。总之，听觉障碍儿童同伴交往的质量、形式和内容都无法达到一个正常的水平。③

3. 同伴交往的影响因素

同伴交往是一个复杂而系统化的过程。一般来说，同伴交往的过程包括四个因素，分别是：交往的主体（也就是自己和同伴）、交往的内容、交往的方式以及交往的情境。布拉克特和玛丽安（Brackett & Henniges）分别研究了听觉障碍和健听儿童之间在两个不同情境下的交往情况。④这两个情境分别是自由游戏和结构化的语言小组。通过研究他们发现，在自由游戏的情境下，听觉障碍儿童和健听儿童的交往更加活跃，而具有较高语言能力的听觉障碍儿童可以更好地和健听儿童交往。

对于听觉障碍儿童与听觉障碍同伴之间交往的研究，研究者比较关注的是同伴的听力程度和熟悉度对交往过程的影响。有研究表明，学龄前阶段的儿童都倾向于和自己听力程度相当的同伴进行交往。实际上，在托儿所阶段，听觉障碍儿童就表现出与听觉障碍同伴进行交往的倾向性。⑤汪戴尔和乔治（Vandell & George）对健听儿童、听觉障碍儿童与不同听力程度同伴的交往进行的研究发现，听觉障碍儿童在发起交往时所采取的沟通方式（语音或手势）不受同伴听力程度的影响，具体而言，无论同伴是听觉障碍同伴还是健听同伴，听觉障碍儿童发起同伴交往时所采取的沟通方式一致。⑥然而，相对健听儿童来说，听觉障碍儿童发起交往的行为往往会被忽视。此外，研究者还发现，听力状态相似的儿童之间往往有着更多的同伴交往，即听觉障碍儿童更倾向于和听觉障碍同伴交往，健听儿童更倾向于和健听同伴交往。斯宾塞（Spencer）等对一个日间教育机构里的听觉障碍和健听儿童之间的交往进行研究发现，虽然听觉障碍儿童和健听儿童之间存在一定数量的交往，但整体而言，听觉障

---

① Remine, M. D.. Entering and maintaining play interactions: Hearing impaired preschoolers in an integrated setting [M]. Unpublished master's thesis, The University of Melbourne, Parkville, Victoria, Australia,1996.

② 夏滢,周兢. 融合环境下听力损伤幼儿同伴交往特点研究 [J].学前教育研究,2008(3):41-45.

③ 王永华,舒红,顾蓓. 聋儿与正常儿童在自然交往中障碍表现的观察研究 [J]. 中国特殊教育,1998(1):23-24.

④ Brackett, D., Henninges, M.. Communicative interaction of preschool hearing impaired children in an integrated setting [J]. Volta Review, 1976(78):276-285.

⑤ Antia, S. D.. Social interaction of partially mainstreamed HI children [J]. American Annals of the Deaf, 1982(127):18-25.

⑥ Vandell, D. L., George, L. B.. Social Interaction in Hearing and Deaf Preschoolers: Successes and Failures in Initiations [J]. Child Development, 1981(52):627-635.

碍儿童仍然更倾向于与自己听力程度相当的同伴进行交往互动。① 该结论也得到明尼特（Minnett）等研究的证实。②

然而，听觉障碍儿童这种倾向于和自己听力程度相当的同伴进行互动的交往倾向，可能并不利于听觉障碍儿童更好地融入社会；即使听觉障碍儿童愿意和健听儿童交往，也需要健听儿童提供足够的互动支持，因为同伴交往是一种双向的行为，健听儿童的表现和反馈对于互动的有效性具有重要的作用。

如果要提高健听儿童的表现，对他们进行培训和教育，或者让他们积累和听觉障碍同伴互动的经验是否有效也值得关注？莱德伯格等对听觉障碍儿童和健听儿童的互动进行了研究，主要关注熟悉度和经验的影响。③ 他们让听觉障碍儿童和熟悉的听觉障碍同伴、熟悉的健听同伴、不熟悉的健听同伴但是该同伴有听觉障碍的朋友、不熟悉的健听同伴且该同伴并没有和听觉障碍同伴交往的经验四种类型的同伴进行互动。经研究发现，熟悉度在听觉障碍儿童和健听儿童的互动过程中扮演着重要的角色。在对不同的听觉障碍和健听儿童的互动过程进行比较后发现，熟悉度比经验具有更显著的作用。健听儿童对于熟悉的听觉障碍儿童的互动表现出更多的反应性，并会对自己熟悉的听觉障碍同伴使用更多的视觉沟通方式，而对不熟悉的听觉障碍伙伴则不然。但是，具有和听觉障碍同伴交往经验的健听儿童和没有经验的健听儿童相比，并没有在和听觉障碍同伴的交往过程中体现出更好的表现。这表明，健听儿童通过和特定的听觉障碍同伴交往所获得的经验，无法泛化到和其他陌生听觉障碍同伴交往的过程中去。所以，如果教师能够鼓励健听儿童和听觉障碍儿童多交朋友，会比单纯教授他们听觉障碍儿童的知识或者仅仅提供他们和不同听觉障碍儿童交往的机会更加有效。罗德里格斯和拉纳（Rodriguez & Lana）也进行了相关的研究，他们的听觉障碍儿童被试分别和六个同伴进行互动，分别是熟悉的听觉障碍儿童和健听儿童、不熟悉的听觉障碍儿童和健听儿童、熟悉的健听成人以及不熟悉的听觉障碍成人。④ 他们发现，听觉障碍儿童和他们所熟悉的听觉障碍同伴之间的互动质量最好。这不但证实了熟悉度的效应，也同样证明了上文提到过的听觉障碍儿童选择听觉障碍同伴的倾向。

（三）学龄阶段的同伴交往

在进入小学以后，孩子们更重视和同伴的交往，同时，学习成绩的重要性被放到了一个前所未有的高度。由于经历了学前阶段的发展，听觉障碍儿童的同伴交往习惯可能已经开始体现出听觉障碍的影响，并进而影响他们的心理和社会发展。由于聋校和融合学校的不同环境，听觉障碍儿童会得到迥异的同伴交往体验。上文中曾着重介绍过听觉障碍儿童和健听同伴之间的关系，以及听觉障碍儿童对于听觉障碍同伴的交往偏好，而在融合学校和聋校的学习生活会放大这些影响因素的作用。

---

① Spencer, P., Koestler, L. S., Meadow-Orlans, K.. Communicative interactions of deaf and hearing children in a day care center: an exploratory study [J]. American Annals of the Deaf, 1994(139): 512-518.

② Minnett, A., Clark, K., Wilson, G.. Play behaviour and communication between deaf and hard of hearing children and their hearing peers in an integrated preschool [J]. American Annals of the Deaf, 1994(139): 420-429.

③ Lederberg, A. R., Chapin, S. L., Rosenblatt, V., Vandell, D. L.. Ethnic, gender, and age preferences among deaf and hearing preschool peers [J]. Child Development, 1986(57): 375-386.

④ Rodriguez, M. S., Lana, E. T.. Dyadic interactions between deaf children and their communication partners [J]. American Annals of the Deaf, 1996(141): 245-251.

1. 融合学校

融合教育是当今世界特殊教育领域占主导地位的教育形式。在英国和美国,融合教育的对象几乎涵盖了所有有特殊需要的儿童,而在特殊教育相对欠发达的中国,融合教育的对象也包括了视觉障碍、听觉障碍和智力障碍的儿童。实行融合教育的根本目的,就是要让所有的儿童都接受到平等的教育机会,并且都在最少受限制的环境中发展和成长。对于听觉障碍儿童来说,融合学校的教育可以有效地提高他们的学业成绩和认知发展,那么,对于他们的社会发展而言,是不是也同样有利呢?

随着年龄的增长,在小学和初中阶段的儿童都对同伴交往有了更新的看法,并会根据自己的需求有目的地结交朋友。他们的态度往往会决定听觉障碍儿童在融合学校中的同伴交往状况,而融合教育的另一个重要目的,就是发展正常学生对于有特殊需要学生的积极态度。然而,融合本身并不会自动地让学生形成这种积极的态度。对于听觉障碍儿童的研究发现了不同的结果。坎布尔(Cambra)的研究的确发现了健听学生对于听觉障碍学生的积极态度,[1]而奥厄斯(Owers)的研究却得出了相反的结果。[2] 此外,融合学校中的健听学生会和聋生成为朋友,但是,这些行为往往都是出于亲社会的目的,而不是真正意义上的交友,所以,聋生往往会有被忽视的感觉。[3] 另一个能体现健听学生的积极态度的效应的指标,是听觉障碍学生的同伴交往质量。研究发现,听觉障碍学生在融合学校里,普遍感到孤单和被隔离,在特殊学校中则没有这种感受。这种感受导致了具有聋校和融合学校经历的学生更加喜欢在聋校生活,这种情况不但在听觉障碍的成人中有所表现,[4]在听觉障碍的小学生中也同样如此。

其实,融合教育并不是一个机械的概念。上文中提到过学前听觉障碍儿童的听觉障碍同伴交往偏好,以及他们和健听同伴互动时的低效性,这些都反映出他们对于和听觉障碍同伴互动的需求。融合教育并不是一个死板的概念,它也不是和特殊学校完全对立的。斯廷森(Stinson)等人研究了一些在不同程度融合的学校中学习的听觉障碍儿童的社会发展水平。他们发现,听觉障碍学生不论在何种学校中学习,都会觉得自己和听觉障碍同伴的联系更为紧密。在融合程度较高的学校中,听觉障碍学生虽然表现出更多的和健听学生交流的行为和意愿,但是他们普遍感到自己的社交能力较差。所以,融合的确可以增加听觉障碍学生和健听学生互动的机会,但是却无意中降低了他们对自己社会能力的信心,而同样,他们也仍然具有和听觉障碍同伴互动的倾向。其实,在现实生活中,听觉障碍儿童虽然身处融合学校,他们也是有着大把的机会在课后和听觉障碍的同伴进行交往。

2. 聋校

融合教育是特殊教育的主要趋势,在外文文献中,针对聋校听觉障碍学生同伴交往的研究极为少见。在中国当前的国情下,国内聋校的数量仍然不少。在聋校中,听觉障碍学生可

---

[1] Cambra, C.. The attitude of hearing students towards the integration of deaf students in the classroom [J]. Deafness and Education, 1997(21): 21-25.

[2] Owers, R.. Hearing children's attitudes towards deafness [J]. Journal of the British Association of Teachers of the Deaf, 1996(20): 83-89.

[3] Nunes, T., Pretzlik, U., Olsson, J.. Deaf children's social relationships in mainstream schools [J]. Deafness & Education International, 2001, 3(3): 123-136.

[4] Mertens, D. M.. Social experiences of hearing-impaired High School youth [J]. American Annals of the Deaf, 1989, 134(1): 15-19.

以大范围地接触到听觉障碍的同伴,并使用他们相对熟悉的手语进行同伴交往。

那么,在国内的聋校中,听觉障碍学生之间的同伴交往是何状况呢?在聋校小学中,听觉障碍学生交友的首要考虑因素是同伴的相貌和学习成绩,而不是同伴的性格特征。[①] 这是由于外貌和学业成绩是比较直接和容易判断的两个因素,而聋校小学生的社会交往能力的发展还不完善,所以他们更倾向于直接地比较同伴的外貌长相以及学习成绩,从而决定是不是和他们交朋友。听觉障碍学生对于外貌的重视也可能是由于他们特殊的认知方式造成的。由于听力上的损伤,他们只是依靠视觉通道来表征周围的信息,所以,听觉障碍学生可能对于视觉线索更为倚重。在同伴交往中,他们可能会由此更加注重同伴视觉上的特征,比如外貌,从而影响他们对这个同伴的喜好程度。通常,在同伴交往的群体中,会出现小团体的现象,而听觉障碍学生中也不例外。听觉障碍学生中的小团体是由成绩和相貌都比较好的学生组成,这也进一步验证了听觉障碍学生在选择朋友时更加依赖直接和容易判断的因素。总之,在小学低年级阶段的聋校里,听觉障碍学生的交友偏好主要是依赖相貌和学习成绩这两个比较直接和外在的因素,而并非性格、智力等复杂而难以判断的因素。

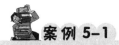

案例 5-1

上海市某聋校小学二年级学生的同伴网络分析

图 5-1 为上海市某聋校小学二年级学生的同伴网络图,从图中可见在这 14 名听觉障碍学生中出现了 6 个小团体,但是除了图中所示的女生小团体和男生小团体之间相互独立以外,其余的小团体成员大都是从这两个小团体中所抽取出的,这些小团体更像是这两个小团体的附着。

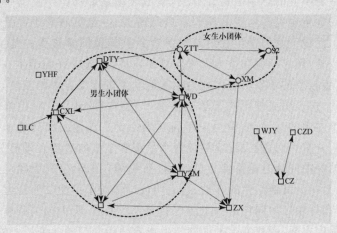

图 5-1 上海市某聋校小学二年级学生的同伴网络图

[①] 徐步云.聋校低年级学生同伴关系的社会网络分析研究[C]."融合教育背景下特殊教育的发展"研讨会论文集,2009.

进一步分析女生小团体和男生小团体后发现，男生小团体成员的相貌和成绩都比非男生小团体的成员好，而女生小团体则没有这种情况。所以，女生小团体的形成可能是出于童年期交友的性别偏好所致。在童年初期，儿童就会自主地按照性别来选择自己的朋友或组成小团体，而这种倾向在童年中期的时候最为强烈，本案例中的女生小团体的出现可以验证这种说法。而男生小团体的出现则可能是出于另外的原因。研究认为，在人际交往技能还不是很成熟的童年时期，儿童会因为一些共有的个体属性而组成小团体，以减少同伴之间的摩擦。这些属性可以是一些人口学的分类，也可以是生理属性（比如身体成熟程度、外貌等）以及行为特征属性（比如攻击性行为、学业成绩等）。在本案例中，男生小团体成员的学业成绩和外貌都比非男生小团体成员要好，但没有发现在听力损失程度以及性格方面的显著差异。一个可能的原因是听力损失程度和性格都不是直接外在的因素。在日常的交往过程中，听觉障碍学生由于大多用手语进行交流，故而听力损失对于交往所造成的阻碍并不是很大，所以听力损失程度对于小团体的形成的关系也不大。对于性格因素而言，由于本案例中都是小学低年级学生，虽然也有年龄较大的学生，但是整体而言，他们可能都还没有达到可以透彻地理解和分析别人性格的地步。所以，性格因素对于小团体的形成也没有造成明显的影响。

那么，朋友数量和同伴交往之间的关系如何？在上述研究的一个后续研究中，研究者发现，学生日常的同伴互动内容主要包括三个方面，分别是游戏上的互动、学习上的互动以及生活上的互动。而在学习和生活的互动中，交友状况好的学生往往具有较高的被接受性，而同伴也更乐于找他们进行互动，但是游戏互动却和个体受欢迎的程度没有关系。此外，这三种互动形式也存在着不同的影响因素。首先，学习成绩是影响游戏互动中受欢迎程度的重要因素。成绩差的学生会更多地找其他同学进行游戏，并且更倾向于接受其他同学提出的一起游戏的请求。而成绩好的学生在游戏时更容易被其他同学接受。其次，学习互动的影响因素除了成绩以外，还有相貌和智力因素。具体来说，成绩较好的学生在学习互动中被接受程度较高，而成绩较差的学生会更多地去找其他学生进行学习中的互动，并且更倾向于接受其他学生的互动，这表明成绩影响了学生在学习互动中的地位。学生都倾向于去找相貌较好的学生进行学习上的互动，而智力较差的学生会更主动地去和其他学生进行学习上的互动。再次，成绩、外貌、听力损失程度和智力水平都和学生的生活互动有关。具体来说，学生们更喜欢和成绩好的同伴讨论生活上的问题，而成绩差的学生则更愿意找别人进行生活上的互动，也更容易接受其他学生的互动，这表明成绩影响了学生在生活互动中的地位。此外，学生更倾向于和外貌好的同伴进行生活上的交流。最后，听力损失程度高的学生在生活互动中被接受的程度更高，而智力水平低的学生更容易接受与同伴生活上的互动。

总之，对于聋校低年级的小学生来说，影响他们同伴交往的最重要因素是成绩和外貌，这和他们的听觉障碍有关，也和他们心理发展的不成熟性有关。那么，到了初中阶段以后，听觉障碍儿童的同伴交往和交友方式是否会有所改变呢？

马珍珍针对初中聋校学生的同伴交往进行了研究。[①] 结果发现，听觉障碍初中生存在一

---

① 马珍珍.初中听力障碍学生同伴关系及其影响因素研究[D].上海：华东师范大学特殊教育学系，2006.

定的交友偏好,具体来说,他们的朋友以同性为主,主要来自学校和家庭,倾向于结交年长的朋友。外貌好和成绩好是他们对朋友特征的主要描述,朋友的性格等方面的特征的描述则比较笼统。此外,他们的交友数量有两极分化倾向,而交友过程中常用的交流语言是手语。对于初中听觉障碍学生的交友状况而言,他们的友谊观相对于健听学生而言发展比较缓慢,他们更倾向于寻找玩伴和帮手。他们对朋友间的竞争和矛盾的看法还比较片面和简单。此外,听觉障碍学生的友谊质量显著低于健听学生,同伴关系也比健听学生差。其主要原因不仅在于数量,更在于交往的质量不高、层次不深。听觉障碍较轻或者曾经随班就读的学生在群体同伴关系和交往心理感受上有一定的优势。总体来说,初中聋校学生同伴交往的影响因素可以分为外部因素、性格因素以及社交因素。由成绩和外貌组成的外部因素,由乐群性和敢为性组成的性格因素以及社交能力和社会归因组成的社交因素都对同伴关系产生正向的影响力,其中性格因素影响力最大,外部因素和社交因素的影响力相差不大。从这个研究的结果可以看出,到了初中阶段以后,听觉障碍儿童由于思想上的成熟,已经开始考虑到性格等较深刻的因素。而他们的交友选择也已经开始出现一定的功能性,比如找一个玩伴或者学习上的帮手等。

总之,在聋校中,听觉障碍学生的同伴交往存在自身的特点,由于周围都是听觉障碍的同伴,他们对于听觉障碍同伴的交往偏好在聋校里面可以得到完全的实现,所以他们便开始进一步根据自己的偏好"筛选"同伴。这种"筛选"是带有直观性的,因为他们往往较多地考虑相貌的因素。此外,这种"筛选"也略带功能性,因为对于成绩好的学生的偏好,往往隐含着从他们那边获得更多学习上的帮助的信号。

(四)听觉障碍儿童同伴关系发展的意义

对于听觉障碍儿童而言,和同伴的交往是在母子互动之后的又一个重要社会经验。可以说,听觉障碍儿童正是通过这种社会经验,来实现自己和社会的首次亲密接触,学会和他人进行交往和互动的技巧,并且最终完善自己的心理社会化的发展。所以,同伴关系对于听觉障碍儿童的发展有着多重的意义。[1]

首先,对于听觉障碍儿童来说,同伴交往对他们的语言学习有着十分重要的作用。同伴间的交往通常可以激发听觉障碍儿童学习语言的动机和兴趣,是听觉障碍儿童进行语言练习的好机会。同伴对语言的使用行为可以对听觉障碍儿童形成一种榜样效应,甚至成为他们模仿的对象。在同伴交往过程中,听觉障碍儿童对语言的运用是自然的和主动发起的。为了将这种放松、愉快的交往维持下去,听觉障碍儿童会尽力运用已经掌握的语言及其他手段以保持当前交往主题的连续性。虽然,这种交往中的语言可能具有一定的不规范性,但却能给孩子带来真正的与人交往的乐趣,从而对自己语言的掌握和使用更有信心,从而真正成为语言交往的主人。

其次,除了语言的使用之外,成功健康的同伴交往过程同样离不开对社交的技能和策略的掌握。同伴交往能够帮助听觉障碍儿童更好地学习社交技能和策略,从而促使他们的社会行为向积极的方向发展。听觉障碍儿童一方面可以练习已经学会的社交技能和策略,比如,微笑、请求等,并根据对方的反应做相应的调整,使之得到不断的巩固;另一方面,也可以

---

[1] 刀维洁.关注聋儿的同伴交往[J].中国听力语言康复科学杂志,2004(5):37-39.

在同伴交往中通过观察对方的社交行为来学习新的社交手段,从而丰富自身的社交行为,而社会技能的提高能给听觉障碍儿童带来自尊上的提升。此外,在同伴交往中,同伴的反馈是非常直接的,如果听觉障碍儿童做出友好、合作的积极行为,同伴会做出肯定和喜爱的反应;相反,听觉障碍儿童做出的行为是抢夺、独占等消极行为,同伴则做出厌恶、拒绝的反应。这种直接的反馈有利于促使听觉障碍儿童的社会行为向积极、友好的方向发展,控制侵犯性和不友好行为。

再次,同伴交往也有助于帮助听觉障碍儿童建立积极的情感,从而促进他们的心理健康地发展。良好的同伴关系能够使听觉障碍儿童产生足够的安全感和归属感,进而转化成愉悦的情感。在与同伴的交往中,听觉障碍儿童经常表现出兴奋、愉快、无拘无束的情形,这种情感状态能够促使听觉障碍儿童更加放松、自主地投入到各种活动中。此外,良好的同伴关系如良好的亲子关系一样能够成为听觉障碍儿童的情感依赖。一个刚刚进入幼儿园的听觉障碍儿童会表现出很强的分离焦虑,但如果班级中有他熟悉的同伴或是兄弟姐妹,这个孩子会更容易安静,并投入活动中。所以,从某种程度上来说,同伴关系在学前教育机构中可以部分地实行亲子关系的功能,让听觉障碍儿童在一个相对陌生的物理和心理环境中更好地进行社会化发展。

最后,同伴交往也可以为听觉障碍儿童的自我意识发展提供有效基础。在听觉障碍儿童康复教育的早期就应该为他们提供同伴交往的机会,从而促进他们自我意识的培养。因为,同伴的行为和活动像一面"镜子",为听觉障碍儿童提供了自我评价的参照,他们可以通过对比和反馈,从而更好地认识自己,这有利于听觉障碍儿童良好行为习惯的养成。比如,一个不愿意佩戴助听器的听觉障碍儿童,看到其他听觉障碍同伴都有助听器,他也就不再拒绝佩戴。或者,一个在家庭和个别训练中极不配合的听觉障碍儿童,却能够积极参与集体的活动和游戏。这些都与同伴的行为有关系。同时,在同伴交往中听觉障碍儿童行为的自然后果能够促使他们调节和控制自己的行为。例如,总是打人的孩子自然会遭到同伴的逃避、拒绝甚至恶意回报,在这种反馈中,听觉障碍儿童可以学会控制自己的攻击性行为。

第2节 听觉障碍儿童的个性心理发展

一、听觉障碍儿童的人格发展

(一) 听觉障碍儿童的人格发展特点

听觉障碍儿童的性格大多比较冲动,常以自我为中心,并且在社交中的成熟度欠缺。这些人格上的特点,并不是无法弥补的人格缺陷。相反,这只是由于听觉障碍儿童欠缺高质量的社会互动、沟通和交流的经验,所造成的人格发展迟滞,是可以通过一定的手段进行重构,进而发展到正常的水平。

1. 冲动性

听觉障碍儿童所体现出的冲动性(impulsivity)一般会体现在他们的行为上,他们往往在行动之前缺乏一个停下来思考的过程。冲动的行为通常是自然发生的,这些行为大多是出于个体内部的行为倾向,而非经过清晰缜密而有意识的思考和处理。在学前阶段,儿童正处于一个行为上具有较大冲动性的时期,但是待到他们长大成熟之后,随着语言的发展,儿童会更多地用语言去解释他们的经验,这是象征性思维发展的起步,同时儿童还会通过自我言语(self-directed statement)来控制和指导自己的行为,待到这些能力成熟以后,他们会渐渐改变这种行为习惯。然而,听觉障碍儿童在一个相对缺乏语音交流刺激的环境中成长,他们很可能因此缺乏采用自我言语来控制和调节自己行为的能力,进而仍然停留在冲动的阶段。研究表明,在听觉障碍儿童中,交流沟通能力和冲动性是成反比的,而高的冲动性会造成听觉障碍儿童人际关系质量的降低,并进而影响他们解决人际问题的能力。[①] 而人际关系的发展不完善又进一步拖累了他们的语言发展,从而造成他们的冲动性行为,可以说,这是一个循环的过程。

还有学者认为,听觉障碍儿童的冲动性可以追溯到他们早期的母子互动过程中的语音交流的缺乏。[②] 听觉障碍儿童和母亲在互动的过程中,母亲往往会迁就自己的孩子,她们会对自己孩子的要求给予充分的注意和帮助,而不情愿冒着自己孩子可能发脾气的危险,因为她们孩子一旦出现了情绪的波动,则很难用通常使用的言语安慰的方法来抚平他们。所以,这些因素造成了听觉障碍儿童无法获得延迟满足(delayed gratification)的经验,这会给孩子造成一种错觉,他们会觉得自己的要求一旦提出就会得到满足,从而无须过多地考虑自己行为或要求的合理性,而这就进一步造成了他们行为的冲动性。

此外,听觉障碍儿童的冲动性还和他们父母的听力状况有关。如果听觉障碍儿童的父母同样有听觉障碍,那么他们对于冲动的控制效果会更好。而更早习得手语交流方式的听觉障碍儿童,也更加善于控制冲动。其实,这两点是相辅相成的,因为他们和听觉障碍父母之间的手语交流往往比较通畅,他们也极有可能发展出一种自我言语控制体系,来控制和调节自己的行为。这两点和前面提到的原因是相似的。

2. 自我中心

听觉障碍儿童的性格中具有较大的自我中心性的成分。和冲动性一样,健听儿童在心理发展的过程中也会经历一个自我中心的时期,但是,随着他们认知和社会性的发展,这个自我中心的阶段终将过去。但是对于听觉障碍儿童来说,他们的自我中心性还会延续一段时间。听觉障碍儿童的自我中心性表现在他们只考虑到自己的观点,而不考虑别人的观点。一般来说,儿童要在发展过程中克服自我中心性,需要经历三个过程。[③] 第一个过程叫做存在(existence),即对于某一个事物,除了理解自己的感受以外,儿童还需要意识到他人也具有各自的想法和感受,并尝试去理解他人的感受。对于这一点,听觉障碍儿童和健听儿童的表现并没有太大差异,尤其是在一些对于语言要求不高的游戏情境中,听觉障碍儿童往往都能意识到他们的同伴对于同样的事物会有和自己不同的看法。第二个过程叫做需要(needs),除了要意识到他人也有各自的观点以外,儿童还需要主动地去理解和选择他人的视角和观点。就这一点而言,听觉障碍儿童做得并不好,他们往往无法意识到他人的观点,更难于去体谅他人的看法,即使

---

① Harris, R. I.. The relationship of impulse control to parent hearing status, manual communication, and academic achievement in deaf children [J]. American Annuals of the Deaf, 1978(123): 52-67.

② Marschark, M.. Psychological development of deaf children [M]. New York: Oxford University Press, 1993.

③ Greenberg, M. T., Kusche, C. A.. Promoting social and emotional development in deaf children: the PATH project [M]. Washington D. C.: University of Washington Press, 1993.

意识到,他们也没有足够的动机去实施,所以造成了他们更多地只考虑自己的观点和需要。第三个过程叫做推断(inference),儿童必须正确地推断出他人对于同一个事物所具有的不同看法的内容,并分析出这些看法的潜在原因。

总之,听觉障碍儿童的性格特征中具有自我中心的特征,他们往往很难了解别人的感受到底是什么、为什么会这样感受以及自己的行为对别人的影响。而从听觉障碍儿童贫乏的关于情感的词汇表达中,也可以看到他们自我中心的影子。

3. 不成熟

听觉障碍儿童性格的不成熟性主要表现在社交方面,他们往往不具有较好的社会理解能力和自我概念。和同龄的健听儿童相比,有些听觉障碍儿童的行为举止会显得比较幼稚,这是因为他们对于社会规则、社会价值观以及社会事件和行为之间的因果关系理解不够深刻。一个很重要的表现就是,通常听觉障碍儿童不能分辨他人的行为是出于故意还是意外发生的。虽然,对于健听儿童来说,具备这种分辨能力也需要经历一个发展的过程,具备分辨意外和刻意事件的能力本身就是儿童发展的一个里程碑事件,而听觉障碍儿童在这方面的发展会显著迟于健听儿童。比如,在操场上或其他社交场所中,听觉障碍儿童可能会经历一些比较负面的事件,在这种情形下,他们经常会自动地假设是其他孩子有意为之,所以,当无意触碰听觉障碍儿童时可能会被听觉障碍儿童认为是故意的推搡,而作为一个受害者,他们的反击也自然会发生,所以,攻击性行为便有可能出现。因此,对于社会事件的归因能力低下会导致攻击性行为的发生,这个因果关系在健听孩子中也会成立。

此外,听觉障碍儿童的不成熟性还可能是由于他们心理上的依赖性,并可能伴随有较低的自尊感。在儿童的人格发展过程中,父母允许或者要求他们进行和自己年龄相符的活动和独立的体验是十分重要的,尤其是在学前阶段。对于听觉障碍儿童而言,由于他们交流能力较差,父母对他们的要求会更低,并且过度保护,从而造成他们独立活动的体验不够。鼓励孩子独立可以发展孩子的行为自发性以及社会和认知的好奇心,而过度地保护则会束缚儿童的发展,让他们的生活体验的丰富性降低,进而限制他们社会能力和人格的发展。

(二)听觉障碍儿童人格研究的局限性

就目前而言,研究者对听觉障碍儿童人格发展的研究结果不是十分有信心。首先,多数测量人格的工具都是给健听人群使用的,所以,在施测的过程、测试的内容以及对结果的解释上,可能并不适合听觉障碍儿童。所以,不少对于听觉障碍儿童的人格测试都使用了投射测验的方法,而这些方法容易受到主试的主观影响,故而信效度值得商榷。其次,有些人格测试的题目内容,并不适合于听觉障碍儿童。比如,有些人格问卷中会把"经常感觉别人在议论我"或者"经常感觉到有人在和我作对"看成偏执多疑的表现。然而,对于听觉障碍儿童来说,他们有这样的感觉可能是基于事实。在很多时候,听觉障碍儿童的确会受到别人的敌视和排斥,甚至他们的家庭成员也是如此。而且,别人也的确经常在议论他们,因为他们是特殊人群,而他们虽然能感觉到别人在议论自己,但是由于听力能力的缺失而无法得知别人到底在议论自己的哪个方面。所以,听觉障碍儿童的所谓"多疑"很可能是基于事实的,这是和健听儿童十分不同的一个方面,但是从人格测验的结果来看,却被评价为"偏执"或"多疑"等不健康的人格特质。最后,人格测验的形式可能也不适合听觉障碍儿童。比如,罗夏墨迹测验的有效性是基于施测者和被测者之间良好的语言沟通的。然而,听觉障碍儿童在这一方面就有可能出现障碍,从而影响他们测试结果的准确性。

二、听觉障碍儿童的自我发展

（一）概述

通常来说,儿童在和他人与社会的互动中,逐渐形成对自我的知觉。他们逐渐开始思考自己到底是怎么样的一个人,并会通过对自我的知觉作出评价来判断自己能力的高低。而这些知觉元素的总和,就是自我意识。自我意识是指自己对自身的意识,其中包括自我概念、自我评价、自尊等内容。对于儿童的心理发展而言,自我意识的发展具有十分重要的作用。缺乏良好的自我意识,可能会影响个体人格的发展,从而也会带来很多心理障碍,尤其是在竞争加剧、生活节奏加快的现代社会里,更容易受外界因素的影响。此外,如果不能形成良好的自我概念,就可能会引起自我情感的急剧波动,导致很多心理问题和社会问题的产生。对于听觉障碍儿童而言,他们在和社会的互动过程中,会得到一些独特体验。比如,健听人群对他们独特的眼光、特别的互动方式等。此外,听觉障碍儿童由于听觉的丧失和言语发展的迟缓,造成他们知识经验的贫乏,思维概括水平发展相对迟滞,所有这些对其自我意识的形成和发展都可能产生消极影响。

（二）听觉障碍儿童自我概念的发展

自我概念是从个体在社会互动的过程中逐渐形成的。自我概念包括个体对自己的态度、特点、社会地位等方面的认知,而这种认知方式会影响个体的行为方式。自我概念包含诸多相一致并存在层级关系的下属概念,它从个人的生活经历,尤其是从个体在生活中与他人的互动中而来,所以,自我概念是动态的,会随着经验的概念而改变。自我概念在个体的发展过程中具有两个主要的功能。首先,自我概念会对个体和他人互动过程中所获得的体验进行整合。其次,个体通过一定步骤的加工,将这些体验转化成行为和反应的序列,以指导将来的某些相关具体行动。对于听觉障碍儿童来说,由于他们具有一些很难克服的交流和沟通障碍,从而造成他们社会调适的困难,进而造成他们自我概念发展的问题。

由于听觉障碍儿童的社会互动圈子可以分为家庭和学校两个部分,所以,家庭的教养方式以及学校的教育模式对于听觉障碍儿童的自我概念发展可能会造成一定的影响。

首先,父母的教养方式是听觉障碍儿童自我概念发展过程中所遇到的第一个重要因素。沃伦和哈森泰博(Warren & Hasenstab)和同伴针对此问题进行了研究。他们选取了58名5~11岁的听觉障碍儿童,他们的父母都是健听的。[1] 这些儿童都参与了一个能反应自我概念的小游戏,他们在游戏中的得分都被记录在案。同时,研究者也对他们父母的抚养态度进行了问卷调查,以区分溺爱型、保护型、拒绝型和管教型。结果显示,听觉障碍儿童的自我概念发展和父母的教养方式之间的关系十分明显。前文中曾多次提到,在母子互动的过程中母亲行为的过度调适问题,这种过度调适可以看成是一种溺爱或保护的行为,而母亲的相对强势,必然会造成作为互动另一方的听觉障碍儿童的相对弱势,进而使得他们发展出比较负面的自我概念。

---

[1] Warren, C., Hasenstab, S.. Self-concept of severely to profoundly hearing-impaired children [J]. Volta Review. 1986(88): 289-295.

而当听觉障碍儿童进入学校以后,同伴交往对他们的社会性发展的影响就越来越重要了。前文中提到过不同聋校和融合学校中听觉障碍儿童同伴关系发展的状况,而对于自我概念的发展,则也具有类似的影响作用。也有研究者关注了不同学校类型对听觉障碍儿童社会性发展的影响。[①] 关于这个问题最早的相关研究是克雷奇(Craig)在1965年进行的,她使用了同伴提名的方法来测量不同教育环境下听觉障碍儿童的同伴接受度。她发现,住宿学校中的听觉障碍儿童比健听儿童在预测自己的同伴接受度时准确性更差。她同时发现,健听儿童和走读制的听觉障碍儿童的自我接受度较高,而且社交范围较广。赖希(Reich)等在1977年的研究则发现,在小学阶段,不同融合程度的教育环境对于听觉障碍儿童的自我概念发展没有明显的影响。虽然融合学校中的听觉障碍儿童学习成绩更好,但是却有更多的社会性发展的问题。范吉普尔(Van Gurp)的研究则采取了一个更全面的视角,她的研究发现,听觉障碍儿童如果在融合环境中学习的话,将会在学业方面获得更好的成就,并且,能发展出更好的对于自己学业成就的自我概念,而他们在聋校中,则可以获得更好的社会性方面的自我概念发展。[②]

由此可见,听觉障碍儿童所经历的亲子互动和同伴互动,都会影响到他们自我概念的发展,这也充分强调了营造健康和支持的社会互动环境,对于听觉障碍儿童自我概念发展的重要性。

(三) 听觉障碍儿童自尊的发展

如果说自我概念是我们对自己的看法的话,那么自尊就是我们对这种看法的内心感受,这是一个评估的过程,也会造成相应的情绪情感反应。具体来说,自尊可以是一个人对于自己实际达到的目标以及自己所期望达到的目标的一个比较过程。那么对于听觉障碍儿童来说,他们的自尊会不会受到他们听觉和交流障碍的影响呢?

总体来说,以下因素可能会影响到听觉障碍儿童的自尊发展,这些因素分别是父母欠缺沟通技巧、依恋的缺乏、对于听觉障碍人群的负面感情色彩以及不平等感、不信任感、手语能力不足、角色认同感不足、社会隔离、负面的自我印象、缺乏强烈的文化认同感(这里的文化指聋人文化,下文会专门进行介绍)以及被家庭或社会成员拒绝。

家庭成员是听觉障碍儿童的第一批社会互动对象,所以,他们的影响对于听觉障碍儿童日后的发展至关重要。然而,多数听觉障碍儿童的家长都是健听人,这就无法避免地造成了听觉障碍儿童和家长之间的沟通可能存在一定的问题。这些问题不仅仅会影响到听觉障碍儿童本身,也会影响到其他健听的家庭成员的思想和行为方式。即使这些健听的家庭成员可以使用手语,但是却很少可以达到流利的程度。所以,听觉障碍儿童总有可能被排除在日常而又非正式的家庭对话之外。此外,听觉障碍儿童更偏好和听觉障碍的伙伴一起互动,如果家庭中有听觉障碍成员的话,听觉障碍儿童就可以和他们共同建立和分享一种认同感,这种认同感的建立,对听觉障碍儿童自我形象以及自我概念的发展都是十分有帮助的。

那么,对于听觉障碍儿童的自尊,他们父母的听力状态是否会有明显的影响呢?巴特·

---

① Van Gurp, S.. Self-concept of deaf secondary school students indifferent educational settings [J]. Journal of Deaf Studies and Deaf Education,2001,6(1):54-69.

② 同上。

查瓦(Bat-Chava)对此问题进行了深入的研究。① 研究发现,如果听觉障碍儿童的父母也是听觉障碍人士,那么这些儿童的自尊水平就要比那些有健听父母的听觉障碍儿童要高。此外,他还发现,使用手语的听觉障碍儿童的自尊发展水平较好。伍尔夫和史密斯(Woolfe & Smith)的研究也证实了这一点,并且进一步发现,造成这个结果的可能原因在于,听觉障碍儿童和听觉障碍的父母之间的关系更加亲密。② 然而,更深层的原因可能是因为听觉障碍父母对于听觉障碍儿童的教育比较有经验,并且能熟练使用手语,而这些都是提高听觉障碍儿童自尊发展水平的有效方法。此外,除了父母之外,其他家庭成员对于听觉障碍儿童的自尊水平是不是会有影响呢?巴特·查瓦的研究发现,听觉障碍儿童如果有一个听觉障碍的家庭成员,那么这些听觉障碍儿童就更有可能在将来形成聋人文化的认同感,从而间接地提高他们的自尊。③ 然而,这仅仅是一个间接的证据,而伍尔夫和史密斯的研究中也只是发现了听觉障碍儿童会和家里除父母外的其他听觉障碍成员更亲密一些,但并不直接导致自尊的提高。

随着儿童的成长,他们势必会接触到家庭以外的人。然而,一旦走出家庭的保护伞,听觉障碍儿童将很难再享受到父母无微不至的关怀甚至过度保护,也无法和已经熟悉自己交流方式的同伴们一起游戏。他们对于外界的环境可能非常不适应,所以,他们会渴望找到一群志趣相投的人。但是,从主流社会的观点来看,听觉障碍人群是属于有特殊需要的残疾人群,并不和健听人群享有相当的经济和文化力量,而在国外,存在着"聋人文化"的说法,聋人文化的出现可能正是为了满足听觉障碍人士需要找到一种群体归属感的需求。巴特·查瓦的研究发现,这种群体归属感对听觉障碍人群的自尊提高十分有效,而作为对比,那些同样具有听力损失但却不为聋人文化感到自豪的听觉障碍人群,自尊就偏低。杨博尔和埃利奥特(Jambor & Elliott)的研究也发现,聋人文化的团体对于听觉障碍人群的自尊水平提高有着显著的效果。④ 总之,如果听觉障碍人群可以聚集在一起用手语来交流互相的看法,可以在很大程度上弥补他们和健听人群之间互动的缺失所造成的后果。在国外,聋人文化属于一种亚文化现象,更多想法的分享和交流,可以增进自我意识和自尊的发展,而聋人文化团体从某种程度上来说,具有这样的功能。

(四)听觉障碍儿童的自我认同感发展——文化因素的影响

听觉障碍儿童自我认同感的获得,大多是源于他们和其他人进行互动的经验中,当然,这些互动的对象既包括听觉障碍人群也包括健听人群。这些互动过程中所获得的体验,将会改变听觉障碍儿童的信仰和价值体系。在国外,不少听觉障碍人士认为自己是属于一个文化和语言上的"少数民族",而并非是他们自身具有病理上的缺陷。而对于听觉障碍儿童来说,这种定义是非常重要的,因为少数民族至少还体现着正常和平等,而病理上的差别则

---

① Bat-Chava, Y.. Antecedents of self-esteem in deaf people: A meta-analytic review [J]. Rehabilitation Psychology, 1993(38): 221-234.

② Woolfe, T., Smith, P. K.. The self-esteem and cohesion to family members of deaf children in relation to the hearing status of their parents and sibling [J]. Deafness and Education International, 2001, 3(2): 80-96.

③ Bat-Chava, Y.. Group identification and self-esteem of deaf adults [J]. Personality and Social Psychology Bulletin, 1994(20): 494-502.

④ Jambor, E., Elliott, M.. Self-esteem and Coping Strategies among Deaf Students [J]. Journal of Deaf Studies and Deaf Education, 2005, 10(1): 62-81.

代表了缺陷和残疾,相比之下,显然,前者更容易让人接受。在国外,对于聋人文化群体中的成员来说,手语的使用是他们文化的一个很重要的凝聚力,正是这种他们自己所特有的语言,把他们拉到了一起,让他们具有类似的价值观和信仰。

在国外,有一些研究涉及聋人文化和听觉障碍儿童自我认同感发展的关系。有学者认为,对于聋人文化的自我认同感在听觉障碍儿童心中形成的过程,大致可以分为迷惑、比较、容忍、接受、自豪以及形成自我认同。[1] 听觉障碍儿童的自我意识和健听儿童的差别并非他们先天的听觉障碍所致,而是他们后天经验的作用。当听觉障碍儿童发现自己和其他健听同伴以及家庭成员的不同之处时,他们可能会产生一种疏离感。然而,虽然疏离感是一个具有负面意义的词语,但是在这个情境中,这种感觉却不一定会产生负面的结果,也并不一定会影响到听觉障碍儿童以及他们的健听父母。因为在刚开始的阶段,听觉障碍儿童的主要社交场所就是自己的家中,而父母对他们关怀备至甚至是有求必应式的溺爱,会使他们的社交体验多半是比较满足的。然而,等到听觉障碍儿童需要把自己的社交范围从家庭范围扩大到学校范围时,就会遇到与家中不太一样的情况,他们在家中所培养起来的价值观、习惯、行为准则等都无法被泛化到更广阔的社会互动场景中去,所以听觉障碍儿童会在现实生活中遇到更多受限制的社会互动经验。听觉障碍儿童在和听觉障碍同伴互动时可能会让自己产生更加美好的自我印象和自尊水平。但是在这个阶段,如果听觉障碍儿童尚未做好充足的准备,他们则会产生拒绝听觉障碍伙伴,甚至是拒绝听觉障碍教师的行为,因为他们可能从小就被灌输着相对影响力更大的正常社会中的文化价值观体系,因此,这样的听觉障碍儿童就很有可能发展出较差的自我意识和负面的自我概念。而对于那些更加接受听觉障碍同伴的听觉障碍儿童来说,他们可能不仅仅在选择朋友的时候会偏爱听觉障碍的同伴,甚至在选择伴侣时也会有相同的偏好,这正是他们形成积极的文化认同感的表现。而下一个容忍的阶段便随之接踵而来,在这个阶段中,听觉障碍儿童会开始从事他们认为听觉障碍人群所应该做的事,就好像要证明自己有听觉障碍一样。由此,听觉障碍儿童就会感觉自己和健听人群的差别和隔阂越来越大,而和其他听觉障碍人群却越走越近,进而更加偏好选择听觉障碍的同伴和朋友,而不选择健听同伴和朋友以免感到不适。然而,在这个阶段,听觉障碍儿童发展出聋人文化认同感的程度也不尽相同。首先,有些听觉障碍儿童会继续坚定不移地保持和发展自己的聋人文化认同感,而有些则不然。他们虽然认同聋人文化中的大部分内容,也更加偏好和听觉障碍人士进行互动和交友,但是他们本身却并不具有完全的聋人文化自我认同感,所以他们的行为则更像是一种妥协的方式,在主流文化和聋人文化之间徘徊。造成这种现象的原因在于,某个个体的身份认同标签可以有很多,比如,宗教信仰和肤色等,而聋人文化在听觉障碍人心目中的地位不一定在首位。所以,一些听觉障碍儿童可能会把自身其他方面的自我认同发展优先级提高,从而不能完全发展出聋人文化认同感。但是,那些聋人文化的积极实践和倡导者,则开始组建自己的社团和组织,以便更好地为这种文化认同感进行宣传,并征得更多的听觉障碍人士采纳这种观点。这种社团对于处在自我概念和认同感发展关键期的儿童或者青少年来说,可能会有巨大的影响。最后,当听觉障碍儿童对

---

[1] Greenberg, M. T., Kusche, C. A.. Promoting social and emotional development in deaf children: the PATH project [M]. Washington D. C.: University of Washington Press, 1993.

于自己的聋人文化认同感感到骄傲时,他们便不会再为自己的听觉障碍而感到尴尬,并会对自己对听觉障碍的感受和经历更为积极和开放。他们有了自己的文化归属感,逐渐把这种文化认同内化为自己的身份认同,从这个意义上来说,聋人文化的自我认同感便形成了。

学术界对于聋人文化的观点,可谓针锋相对。因为聋人文化对于听觉障碍儿童的社会性发展来说,具有一定的好处,就仅仅对于自我概念和自尊的发展来说,聋人文化便可以帮助听觉障碍儿童找到很好的身份认同,而不会再感到被孤立。然而,任何事物都存在物极必反的道理,一种文化身份的认同感也是如此。过度地强调一种文化价值取向而排斥其他文化价值取向,就不可避免地变成了狭隘主义。对于聋人文化的极端倡导者,一般都会反对儿童进行人工耳蜗植入手术,甚至反对儿童佩戴助听器,这显然不是出于对听觉障碍儿童更好地发展其身心的角度出发的。所以,对于聋人文化的发展,需要一个合理把握的过程,这样才能有利于听觉障碍儿童的心理发展。

第3节 听觉障碍儿童的社会认知发展

一、听觉障碍儿童的情绪发展

(一)概述

情绪发展和声音知觉及语音发展都有一定的关系。其中,声音在儿童早期的学语前期扮演着重要的角色,尤其是在他们和母亲的互动过程中,声音可以激发他们的注意。随后,健听儿童开始掌握语言,他们便可以通过语言来获得他人对自己情绪的评论,也可以利用语言去评说别人的情绪表达。健听儿童在和同伴、兄弟姐妹、家长以及教师的对话中,也可以学到诸多关于情绪体验的知识;而另一个重要的情绪学习来源是电视节目或电影,儿童通常可以通过观察电视或电影中的角色来学习情绪的理解并掌握情绪的表达。然而,对于听觉障碍儿童来说,他们无法很好地做到上述几点。首先,除非他们的父母也是听觉障碍人士,否则听觉障碍儿童在早期和母亲的互动过程就难以充分地发展起来,他们可能和母亲互动的频率不够,或者谈话的时间太短、内容太少,父母也很难用语言把自己的情绪解释给听觉障碍儿童听,这些都会影响听觉障碍儿童的情绪发展。其次,听觉障碍儿童和同伴的互动同样会因为他们的听觉障碍而受到影响。比如,听觉障碍儿童参与合作和想象游戏的次数都比较少,他们也因此失去了不少提高情绪发展水平的机会。所以,听觉障碍会减少听觉障碍儿童与家人和同伴的互动,进而降低了他们学习情绪认知和表达的可能性,进而导致听觉障碍儿童对于情绪的认知会存在一定的问题,而他们自身也会遭遇一系列的情绪障碍以及表现出一些问题行为。

(二)听觉障碍儿童的情绪认知和理解

对于情绪认知和理解的发展,一个重要的因素便是社会互动的经验,而听觉障碍儿童的社会互动经验则受到他们自身听觉和语言能力的影响。所以,相对健听儿童来说,他们对于情绪的识别、理解以及归因都存在着一定程度的落后。

首先,关于情绪认知能力的研究都表明听觉障碍儿童对于情绪的认知能力比健听儿童低。研究均表明,听觉障碍儿童的面部表情再认能力要显著差于健听儿童,并且,听力损失程度越高的儿童会在任务中出现更多的错误,而学语期前就有听觉障碍的儿童的任务水平比学语期后才产生听觉障碍的儿童要差。①

其次,对于听觉障碍儿童的情绪理解能力的研究均发现,听觉障碍儿童的情绪理解能力比健听儿童要差,研究者把这种现象归咎于听觉障碍儿童无法充分地进行语言社会化。而戴克(Dyck)等比较了听觉障碍儿童、视觉障碍儿童以及健听儿童的情绪认知理解后发现,重度听觉障碍儿童的情绪理解能力比视觉障碍和健听儿童都要差。② 在现实生活中,我们经常会提到一个人移情的能力。所谓移情的能力,就是一个人充分理解他人的处境,站在他人角度思考问题的能力。移情的能力对于社会交往和互动有着重要的影响,同时,移情的发展也是来源于社会交往和互动。听觉障碍儿童往往具有更高的自我中心性,这就导致了他们移情能力较差。

情绪发展中另一个重要的方面就是对于情绪的归因。在里夫(Rieffe)等的研究中,研究者让听觉障碍儿童和健听儿童分别对不同情境中所出现的意料之外的情绪反应进行解释。③ 研究者发现,听觉障碍儿童更倾向于把情绪的发生归因于个体的需要和欲望。这有可能是由于听觉障碍儿童在日常生活中需要尽可能多地表达出自己迫切的需求所造成。此外,格雷(Gray)等给听觉障碍儿童和健听儿童呈现一些简单的故事情境,并要求他们给故事中的主人公选择最适合的情绪状态。④ 结果发现,虽然在每个年龄段中,健听儿童的准确率均显著高于听觉障碍儿童,但是听觉障碍儿童也表现出了一定的成熟效应。

总之,听觉障碍儿童对于情绪的认知和理解能力都要差于健听儿童,然而,这种差距是后天经验所造成的,可以通过特定的干预项目来进行提高。

(三) 听觉障碍儿童的情绪障碍和问题行为

情绪障碍和问题行为是广泛存在的,多数人都会有不同程度的情绪障碍和问题行为。对于听觉障碍儿童来说,由于他们的人格发展和社会互动经历都和健听儿童有所不同,所以他们可能会遇到更多的情绪障碍和问题行为,而这种问题行为主要表现为攻击性行为。

1. 听觉障碍儿童的情绪障碍

一般来说,听觉障碍儿童可能存在更严重的孤立感和交流问题,在生活中还会感到被动和自卑。他们中重度情绪障碍的流行率比健听儿童高。比如,美国1972年的数据表明,在听觉障碍儿童中,有着重度情绪障碍的儿童占到总数的11%,有着中度情绪障碍的儿童占到总数的17.6%。在健听儿童之中,这两个数字分别是2.4%和7.3%。然而,这只是1972年的数据,在当时,对听觉障碍儿童的教育和干预项目还没有充分地发展起来。情绪问题的发

---

① Dyck, M. J., Denver, E.. Can the Emotion Recognition Ability of Deaf Children be Enhanced? A Pilot Study [J]. Journal of Deaf Studies and Deaf Education, 2003(83): 348-356.

② Dyck, M., Farrugia, C., Shochet, I., Holmes-Brown, M.. Emotion recognition ability in deaf or blind children: Do sounds, sights, or words make the difference [J]. Journal of Child Psychology and Psychiatry. 2004, 45(4): 789-800.

③ Rieffe, C., Medrum-Terwegt, M.. Deaf children's understanding of emotion: desires take precedence [J]. Journal of Child psychology and psychiatry, 2000(42): 601-608.

④ Gray, C., Hosie, J., Russell, P., Scott, C., Hunter, N.. Attribution of Emotions to Story Characters by Severely and Profoundly Deaf Children [J]. Journal of Developmental and Physical Disabilities, 2007(19): 148-159.

生和沟通能力的低下具有很高的关联性,尤其是手语和口语沟通的共同使用,可以加强听觉障碍儿童的沟通能力,进而减少情绪障碍的发生率和程度。然而,即使改进了沟通的方式和质量,听觉障碍儿童的情绪障碍发生率仍然可能会高于健听儿童,这是因为,导致他们情绪障碍的原因还有很多。比如,父母的过度保护和主导地位,或者同伴和教师对他们的态度,都可能造成他们的情绪障碍。

2. 听觉障碍儿童的攻击性行为

听觉障碍儿童的人格特征具有冲动的特点,而这种冲动性可能在日常的同伴交往过程中,以攻击的行为方式来体现。言语和行为上的攻击性会导致儿童社会交往过程中的一系列问题,从而形成一个恶性循环,更加剧他们的攻击性行为。然而,针对听觉障碍儿童的攻击性行为的研究不多。马克森(Maxon)等让听觉障碍儿童使用自我报告的方法,发现7～19岁的中重度听觉障碍儿童对于自己的言语攻击性和行为攻击性有着不同的评估。[①] 他们认为自己的言语攻击性相对健听儿童来说较少,这可能是由于他们语言能力的障碍所致;但他们认为自己行为上的攻击性比健听儿童多。总体来说,他们不认为自己比健听儿童具有更高的攻击性。一般认为,在社会互动过程中,相比健听儿童来说,听觉障碍儿童要在言语上具有略高一点的攻击性,而在行为上则反之。所以,听觉障碍儿童的社会互动过程可能会因为他们的攻击性行为而受到抑制,这个问题对于听觉障碍女孩来说更为严重,因为攻击性行为对于女孩子而言,更不容易被社会所接受。

攻击性行为产生的原因很可能是由于听觉障碍儿童无法清晰地表达或理解他人的意思,从而让他们产生了一定程度的恼怒,再加之他们冲动的性格,从而导致了攻击性的产生。那么,不同的沟通交流模式中,听觉障碍儿童的攻击性行为发生程度是不是有差别呢?对此,科尼利厄斯和霍尼特(Cornelius & Hornett)和同伴对两组具有口语能力的听觉障碍儿童的游戏行为进行了观察,其中一组进行的是纯粹口语的互动,其中没有手语的交流,而另一组则是手口并用。[②] 结果发现,使用手口并用的沟通方式的听觉障碍儿童,有着更高水平的社会游戏和角色扮演想象游戏,他们在游戏过程中的互动次数是另一个小组的两倍之多。此外,手口并用的听觉障碍儿童在活动中的攻击性行为仅仅出现两次,而另一个小组则出现了17次,而这17次的攻击性行为都是比较猛烈的推搡、击打和掐捏。研究者认为,由于听觉障碍儿童的攻击性行为往往源于他们沟通过程中的挫折感,而手口并用的沟通方式可以提高听觉障碍儿童的沟通效率,所以,手语的使用可以从某种程度上降低听觉障碍儿童的攻击性行为。

总之,听觉障碍儿童的确具有更多的攻击性行为,但是这在很大程度上是由于他们的社会互动经历以及沟通交流水平的低效性所造成的。

---

① Maxon, A. B., Brackett, D., van Den Berg, S. A.. Self perception of socialization: the effects of hearing status, age and gender [J]. Volta Review, 1991(93): 7-18.

② Cornelius, G., Hornett, D.. The play behavior of hearing-impaired kindergarten children[J]. American Annuals of Deaf, 1990(135): 316-321.

二、听觉障碍儿童心理理论的发展

（一）概述

从事心理学工作的人，经常会被好奇的朋友们问及这样一个问题，那就是——"你知道我现在心里在想什么吗？"作为一门科学，心理学并不能提供十分准确的揣测他人心理活动的功能，然而，这的确是大众对于心理学的内容的一种理解，抑或是一种期望。关于"知道别人心里在想什么"的能力，并非是心理学家所具有，而是每个人都具备的一种能力。那儿童是否就具有这种能力了呢？其实，在很多大人的眼里，儿童都是一张白纸，他们懵懂无知、天真无邪，根本不可能认识到他人的心理状态。事实上，儿童并不是成人想象的那么简单无知，他们很小就能理解人们的情绪状态，4岁左右的孩子就可以通过观察大人的行为来揣测大人的想法，并随之预测大人接下来的行为。在心理学中，这就叫做心理理论（Theory of Mind）。

心理理论不仅是对他人，也是对自己心理状态的认识，并由此对相应行为做出的因果性预测和解释。具体来说，我们可以从以下几个方面来理解儿童的心理理论。首先，心理理论包括儿童对自己和他人内在的心理状态的理解，其中包括对愿望、信念、意图等方面的理解。其次，心理理论也包括儿童利用这些愿望、信念和意图去解释他人的行为，理解他人的心理状态和行为之间的相互联系。最后，心理理论还包括儿童对心理状态的认识和对行为的解释、预测。所以，儿童不仅仅能够观察到人的外部的、具体的行为，还能够认识、理解人的内在的心理状态，推测他人的所思所想，并能用愿望、信念、意图等去解释人的行为，预测人的行为。

心理理论的研究从20世纪70年代末开始兴起，逐渐发展成为儿童发展心理学的一个重要领域。在这个领域内，研究者试图了解儿童理解不同心理状态的年龄阶段，以及儿童对心理状态的输入、输出及其如何影响行为的知识的理解和使用。儿童心理理论的发展和儿童的感知、语言、注意、认知、情绪以及社会交往的发展，都有着很重要的联系。同样，心理理论的发展是儿童社会认知能力发展中必不可少的一部分。儿童心理理论的发展还对他们的社会能力以及日常交流都有着重大的影响，所以，心理理论发展水平较高的儿童往往能够较好地理解他人的心理活动，从而能够更好地感知他人的信念，也可以更好地与同伴进行合作、竞争、互相帮助，而这些行为的发展，对于儿童今后的社会生活都有着十分重要的意义。对于听觉障碍儿童来说，由于听觉的丧失以及有声语言能力的缺乏，导致他们和他人之间的互动受到限制。上文中已经提到过在听觉障碍儿童和他人的互动过程中听觉障碍儿童往往更倾向于和听觉障碍的同伴交往，这会造成他们社交圈子较小，也就导致了他们和不同个体交往的经验不够广泛，而从心理理论发展的实质来说，丰富多彩的社交经验，又是十分重要的。以下将介绍听觉障碍儿童心理理论发展的特点和影响因素，以及一些有效的训练方法。

心理理论的研究方法

错误信念任务是测试儿童能否站在自己的立场上理解他人所持有的错误的心理观点和想法。错误信念任务有两种：一种是位置错误信念任务，又称"意外地点任务"；另一种是内容错误信念任务，又称"意外内容任务"。

在意外地点任务中，实验者让儿童看连环画故事：主人公Maxi把巧克力放在橱子里后出去玩了，他的妈妈在他不在的时候将巧克力移到抽屉里。之后实验者问儿童Maxi回来后会到何处去找巧克力。这一实验范式得到了许多研究人员的认可并被广泛使用。结果表明：大多数3岁的儿童会说Maxi到抽屉里找，而4岁以上的儿童大多数报告说Maxi到橱子里找。也就是说4岁以上的儿童能够站在自己的立场上理解他人的错误信念（在有的研究中，Maxi的小男孩形象会被Sally的小女孩形象所代替）。

在内容错误信念任务中，实验者向儿童出示一个盒子（如糖果盒，但里面装着一支铅笔），让儿童猜里面装着什么。之后实验者问儿童在盒子打开之前认为里面是什么。结果大多数3岁儿童说是"铅笔"，4岁以上的儿童则说是"糖果"。

当然，除了上述的几种任务范式外，还有诸如欺骗性任务、来源任务等许多和错误信念范式一致的测验范式。在使用的过程中对每一种范式都有实验人员在实验材料、实验方式等方面稍作修改，各种不同的变式都是为了让儿童更好地理解实验内容。

（二）听觉障碍儿童心理理论的发展特点

对于特殊儿童的心理理论发展的研究，最早的研究对象主要为自闭症儿童。这些研究都发现了自闭症儿童的心理发展较正常儿童来说有所延迟，其原因可能是自闭症儿童缺乏和同伴、父母互动的经验，从而阻碍了他们心理的发展。其实，听觉障碍儿童也存在这样的问题。针对听觉障碍儿童心理理论发展的研究大多采用经典的错误信念范式，这种范式对研究心理具有较高的效度。大量的研究表明，听觉障碍儿童心理的发展水平与健听儿童相比较为延迟。比如，彼得森和西格尔（Peterson & Siegal）认为，基于自闭症儿童心理理论发展迟缓的解释，也同样适用于听觉障碍儿童。[①] 他们认为，错误信念的理解以及心理理论的发展，通常依赖于儿童和家长以及同伴的会话互动。而听觉障碍儿童显然缺乏这种会话互

---

① Peterson，C. C.，Siegal，M.．Deafness，conversation and theory of mind [J]．Journal of Child Psychology and Psychiatry，1995(36)：457-474．

动的经验,所以,他们便无法学习如何根据他人的情绪状态来进行反馈,也很少能够获得解读他人情绪状态的机会。在他们的一系列研究中,他们甚至证明了有着健听父母的前语言期听觉障碍的儿童的心理理论发展水平差于同年龄的健听儿童,甚至还差于同龄的自闭症儿童,因为他们在错误信念的任务中,失败的比例高于健听和自闭症儿童。比如,他们发现,在经典的错误信念研究范式之下,听觉障碍儿童在标准任务里的不通过率为83%,其中对于"Maxi 会去哪个盒子中找"的问题回答的错误率达到50%。在后来的一项比较研究中,他们发现听觉障碍儿童的错误信念任务失败率为56%,而同龄的自闭症孩子却只有38%。① 彼得森和西格尔还对听觉障碍儿童和父母之间互动时的语言使用情况的影响进行了研究。他们发现,在听觉障碍儿童的群体中,有两类儿童的心理理论发展水平相对较高,分别是,那些父母平时使用手语和他们交流的听觉障碍儿童的心理理论发展较好,而有能力使用口语和健听父母进行交流的听觉障碍儿童的心理理论发展水平同样相对较好。② 可以看出,由于这两组听觉障碍儿童都可以和父母共用同一个交流系统,所以他们和父母交流的机会和质量都大大提高,这也是导致他们心理理论发展较好的主要原因。然而,单纯地依靠口语训练并不能提高听觉障碍儿童的心理理论发展水平。彼得森的另一项针对223名使用助听器并接受语训的听觉障碍儿童进行错误信念任务的实验研究发现,虽然这些听觉障碍儿童的听力得到了一定程度的矫正,而他们也具备一定的口语交流能力,③但是这也不能改变他们心理理论发展落后的局面。彼得森还考察了用耳蜗助听设备和传统助听器的口语听觉障碍儿童心理理论的发展情况。他选择了52名4~12岁的儿童作为被试,其中26名为口语听觉障碍儿童,用耳蜗设备和助听器的各半,这些儿童平均分布在两类学校,分别是,只说口语的学校和手语、口语并用的学校。对照组的26人分别为同龄的高度自闭症儿童和健听儿童。结果发现,用耳蜗设备和助听器的两类听觉障碍儿童的心理理论发展没有显著差异,此外,只说口语的学校和手语、口语并用的学校间的差异也不显著,而正常儿童的心理理论成绩显著好于其他组儿童。那么,听觉障碍儿童心理理论的发展和健听儿童的差距到底有多大呢?罗塞尔(Russell)等的研究表明,听觉障碍儿童对于心理理论的掌握一般要比健听儿童落后10年左右,他们同样认为,正是由于那些有着健听父母的听觉障碍儿童缺少沟通交流的经验,从而导致他们无法深刻地理解他人的心理状态。④

错误信念的范式只是心理理论研究方法中的一种。实际上,心理理论的发展内容除了信念理解外,还应包括愿望、推理等方面的内容。有研究者针对听觉障碍儿童这些方面的心理理论掌握情况进行研究,发现听觉障碍儿童心理理论的发展并非整体落后,只是某方面发展滞后。比如,里夫等用故事任务对6~11岁的手语使用听觉障碍儿童进行测试,结果他们

---

① Peterson, C. C., Siegal, M.. Psychological, biological, and physical thinking in normal, autistic, and deaf children [M]. In H. M. Wellman & K. Inagaki (Eds.), The emergence of core domains of thought (55-70). San Francisco: Jossey-Bass,1997.

② Peterson, C. C., Siegal, M.. Representing inner worlds: Theory of mind in autistic, deaf, and normal hearing children [J]. Psychological Science, 1999(10): 126-129.

③ Peterson, C. C.. Theory-of-mind development inoral deaf children with cochlear implants or conventional hearing aids [J]. Journal of Child Psychology and Psychiatry, 2004(45): 1096-1106.

④ Russell, P. A., Hosie, J. A., Gray, C. D., Scott, C., Hunter, N., Banks, J. S., Macaulay, M. C.. The development of theory of mind and deaf children [J]. Journal of Child Psychology and Psychiatry, 1998(39): 903-910.

在使用愿望解释故事主人公的情感状态方面和年龄匹配的正常儿童没有显著的区别,而听觉障碍儿童更倾向于进行愿望归因。[1] 此外,里斯(Rhys)等比较了 20 名 11~16 岁的听觉障碍儿童和 20 名年龄匹配的健听儿童在图片顺序任务和社会判断测验中的表现,结果发现,听觉障碍儿童和同龄的健听儿童在社会推理方面没有显著性差异。[2]

总体来说,虽然听觉障碍儿童的心理理论发展相对于健听儿童来说存在一定的延迟,但由于研究方法的不同,以及听觉障碍儿童本身就存在很多复杂的差异,所以,听觉障碍儿童心理理论发展状况并非绝对地、整体地落后于健听儿童。

(三)听觉障碍儿童心理理论发展的影响因素

从上面的介绍中可以看出,语言对于心理理论的发展有着十分重要的作用。然而,语言并非是最直接的因素,因为语言的影响力可以体现在生活中的方方面面,而正是语言的这些"副作用",最直接地导致了听觉障碍儿童缺乏和他人高质量地互动的经验,从而影响了他们的心理理论发展。

1. 语言和沟通的能力

因为沟通的载体是语言,所以语言发展落后所导致的最直接的后果就是人际沟通能力的落后。考丁和梅洛特(Courtin & Melot)认为,和听觉障碍儿童进行沟通的同伴的数量和技能、沟通的方式、沟通的质量等因素都会对他们的心理理论的发展造成影响。他们认为,听觉障碍儿童对于手语的使用,反而还对他们心理理论的发展有所帮助,因为手语中存在不少视觉观点采择(visual perspective taking)的因素,而这是心理理论发展的一个重要促进因素。他们的研究发现,使用手语的听觉障碍儿童比使用口语的听觉障碍儿童有着更好的心理理论发展水平。这表明了手语的使用对于听觉障碍儿童的心理理论发展存在一定的促进作用。而除了视觉观点采择的因素以外,手语还可能从另一个方面促进听觉障碍儿童的心理理论发展。在用手语沟通时,由于缺乏声音线索,听觉障碍儿童无法离开视觉的支持,他们必须通过观看手势来理解对方所表达的内容,通过观察对方的表情来推测对方的情绪,从而部分代替口语中的语音语调的作用。而这种对表情的观察可能对听觉障碍儿童的心理理论发展存在一定的促进作用。当然,这种促进作用的大小如何,还有待进一步研究。

2. 家庭成员的听力状态

对于听觉障碍儿童来说,不论哪方面的社会性发展,都会受到父母和身边同伴听力状态的影响。家庭成员的听力状态所代表的不仅仅是他们听的能力,也会更多地体现在听觉障碍儿童和他们相互沟通的质量上。超过 90%的听觉障碍儿童有着健听的父母,所以,一旦这些父母无法使用手语,那么他们和自己孩子的互动将会受到较大的限制。考丁和梅洛特的研究发现,如果听觉障碍儿童的父母或兄弟姐妹精通手语,他们便会有着更好的心理理论发展水平。因为他们从一出生开始就会接受手语的训练,并把手语作为第一语言,而身边也有亲人用手语和他们互动,所以,听觉障碍儿童在早期家庭中如果能够和父母以及兄弟姐妹进行很好的交流,使他们有机会表达自己的愿望、信念,有机会理解别人的心理状态,对他们心

---

[1] Rieffe, C., Medrum-Terwegt, M.. Deaf children's understanding of emotion: desires take precedence [J]. Journal of Child Psychology and Psychiatry, 2000(42): 601-608.

[2] Rhys, J. S., Ellis, H. D.. Theory of mind: deaf and hearing children's comprehension of picture stories and judgments of social situations [J]. Journal of Deaf Studies and Deaf Education, 2000, 5(3): 248-265.

理论的发展是比较有利的。此外,听觉障碍儿童心理理论发展的延迟,也有可能是因为健听儿童和听觉障碍儿童在心理状态和过程的认知方面存在很大的不同造成的。听觉障碍儿童可能更难意识到自己和他人的心理状态和过程,而他们在家庭环境中关于心理活动过程的顺畅交流,则可以促使他们成功地获得心理理论。伍尔夫等的研究结果发现,听觉障碍儿童与他们兄弟姐妹的积极的同胞关系和心理理论理解过程呈正相关。[①] 这可能是积极的同胞关系能给予听觉障碍儿童心理上的支持,增加了他们的自信,从而使他们能更好地表达自己的心理过程和看法,也使他们获得更多的机会猜测别人的信念和愿望。所以,对于听觉障碍儿童来说,父母、兄弟姐妹的听力状况以及家庭关系亲密度、家庭经济状况等因素都影响着听觉障碍儿童早期的社会交往,而早期交往对于听觉障碍儿童的心理理论发展至关重要。

3. 早期干预

上文曾提到过口语训练对于听觉障碍儿童的心理理论发展没有帮助,但是专门针对心理理论的训练,却可以提高他们的心理理论发展水平。这些训练可以是一些经过调整和设定的模拟情境,让听觉障碍儿童更多地接触到那些可以让他们得到心理理论训练的场景。比如,假装游戏就是一种比较有效的方法。一般认为,假装游戏和心理理论都依赖于对心理表征的理解,所以假装游戏对儿童心理理论的发展有积极作用。从假装游戏的过程看,在游戏前阶段,涉及对不同人的愿望进行协商,儿童有机会接触到不同人的不同观点,而在游戏的进行阶段,儿童与一个并非真实的世界打交道并将一个物体想象成"表征"的另外物体。因此假装游戏能够使儿童脱离现实的物和角色,它还是儿童实现自我与他人心理状态进行相互转换和以超越当前现实的方式来行动的天然媒介,这些都对心理理论的发展有利。

(四)听觉障碍儿童心理理论发展的训练

虽然听觉障碍儿童的心理理论发展和健听儿童相比有一定的差距,但是他们的发展阶段和顺序是一样的。这就说明,听觉障碍儿童的心理理论发展处于一个迟滞的状态,而并非不可弥补的缺陷,只要假以时日,他们最终都能达到正常儿童的水平,而如果及时进行教育干预,就能缩短这一过程,从而促进听觉障碍儿童心理理论的发展。以下将介绍几种训练的思路和方法。[②]

首先,如果对听觉障碍儿童鉴定及时,便可以尽早地进行干预。这样能更大限度地弥补听力损失对听觉障碍儿童语言发展的不利影响,进而也在一定程度上降低语言缺失对听觉障碍儿童心理理论发展的消极作用。语言的学习对听觉障碍儿童来说十分关键,它是个体获取信息的主要途径,良好的语言学习不仅有利于听觉障碍儿童提高心理理论水平,而且对他们的社会认知以及其他方面的心理发展都有利。

其次,家庭中有效的语言交流有利于听觉障碍儿童心理理论的发展。上文中已经提到过家庭成员听力状态对听觉障碍儿童心理理论的影响。听觉障碍儿童的父母使用熟练的符号语言和孩子交流,对他们心理理论的发展是很有好处的。父母可以在和孩子交流时注重心理过程的讨论,并给予听觉障碍儿童表达自己心理过程的机会,而不是仅仅告诉儿童

---

① Woolfe, T., Want, S. C., Siegal, M.. Siblings and theory of mind in deaf native signing children [J]. Journal of Deaf Studies and Deaf Education, 2003, 8(3): 340-347.

② 赵俊峰,张杰,黄卫红. 聋儿心理理论的发展及其培养[J]. 中国特殊教育,2006(12):44-49.

事件的结果。早期对自己和他人心理状态和行为发生原因的讨论能帮助儿童在心理状态和现实行为之间建立联系。

再次,教师也应该承担起相应的责任。对于聋校的教师来说,他们在讲课的过程中可以有意识地使用含有心理状态的词语,详细解释涉及心理过程的内容,让听觉障碍儿童深入地理解他人的信念、需要、知觉、推理等。在此基础上,教师也可以引导听觉障碍儿童进行课堂讨论,形成一种探讨自己和别人心理过程、信念、愿望的氛围。而融合学校的教师,则需要更多地顾及听觉障碍学生的需求,甚至可以在个别的教学计划中加入心理理论方面的教学和训练内容,比如,对语言和心理状态认知的训练等。专门的训练可以针对心理理论发展,针对性较强,同时也比较方便快捷。教师可以从儿童熟悉的课文和故事中找出一些含有信念推断的内容片段,组织儿童讨论,随后给予反馈并解释原因。

除了在学习中多加灌输和心理理论相关的知识以外,假装游戏也可以有效提高儿童的心理敏感性,提高听觉障碍儿童理解自己和他人的心理表征能力。假装游戏是儿童的一种主要游戏方式,它和儿童的认知能力、社会能力有着重要的联系。在游戏中,儿童可以用身边已有的玩具来代替假想的玩具,通过扮演不同的角色来对不同人物的心理状态进行表征,也可以和同伴一起做假装游戏,儿童之间的关系是互惠的,他们是平等的"玩伴",他们在构建游戏的过程中起着积极的作用,常常要求变化角色、位置等。

最后,增加听觉障碍儿童和他人互动交流的机会也十分重要。听觉障碍儿童的交往范围处于一个相对封闭的小圈子里,进而造成他们对自我和他人的内心了解较为肤浅。而广泛的人际交往能够提高听觉障碍儿童对别人和自我心理感知与理解的深度。因此,应鼓励听觉障碍儿童多参加社会交往活动,并为他们提供这样的机会,同时也鼓励其他同学参与,以让听觉障碍儿童在交往中经常对自己的心理状态进行表达,让对方了解自己,并在此基础上理解别人的信念、愿望、情感、推理,这些都是促进听觉障碍儿童心理理论发展的有效途径。

三、听觉障碍儿童的道德发展

(一)概述

儿童的道德发展是指在社会化过程中儿童逐渐习得道德准则并以这些准则指导自己行为的过程。关于道德发展,最重要的两个理论分别由皮亚杰和科尔伯格提出。

皮亚杰将道德发展划分为两个阶段。第一个阶段称为他律道德(heteronomous morality),大约出现在5~8岁,以学前儿童居多数。这一阶段儿童对道德的看法是遵守规范、服从权威就是对的。他们对行为对错的判断只看重行为后果,不考虑行为意向,因而称为道德现实主义(moral realism)。第二个阶段称为自律道德(autonomous morality),大约开始于9岁的小学中年级。这一阶段的儿童不再盲目服从权威,开始认识到道德规范的相对性。同样的行为,是对是错,除看行为后果之外,还要考虑当事人的动机,因而称为道德相对主义(moral relativism)。按皮亚杰的观察研究,个体的道德发展是与其认知能力同步发展的。自律道德的出现约在形式运算阶段(11岁以上)。

继皮亚杰之后,美国心理学家科尔伯格采取认知发展取向研究了儿童的道德发展问题。科尔伯格的研究采用的是两难故事法,通过给不同年龄的儿童提供道德判断的机会,来考察儿童作出道德判断的思维方式。结果发现，儿童的道德发展是随年龄而有规律地发展的。根据研究结果，科尔伯格认为，道德推理存在三个水平的发展时期，每一水平又分成两个阶段，一共有六个阶段。首先，处于前习俗水平(preconventional level)的儿童年龄在4～10岁，包括阶段一和阶段二。其中阶段一叫做惩罚定向，该阶段强调对权力的服从，行为无所谓好坏，都有可能受到惩罚。而阶段二称为寻求快乐定向，该阶段强调行为是否正确由一个人自身的需要决定。对他人需要的关心一般是出于互惠的目的，而不是出于忠诚、感激或公正。其次，处于习俗水平(conventional level)的儿童年龄在10～13岁，包括阶段三和阶段四。其中阶段三是好孩子定向，强调"好的表现"，好的行为是使群体中的其他人感到愉快，或者是能受到表扬的行为。而阶段四则是权威定向，强调遵守法律、执行命令、服从权威、履行职责以及符合社会规范。最后，处于后习俗水平(postconventional level)的儿童年龄在13岁以后，包括阶段五和阶段六。其中阶段五是社会契约定向，强调规范是可以质疑的，是为了群体利益和民主而存在的。对法律和规范的支持是基于理性的分析和相互的协定。而阶段六是普遍的伦理原则定向，强调以自己选择的伦理准则指导行为，这些准则有着综合性、全面性和普遍性。公正、尊严和平等被赋予很高的价值。科尔伯格指出，儿童的道德构建是分阶段的有序过程。儿童是与社会和文化环境相互作用而发展起来的道德认知结构，而不是简单地通过成人解释、惩罚，将道德准则同化和内化为儿童的一部分。儿童不仅仅是在学习道德标准，还是在建构道德标准。这就意味着在完成前一水平的道德认知建构前，儿童根本无法理解和使用后一阶段的道德推理。只有经历而且建构了前一阶段的内在道德模式，儿童才会使用该阶段的概念来解决道德两难问题。科尔伯格认为，并不是每个人都会经历所有的三水平六阶段，有些人直到成年也没有超越顺从权威阶段，只有极少数人能够完全达到第六阶段。

由此可见，科尔伯格的道德发展理论强调儿童和社会环境的相互作用关系，而皮亚杰作为一个建构主义者，其理论中对于儿童通过和社会环境的互动而发展更是最基本的内容。由于听觉障碍儿童和社会的互动存在其自身的特点，那么他们的道德发展是怎样进行的，和健听儿童相比又有哪些不同呢？下文将对此进行阐述。

（二）听觉障碍儿童的道德推理和判断

道德推理和判断是道德发展研究中比较重要的方面。在皮亚杰和科尔伯格的理论中，道德推理和判断的水平都是儿童处在不同道德发展水平的直接体现。对于听觉障碍儿童而言，由于他们的社会互动范围比较狭隘，社会互动方式比较单一和独特，他们的社会互动经验就会因此受到限制。那么，他们的道德发展是否会落后于健听儿童呢？

在听觉障碍儿童道德发展的早期研究中，纳斯(Nass)针对30名8～12岁的先天听觉障碍儿童（每个年龄组6名），分别用口语给他们讲述四个故事，然后询问他们对于故事情节的理解，比如研究者会提出相关的问题要求这些听觉障碍儿童进行回答并作出相应的判断，而这些信息都会和相同年龄组的健听儿童的回答进行比较。[①] 其中有一个故事的大致内容是一名儿童在游戏过程中意外地受伤了。在对于这个故事的道德判断任务中，听觉障碍儿童相比健听儿童而言，更倾向于原谅故事中导致其他同伴受伤的孩子。而对另两个故事的判

---

① Marschark, M.. Psychological development of deaf children [M]. New York: Oxford University Press, 1993.

断则有着不同的情况，另两个故事分别是不小心打碎了碟子以及不小心给出了错误的指示，健听儿童则更倾向于原谅这些行为的主体。研究者认为，听觉障碍儿童体现了他们在进行道德判断时更少地服从于权威，而更倾向于实事求是。所以，听觉障碍儿童更多地基于事情的结果来判断实施主体的对错，而非基于实施主体的动机。

德卡罗和埃梅尔东（DeCaro & Emerton）和同伴在1978年的研究证实了纳斯的观点。他们对18岁的听觉障碍学生进行道德推断，研究发现80%的听觉障碍学生都是基于"避免被惩罚"的原则来进行道德推断的，而非对于道德原则的理解，这表明他们都还处于道德发展的前习俗水平。而根据科尔伯格的理论，在相同年龄组的健听学生中，只有25%的学生仍然处于这个阶段，这就表明，听觉障碍学生的道德发展滞后于健听学生。德卡罗和埃梅尔东对此的解释是，听觉障碍学生的社交范围相对来说比较受限，所以他们的角色承担（role-taking）能力可能存在一定的缺陷，因为他们可能无法设身处地地去考虑这些研究故事中所涉及的场景。而听觉障碍学生语言能力的限制也会导致他们在这些道德推断研究范式中的表现不佳。

为了控制上述这两个因素的影响，库奇（Couch）以科尔伯格的经典思路为基础，设计了适合于听觉障碍学生的研究操作过程。比如，库奇使用手语来进行故事的讲述，并且尽量选取那些和听觉障碍儿童的生活经历相关的故事内容。研究结果表明，听觉障碍儿童的道德推断的水平并没有前人研究的那样低，而是多数都达到了习俗和内化的水平。这就表明，当经验和实验范式中对于语言的要求被合理地控制了以后，听觉障碍儿童可以表现出较高的道德推断水平。

其实，任何对于听觉障碍儿童道德推断能力的探讨，都不能游离于他们所在的社会文化环境之外。如果听觉障碍儿童的父母对他们的要求言听计从，而不经常采取延迟满足策略，并且由于沟通方式的局限性，他们很少在沟通中提及一个人行为的目的、欲望等内容，那么，听觉障碍儿童对于道德推断就很可能始终处在一个具体而又肤浅的层次。很多听觉障碍儿童都会认为，他们之所以被表扬或惩罚，是由于他们的行为，而非他们行为的目的所导致。此外，由于听觉障碍儿童的父母和他们孩子的沟通存在一定程度的阻碍，可能会导致体罚数量的增多。而过多的体罚，会伤害孩子和父母之间的感情，而这种伤害还会引起一个潜在的结果，就是儿童对于父母价值观的阻抗心理，这种心理最多地出现在叛逆的青春期。虽然健听儿童也会出现这种情况，但是听觉障碍儿童可能会有着更深程度的阻抗。

从某种程度上来说，听觉障碍儿童可以通过观察自己和别人的行为结果来认识一些道德价值观。但是，由于语言能力的缺乏，这个过程对于听觉障碍儿童来说，会比较缓慢和低效，而进一步来说，语言能力的缺乏可能导致抽象思维能力的发展迟滞，所以，听觉障碍儿童的道德教育很难在缺少沟通抽象性的家庭中进行，而是要从他们上学了以后才真正开始。在这种情形下，听觉障碍儿童的道德理念的来源有一部分是源于他们对自己老师的所作所为，另一部分是来自于他们的同伴。教师是一个特定的职业，有着自己特定而又显而易见的义务和道德责任，而听觉障碍儿童的同伴则很有可能也是听觉障碍儿童，所以，他们可能经历了相同的境况，从而导致他们的道德发展比较类似，所以相互学习也就无从谈起了。

本章小结

本章主要介绍了听觉障碍儿童的人际关系社会化发展、个体发展以及社会认知发展的特点。听觉障碍儿童和健听儿童与生俱来的差别，就在于他们的听力水平。然而，听力水平的缺乏，就好像一块石头丢进了平静的湖水里，会激发出千层浪。首先，听力水平的差异造成的最直接后果便是语言能力发展的差异，而语言是思维的载体和交流的工具。语言和听力是个体在社会互动过程中对信息输入和输出的重要功能，如果这两个功能丧失，将会造成很大的影响。对于听觉障碍儿童而言，他们所经历的最早的社会互动是和自己的母亲之间产生的。由于多数听觉障碍儿童的母亲是健听的，虽然母亲对于自己孩子的照顾理应是无条件和无微不至的，但是母亲在和自己的听觉障碍孩子的互动过程中所表现出的过分主动性、保护性以及主导性，则造成了听觉障碍孩子的不安全依恋。而这也进而影响了他们日后的个性、自我和道德发展。听觉障碍儿童进入学校以后，同伴在他们生活中起到了更重要的作用。然而，物以类聚、人以群分是一条普世的道理，对于听觉障碍儿童来说，他们在和听觉障碍同伴的交往中更多地感受到快乐和自由，而他们选择同伴的标准，也更多地依赖视觉线索以及简单和直接的判断。同伴交往的经验，让听觉障碍儿童的个性和自我逐渐发展，而听觉障碍人士之间的互相偏好，则形成了一种独特的文化——聋人文化。这是听觉障碍儿童自我认同感中非常重要的一部分，因为聋人文化对于他们的自我发展有所帮助。然而，由于始终缺乏和广泛人群的充分而有效的沟通交流机会，听觉障碍儿童的社会阅历会受到一定的限制，从而造成他们个体和社会认知发展的不足，尤其是情绪和心理理论的发展。总体来说，听觉障碍对于儿童社会性和个体的发展的影响是十分明显的，但是，这些影响都不是听觉障碍本身，或者听觉障碍儿童的特别"基因"所直接造成的。所以，这就为教育者和研究者提供了改善听觉障碍儿童发展水平的可能性。至少，应该鼓励听觉障碍儿童的父母或其他家属学习手语，并为听觉障碍儿童提供更多的高质量的社会交流和互动的机会。

 思考与练习

1. 简述母亲的行为对于听觉障碍儿童依恋发展的影响。
2. 简述听觉障碍儿童早期人际互动体验对于后期社会性发展的影响，并论述早期人际互动体验的重要性。
3. 比较听觉障碍儿童在使用口语和手口并用的情境下社会性发展的差别。
4. 论述听觉障碍儿童人格和自我发展的特点及其影响因素。
5. 查找资料，并结合本章的内容，谈谈你对手语学习以及聋人文化的看法。

第6章 听觉障碍儿童的教育

1. 了解听觉障碍儿童教育发展的历史,掌握最新的教学取向。
2. 把握听觉障碍儿童教育的四项基本原则。
3. 了解听觉障碍儿童教育安置的形式及其优势、劣势。
4. 掌握听觉障碍儿童的教育体系及发展情况。

无论是对听觉障碍儿童的检测评估、听力补偿,还是对听觉障碍儿童发展特点的认识,其最终目的都是为了更好地为特殊儿童提供适合且全面的教育。运动、语言、认知、社会行为、生活自理、职业技能等方面的教育不仅有利于促进听觉障碍儿童的个体发展,也可为其早日融入社会做好准备。随着特殊教育的发展,人们对残疾人缺陷的认识也发生了巨大改变,这也在一定程度上促进了平等的民主教育观念的产生与发展。

第1节 听觉障碍教育发展历史

一、国外听觉障碍教育发展的历史

听觉障碍教育是最早发展、最具代表性的特殊教育类型之一。它起源于欧洲,发展于美国,已经有五百多年的历史。

(一) 16世纪——听觉障碍教育的开端

真正意义上较为科学、全面、系统的听觉障碍儿童教育出现于16世纪文艺复兴时期。受文艺复兴"以人为本"思潮的影响,人们开始认识到听觉障碍儿童具有学习的能力,而不是亚里士多德所断言的"不可教育"。于是出现了许多听觉障碍儿童教育者。西班牙人庞塞(Ponce de Leon)是人类历史上第一位真正意义上的听觉障碍儿童教育专家。他首先采用了选择性刺激方法来训练听觉障碍儿童的口语,并将语言符号学理论运用于听觉障碍儿童的语言教学。通过教学证明了听觉障碍者完全可以像正常儿童一样进行学习,为后人进一步探索听觉障碍儿童的教育实践提供了宝贵的经验。随着庞塞聋人教育方法在欧洲的传播,听觉障碍儿童教育开始在欧洲站稳了脚跟。1620年,波纳(Bonet)出版了《减少字母教学,教会听觉障碍儿童说话的艺术》(*The Reduction of Letters and the Art of Teaching the Mute to Speak*)一书,书中他认为思维先于语言,同时,他也强调刺激和多感官学习的重要性。例如,某些物体之间如此相似,以致只能通过感觉而不是视觉来分辨它们,而这些需要大脑进行思考衡量以认识它们之间的细微差别。在教学过程中,波纳提倡采用单手手语字母来进行最初的语言训练。此外,他还十分强调早期干预和提供一致的语言环境,认为早期语言训练的缺失将阻碍儿童的后期语言发展。波纳的论文是人类历史上第一本关于听觉障碍儿童教育的论著,其理论观点具有前瞻性,他提出的早期干预、注重听觉障碍儿童思维发展、采用手语字母进行教学等理念直到今天还是听觉障碍儿童教育的主导思想。[①]

(二) 17世纪——以英国为中心的听觉障碍教育

受波纳听觉障碍儿童教育思想的影响,17世纪英国的哲学家和语言学家也开始对听觉障碍儿童的教育进行思考,对语言本质、语言要素和听觉障碍语言获得进行了研究。1648年,约翰·布韦(John Bulwer)出版了他的第一部关于聋人教育的著作《聋人的朋友》。书中阐明了聋人教学的基本方法,为从事聋人教学工作的教师指明了教学方向。随后他又对手语表达和手语的本质进行了研究,并出版了《普通手语》。布韦认为机械地掌握发音技能对聋人学习语言并没有帮助,听觉障碍儿童教学应该将手语作为基本教学手段,但是布韦并没有将自己的聋人教育理论运用于实践。英国真正的聋人教育先驱是威廉·好德和约翰·瓦利斯(William Holder & John Wallis)。好德第一次在英国对聋人进行教育,他提倡首先通过书面语言对聋人进行教育,然后再使用手语字母进行语言教育。此外,他还发展了一套特殊的聋人唇读技能教学技术,强调区分不同语境下的发音(如:/p/、/b/)和同一个词的不同意思。瓦利斯则是第一位将聋人教育成果公布于众的英国人。他原本是牛津大学的几何学教授,后来加入到语言学研究和聋人教育之中。他曾于1660年教一名25岁的聋人丹尼尔·华利(Daniel Whalley)学习语言发音一年。在教学过程中,他首先采用自然手势,然后过渡到书写和手语字母,最后进行语言发音训练,在发音训练中,他强调发音部位及舌位运动的重要性。乔治·达拉加诺(George Darla Gano)是17世纪英国另一位有影响的聋人教育者。他发表了大量关于聋人教育的论文,倡导自然语言教学方法,强调手语在聋人语言教学中的作用。此外,与波纳相似,他提出了早期干预的语言学习与教学理论。这一理论对聋人教育实践产生极大的影响,至今成为聋人教育乃至特殊教育的主要原则之一。18世纪,英国的教育取得了进一步发展。亨利·贝克尔(Henry Baker)建立了第一所聋人学校,教育聋人进行阅读、书写、说话。1767年,托马斯·布雷渥(Thomas Braidwood)在爱丁堡建立了一所聋人教育机构。在教学中,他采用了双手指语、手势和自然手语、阅读和书写相结合的方法,致力于发展聋儿的发音训练,并遵循先发音再逐渐过渡到音节和单词的过程。

(三) 18世纪——以法德为中心的听觉障碍教育

18世纪特殊教育的重心已经从英国悄然转移到了法国。法国启蒙运动如火如荼地开展,其对神的大胆否定以及对人权的充分理解和尊重,极大地促进了特殊教育的发展,也使特殊教育的影响力超过了英国。与英国采取功利的实用主义不同,在哲学家、教师、医生的努力下法国形成了较为严密也较为科学的听觉障碍儿童教育方法。嘉士伯·泊瑞尔和莱佩(Jocob Pereire & L'Epee)是法国最具影响力的听觉障碍儿童教育者。泊瑞尔建立了法国第一所聋人学校,开展对聋人教育的研究。他认为听觉障碍儿童的语言发展与正常儿童一样应该是自然的。因此,在教学方法上他采用感觉刺激、手语、口语并重的方法,首先让学生

[①] Moores, D. F.. Educating the deaf: Psychology, Principles and Practices[M]. Boston: Houghton Mifflin Company, 1978: 33-34.

用视觉和触觉去感知事物,然后采用单手手语教授语言。由于当时泊瑞尔对自己的教学方法格外保密,因此现在很难详细了解他的教学方法。莱佩在法国巴黎建立了第一所公立聋哑学校。莱佩的聋人教育生涯开始于1743年,负责两位聋人姐妹的教学。由于莱佩没有教育聋人的经验,因此他一边教授这两位聋人姐妹,一边研读阿曼和波纳等人的著作,而后创立了自己独特的聋人教育教学体系。首先,与泊瑞尔认为口语是聋人学习的唯一目标不同,莱佩认为聋人语言教育不仅仅是语音和文法的学习,还是思维能力和智力的培养。其次,他认为手语在聋人的语言学习过程中具有重要的作用。手语是聋人自然的语言,是他们表达思想、相互交流的唯一可行的渠道。不仅如此,手语在整个人类交际过程中也有着口语不可替代的作用。因此,莱佩在聋人教育过程中减少了发音训练,增加了手语的训练,创立了以手语教学为基础、口语学习为辅的聋人语言教学法。但是他发现聋人所使用的手语比较简单,不能表达抽象的概念,同时也不符合文法规则。因此,他在对聋人自发手语进行搜集整理并归纳出核心手语的基础上,创立了新的手语系统。新的手语系统将人称、时态、文法等语言要素加入其中,使其不仅符合语法规则,而且能够表达复杂的逻辑关系。莱佩手语教学法取得了巨大成功,其所建立的教育思想和教学方法打破了"作坊式"的特殊教育模式,使得聋人教育更加系统化和科学化。之后,莱佩手语教学模式为其学生西卡德(Sicard)发扬光大,西卡德先后于1808年和1814年发表的《符号理论》和《教学课程》向世人清楚阐述了手语体系。

取得极大成功的法国手语教学法,深刻影响着欧洲的聋人教育。但同一时代的德国教育者却提倡与此截然相反的聋人教育方法——口语教学。缪塞尔·海尼克(Samuel Heinicke)首先对莱佩的手语教学法提出了批评。他认为聋人教育应该是口语教育,主张将语言学习放在聋人教学的最重要位置上。他还认为单纯的思维是通过口语来实现的,书写和手势是从属于口语的次级语言,对个体的思维发展没有实质性的帮助。为此海尼克创造了聋人口语教学法,该教学法主要包括两个方面:看舌训练和发音训练。前者帮助个体感知有声语言,后者帮助学生获得清楚的发音。弗雷德瑞克·希尔(Frederick Hill)是另一位有深远影响的德国聋人教育者。他的特殊教育理念非常具有前瞻性,对目前世界的特殊教育理念都产生了重要影响。他认为聋人能够像正常人一样采用相同的方式进行学习。聋人教学的重心应该是口语教学,但是教学不应该仅仅是发音的训练,课程也不应该是结构化的,而应该与日常生活相联系。在教学方法上,他采用了图表、彩色照片、特殊阅读器等多种形式,虽然他也运用自然手势,但不允许使用指语或手语。同时他还十分注重聋人教师的培养。希尔提出的聋人与正常人具有相似的学习能力、生活化教学、聋人教师培养等教育思想深刻影响着19世纪欧洲和美国的聋人教育。

(四) 19世纪至今——以美国为中心的听觉障碍教育

到了19世纪,对聋人的教育、训练、研究、治疗重心又从欧洲转移到了美国。在开展聋人教育之初,美国就深受欧洲聋人教育思想和教学方法的影响。1817年4月15日,经过多年关于欧洲聋人教育技术的学习和聋人教育实践后,托马斯·加劳德特(Thomas Gallaudet)在美国建立了第一所聋人教育中心——康涅狄格州聋人教育与指导中心。成立之初,该中心的招生对象就面向全美。该中心为聋人学生设计了严谨和全面的教育课程,除了手语、书面语和少量口语的语言课程,还开设了历史、地理、物理等传统文化课程,此外还开设了机械等新兴课程。由于加劳德特深受法国教育者莱佩的影响,因此在教学过程中该中心推崇法国式的手语教育技术,也由此创立了美国手语教学模式。随着该中心聋人教育受到认可,美国的其他地区也相继兴办聋校,开展聋人教育。例如：1818年约翰·斯塔福德(John Stanford)在纽约建立的纽约聋哑学校；1820年戴维·塞萨克斯(David Seixas)建立的宾夕法尼亚州聋哑学校；1822年,美国第一所州立聋人教育训练机构肯塔基聋哑指导中心成立,该中心的成立,标志着美国政府对特殊教育的正式介入。

正当加劳德特大力提倡手语教学法的同时,另一批德国学者也到美国进行考察学习,并受德国教学取向和教育思想的影响。1844年,在对德国的聋人学校和教学方法进行深入了解后,贺拉斯·曼和萨缪尔·豪(Horace Man & Samuel Howe)认为口语教学法注重发音和口语训练,有利于聋人与正常人的交流,因此他们提倡在马萨诸塞州建立一所以口语教学为主的学校,但是遭到大多数教育者的反对。1864年,哈里特·罗杰斯(Harriet Rogers)在马萨诸塞州开设了美国第一家以口语教学为主的私人聋校。在罗杰斯和商人格迪纳·哈伯德(Harberd)的努力下,1867年在马萨诸塞州成立了新的聋人学校——克拉克学校。该校以口语教学为主,目标是训练儿童能够运用口语进行日常交流。克拉克学校还开创了"家庭教育"模式,在该模式中,教师扮演着母亲的角色,而聋人则是家庭中的一员,教师用亲切的话语和良好的教学技能对孩子进行教学。紧接着大批以口语教学为主的聋人学校也相继成立。例如,1869年在波士顿开办的聋人走读学校——贺拉斯·曼学校。随着聋人教育的普及,人们也开始关注聋人的高等教育。1864年8月,亚伯翰·林肯签署特别令,同意在哥伦比亚盲聋教育学院内特设大学部并有学位授予权。同年在托马斯·加劳德特的努力下,成立了美国第一所聋人大学——国立聋人教育学院,即今天的"加劳德特大学"。

20世纪初,美国聋人职业技术教育获得了发展。第一次世界大战期间,美国大量的聋人参与了农业和工业生产。聋人娴熟的劳动技能和部分聋人的创造天赋让商业人员和政府认识到聋人的价值所在。因此,1920年美国聋人康复工程获得了联邦政府的财政支持,随后成立了私人组织——国家康复协会。1954年,美国国会通过了PL88—565公法,即职业康复法案。该法案规定政府需为聋人的继续教育和技术培训项目提供经费支持,允许各州建立康复中心。但是关于聋人职业技术教育的规定仍然不够充分。1965年,美国又通过了PL89—36公法,在罗切斯特理工学院下建立了美国国家聋人工学院(The National Technical Institute for the Deaf,简称NTID),并于1968年招收了第一名聋人学生,该学院的成立标志着美国聋人职业技术教育正式开展。

20世纪中叶以后,美国的聋人教育获得了巨大的发展。首先,政府开始通过立法、拨款等方式大力支持聋人教育的发展并积极改变人们对聋人的态度,将聋人从隔离式的教育机构中解放出来,融入普通学校。20世纪60年代美国手语取得了合法的语言地位。手语作为正式的语言开始被大多数的美国人接受,他们对聋人也有了新的认识。1975年,美国国会通过康复法修正案,禁止任何形式的歧视残障人士。同年,美国通过了著名的PL94—142公法,即"所有残障者教育法案"。该法律规定为所有的残障儿童提供适当免费的公立教育。该法案的颁布意味着聋人能够从隔离式的教育机构中解放出来,进入普通学校进行学习。由此"最少受限制环境"的聋人教育理念开始运用于聋人的教育实践。但是该法案的实施仍然需要相应的经费支持,因此普通学校在一定程度上并不能为聋人提供"最少受限制"的教育环境。1986年美国修订了《所有残障者教育法案》，将其正式更名为《残障个体教育法案》。该法案对早期干预、家长参与、个别化教育计划做了更详细的规定。随着聋儿进入普通班级学习、家长的参与，聋人能够和家长、普通学生、聋生等不同群体进行交流。1997年，美国修订了《残障个体教育法案》，要求在教育安置过程中，考虑听觉障碍儿童的交流沟通需要，尽可能为听觉障碍儿童提供良好的沟通交流环境。

其次，在教学方法选择上，20世纪70年代美国聋人教育者不再局限于单一的非此即彼的教学方法，而是将口语教学和手语教学相结合，将其称为综合沟通（total communication）教学取向。

最后，美国的聋人也掀起了大量的运动以争取自己获得平等的权利。例如，1988年，美国加劳德特大学的"现在就要聋人校长"的运动，产生了第一位聋人校长，这一运动大幅提升了聋人的自我概念和期望，使聋人自身参与到聋人教育中；1990年，在美国聋人的强烈要求下，美国食品和药品管理局正式批准将人工耳蜗技术运用于两岁以上的儿童，以促进其语言康复。

在20世纪特殊教育发展的大背景下，21世纪美国和欧洲的聋人教育表现出以下几个发展趋向：第一，更加注重提高聋人的学业成就，而不再单纯地关注聋生语言能力的发展。例如，英国1997年颁布了《所有儿童的成功：满足特殊教育需要》绿皮书，强调了提高所有特殊儿童的学业成就；2001年美国政府颁布的《不让一个孩子掉队》法案，强调要对特殊儿童进行参与评估。第二，注重人工耳蜗植入对聋人发展的影响，包括语言发展、学业发展、社会发展的影响。第三，加强对聋人教育安置方式及融合教育的探索。如何真正为听觉障碍儿童提供无障碍的最少限制的环境将是聋人教育发展的方向。[①]

二、国内听觉障碍教育发展的历史

我国关于听觉障碍儿童的教育最早可以追溯到奴隶社会时期，但由于古代封建制度等级森严，残疾儿童一直被排斥在教育之外，听觉障碍儿童也不例外。我国真正意义上的听觉障碍教育是到19世纪末才出现，并随之不断发展。

（一）新中国成立前我国听觉障碍教育

1887年，美国传教士梅理士·查理（Mills Charles）夫妇在山东登州创办了中国近代第一所聋校——登州启喑学馆。创办之初，由于资金短缺，在校学生数较少。1889年登州启喑学馆迁到烟台，并改名烟台启喑学校。新中国成立后该校更名为烟台市聋哑学校。1894年，法国天主堂圣母院在上海创办了聋哑学校，收留教养被社会遗弃的聋哑儿童。圣母院神父翻译了一些法国聋校课本，引进法国聋校的教学法，对聋哑儿童进行文化知识和圣经教育。课程包括国语、算术、写字、美术、体育以及手工艺等。所用教材与普通小学一样，教学方法则是法式口语教学法，也用法式手指字母作辅助。1907年安妮塔·梅理士编著并出版课本《启哑初阶》，该书一套6本，包含了汉字、图画（释义图）、拉丁字母拼音、贝尔音符、指语图、例词和例句。1926年，英国传教士傅兰雅创办上海福哑学校（后更名为上海二聋，又改为上海聋人中学），该校在低年级发音课中采用"可视语言"，中、高年级的英文课采用美式单

---

① 刘胜林.欧美国家近年来聋教育发展的几个新动向[J].中国特殊教育，2009，103(1)：46-51.

手英语手指字母,其他课程采用一般手语和板书。

在外国传教士的启发下,中国人开始自己创办聋哑学校。1914年浙江杭州之江大学教授周耀先创办"哑童学校"。1916年实业家张謇创办南通狼山盲哑学校,该校是中国第一所盲聋合校,也是第一所中国人自己办的持久特教学校,该校1952改为公立。1927年,中国建立了南京市立盲哑学校,该校为中国第一所公立特教学校,这标志着政府对聋人教育的直接参与。除此之外,大量的聋哑学校在全国各地涌现。如:北平聋哑学校、中华聋哑学校、天津聋哑学校、长春聋哑学校、(苏州)吴县救济院盲哑学校、俄侨聋哑学校、哈尔滨市盲聋哑学校、广州启聪聋哑学校等。截至1949年新中国成立前,中国共有42所盲聋哑学校,在校学生近2400人。

这一时期,我国听觉障碍教育开始兴起,具有两个明显的特征:第一,我国的听觉障碍教育深受西方听觉障碍教育理念和方法的影响。西方教会和慈善机构所创办的聋人学校带来了西方先进的听觉障碍教学理念、教学方法。如:法国的口语教学,美国的贝尔"可视语言"、指语等。第二,尽管国人开始大量创办聋哑学校,但是多由私人或慈善机构创办,经常表现为经费不足。经费不足一方面导致了教学设施不全、教学技能落后、教学质量较为低下;另一方面也造成了学校招收的学生数量有限,大量的穷苦儿童因无法缴纳学费而被排除在教育之外。

(二)新中国成立后我国听觉障碍教育

新中国成立后,我国政府积极发展各类特殊教育,听觉障碍教育便是其中之一。1951年10月,国务院颁布的《关于改革学制的决定》中提出:"各级人民政府应设立聋哑、盲目等特种学校,对生理上有缺陷的儿童、青年和成人施以教育。"1953年,国家教委设立盲聋哑教育处专门管理特殊教育事务。1956年,国家教委先后发布了《关于盲童学校、聋哑学校经费问题的通知》和《聋哑学校使用手势教学的班级的学制和教学计划问题的指示》,对聋哑学校的经费来源和手势学校教学课程科目进行了规定。1957年,国家教委又发布了《关于聋哑学校口语教学班级计划(草案)的通知》和《办好盲童学校、聋哑学校的几点指示》,对聋校口语课程、聋校学制、学生入学年龄以及教学改革等内容进行规定。

新中国建立初期,我国听觉障碍教育在教学方法选择、教师培养及职业教育等方面也取得了长足进步。在教学方法上表现为,1954年8月,国家教委在北京召开全国聋哑学校语文教学座谈会,会议确定推行口语教学是我国聋哑教育改革的方向,并于1955年组织教育专家为口语教学实验班编写一、二年级课本。在职业教育上表现为,1956年,上海聋哑青年技术学校正式成立,该校为中国第一所聋哑青年中等职业技术学校,面向全国招生,该校先后增设了广告装潢、摄影、家具、工模、车工、钳工、缝纫、师训等专业。1958年11月,由中国聋哑人福利会举办的中国聋哑教育师资讲习所开学,意在一面提高在职聋校教师的素质,一面培训新的聋校教师。

但是紧接着的"文化大革命",听觉障碍与其他教育一起受到了严重摧残。截至1987年,中国内地共有聋校280所,其中盲聋合校63所。

改革开放以后,随着我国经济社会的恢复和发展,听觉障碍教育也有了长足的进步。主要表现在以下几个方面。

在教育理念上,越来越注重听觉障碍个体的价值,不再将个体视为残废个体,认为听觉障碍学生能够与普通学生一样进行知识和技能的学习。同时，融合教育的观念开始为广大师生接受，认为普通学校比隔离式的聋哑学校更有利于听觉障碍个体，特别是轻度听觉障碍个体的发展。具有代表性的事件有：1994年5月，国家教委在江苏盐城召开"全国残疾儿童少年随班就读工作会议"，颁布《关于开展残疾儿童少年随班就读工作的试行办法》，中国开始了融合教育的进程。1998年，朱操发表《推进聋校素质教育重在观点转变》，提出把聋校培养目标由"残而不废"转变成"残而有为"，要把教育思想由"补偿论"转变为"潜能论"。他认为，"残而不废"和"缺陷补偿"实质上是一种期望值低、消极和不平等的观点。听觉障碍教育应该最大限度地发挥听觉障碍学生的优势和潜能。

在教学方法上，我国开始关注个体差异和多种教学方法的结合。首先，1980年国家教委组织聋校搞三项实验："发音教学、因材施教、个别指导、分类推进"、"通过思维形式的飞跃发展聋儿语言，提高写作水平能力"和"突出重点、突破难点、加强练习、提高课时利用率"。其次，1992年6月，国家教委发布了"在聋校开展分类教学"的通知，通知中明确了我国开展聋教育分类教学的方法。通知说明"分类教学"是根据聋生的听力、语言和其他方面的差异，采取相应的教学形式、方法和手段，有效地补偿缺陷，充分利用和发挥其潜能，使其受到适合自身发展所需要的教育。北京第一聋校提出评估为先、注意实际、兼顾性和动态性分类教学的四大原则以及三级分类的方法。第一级分类对同期入学新生和同年级聋生根据他们的听力、智力、语言、听能等差异分快慢班，或听力班、全聋班、重听全聋混合班、聋和弱智综合班。第二级分类是对同一班级学生进行分组或分层。第三级分类是在班级分组教学的前提下进行个别教学。再次，我国听觉障碍教育沿袭了新中国建立之初以口语教学为主的方法，但已经不再局限于单纯的手语教学或者口语教学，部分聋哑学校开始采用双语教学法。最后，1996年爱德基金会将双语聋教育的理念引入中国，并与南京聋校合作开展了我国第一个"聋儿双语双文化"教育实验项目，该项目强调手语和书面语并重的教学方法。手语为听觉障碍学生的第一语言，需要在语言发展的关键期尽快习得，等到儿童掌握了手语后，开始进行第二语言书面语教学，同时，对具有残余听力的学生进行适当的口语教学。2004年，此项目推广至镇江、常州、苏州和扬州等地的四所聋校。

在教学体制上，在政府的关注和努力下，我国建立了从学前教育、义务教育、职业教育到高等教育一整套完整的听觉障碍教育体系。1986年4月12日，第六届全国人民代表大会第四次会议通过《中华人民共和国义务教育法》，将特殊教育纳入了义务教育体制。1989年，北京第四聋校将中学班正式改为职业中学班，该校于1992年正式改为职业高中。1985年国家教委、国家计委、劳动人事部、民政部发出"关于做好高等学校招收残疾青年和毕业分配工作的通知"[(85)教学字004号]，要求各地教委、高招办在招生工作中对生活能够自理、不影响所报专业的学习及毕业后所从事工作的肢体残疾（不继续恶化）考生，在德、智条件相同的情况下，不应仅因残疾而不予录取，由此打开了我国残疾人受高等教育的大门。1986年9月，北京第四聋校的中学毕业生杨军辉被保送到北京西城区师范学校，学习四年普师，这是师范学校首次招收聋人学生并为聋校定向培养聋人教师。随后，长春大学（1987年）、首都师范大学（1990年）、辽宁营口特殊教育师范学院（1991年）、天津大学机电分校（1991年）、天津聋人工学院（1997年）、北京联合大学（1998年）、上海美术学院（2000年）、江苏金陵职业大学（2000年）、湖北荆门大学（2000年）、郑州中州大学（2000年）等高等院校相继开始招收聋人入学。1989年,国务院转发了《关于发展特殊教育的若干意见》,明确了特殊教育的办学方针:贯彻普及与提高相结合,以普及为重点,着重抓好初等教育和职业教育,积极开展学前教育,逐步开展中等教育和高等教育。同时,提出了在普通学校附设特教班和残疾儿童在普通班级随班就读措施。

在学习内容上,我国审定出版了聋校教材。1984年,国家教委委托上海市教育局改编聋校语文、数学教材,于1985年5月和10月召开两次审稿会,经反复修订后,由上海教育出版社出版发行;1985年委托北京市教育局修订聋校律动、体育教材;1986年又委托山东省教育厅编写聋校常识教材,这套教材的编写和出版大大提高了我国聋校的教学质量。1996年,人民教育出版社出版了新编全日制聋校教材,并在全国范围内推广,该套教材包括思想政治、语文、数学、自然常识、社会常识、律动、体育、美工、劳技等十个科目。

在手语普及上,虽然我国仍未承认手语的合法语言学地位,但我国政府及学者认识到手语是听觉障碍者自发的语言,对其生活和学习都有极大的影响。他们对中国手语进行了修改、增订以便聋人进行学习使用。继1960年我国出版了《聋哑人通用手语图》四辑后,1979年我国修订《聋哑人通用手语图》,将原四辑改为两辑,出版新编的第三辑,并于1982年出版了第四辑。1987年,在山东泰安召开了第三次全国手语工作会议,将《聋哑人通用手语图》更名为《中国手语》。1990年5月,中国聋人协会编辑的《中国手语》由华夏出版社出版发行,该书共分15大类,收词3330条。《中国手语》于1993年和1994年出版了续集,增加了新增词、手势动作。1991年10月4日,民政部、国家教委、国家语文工委、中国残联联合发出《关于在全国推广应用〈中国手语〉的通知》,要求各地残联在集会和电视节目等公开场合必须使用《中国手语》;各地聋校在教育、教学中应使用《中国手语》;高等师范院校特教专业、中等特教师范学校应将《中国手语》列入教学内容之一。《中国手语》的出版增订及在全国范围内的推广,在一定程度上促进了聋人文化的传播交流,改善了人们对聋人的看法,同时,也在一定程度上表明中国手语具备成为一种语言的可能。

三、观点与取向

无论是国外的听觉障碍教育还是国内的听觉障碍教育,从发展之初就针对"如何对听觉障碍学生进行科学而适当的教育"这个议题进行了讨论。到底在教学过程中是使用手语还是口语一直都是学者争论的焦点。近年来,教育界已经认识到手语、口语各有优势,更倾向于将二者相结合对听觉障碍儿童进行教学,进而形成了三种新的基本的教学取向:综合沟通教学取向、双语双文化取向、口语听觉取向。

(一)手语教学取向

自18世纪莱佩在法国推行手语教学法以来,手语教学法也为世界各国所承袭。持手语教学取向的学者们认为手语是听觉障碍个体的自发语言,是其母语,利用手语可使听觉障碍个体的日常沟通交流更加便捷。近代支持手语教学取向的著名教育家是托马斯·加劳德特之子爱德华·加劳德特(Edward Gallaudet)。他认为通过手语学习,听觉障碍人士能够取得更大的成就。由于能够使用手语进行交流,听觉障碍个体并不会觉得与社会隔离,相反他们能够更加自如地参与到社会生活中,且能够拥有更多享有共同兴趣的朋友。这些都将极大提高他们的生活和学习质量。

但不可忽略的一个事实是：手语属于直观的动作表达，其难以区分细微的抽象概念，且相比口语而言，手语的语法相对混乱，不够严谨，这也直接影响了听觉障碍儿童抽象思维的发展。

（二）口语教学取向

口语教学取向倡导以口语发音、书面语和口语为主要内容对听觉障碍儿童进行教育。持口语取向的教育者和学者认为口语才是人类真正的语言，是人类交流沟通的工具，他们还认为听觉障碍个体特别是那些听力损失较小的儿童完全可以像普通儿童一样进行学习。

早在16世纪，庞塞就开始采用口语来教育听觉障碍儿童。但真正将口语教学推向高潮的当属美国的亚历山大·贝尔（Alexander Bell）。贝尔与爱德华·加劳德特处于同一时代，他竭力反对手语教学方法。他对当时隔离式的教育政策和实践进行了严厉批评，认为手语取向的聋人教育必然导致聋人被主流社会所分离。贝尔提出了许多立法建议：第一，取消隔离式的学校；第二，禁止以任何形式使用手语交流；第三，具有显著听觉障碍的成人不能成为聋人教师；第四，禁止两个具有显著听觉障碍者结婚。[①] 1871年贝尔将"可视语言"带到美国，并先后在克拉克等聋校采用可视语言进行口语教学。为了实现自己的主张，1876年贝尔首先为聋人发明了电话机用于日常交流。在贝尔的宣传和努力下，口语教学法逐渐为美国教育者接受，促进了美国聋人教育的发展。但贝尔过度强调口语的作用，忽略了手语在语言学习初期的作用。同时他的一些主张，如不允许聋人成为教师、不允许两个聋人结婚等过于偏激，不符合现代的教育理念和人文主张。

对于听觉障碍儿童而言，口语教学取向为他们提供了掌握人类传统语言的机会，有利于他们融入主流社会，扩大社会交往范围，提高思维水平，获得更大的个人发展空间。但对一个完全丧失听力的儿童来说，要学会口语的发音以及语言文字极其困难，需要付出加倍的努力，在教学中经常出现以牺牲其他方面发展为代价来训练其口语发音，这将不利于听觉障碍儿童的全面发展。

（三）综合沟通教学取向

综合沟通教学取向出现较早，自有听觉障碍教育就有了综合沟通法。但直到19世纪70年代它才为国际听觉障碍教育界所重视。综合沟通教学取向是人们对手语教学取向和手语教学取向长期争论后的一种理性反思。"综合沟通法"由美国的霍尔库姆（R. M. Holcomb）于1968年提出。支持该方法的人认为手语和口语各有优缺点，在教育中需各取所长。手语（视觉沟通）对听觉和语言的发展具有支持性作用，而不会取代它们。手语和口语在听觉障碍儿童的语言学习过程中一起发挥着重要作用，在教学过程中可以同时使用。

经过长期的实践，综合沟通法对听觉障碍儿童的语言发展并没有发挥应有的作用。[②] 首先，在沟通早期使用手语将不利于听觉障碍儿童口语、书面语及言语智力的发展。其次，综合沟通法教学环境下的听觉障碍学生的语言发展状况并不比手语教学环境下的听觉障碍学生好。最后，如果过了语言发展的早期阶段，即在两岁后对听觉障碍儿童进行综合手语法，

---

① Gargiulo, R. M.. Special Education in contemporary society[M]. 2th ed. Boston: Thomson Wadsworth, 2006: 442.

② Wendy Lynas. Controversies in the education of deaf children[J]. Current Paediatrics, 2005(15): 200-206.

他们的语言概念和语言智力并没有获得更好的发展。因此，有些学者反对采用综合沟通法。综合沟通法也存在一些潜在的问题：首先，综合沟通法所采用的口语和手语两种交流方法在形式上是相互矛盾的。手语一般来自本国聋人常用的手语，口语一般也来自本国的第一语言，二者在语法结构上存在巨大的差异。在综合交流法中需要听觉障碍儿童对二者进行同步互相转换，这具有一定的困难。其次，在视觉优于听觉的情况下，在综合沟通交流法中要求听觉障碍儿童同时平等使用视觉和听觉具有很大的挑战性。此外，在手语和口语的转换过程中，发生误译的可能性很大，极有可能扭曲了原意。鉴于这些问题，在实际的教学过程中综合沟通法实施起来相对困难，且经常出现听觉障碍儿童更加偏好手语交流而非口语的现象。

（四）双语双文化取向

双语双文化取向于20世纪80年代兴起于瑞典、丹麦、挪威、英国、美国、加拿大等欧美国家，此取向强调两种语言（手语和口语）和两种语言所承载的两种文化（聋文化、健听人文化）的获得。这里的手语与综合交流法中所采用的手语不同，它是聋人自己发展出的自然手语，经常与"聋人社区"相联系。手语被视为听觉障碍儿童的第一语言，即母语，而口语为其第二语言。听觉障碍儿童先在婴幼儿时期习得手语，后借助它来更好地理解、学习和掌握口语。在语言发展的关键期，教师要帮助儿童尽快熟练掌握第一语言——手语，之后进行书面语和口语教学训练。

从倡导聋人文化和将手语作为第一语言来看，双语双文化在教育理念上更加符合现代特殊教育理念。无论是手语教学取向、口语教学取向，还是综合交流法都是将听觉障碍儿童定位为残疾人，他们需要手语进行辅助才能学习。双语双文化取向突破了这层束缚，将聋人手语视为聋人第一语言，承认其语言学地位，并将听觉障碍儿童与健听儿童摆在平等的位置上。[1]

但双语双文化取向同样存在自身的问题：第一，手语作为第一语言很多时候无法为所有的听觉障碍儿童获得。大多数听觉障碍儿童的家长为健听人，他们缺少聋人手语方面的知识，即使他们花费时间认真学习也很难在儿童语言发展前系统而娴熟地习得聋人手语。第二，同样的问题也发生在教师身上。作为健听人，教师想在短期内系统而熟练地掌握聋人手语并详细了解聋人文化并不容易，往往需要花费大量的时间和精力。第三，对听觉障碍儿童而言，学习双语也并不简单。他们需要在入学前熟练掌握手语，并掌握一定的第二语言，这对他们来说是困难的，且有研究表明听觉障碍儿童的语言发展明显落后于健听儿童。第四，由于婴幼儿时期听觉障碍儿童学习手语而不发展口语，因此其大脑听觉机制具有发展迟缓的可能性。[2]

（五）口语听觉取向

口语听觉取向实质上是一种口语教学倾向，其将口语作为社会交往的主要媒介。该取向主张利用残余听力和用口语进行教学，以帮助听觉障碍儿童获取语言、视话和听觉技能。与以往的口语取向相似，听觉学习和唇读（又称视话）是教学训练的必要环节。

---

[1] Wendy Lynas. Controversies in the education of deaf children[J]. Current Paediatrics, 2005(15): 200-206.
[2] 同上。

科学技术的飞速发展是口语听觉取向近年兴起的主要原因。[①] 其中高清助听器和人工耳蜗技术的发展扮演着重要的角色。高清助听器能够帮助听觉障碍儿童接收更为清晰的语言,消除背景噪音。初生婴儿人工耳蜗植入为重听及全聋的儿童打开了倾听语言的机会,激活了其内在的大脑听觉机制。这些都有利于听觉障碍儿童语言的发展。

但并不是所有的听觉障碍儿童能够从听觉口语教学取向中获益。高清助听器和人工耳蜗与听觉障碍儿童语言发展的关系尚无定论。随着年龄的增长,听觉障碍儿童将面临更多的问题(如就业),这种效用也可能被削减。此外,此教学取向高度依赖于唇读,但是唇读又依赖于对说话人所说内容上下文的理解及对信息的补全,因此口语听觉取向对听觉障碍儿童的能力要求较高。

第2节 听觉障碍教育的基本原则

教学原则是指导教学工作的基本准则,它是在总结教学实际经验基础上根据一定的教育目的和教学规律而制定的。[②] 不同的领域,由于学生的特点不同,所要完成的教学目的各不相同,因此所形成的教学原则也有所差异。根据听觉障碍者感知觉、认知、情绪等方面的特征,结合我国及世界各国的特殊教育理念、教育实践及发展趋势,这里主要介绍听觉障碍教育的四个基本原则:个别化原则、功能化原则、社区化原则和家长参与原则。

一、个别化原则

个别化教育是特殊教育各个领域的基石与一般性原则,它是教师分别对个别学生进行传授与指导的教学组织形式。个别化原则是基于特殊儿童巨大的个体差异而提出来的。为了达到良好的教育效果,教师必须根据特殊儿童的身心发展特点制定相应的教育目标和教学计划。

(一)个别化教育计划

个别化原则一般通过个别化教育计划来实现。个别化教育计划源于美国1975年颁布的《所有残障教育法案》(The Education for All Handicapped Children Act)中提出的"个别化教育计划"(Individualized Education Plan,简称IEP)。一般情况下,个别化教育计划由特殊儿童家长、特殊儿童、普通教师、教育当局人员、特殊教育专业人员、相关服务人员组成小组共同制订。个别化教育计划必须包括以下内容:特殊儿童目前的学业成就及功能性表现、可测量的年度目标和短期目标(学业目标和功能性目标)、特殊儿童达成年度目标的进程、所需的相关服务、参与普通班级教学及活动的程度、合适的教育安置形式、安置及服务的实施日期、计划实施的评估标准等。[③] 可见,个别化教育计划是规划和指导一个特殊儿童在学校接受的特殊教育的方方面面,本质上,它既是特殊儿童接受教育和全面发展身心的一个总体构想,也是教育者针对他们进行教育教学工作的指南性文件。

---

① Wendy Lynas. Controversies in the education of deaf children[J]. Current Paediatrics,2005(15):200-206.
② 张宁生. 听力残疾儿童心理与教育[M]. 大连:辽宁师范大学出版社,2002.
③ United States Congress:The Education for All Handicapped Children Act,1975.

个别化教育计划的具体实施并不容易,要想取得良好的效果,需要具备三个基本条件:第一,个别化教育计划的实施必须遵循个别化的要求。这就要求教育者首先对特殊儿童进行科学综合的评估。然后,根据评估结果设计合理的教学计划,选择合适的课程和教材,采用恰当的教学方法和教学评价方式进行教学,从而使学生得到最大限度的发展。第二,个别化教育计划的实施需要实行"包班制",即由几位教师承担一个班级所有学科的教学任务。这一方面要求教师不断提高自身的教学能力,另一方面也要求学校对教师资源进行重新分配,授予教师充分的权利进行灵活多变的教学。第三,个别化教育计划需要打破固定的学时制,实施灵活的弹性教学时间。教师需要充分认识不同个体的特殊需要,根据学生的优势和劣势进行课时长短的安排。①

(二)听觉障碍个体的个别化教育计划

个别化教育计划的核心部分在于教育训练计划。对于听觉障碍个体而言,个别化教育计划需要着重考虑听觉障碍个体的语言发展需要。因此,听觉障碍个体的个别化教育计划除了包含基本的教学内容外,在教育目标上至少还应该包括听力训练计划和语言训练计划两个部分。② 如:某学生属于全聋,那么听力训练计划内容就可以删除;另一名学生属于重度听觉障碍,且该生的听力发展水平处于听觉注意阶段,语言发展水平处于有意识交流阶段,但语言发音不清,对该生的听力训练就可以从自然环境、交通工具、日常生活、人体声、物品声音入手,制订听觉训练计划,逐步深入,而对于该生的语言训练,可以考虑先使用手语使其掌握必要的日常词汇,然后采用"蔬菜"、"水果"、"幼儿园"等主题单元进行口语发音训练及词汇掌握。

此外,对于听觉障碍个体的安置情况和所需要的相关服务也需进行考虑。对于那些佩戴了助听器或植入人工耳蜗听力补偿较高且语言发展较好的学生,可以考虑安排随班就读或在普通学校的特教班学习,并提供相应的语言发展帮助。而对于那些重度听觉障碍,口语发音不清的个体,可以将其安排在聋哑学校学习,以便更好地获得手语学习的机会,从而帮助他们发展口语。

对听觉障碍个体的个别化教育计划必须是不断评估修订的过程,以便符合听觉障碍个体的持续发展。

二、功能化原则

对于特殊学生而言,传统的教育教学重视学科性和逻辑性,这就脱离了特殊学生现实生活和发展的需要,无法满足他们最基本的社会生活适应功能。因此需要对教育课程和方法进行改进,以使其更好地满足特殊学生的发展和现实生活需要,帮助他们更好地适应现实社会,即实现功能化。功能化是针对具有特殊需要的学生而提出的教育原则,它不仅考虑了个体的差异性,也考虑了个体的社会适应性,是当前特殊教育发展的主要理念之一。

(一)功能化教学

功能化教学主要通过功能性课程,辅以功能化的教育方法实施的。在实施功能化教学

---

① 肖非. 关于个别化教育计划几个问题的思考[J]. 中国特殊教育, 2005, 56(2): 8-12.
② 郭俊峰. 聋童个别化教育方案之我见[J]. 现代特殊教育, 2004(7): 56-57.

时,首先必须确定特殊学生的功能化需求。功能化需求必须包括三个方面:第一,独立自主的生活技能。如:自己上学、回家的能力、吃饭穿衣的能力、过马路、到商场购物等能力。第二,社会交往技能。如:与同学一起玩游戏、能够与他人建立友谊关系等能力。第三,职业技能。如:适应工作环境、遵循工作环境的规章制度、有效完成工作等能力。[①] 但由于个体存在差异性,对当前和未来所需的功能性需求也各不相同。因此,在确定了特殊学生的功能性需求后,需要对功能性需求进行分析,以确定适当的功能化教育。

对个体功能性需求的了解,需要通过评估来实现。评估的内容必须包括以下几方面内容:目前个体的功能性发展状况,个体目前的安置环境所要求的功能性技能,个体未来生活环境所要求的功能性技能、功能化教学实施的环境。当对个体的功能性需求有了充分了解后,教师需要根据功能性技能的轻重缓急制订相应的教学计划。

制订好功能化教学计划后,就需要对其实施。与传统的教学方法不同,功能化教学不再仅仅局限于在教室甚至学校内进行教学。功能化教学的主要目标是教会特殊学生个体能够在实际生活情境中自如地运用所学到的技能。因此,在现实生活情境中进行教学,或者将所教技能泛化到日常生活中,就显得尤为重要,有多种具有功能性质的教学方法可供选择,主要有场景模拟和真实生活场景两种方法。场景模拟是指教师在教室环境内设置专门的功能区,布置相应的社会场景进行教学。如:为了教学商场购物技能,教师可以在教室内模拟一个商店,一名学生作为商店营业员,其他的学生作为购物者,进而进行商店购物的教学活动。真实生活场景法则是教师带领学生直接进入教学技能所运用的真实生活环境或者进入社区进行教学。如:为了帮助学生学会正确过马路,教师在教授好过马路的基本知识后,带领学生直接在马路上进行实践教学。

(二) 功能化教学的特点

在功能化原则的指导下,教育教学为特殊学生提供了与年龄相适应的教学,以帮助他们适应当前和未来的生活环境,这些环境包括学校、家庭、职场和社区环境。功能化教学具有以下特点:第一,关注学生的个体差异,以学生为中心。第二,功能化教学课程以生活技能领域进行划分,而非学科技能领域。第三,注重教学内容的实用性,强调解决实际生活问题的能力。第四,强调多种教学环境相结合,采用进入社区和真实生活情景等课外教学方法。第五,重视小组教学。

尽管功能化教学有助于特殊学生更好地适应社会生活,但与传统的课程本位教学相比,功能性课程较为分散,不利于特殊学生系统地学习,而且容易造成部分有能力的学生没有机会接受更系统的学科教育。此外,功能化教学常在自然生活环境中进行,涉及面较广,一方面经费、人力资源等不容易分配,另一方面学生、教师、学校、家长、社区不容易达成一致看法。这也增加了功能化教学实施的难度。

对于听觉障碍个体,其功能化教学主要集中于语言发展。语言习得的最终目的在于运用,也只有通过运用所习得的语言才能得到巩固,才能提高语言学习的效率。将语言教学功能化,与日常生活情境和生活语言相结合,将有助于听觉障碍儿童更快、更有效地学习语言。

---

① Evans, V., Fredericks, B.. Functional Curriculum[J]. Journal of Developmental and Physical Disabilities, 1991,3(4):409-447.

三、社区化原则

特殊教育社区化原则源于20世纪二三十年代社区教育的兴起，特殊教育社区化原则要求反映和满足社会发展的需要，对社区全体成员的身心发展施加影响。特殊儿童作为社区的一员，自然享有社区教育的权利。将社区化原则作为特殊教育的基本原则之一，是保障特殊儿童，包括听觉障碍儿童，享有社区教育权利的重要措施。

（一）社区化原则的理论基石

社区化原则与特殊个体的社会化发展密切相关。每一个个体，包括听觉障碍儿童都要最终进入社会独立生活。社区是个体由自然人过渡到社会人的中介载体，社区能够促进个体的社会化发展。相对于学校教育系统而言，社区是一个相对开放的系统，通过各种形式的社区活动，社区将听觉障碍儿童与社区成员相联系，为其提供与他人进行社会交往、学习做人做事的机会，也为其提供与他人接触交流的机会。社区潜移默化的影响，将有助于听觉障碍儿童习得社会事物、社会标准，形成所在社会环境中所认可的行为模式。

社区化原则也是融合教育的要求。在融合教育理念下，特殊儿童与普通儿童一样享有平等受教育的权利，因此要求普通教育体系与特殊教育体系相互融合，以实现教育上的融合。同时，融合教育也要求特殊儿童回归主流社会，积极参与到日常社会活动中，实现社会融合。为了实现融合教育的目标，特殊儿童要积极地参与到自己生活的社区中，而社区也有义务为特殊儿童提供相应的服务。社区自身的资源优势将为特殊儿童融合教育的开展提供条件。如：社区丰富的人力资源有利于帮助特殊个体解决康复、教育、培训等人力不足的问题。

（二）社区资源

社区之所以对特殊教育有积极的推动作用，在于其蕴涵了丰富的教育资源，主要包括文化资源、人力资源、物质资源、自然生态资源。[①]

文化资源主要是指社区文化。社区文化是人们生活在同一社区而逐渐形成的相似的生活习惯、价值观念、经济体系等，具体包括了价值观念、道德风尚、行为规范、生活习惯、宗教信仰、法律法规、文化生活等。对特殊儿童而言，社区文化是一种潜移默化的隐性教育资源，能够帮助他们习得社区生活方式，形成符合社会要求的行为规范，建立自己的人生价值理念。

人力资源主要指各类专业人员。在社区中，总是存在各行各业的专业人员，他们能够为听觉障碍个体提供必要的帮助。如：教师能够为听觉障碍儿童进行课程补习；医生能够为听觉障碍儿童提供语言发展方面的意见；心理工作者能够为其进行心理疏导，树立自信心等。此外，社区中的一些组织，如社区街道办事处能够协调各方面的资源帮助听觉障碍儿童。

社区中的物质资源包括两个部分：显性资源和隐性资源。显性资源是指社区中已经存在的公共设施，如博物馆、图书馆、健身房、信息中心等文化活动场所和娱乐设施。隐性资源是指在社区努力下可能取得的物质资源，如社区内的企事业单位内的物质资源、社区成员筹

---

① 刘昊.社区中的教育资源对于推行融合教育的作用[J].中国特殊教育，2003，42(6)：6-9.

措的资金等。物质资源将为听觉障碍个体的社区教育及融合教育提供必要的物质保障。

自然生态资源。所谓自然生态资源是指在社区存在的自然之物,包括花草树木、虫鱼鸟兽、阳光雨露等自然环境。这些自然环境为特殊儿童进行环境教育、生态教育提供了天然的场所和教学原材料,是环境教育和生态教育的物质基础。

（三）实施社区化原则的意义

听觉障碍教育实行社区化原则,将听觉障碍个体融入社区、参与社区活动,为听觉障碍个体创造了大量的社会实践的机会。一方面,这有利于提高听觉障碍个体的社会适应能力,另一方面,通过对听觉障碍儿童的帮助和关心,将提高人们对听觉障碍儿童的接纳态度。此外,社区教育机构为听觉障碍个体提供进入工厂或企业实习的机会,并对他们进行职业技能培养,将为听觉障碍个体的就业打下坚实的基础。[①]

四、家长参与原则

家长参与,又称为家长参与学校教育、家校合作,是指家长从事的一切直接或间接地影响其子女的教育活动。家长参与对于营造良好的教育环境,促进特殊儿童发展具有重要意义。

（一）家长参与的意义

从心理学的社会学习理论观点来看,家长是儿童学习的最好榜样。从幼儿开始,儿童就开始通过模仿学习家长的一言一行,之后更是从家长的言传身教中学习为人处世的道理。家长参与儿童的教育,无疑为儿童提供了自然学习的环境。

从教育学观点看,家长与儿童长期生活,对儿童的学习风格、特殊的教育需求最为了解,家长能够为学校教育提供必要的信息和辅助支持。同时,家长积极关注儿童的学校生活和学业成绩,无疑会提高儿童的自尊心和学习动机,从而提高学业成绩。

从法律观点看,家长对儿童具有监护和教育的权利和义务,因此有必要也必须参与儿童的教育。《萨拉曼卡宣言》明确指出:"教育有特殊教育需要的孩子,是家长和教师共同的任务。"而美国的《所有残疾障碍者法案》明确规定了家长具有参与听觉障碍儿童教育计划制订和实施的权利和义务。《中华人民共和国残疾人保障法》第十八条规定:"国家、社会、学校和家庭应对残疾儿童、少年实施义务教育。"

对听觉障碍而言,家长参与到语言训练中来,一方面能够为听觉障碍儿童的语言学习提供模板,为其提供良好的语言学习环境;另一方面能够辅助学校教育,在家开展语言训练,帮助儿童进行必要的补充学习,这都将有利于儿童语言学习的发展。莫勒（Moeller）研究了家长参与对听觉障碍儿童早期语言干预项目的影响,结果发现家长参与程度较高的而且较早参与语言干预训练的听觉障碍儿童,语言训练效果较好。即使较晚参与项目,那些家长参与较高的听觉障碍儿童语言训练效果也好于较早参与但是家长参与程度中等或偏低的听觉障碍儿童。家长根据教育训练所做出的调整、对早期干预项目的参与程度、与儿童的有效沟通

---

① 肖艳. 关于社区教育在特殊教育中作用的思考[J]. 中国特殊教育, 2004, 51(9): 13-16.

以及为了儿童教育需求而做出的呼吁和努力,都是影响听觉障碍儿童教育的重要因素。[①]

(二)家长参与的内容

家长对听觉障碍儿童的教育参与包括了各个方面,从最初的评估、个别化教育计划的制订,到最后的个别化教育计划的实施和评估,家长都可以参与其中。

(1)评估。美国的《所有残疾人教育法案》明确规定对特殊儿童进行评估的评估小组成员必须包含家长。在评估过程中,家长能够为专家提供自己孩子的相关信息,如:孩子在家里的表现、可能的优势与劣势、相关疾病史等方面的内容。家长还可为专家提供家庭所能够提供的教育支持和所欠缺的教育支持。对于评估结果,家长有权提出异议,并要求重新进行评估。

(2)制订个别化教育计划。家长有权参加个别化教育的制定小组,与多学科专业人员以及教师等一起商讨,决定学生的教育目标、教育内容、服务提供和教育安置等;家长可以对教育目标、教学方法、相关服务提出建议和要求,以满足孩子的发展需要。同时,家长也可以参与个别化教育计划的修订和定期复查。在教育安置和相关服务上,专业人士需要为家长提供相关的信息,以便于家长进行决策。

(3)实施教育计划。在教育计划的实施上,家长既可以参与到学校教育中,也可以通过在家教育辅助学校教育。在参与学校教育上,家长可对儿童的教育课程进行选择,如选择具有功能性的社会交往课程,而非学科性质的课程。家长也可以对学校的个别化教育计划执行情况进行监督,对教育过程中的问题提出建议。家庭教育方面,家长可以配合学校的教学安排,辅助特殊儿童进行家庭训练。例如,针对学校语言教学需要,在家为听觉障碍儿童讲故事,帮助其词汇和句子的发展。

(三)家长参与需要注意的问题

家长要高效地参与听觉障碍儿童的教育必须具备一个前提条件:熟悉听觉障碍儿童的教育计划、相关服务以及教育资源。但是一般而言,在参与学校教育之前家长对这些并不了解。这就导致了以下三个方面的问题。

首先,专业人员或者教育者需要向家长介绍听觉障碍儿童可利用的相关服务和教育资源,以供家长进行抉择。这对专业人员而言,是一个烦琐的工作,而且专业人员有时并不可能对所有相关服务和教学资源非常熟悉。一个可能的解决办法,就是专家需要保持与教育系统的长期联系,以了解听觉障碍儿童可用的相关服务和教学资源。

其次,专业人员需要对家长进行适当的培训,以便他们更好地参与到教育计划的实施中来。在特殊教育中,家校教学方法的一致性尤其重要。缺乏相应的教育经验和知识使得家长参与听觉障碍儿童教育时无法与学校教育保持一致性,甚至与学校教育方法向左,阻碍了听觉障碍儿童的成长。因此,需要专业人员将家长纳入学校教育或者干预项目,提供相应的教学资料和教育培训,以提高家长的参与质量。

最后,家长可能对专家的专业水平提出挑战。家长的教育知识、看法和参与程度都会影响教育的结果。一方面,家长的参与能够给专业人员一定的压力,使其不断提高自己的专业

---

① Moeller, M. P.. Early Intervention and language development in children who are deaf and hard of hearing[J]. Pediatrics, 2000(106): 3.

水平;另一方面,家长也能对专业人员的教学水平提出质疑,甚至拒绝专业人员提出的建议,而专业人员作为这一领域的专家,也可能否定家长的建议,从而将其排除出听觉障碍儿童的教育和干预训练。[①]

第3节 听觉障碍儿童的教育安置

所谓教育安置,就是依据特殊儿童的障碍类型、程度与个别需要而做出教育上的不同对待,或进入特殊学校、或进入特殊班级、或在普通班级同时提供补救的教学。[②] 其目的在于为特殊儿童提供个别化的教学,使其获得恰当的教育,促进其语言、社会、认知等各方面的发展。教育安置不仅是连接教育评估和教育服务的桥梁,还是教育评估的最终目的。所提供的教育安置环境将直接影响听觉障碍儿童所接受的教育是否恰当合适,从而影响听觉障碍儿童的最终发展。

一、国外的教育安置模式

早期世界各国的教育安置模式主要都是隔离式的特殊教育学校或机构。直至第二次世界大战后"去机构化"运动的发展,特殊学生才有机会进入普通班级进行学习生活。1970年,德诺(Deno)提出了"瀑布式"的特殊教育安置体系。经过多年的发展和改进目前国外传统意义上的特殊教育安置体系如图6-1所示。

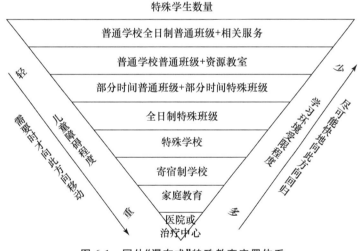

图6-1 国外"瀑布式"特殊教育安置体系

在这个"瀑布式"特殊教育安置体系中,特殊教育安置环境所处的层级越高,环境受限制的程度越小,特殊儿童的数量也越多。全日制普通班级位于顶层,是最为普遍的教育安置类型,也是最少受限制的环境,因此有大部分特殊儿童被安置于普通班级中。只有当特殊儿童

---

① Bodner-Johnson, B., et al. The young deaf or hard hearing child: A family-centered approach to early education [M]. Pennsylvania: Paul H. Brookes Publishing Co, 2003: 92-93.
② 车文博. 心理咨询大百科全书[M]. 杭州:浙江科学技术出版社,2001:324.

有需要或者家长提出请求时,才考虑将学生安置于其他的安置环境中。医院或治疗中心位于"倒金字塔"的最底层,是限制程度最深的安置环境,因此只有少量学生被安置于此。但是这并不意味着这种安置模式没有意义。相反,对部分特殊学生特别是障碍程度较深的儿童来说这种安置环境更为适合。所以,对每一个特殊儿童而言,在选择教育安置环境时,可以从普通班级开始沿着"倒金字塔结构"往下寻找适合自己的教育安置环境,既可以是普通班级,也可以是特殊学校,还可以是治疗中心,关键是要能够满足自身的特殊教育需求。

二、国内的教育安置模式

我国的特殊教育安置模式深受国外"瀑布式"安置模式的影响。自1994年,我国推广随班就读开展融合教育以来,便逐渐探索出了以一定数量的特殊教育学校为骨干,以大量的在普通学校附设的特殊教育班和随班就读为主体的特殊教育安置模式。另外,我国部分发达地区(如上海),采用了送教上门等形式,因此,我国的特殊教育安置体系可以归纳为图6-2。

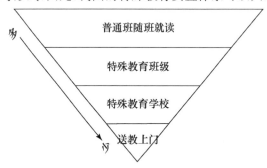

图6-2 我国特殊教育安置体系

从理论上讲,与国外"瀑布式"教育安置模式类似,随班就读为最少受限制的环境,大部分的特殊儿童应该被安置在此类环境中进行教育。而送教上门为最大受限制的环境,是在学生无法进入学校中接受教育时采取的一种上门服务的教育安置类型,所以大多数为重度障碍类型的学生。以下将对我国四种教育安置模式进行详细阐述。

(一) 随班就读

随班就读是我国开展融合教育的主要形式,起初,我国开展随班就读工作是为了提高特殊教育学生的入学率,具有实用主义的性质。当时我国有800多万学龄特殊儿童,但是我国的特殊学校数量和规模有限,无法接纳如此数量巨大的特殊儿童入学;同时,我国政府又不具备相应的人力、财力、物力以大量扩建或新建特殊学校。在此情况下,1987年由政府在全国15个县市开展随班就读试验工作,要求普通教育机构必须招收特殊学生就近入学。可以说,随班就读是我国普及特殊教育的不得已举措。[①] 因此,在随班就读开展之初,各种相关的服务和硬件设施都没有跟上,并没有建立起"最少受限制"的教育环境,在某些地区还出现了"随班混读"的现象。随着我国特殊教育的深入开展以及政府的日益重视,近年来随班就读工作开始从"量"向"质"转变。

---

① 肖非. 中国的随班就读:历史·现状·展望[J]. 中国特殊教育,2005,57(3):3-7.

1. 我国随班就读的主要形式

目前,我国随班就读主要存在两种形式:巡回教师模式和资源教室模式。巡回教师模式主要在欠发达地区特别是边远农村地区开展,而资源教室模式主要为发达地区所采用。

(1) 巡回教师模式。巡回教师模式中,一般由一位巡回辅导教师指导多个学校的随班就读工作。这个地区或学区的教育资源也多集中于巡回指导教师手中,以便于向多个特殊学校同时提供相应的服务。因此,巡回教师模式适合我国不发达地区采用。

巡回教师的工作任务巨大,主要工作包括培训一线普通教师和特殊教师、为一线普通教师和特教教师提供各类课程和教材、提供咨询服务、对随班就读工作进行监督、对随班就读工作质量进行评估等,但巡回教师并不直接参与特殊儿童的教学。从工作内容可以看出,巡回教师的工作兼顾了协调员、咨询员、行政人员等角色,对巡回辅导教师的素质要求较高,往往是由各地方教育局的特殊教育专员或特殊学校中的骨干教师来充当。

(2) 资源教室模式。资源教室是指在普通学校中设置,专为特殊学生提供适合其特殊需要的个别化教学的教室,这种教室聘有专门推动特殊教育工作的资源教师,以及配置各种教材、教具、教学媒体、图书设备等,学生于特定的时间到此接受特殊教育,其他时间仍在普通班级中上课。[1] 可以说资源教室是连接特殊教育和普通教育的桥梁。一方面,资源教室能够根据特殊学生的需要,为特殊学生进行补偿,使其更好地融入普通班级中进行学习;另一方面,资源教室也能够为普通教师提供相应的教材和教学策略,便于其在班级中实施更有效的教学措施,帮助特殊学生更高效地学习。资源教室是弥补随班就读课堂教学的不足,满足特殊儿童的特殊需要,提高随班就读质量的有效形式。

一个合理的资源教室必须能够提供与特殊学生教育需求相关的各方面服务,包括文化知识教育(与课堂教学内容相关的知识和背景知识)、康复训练(运动技能、感知技能、语言技能、社会技能等)、咨询、日常管理、法规宣传、社会援助申请、转介评估等。其中文化知识教育是资源教室的核心任务,可以通过抽取式和外加式两种形式对特殊学生实施文化知识教育帮助。抽取式是将随班就读学生在普通班级中无法完成的课程章节提取出来,在资源教室中给予特别的辅导。一般情况下,与普通班级一样,学生所学的知识点不变,但是资源教室所用的辅助教材和教具都会经过特别处理。如:对听觉障碍个体,教学过程中辅用手语;对视觉障碍个体,会放大文本字体。外加式指随班就读学生在常规课堂中完成大部分教学内容,少量疑点在资源教室中由普通教师辅导完成。一般情况下,采取外加式时教学也会重新设计,但和抽取式相比,教学内容较少,时间也较短。

资源教室的运作主要依赖于资源教师,他们承担着资源教室的主要工作,在资源教室的运作中居于核心地位。资源教师一般由工作经验丰富的具有相关特殊教育经验的教师担任,开展鉴定评估、教学与指导、咨询与沟通、行政事务、公共关系、教学科研六个方面的任务。[2] 他们职责多元,既直接参与教学,也参与评估、咨询、科研等专业任务,还参与管理,因此,对资源教师的教学技能、专业技能、沟通技能和管理技能都有极大的要求。

在资源教室的运作过程中,有两个重要的问题需要注意。第一,防止特殊学生和普通教

---

[1] 徐美贞,杨希洁. 资源教室在随班就读中的作用[J]. 中国特殊教育,2003,40(4):13-18.
[2] 王和平. 随班就读资源教师职责及工作绩效评估[J]. 中国特殊教育,2005,61(7):37-41.

师对资源教室的过度依赖。资源教室的目的是为特殊儿童提供最少受限制的教育环境,但绝不是包办一切教学任务,提供一切帮助,甚至成为"特教班"。单从资源教室的教学模式上来说,特殊学生要尽可能快地从"抽取式"过渡到"外加式",直至可以在普通班级中独立完成所有的学习任务。第二,资源教师与普通教师的关系应该是合作,而不是指导或者服务。毫无疑问,资源教师对如何对特殊学生进行教学具有自己独特的优势,是这方面的专家,但他需要通过普通教师来了解特殊学生在普通班级的学习情况,并据此制订相应的教学计划。而在教学实施上,资源教师也将从普通教师那里获益。

自20世纪90年代中期开展资源教室建设以来,我国的资源教室实践取得了一定成果。其中运作比较成功的主要是北京和上海两地,其中又以北京的后孙公园小学、上海的黄浦区新昌路小学的效果最为显著。但是不可否认我国的资源教室建设还存在一定的问题。首先,资源教室所提供的服务比较单一,主要是资源教学和心理辅导,对随班就读学生的教育评估和普通教师的专业培训还很欠缺。同时,服务的对象也比较单一,多为智障学生,听觉障碍学生较少。其次,特殊教育资源匮乏,普遍存在诸如规范化的评估工具缺乏,有针对性的补救、补充教材不足和亟需各种康复训练器材等问题。除此之外,专业的资源教师团队建设也相对比较滞后,多数学校都是资源教师单独承担资源教室的各项工作。第三,资源教师专业水平低下,大部分的资源教师学历较低,不具备特殊教育背景,而且接受专业培训的机会也较少。此外,我国资源教室在评估管理、资源教学上也存在不足,亟待改进。[①]

2. 随班就读的特点

在随班就读模式中,特殊儿童与正常儿童共同学习,享受同等的教学资源、教学课程与进度,随班就读自开展以来就获得了巨大发展,它符合中国的国情,具有自身独特的优势,具有投资小、收益大的特点,主要体现在三个层面上。

在政府层面上,随班就读采取的是"就近入学"的政策,国家无需花费巨大的人力物力投资兴建特殊学校就能满足特殊学生入学受教育的需求,这既提高了特殊学生的入学率,又实现了教育的平等。

在家庭层面上,随班就读给予特殊儿童入学就读的机会,减轻了家庭的经济负担,解决了家长的后顾之忧。

在学生层面上,随班就读是具有中国特色的融合教育模式,它增加了特殊儿童与普通儿童接触交往的机会,有利于其社会交往技能、个性以及学业成绩的发展。

但是我国的随班就读也存在很多问题。首先,目前普通学校的教师、学生及家长对特殊学生的接纳程度有待提高。其次,提供的相关服务和教学资源不足,并不能满足特殊教育学生的教育需求。再次,特殊教育师资不足,普校教师多数没有特殊教育背景,甚至没有接受过特殊教育专业培训,不懂得如何调整教学方法以适合特殊学生的需要,所以在某种程度上说,我国的随班就读模式还没有达到"最少受限制"的要求。

(二) 特殊教育班级

特殊教育班级一般附设在普通学校内,专门招收特殊儿童,由受过特殊教育专业训练的教师承担他们的教育和教学任务。特殊教育班级是教育安置中的特殊形式,它的兴起源于

[①] 李娜,张福娟.上海市随班就读学校资源教室建设和运作现状的调查研究[J].中国特殊育,2008,100(10):66-72.

"回归主流社会"思潮,要求改变特殊学生隔离式的教育模式。尽管特殊教育班级附设于普通学校内,但本质上它还是一种隔离式的教育模式,它仅仅为特殊儿童提供了课后与普通儿童一起玩耍和交流的机会,而没有真正实现完全融合的理念。

但不可否认,这种特殊教育安置模式,也有其合理的一面,它吸收了特殊教育学校专业性强、针对性鲜明的优势,同时也实现了一定程度的融合教育。一方面,特殊儿童在特教班级内能够接受特殊教育教师的专业培养;另一方面,它为儿童创造了与正常儿童人际交往的机会,便于提高其社会适应能力。

（三）特殊教育学校

特殊教育学校是创设较早的传统教育安置模式,从庞塞从事特殊教育开始就采用了这一教育模式,这也是目前我国特殊教育广泛采用的模式。在这种安置模式下,特殊儿童能接受到专业的教育。

特殊教育学校的最大优势在于具有专业人员和专业知识。主要表现在以下四个方面。

第一,工作人员的专业化。特殊教育学校中的工作人员不仅对某类特殊儿童有深入的了解,而且具备对某类特殊儿童进行教育的经验。一般情况下,特殊教育学校中的工作人员还要接受不定期的培训,学习最新的教育策略和方法。

第二,课程及教学活动的个性化。特殊教育学校的教学课程和活动一般都是根据每个特殊儿童的不同水平和需求进行设置,并依照特殊儿童的发展情况进行不断调整。例如,聋校针对听觉障碍学生语言发展方面的需求,将语文改为"语文初步"、"语言技能"、"阅读"、"叙述"、"作文"和"写字"六门课,将自然课改为"生活常识"、"史地常识"和"生理卫生常识"等课程,针对听觉障碍学生视觉能力较强的特点,开展绘画、陶瓷、艺术设计等课程,以培养、发展其艺术表达能力。

第三,适合的物理环境。在这些机构中,桌椅的摆设、教室环境的布置都符合特殊儿童的特点,既消除了不恰当刺激,又对儿童具有保护作用。例如,聋校有灯光设计、手语等信号标记,可帮助聋生有效地学习。

第四,共同的精神和目标。在这些机构内,每一位工作人员、每一项工作都是围绕着"为特殊儿童提供更有效、更恰当的支持"这一目标进行的。听觉障碍儿童的语言训练不仅被运用于教学中,还存在于日常生活的餐厅、操场等社会交往场所,这些都将为其提供良好的生活学习环境。

但是特殊教育学校也存在一定的局限性。首先,特殊教育学校属于完全的隔离式教育安置模式,剥夺了特殊学生与普通学生沟通交流的机会,不利于特殊学生语言和社会技能的发展,更不利于其回归主流社会。其次,我国特殊教育学校无法满足所有特殊儿童的入学要求。虽然教育部要求我国人口在30万以上的县必须建立一所特殊教育学校,以满足特殊学生的教育需要,但是一些偏远地区,政府受限于人力财力,至今无法将这一要求落实到位。[①]

随着我国随班就读工作开展的逐步深入,我国特殊教育学校开始呈现出生源下降的现象,所招收的特殊学生障碍程度也逐步上升。其职能也开始由单一的教学转向多元化,部分学校,如上海地区的特殊学校承担起了随班就读指导中心的职能。但特殊教育学校目前仍

---

① 蒋云尔. 特殊教育管理学[M]. 南京:南京大学出版社,2007:50-55.

然是我国特殊教育安置的主要形式,很大一部分的特殊学生在特殊教育学校中学习生活。

（四）送教上门

送教上门是指对接受学校正常教育有困难的儿童,教师或专业人员采取定期上门进行教育、教学、康复的个别化教育方式。送教上门是特殊教育工作的重要补充,送教上门尽可能地保证了每一个特殊儿童接受教育的权利。目前,送教上门主要在发达地区开展,特别是上海地区。

与家访不同,送教上门是一种有计划、系统的教育方式,其实施需要遵循一定的步骤和要求。第一,需采用科学的方法对潜在的送教上门对象进行系统的生态性评估,以最终确定送教的对象。一般而言,特殊学生有能力到学校就读的一定要推荐其到学校接受教育。对于障碍程度较为严重、行动不便的特殊儿童,需要通过科技辅具和其他支持措施以使其具备入学的能力。经这些努力后仍然无法入学的那部分特殊儿童才能够确定为送教上门的对象。第二,根据评估结果为送教上门对象制订相应的个别化教育计划,包括教学目标、教学内容、教学方法、教学起止日期、教学评估等。由于送教上门对象的障碍严重,因此个别化教育计划的重点一般放在培养儿童独立生活能力上。但这并不代表功能性课程学习以及学科学习不重要。第三,需要确定送教上门的服务人员和教育人员。依据上海地区的经验,专职巡回辅导教师、辅读学校特殊教育教师和社区助残员是送教上门团队的主要人员。此外,医生、特殊教育专家、物理治疗师、语言治疗师、普通教师也是送教上门团队中不可缺少的部分。第四,实施送教上门。第五,送教上门教学效果评估。评估仍然由专业团队组成,根据评估结果,对教学目标、教学方法进行适当调整。对于接受送教上门一段时间后,已经具备能力到学校就读的特殊儿童,需要及时与其家长沟通,推荐转置于适合的特殊学校或者特殊班级。

在送教上门过程中,送教人员需要注意两个问题：第一,积极与家长合作。需要送教上门的学生,大部分时间与家长生活在一起,家长才是他们最主要的学习对象和教育者。因此,送教上门除了给学生送教,还需要给家长送教。对家长进行教育培训,以便他们更好地参与到教育中来。第二,不局限于"上门"。送教上门固然重要,但是也要创造一切可能的机会,让特殊儿童能够到门外接受教育,如到室外进行康复训练、到学校接受短期的教育等,以便他们早日回归学校接受教育。

虽然送教上门为障碍程度极其严重的特殊儿童提供了受教育的机会,但它是一种迫不得已的教育安置模式。在这种安置模式中,特殊学生与外界完全隔离,连与特殊学生沟通的机会都丧失殆尽,是一种完全隔离式的教育。从这个角度讲,送教上门应该是特殊学生的最后选择。

三、听觉障碍儿童教育安置的选择

以上所阐述的特殊教育安置模式适用于所有的特殊儿童类型,当然也包括听觉障碍儿童。但是由于听觉障碍儿童具有自身的特点,这里单独对其教育安置现状和教育安置选择的特殊要求进行阐述。

(一) 听觉障碍儿童教育安置现状

1. 国外听觉障碍儿童教育安置现状

伴随着融合教育的开展,普通学校的普通班级是西方发达国家特殊教育的主流安置模式,大部分的听觉障碍儿童也被安置于普通班级中就读。根据美国2008年教育统计年鉴,48.8%的听觉障碍儿童被安置于普通班级中,17.8%被安置于普通班级+资源教室中,19.8%被安置于特殊班级中,8.2%被安置于特殊学校,5.5%被安置于其他隔离式的教育环境中。[①] 2000年至2006年,美国6～21岁听觉障碍儿童的教育安置发展状况如图6-3所示。

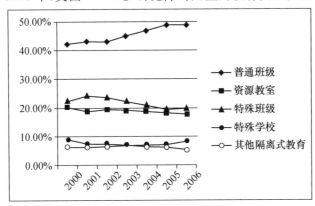

图6-3 2000年至2006年美国6～21岁听觉障碍儿童教育安置状况(%)

虽然美国的听觉障碍儿童主要集中于普通班级,而且资源教室、特殊班级、其他类型的隔离式教育机构的入学比例都在下降,但是普通班级是否为最优的安置方式还存在争论。有研究发现寄宿制学校所带来的学业社会技能缺陷,相反对一些特定的听觉障碍学生是有利的。克卢温(Kluwin)认为融合教育中学生成绩优于隔离班级,但这种差异可能是课程规划和班级选择的结果,而不是教育安置形式所产生的影响。[②] 范吉普尔发现了融合教育中听觉障碍学生学业进步更大,隔离式学校中的学生的社会技能发展更好。[③]

2. 国内听觉障碍儿童教育安置现状

与美国的听觉障碍儿童安置现状相比,我国的听觉障碍儿童教育安置仍然以特殊学校为主,随班就读次之,最后才是特教班。由于听觉障碍儿童只是听觉受损,不具有肢体或者智力问题,一般能够入学就读,所以基本上不存在送教上门的教育安置形式。自2001年以来,我国听觉障碍儿童的教育安置模式如表6-1所示。

从表6-1中可以看出我国义务教育阶段听觉障碍儿童的教育安置形式主要是特殊学校和随班就读两种模式,且以特殊学校,主要以聋哑学校为主。特教班级在听觉障碍儿童义务教育阶段所扮演的角色有限。我国义务教育阶段听觉障碍儿童的教育比例形成如此格局,具有一

[①] 数据来源于美国教育部2008年教育统计年鉴。

[②] Kluwin, T. N.. Commutative effects of mainstreaming on the achievement of deaf adolescents[J]. Exceptional Children, 1993(60): 73-81.

[③] Van Gurp, S.. Selfconcept of deaf secondary school students in different education settings[J]. Journal of deaf students and deaf education, 2001, 6(1): 54-69.

定的历史渊源。我国的特殊教育最早起源于盲校、聋校和盲聋学校。长期以来我国的特殊教育也主要集中于这些学校,外加辅读学校。特殊教育对象也仅限于盲、聋、弱智三类特殊学生,至 1994 年我国实施随班就读时,将这三类特殊儿童列为随班就读的重点对象。虽然我国大力推行随班就读且有部分听觉障碍儿童进入普通班级进行随班就读,但是随班就读的概念仍未被大多数的普通学校和家长所接受,仍然认为聋哑学校等特殊学校是听觉障碍儿童最好的安置环境。而特殊教育班附设于普通学校,需要大量的资金投入,在我国人力财力有限的情况下数量有限,至 2007 年全国所设的特教班级仅 678 个(小学 655 个班级,中学 23 个),且主要为智力落后班级,招收听觉障碍学生的特教班级仅 67 个(小学 63 个,中学 4 个)。

表 6-1　2001 年至 2007 年我国听觉障碍儿童教育安置状况(%)

		2001	2002	2003	2004	2005	2006	2007
随班就读	小学	21.73	20.55	19.45	18.72	18.87	17.81	17.81
	初中	3.11	4.70	4.74	5.26	5.25	5.03	6.04
特教班	小学	0.57	0.49	0.52	0.54	0.43	0.40	0.37
	初中	0.07	0.03	0.01	0	0	0.02	0.03
特殊学校		74.50	74.23	75.28	75.47	75.46	76.74	75.75
总计(人)		102753	108566	109771	112833	115182	115785	118546

注:资料来源于中国教育部 2001 年至 2007 年特殊教育数据统计年鉴。

随班就读是我国开展融合教育的主要形式,也是我国特殊教育发展的趋势,因此有必要对听觉障碍儿童的随班就读进行深入分析。在我国义务教育阶段听觉障碍儿童随班就读的比例以小学为主,且近年来呈下降的趋势。初中阶段听觉障碍儿童的随班就读比例相对较小,却呈逐步上升的趋势(见图 6-4)。

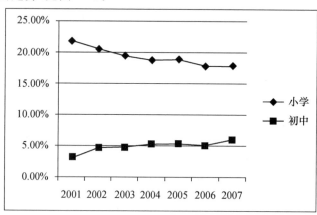

图 6-4　2001 年至 2007 年我国义务教育阶段随班就读儿童比例(%)

有些研究者将小学阶段听觉障碍儿童随班就读下降的趋势称之为"随班就读回流",即部分听觉障碍儿童从普通班级中抽离,重新进入特殊学校学习或者聋儿康复中心接受训练。[①] 听觉障碍儿童回归特殊学校的主要原因在于其语言能力不足,主要表现为:一方面,

---

① 余小燕. 随班就读听觉障碍儿童"回流"的反思[J]. 中国听力语言康复科学杂志,2007,20(1):44-46.

无法听清听懂教师和同学的语言;另一方面,无法清晰准确地通过口语进行表达。这两方面因素综合起来,导致他们课堂上无法跟进老师的教授内容,课后无法与老师同学进行沟通。这也间接导致了听觉障碍儿童无法适应普通学校的生活,产生自卑、孤立的心理,从而迫使他们最终选择回归特殊学校或者聋儿康复中心。

语言问题只是听觉障碍儿童的一个固有特征,并不是其从普通班级回归特殊学校的真正原因。从本质上看,随班就读的听觉障碍儿童回归特殊学校折射出的是我国随班就读安置模式的质量问题。随班就读,不是仅仅的随班就座,它需要普校教师具有特殊教育的背景知识,能够根据听觉障碍儿童的特殊需要对课程、教学方法进行适当的调整,也需要普通学校提供相应的服务,如翻译、语言训练等以使普通班级成为最少受限制的环境。而我国受限于人力财力等原因,在这方面做得明显不足。

因此,对于我国听觉障碍儿童的义务教育阶段的随班就读工作而言,需要在以下几个方面进行努力:第一,专业人员要进行合作,为听觉障碍儿童提供相关服务,帮助其克服沟通交流障碍。一般情况下,专业人员包括特殊教育教师、普通班级教师、语言病理学家、手语翻译者等。相关服务主要包括日常翻译和语言训练两个方面。听觉障碍儿童特别是重度听觉障碍儿童在进入普通班级之前很有可能通过手语帮助进行交流,这也成为他们有效交流的重要组成部分。在此情况下,需要学校能够提供相应的翻译人员,以帮助其更好地沟通学习。这里的翻译可以是懂手语的学生,也可以是专业人员。语言训练一直是听觉障碍儿童必修的课程,他们虽然进入了普通班级,但仍然需要通过相应的语言课程,改进自身的发音和语言表达能力,以便更好地与教师同学沟通。第二,要对普通班级的教师进行专业培训,使其了解如何在普通班级中教育听觉障碍儿童。培训主要包括了解如何与听觉障碍儿童进行沟通、如何进行课程和教学方法等内容的调整、如何营造接纳听觉障碍儿童的班级氛围。第三,要学会与家长合作,通过家长了解听觉障碍儿童的信息,并寻求家长参与到学生的教育中来。这里的家长不仅仅指听觉障碍儿童家长,也包括普通学生家长。听觉障碍儿童家长能够为学校提供学生的相关信息,而普通学生家长能够通过自己的言传身教为普通学生树立榜样以提高普通学生对听觉障碍儿童的接纳态度。

(二)不同听力损伤程度儿童的教育安置选择

听觉障碍儿童的教育安置选择受到其听觉损伤程度的影响。如德诺的"瀑布式"教育安置方式所示,一般而言听觉损伤程度较轻的听觉障碍儿童可以被安置于普通班级中,重听或全聋儿童可被安置于聋哑学校。聋人教育专家摩尔(Moores)根据听觉障碍儿童不同听力损伤程度,列出了他们可能的教育需求和教育安置选择,见表6-2。

表6-2 不同听力损伤程度儿童的教育需求及可能的教育安置选择

听力损伤程度	教育需求	可能的教育安置选择
35~54 dB	言语和听力辅助	普通班级
55~69 dB	言语、听力、语言辅助	普通班级/特殊班级/特殊学校
70~89 dB	语言、听力、言语、教育帮助	特殊班级/特殊学校
90 dB 及以上	语言、听力、言语、教育帮助	特殊班级/特殊学校

注:来源于 Moores, D. F.. Educating the deaf Psychology, Principles, and Practices[M]. Boston: Houghton Mifflin Company, 1978: 7.

摩尔的听觉障碍儿童教育安置意见,是依据20世纪七八十年代美国的特殊教育状况提出的。尽管它现在已经不符合美国的融合教育趋势,但在当时的美国具有一定的可行性。当时美国在"回归主流"运动的推动下,于1975年颁布了《所有残障者教育法案》,决定初步实施融合教育,使部分障碍程度较轻的特殊学生回到普通班级进行学习。尽管《所有残障者教育法案》对如何实行回归主流教育做了详细规定,力求为全美3~18岁的残疾儿童和青少年提供公平的、自由的、公共的教育机会,但这一时期美国政府的经费投入不足、师资专业水平不高、配套设施和相关服务还不完善,因此回归普通班级就读并不适合所有听觉障碍儿童。在相关服务和支持不足的情况下,特殊学校可能更适合重听或聋童。

这种境况与我国目前的听觉障碍特殊教育格局较为相似。尽管我国已经逐步推广随班就读工作而且在发达地区已经取得了不少成绩,但我国的随班就读工作在教师师资、配套设施、相关服务以及资金支持方面都比较薄弱,所以对我国听觉障碍儿童的教育安置可以适当借鉴摩尔的教育安置意见。但这并不意味着,我国重度或聋童一定要进入特教班或特殊学校就读,在条件允许的情况下同样可以进入普通班级就读。特恩布尔(Tuinbull)等人对听觉障碍儿童进入普通班级就读的条件进行了如下归纳。①

班级教师应花费时间了解孩子及其聋的情况。由普通班级的教师、聋人的咨询者、资源教室教师、手语翻译者和言语-语言病理学家等组成小组共同分析、讨论与分享信息,并做出计划指导。

专业人员和孩子的父母有责任使安置成功并相信孩子有能力获得成功。

学校和学区领导,如校长和特殊教育主任,必须提供各种各样的技能以促进积极结果的诞生,如配备充足的专业人员、辅助专业人员、计算机人员和购买材料或设备的预算。

专业人员不仅必须提供重听或聋童需要的信息,还必须参与到活动中,以使重听或聋童明白教学方案的设计、正确认识自己的角色等。

父母需要参与到重听或聋童日常的基础活动中,而非只是参与个别化教育计划的制订。

特殊教育教师必须有机会在全班进行教学或在包括普通教育教师在内的小组中进行教学。

学校必须提供有助于学生发展的课外活动。

(三)听觉障碍儿童教育安置选择需要注意的问题

根据国内外特殊教育的多年经验,在为听觉障碍儿童选择教育安置时必须注意以下问题。

首先,所选择的教育安置环境必须是最适合的。教育安置的选择并不是最终的目的,最终的目的是通过教育安置模式的选择能够使听觉障碍儿童接受最适合且高质量的教育。本节第二部分所述,不同听力损伤程度的儿童的教育需求各不相同。例如,全聋学生需要运用手语进行学习交流,可能更适合被安置于聋哑学校中;而佩戴了助听器或人工耳蜗的听觉障碍儿童,听力得到了补偿,语音语言比较好,适合安置于普通班级中。

---

① Tuinbull, R., et al. 今日学校中的特殊教育(下册)[M]. 方俊明,等译. 上海:华东师范大学出版社,2004:783-784.

其次，教育安置必须是一个连续动态的过程。所谓不同的安置模式其根本目的都是想通过教育使得听觉障碍儿童能够独立生活、适应社会。教育安置模式的划分只是为了更好地让学生和家长进行选择，但这种选择并不是固定不变的，而是根据听觉障碍儿童的能力发展不断变化。例如，某一听觉障碍儿童在幼儿阶段因为语言不够清晰，无法进入普通幼儿园学习，但是后来佩戴了助听器并且经过一年的语言训练后，能够比较清楚地发音和表达，这时他就可以申请进行评估，转入普通幼儿园进行学习。

当然这里所指的动态过程，不仅指从隔离式的环境转入融合教育环境，还包括从融合教育环境过渡到特殊教育环境。例如，当听觉障碍儿童所在的普通学校无法提供翻译、语言训练等相关服务，全校师生的接纳态度程度较低，无法在本地区内找到相应的服务或满意的普通学校入学时，就可以考虑回归聋哑学校接受教育。

再次，教育安置选择过程必须是建立在专业评估的基础之上。听觉障碍儿童的评估一般由普通班级的教师、特殊教育教师和言语-语言病理学家、听力学家、心理咨询者、翻译员、家长、学生等组成，需要对听觉障碍儿童的语言发展状况、学业发展水平、社会交往能力、生活自理能力、运动能力等进行评估。只有根据评估结果所决定的教育安置，才有可能是最适合的。

最后，必须有听觉障碍儿童家长或者听觉障碍儿童本人参与。一方面，参与听觉障碍儿童的教育安置决策是家长和听觉障碍儿童的权利；另一方面，家长和学生本身就是丰富的信息来源。家长是听觉障碍儿童教育的直接参与者，他们能够清晰地描绘听觉障碍儿童能力发展状况，并了解其优势和劣势，这些信息都有利于更好地做出教育安置决策。此外，家长参与教育安置决策能够了解自己的职责所在，为以后开展"家校合作"、参与孩子的教育起到帮助作用。学生则是最了解自己的人，他们的参与能够帮助教师了解在过去的教育安置模式中听觉障碍儿童自身能力是否得到了提高、哪些方面有待提高、是否有信心适应新的教育安置模式、在新的教育安置模式中需要哪些帮助，并对教育安置模式提供建议。

第4节 听觉障碍儿童的教育体系

教育体系是指一个国家内各级各类及各种形式的教育互相联系、互相衔接而构成的整体。教育体系有时又称"教育系统"。在我国，主体教育体系分为四个层次：学前教育（幼儿园）、基础教育（小学和初中，称义务教育）、中等教育（普通高中、职业中学、中专学校等）、高等教育（普通大学和专科院校）。[①] 听觉障碍儿童的教育体系大体与此相类似。聋人教育著名学者张宁生将我国的听觉障碍儿童的教育划分为学前教育（早期教育）、基础教育（初等教育）、中等教育和高等教育四个层，如图6-5所示。

---

① 李冀，等. 教育管理词典[M]. 第二版. 海口：海南出版社，2002：12.

教育类别	年级	学历教育		非学历教育
高等教育 (19—22岁)	4	普通大学 特殊教育学院、专业	残疾人或聋人 高等职业技术 院校	
	3			
	2			
	1			
中等教育 (16—18岁)	3	普通聋人高 级中学	残疾人或聋人 中等职业技术 院校	职业培训 中心
	2			
	1			
义务教育 (6—15岁)	9	九年一贯制聋校	初级中学	初级职业 技术学校
	8			
	7			
	6		聋校或 普通小学特殊班或 普能小学普通班级	
	5			
	4			
	3			
	2			
	1			
早期教育 (3—5岁)		普通幼儿园、聋童学前康复机构或幼儿园		

图6-5 中国聋校教育体系示意图①

一、早期教育

(一)早期教育概况

1. 早期教育的发展

早期教育也称"学前教育",于19世纪三四十年代由教育学家、心理学家提出,最早出现在西方发达国家。早期教育最初也只是适用于普通儿童,直到1975年才被纳入美国联邦94—142号公法即"所有残疾儿童教育法",开始在特殊教育领域推广。2000年美国婴幼儿听力联合委员会发表了"早期听力检测干预的原则和指导方针",支持发展以家庭为中心、以社区为基础的早期听力检测和干预系统。至此,美国的早期教育形成了家庭教育、社区教育、学校教育三个教育层次,而且越来越重视家庭和社区在听觉障碍儿童早期教育中的作用。

我国听觉障碍儿童的早期教育起步较晚,直到1988年,听觉障碍早期干预才作为一项抢救性工作纳入国家计划,并提出了"早期发现、早期诊断、早期干预"三项原则。经过二十多年的发展,我国听觉障碍早期教育逐渐形成了集评估、技术辅助、教育为一体的具有中国特色的早期教育模式(见图6-6)。

---

① 张宁生. 听力残疾儿童心理与教育[M]. 大连:辽宁师范大学出版社,2002:225.

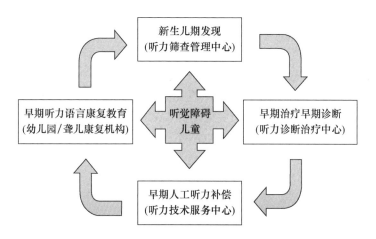

图 6-6 我国听觉障碍儿童早期工作模式图

目前我国的听觉障碍早期教育主要由各地区的聋儿康复中心承担。其次,多为在公立聋校附设聋儿学前班,或是在普通幼儿园附设聋儿语训班级。也有部分幼儿园开始将听觉障碍儿童融入普通幼儿班级,如上海的小小虎幼儿园、闵行启英幼儿园,但这些幼儿园多为私立的。而独立的聋儿幼儿园较少,只有私立的(如南京的婷婷聋童幼儿园),尚无公立的。

上海从 2012 年起开展了由沪上顶级医学专家和特教专家为报名就读特殊教育学校新生开展入学前健康检查和综合评估的工作。上海市教委与上海市卫生局联合下发《上海市医教结合特殊儿童健康评估实施方案》的通知(沪卫疾妇〔2012〕027 号),编制了《上海市特殊儿童入学健康评估表》,确定了 25 个健康检查项目,分为视力障碍、听力障碍、智力障碍、肢体障碍、综合障碍五个评估小组,每年暑假对当年报名就读特殊教育学校的各类残疾儿童开展入学评估。听障儿童作为其中一类也接受了医疗和教育的综合评估,这使当年入学的听障儿童能够得到最佳的教育安置方案。

在全国听觉障碍教育人士及研究者的共同努力下,我国听觉障碍儿童早期教育取得了一定的成果。第一,初步统一了全国聋儿听力言语康复教学大纲、教材和家长培训教材。第二,开发了一套实用的,涉及聋儿学习能力、听觉能力和语言能力的评估工具和标准。第三,通过咨询、培训和合作办学等手段,普及了聋儿康复的基本知识,逐步更新和壮大了专业师资队伍。第四,在工作实践中逐步确立了聋健合一、机构教育与家庭指导、集体教学与个别训练等互为补充的教学组织形式。[①]

但是我国的听觉障碍儿童早期教育也存在一定的缺陷。首先,家庭和社区在早期教育中的作用还不够突出。其次,早期教育过分强调语言训练的形式和内容,而不注意语言的运用,这也是部分随班就读学生回流的原因之一。再次,专业教师数量不足,专业水平还有待提高,这也直接导致了语言康复训练的观念陈旧、方法机械单一等问题。

2. 早期教育对听觉障碍儿童发展的作用

国内外的教育经验证明,开展早期教育对听觉障碍儿童的语言、社会交往技能以及学业

---

① 梁魏. 历史新阶段开展聋儿早期康复教育工作的观念与对策[J]. 中国听力语言康复科学杂志,2004,2(1):34-37.

的发展都具有重要的影响。

在语言上,3岁是儿童语言发展的关键期。对听觉障碍儿童的早期听力补偿和语言训练是其获得语言的关键。语言发展使得听觉障碍儿童能够进行有意义的交流,这反过来也培养了他们学习语言的兴趣。

在社会交往技能上,早期教育为听觉障碍儿童与普通儿童进行交流提供了机会。已有研究证明,那些语言沟通能力较好的听觉障碍儿童表现出了更强的社会适应能力,他们更可能在同一时间点同不同的伙伴进行交流,也能够比较自如地与教师进行交流。

在学业成就上,早期教育是听觉障碍儿童取得良好学业成就的最大影响因素之一。在听觉障碍儿童中,具有更多早期教育经验的儿童通常能够取得更好的成绩,出现更少的行为问题,而且也较少留级。

(二)家庭与早期教育

近年来,家庭在听觉障碍儿童的早期教育过程中发挥着越来越重要的作用,美国等发达国家更是积极开展以家庭为中心的早期教育。以家庭为中心的早期教育重视所有家庭成员在听觉障碍儿童发展中发挥的作用,同时重视对听觉障碍儿童家庭提供专业的服务和支持。这主要因为:一方面,家庭是听觉障碍幼儿自然的学习环境;另一方面,家长对如何教导听觉障碍幼儿不够专业。因此家庭在整个听觉障碍儿童的早期教育中既是支持者又是受助者,而家庭所受的支持或服务可以更好地发挥家庭对听觉障碍儿童早期教育的作用。

作为一个支持者,家庭在听觉障碍儿童早期教育中的作用主要为参与听觉障碍儿童的评估和参与听觉障碍儿童的教育两个方面。评估以家庭为中心,在家庭中进行,并有家庭成员(主要是家长)的参与。通过录像和问卷作答,家长可以为评估提供真实而详尽的关于儿童的信息,为需要提供的服务和支持提供参考。在教育方面,家长与幼儿生活时间最长,他们能够在视觉和听觉上为儿童提供丰富的语言环境,促进其语言的发展。例如,通过视觉刺激获得词汇和概念,通过讲故事获得句子和思维的发展,等等。

作为一个受助者,家庭将从专业人士那里获得全方位的服务和支持,这也是以家庭为中心的听觉障碍儿童早期教育的重要内容。专业人士应该为家庭提供的服务和支持包括以下几个方面。

第一,帮助家庭成员调试心理。当自己的孩子被鉴定为听觉障碍儿童时,家长会感到非常无助和绝望,甚至愤怒。专业人员可以通过以下两种方法对家长的这种心态进行帮助和调试:一是提供类似的案例。相比理论陈述,案例具有鲜活真实的特点,更加具有说服力,也容易让人接受现实,看到希望;二是帮助与其他听觉障碍儿童家庭建立联系。通过与其他家庭建立联系,听觉障碍儿童家庭能够与其分享自己的心理路历程和教育经验。

第二,为家庭提供全面的信息。例如,为其提供相关的教育资源、相关服务。信息提供的渠道可以多种多样,如专业人员、网站、讨论小组、观察记录、视频等。

第三,为家庭提供专业指导。家庭成员之间的沟通水平是影响听觉障碍儿童早期教育效果的重要因素。一方面,健听成员之间需要沟通以协调教育责任和方法;另一方面,健听成员与听觉障碍儿童需要采用恰当的方法进行沟通,以确定听觉障碍儿童能够从沟通中习得语言和社会交往模式。但是家长往往不知道如何用正确的模式与听觉障碍儿童沟通。因此有必要对其进行专业的指导,并提供相关信息。能够提供专业指导的人员有健听专家和具有听觉障碍的专家。相比而言,具有听觉障碍的专家更有助于提高家庭成员对听觉障碍儿童的理解和有效沟通能力。因此,具有听觉障碍的专家往往成为提供家庭专业指导的最佳人选。①

(三)社区与早期教育

基于社区的早期教育也是近年来教育者所提倡的听觉障碍儿童早期教育模式,这也是实行社区融合、实现真正意义上融合教育的重要措施。每一位听觉障碍儿童都生活在社区,社区内丰富的人力、物力、财力等都具有丰富的教育价值(见本章第二节"社区化原则")。

社区在听觉障碍儿童早期教育中所发挥的作用可渗透到听觉障碍筛查、评估以及教育实施的各个方面。

(1)筛查。一般的听力筛查需要当地医院采用专业的筛查设备和技术进行实施,这也是听觉障碍筛查最为有效且可靠的措施。但并不是所有的儿童都能够在出生时被检测出存在听觉障碍,且在一些欠发达国家的地区医院内听力筛查的专业人员有限。社区在一定程度上可以解决以上问题。一方面,社区内的医疗专业人员可以帮助社区进行听力筛查;另一方面,业已证明通过对社区志愿者或工作者进行专业培训,他们能够胜任听力筛查的工作,并且正确率较高。②

(2)评估。与筛查相类似,评估同样可以由接受过专业培训的社区工作人员完成。在对早期教育进行动态性评估时,除了可以从家庭收集相关信息外,还可以从与听觉障碍儿童较为熟悉的社区人员那里收集资料。此外,还需要调查社区人员对听觉障碍儿童的接纳态度、社区可以提供的服务资源,以便对早期教育进行调整。

(3)教育。社区具有丰富的教育资源,对听觉障碍儿童的教育具有辅助作用。这些教育资源包括同龄儿童、聋人或听觉障碍人士、社区工作人员等。同龄儿童是听觉障碍儿童潜在的玩伴,与同龄儿童一起玩耍嬉戏,有助于听觉障碍儿童语言的运用和社会技能的发展。聋人和听觉障碍人士对听觉障碍儿童的教育和社会发展都具有重要作用。一方面,他们对听觉障碍儿童的需求比较了解,能够帮助听觉障碍儿童家庭成员或社区其他人员采用合适的教学方法与沟通策略;另一方面,相似的经历让他们能够更快地接纳听觉障碍儿童,并将其纳入自己的聋人社区,帮助发展友谊。而社区工作人员则是提高听觉障碍儿童社区融合水平的重要力量,他们常常通过社区宣传教育,提高社区成员对听觉障碍儿童的认识和接纳度。

要更好地发挥社区在听觉障碍儿童的早期教育中的作用,听觉障碍儿童家长的努力起着决定性的作用。③ 首先,家长需要为自己的孩子设计与他人进行交流的简单语言方式,如简单的手势或者简短的话语。其次,家长需要向社区人员介绍自己孩子的特殊之处以设计更适合他的语言沟通模式。此外,家长还通过举办各种社区活动,引导自己的孩子与其他同龄儿童进行交往。能否参与到普通儿童的游戏活动中,是社区融合成功的重要标志。

---

① Bodner-Johnson, B.. The young deaf or hard of hearing child: A family-centered approach to early education [M]. Baltimore: Paul H. Brookes Pubishing Co., 2003:174.

② Olusanya, B., et al. Community-based infant hearing screening for early detection of permanent hearing loss in Lagos, Nigeria: a cross-sectional study[J]. Bulletin of the World Health Organization, 2008, 86(12): 953-956.

③ Eriks-Brophy, A., et al. Facilitators and barriers to the integration of orally educated children and youth with hearing loss into their family and communities[J]. The Volta Review, 2007, 107(1): 5-36.

二、基础教育

(一) 听觉障碍儿童基础教育概况

基础教育是听觉障碍儿童最早参与并普及的教育阶段，主要包括小学教育和初中教育。最初的基础教育多为慈善机构举办的聋哑学校或隔离式的机构，后来才逐渐被公立学校取代，并最终被纳入义务教育，成为主导形式。

在美国，听觉障碍儿童的基础教育作为特殊儿童基础教育的一部分由联邦政府、州分级管辖。联邦政府提供经费支持和原则性的指导，而各州根据自己的实际情况进行设置。因此，各州的听觉障碍儿童的基础教育体制并不统一，但在教育安置形式上都包括了普通班级、资源教室、特殊班级、聋哑学校以及其他隔离式机构五种。听觉障碍儿童根据自身的需求可进行选择。

以俄勒冈州为例，该州的听觉障碍儿童的初等教育包括学前教育、小学教育、初级教育三个层次，学生年龄为5~21岁，绝大多数的听觉障碍学生就近入学，根据需要接受相关服务。学区也提供自足式的班级，每班由两个聋人教师组成的小组进行教学，师生比例为5∶1或6∶1。每一位学生在学校的生活有很大不同，但目标都是达成融合。而当学生进入中学后，听觉障碍儿童大部分时间都是在普通班级中度过。[1]

初级教育是我国听觉障碍儿童教育体系的主要阶段，也是我国听觉障碍教育系统的核心。目前，我国听觉障碍儿童初级教育指小学教育和初中教育，即九年制义务教育。但这里的九年一贯制义务教育不同的教育安置模式中的含义又有所不同（听觉障碍儿童的初级教育包括随班就读、特殊班级、特殊学校三种模式）。在随班就读和特殊班级模式中，与普通学校的九年义务教育一致，指小学6年，初中3年。但是在聋哑学校等特殊学校中，九年一贯制义务教育水平相当于普通学校的小学和初中一年级。[2]

普通班级、特殊班级与聋哑学校三种听觉障碍教育模式在课程设置、班级规模上也不尽相同。课程设置方面，在普通班级和特殊班级安置模式下，听觉障碍儿童学习的课程基本与普通儿童一致，但为了满足听觉障碍儿童的特殊需求，对课程稍微做了调整，并采用特别的教学方法。与此不同的是，聋哑学校有自己独立的课程，课程难度相当于普通学校的小学水平。班级规模方面，随班就读班的班级规模没有明确的限定，但是对进行随班就读的特殊学生数量做了限定，一般以1~2名随班生为宜。而特殊班级和聋哑学校班级规模以10~14人为宜。入学年龄方面，无论何种安置模式，听觉障碍儿童与普通学生入学年龄一致。在特殊情况下可以适当放宽入学年龄，但不得超过10周岁。

(二) 教育安置与基础教育

在初级教育阶段，对听觉障碍儿童及其家庭而言最为重要的是选择适当的教育安置形式并制订个别化教育计划。虽然融合教育是目前特殊教育的发展趋势，但并不是适合所有的听觉障碍儿童，因此需要根据每一位听觉障碍儿童的教育需求进行教育安

---

[1] Tuinbull, R., et al. 今日学校中的特殊教育（下册）[M]. 方俊明，等译. 上海：华东师范大学出版社，2004：779.

[2] 张宁生. 听力残疾儿童心理与教育[M]. 大连：辽宁师范大学出版社，2002：225.

置选择。

（三）人工耳蜗植入与基础教育

随着人工耳蜗植入技术的日益成熟，人工耳蜗植入的儿童数量不断增加，且植入年龄也日趋下降。2000年，美国食品和药物管理局批准儿童人工耳蜗植入术的最低年龄为12个月，部分有丰富经验的中心甚至把最低年龄的限制放在6个月，以尽可能地做到早期干预。

人工耳蜗植入技术给听觉障碍儿童的初级教育带来了巨大挑战。随着人工耳蜗的植入，越来越多的儿童接受了早期教育，语言能力发展良好。他们不再选择进入聋哑学校，而是进入普通班级进行学习，这直接导致了聋哑学校学生数量的急剧下降，大量的隔离式机构和资源教室被关闭，这也是目前美国在普通班级就读的听觉障碍儿童人数不断提升的原因之一。

人工耳蜗植入对听觉障碍儿童语言发展的积极作用已被普遍认同。与没有人工耳蜗植入的同等听觉障碍儿童相比，耳蜗植入使得听觉障碍儿童的听觉敏感性、语言理解能力以及口语表达可理解性等方面都有明显的提高。接受耳蜗植入后，听觉障碍儿童平均能够听到90%的声音，能正确认识50%的口音。但这种效果存在极大的个体差异性，有些个体效果很好，有些个体较差。但是耳蜗植入对促进听觉障碍儿童学业发展的作用还不明朗。有些研究认为耳蜗植入并没有提高听觉障碍儿童的学业成绩。而有些研究认为耳蜗植入确实提高了听觉障碍儿童的学业成就，只是所取得的进步不如人们的预期而已。其实，广义上的人工耳蜗植入并不是仅仅指植入手术，它还包括术后康复训练、教育环境、家庭社区支持、认知风格等。[①]

尽管如此，越来越多的听觉障碍儿童进入普通学校普通班级进行学习已经成为不争的事实。如何依据此类儿童的语言发展特点和学习认知特点，采取有效的教学方法是需要思考的问题。

三、中等教育

（一）听障学生中等教育概况

中等教育指普通高中和中等职业学校教育。普通高中教育主要以普及文化知识为主。听觉障碍学生接受普通高中教育的形式主要有三种：一是进普通高中随班就读；二是到聋人高级中学（或聋校的普通高中班）就读；三是部分学科在普通高中随班就读，部分学科在聋校学习。1992年，我国第一所聋人高级中学在南京成立。我国中等职业学校共有四类：一是中等专业学校（简称"中专"），二是技工学校，三是职业高级中学（简称"职业高中"），四是成人中等专业学校（简称"成人中专"），统一称为"中等职业技术学校"或"中等职业学校"。[②]该类学校以职业教育为主，目的是培养学生的职业能力，为就业做准备。听觉障碍学生接受中等职业教育的形式主要有三种：一是进普通中等职业学校随班就读；二是到聋人中等职业学校（或聋校的职业高中/中专班）就读；三是部分学科（一般为专业课）在普通中等职业学校学习，部分学科在聋人中等职业学校（或聋校的职业高中/中专班）学习。我国第一所对聋人

---

① 刘胜林. 欧美国家近年来聋教育发展的几个新动向[J]. 中国特殊教育，2009，103(1):45-51.
② 什么是中等职业教育（教育部提供）. http://gc.gljy.cn/E_ReadNews.asp? NewsID=199,2008-9-24.

实施正规、系统的中等职业教育的特殊教育学校是上海市聋哑青年技术学校,该校由著名教育家陈鹤琴先生于1947年创办。

近年来,在党和国家的重视和大力扶持下,我国听觉障碍学生的中等教育取得了长足发展。2013年中国残疾人事业发展统计公报[残联发〔2014〕29号]显示:截至2013年,我国已开办特殊教育普通高中班(部)194个,在校生7313人;其中聋哑高中125个,在校生5704人。残疾人中等职业学校(班)198个,在校生11350人,毕业生7772人,其中听觉障碍学生占多数。

在这一教育阶段,更多的听觉障碍学生不再是为了能够在与听觉障碍学生的竞争中胜出,而是能够在与普通学生的竞争中胜出。

(二)教育安置与中等教育

与基础教育阶段相一致,中等教育阶段需要注意的也是听觉障碍学生的教育安置,是接受职业教育还是普通教育?是进入聋哑学校就读还是普通学校的普通班级就读?这些都需要家长和听觉障碍学生以及学校一起商量决定。

(三)课程建设与中等教育

在普通高中或普通中等职业学校随班就读的听觉障碍学生学习的课程和要求,一般与班上健听学生一样。而在聋人高级中学(班)或聋人中等职业学校(班)学习的课程与要求,则一般因校而异,比较具有地方与校本特色。这是因为迄今为止,教育部只颁发了《聋校义务教育课程设置实验方案》,尚未编制聋校高中阶段的课程方案与课程标准。目前,南京聋人高级中学参照教育部关于《现行普通高中教学计划的调整意见》等一系列文件,制定了《聋人普通高级中学教学计划》,并根据《聋人普通高级中学教学计划》,组织教师制定出了聋人普通高中各学科的教学纲要。而上海市教育委员会组织上海市聋哑青年技术学校骨干教师在上海市教学研究室各学科教研员的指导下,不仅编制了《上海市聋人高级中学课程方案(试行)》(2007年印发),还对原来1998年编制的语文、数学、英语、社会、科学、政治、信息技术、体育与健身、美术等学科的课程标准进行了重新修订,经相关机构审查通过后于2009年正式印发。[①]

四、高等教育

(一)听觉障碍学生高等教育概况

我国听觉障碍学生的高等教育起步比较晚,还处于发展的初级阶段。最早招收听觉障碍学生的高等教育机构为长春大学特殊教育学院,之后陆续有其他高校参与到听觉障碍学生的高等教育中。目前比较有影响的听觉障碍学生高等教育学校有:天津理工大学聋人工学院、长春大学特殊教育学院、北京联合大学特殊教育学院、南京特殊教育职业技术学院。这些学校所开专业比较少,局限于美术、计算机、机械等少数专业,且学历多为大专,本科较少,尚无硕士、博士学位。此外,听觉障碍学生的高等教育以职业教育为主,注重实践性和运用性,缺乏创造性。

---

① 沈玉林,杨七平,陈金有,杨剑梅.向希望的延伸——我国部分聋校高中课程建设综述(上)[J]. 现代特殊教育,2010(4):4-10.

相比之下，国外的听觉障碍学生的高等教育起步较早。早在1846年，世界上第一所聋人高等教育机构——加劳德特大学就在美国首府华盛顿建立。目前，世界上比较有影响力的聋人高等教育学校有：美国加劳德特大学、美国罗切斯特理工学院国家聋人工学院、俄罗斯鲍曼技术大学聋人中心、菲律宾德勒塞尔大学圣柏尼德学院、日本筑波短期技术大学等。这些学校中又以美国的聋人高等教育最为完善，除了专科、本科，还有硕士、博士学位。在这些学校中听觉障碍学生可以选择的专业众多，加劳德特大学是一所文理综合学院，专业与普通高校相当；罗切斯特理工学院国家聋人工学院就开设了30多个专业。此外，美国聋人高等教育还开展了融合教育，聋人可以与普通大学生共同选修各类课程。

（二）融合教育与听觉障碍学生的高等教育

美国等发达国家所开展的高等教育融合教育中，听觉障碍学生不仅可以与普通学生一起选修课程，还享受各种辅助性的服务以提高他们的学习效率。近年来，我国也积极开展了听觉障碍学生高等教育随班就读工作，并取得了一定成绩。根据2008年中国残疾人联合统计数据显示，我国共有566名听觉障碍学生进入普通高校求学（本科304名，专科262名），807名听觉障碍学生进入高等特殊教育学校学习（本科315名，专科492名）。但是目前我国听觉障碍学生高等教育融合教育还处于初级阶段，急需提高高等教育的质量。表6-4是我国聋人工学院融合教育与国外融合教育的比较。

表6-4 中国聋人工学院、美国罗切斯特聋人工学院、俄罗斯聋人中心融合教育模式比较[①]

全纳教育辅助手段	美国NTID(RIT)	俄罗斯聋人中心(BMSTU)	中国聋人工学院(TUT)
教育层次	学士、硕士、博士	学士、硕士、专业工程师	学士、辅修学位（学士）
可选择专业	学校所有专业	学校所有专业	聋院现有的两个专业及学校提供的辅修专业
生师比	2∶1	4∶1	15∶1
在校学生人数	1300	200	300
实行全纳教育阶段	大学二年级以后	大学一年级以后	辅修学位学习过程
手语翻译	有	有，但逐年减少，第六年实验课程时全无	无
笔记记录员	有	有	有（健听学生志愿者的帮助）
心理咨询	有	有	无专职，学院指导和教师鼓励
语言康复	有	有	无
声音文本转换系统	有	无	无
远程教学系统	有	有	有
辅导教师	有	有	有
学习难度	适当	适当	较大

与国外相比，无论是招生数量还是教学质量，我国的听觉障碍学生高等教育都存在一定

[①] 童欣，等. 分析借鉴美、俄聋人高等融合教育经验——以美国国家聋人工学院和俄罗斯鲍曼技术大学聋人中心为例[J]. 中国特殊教育，2009，106(4)：30-34.

的差距。因此我国的听觉障碍儿童高等教育需要从以下几个方面做起。

(1) 教师培养。我国具有特殊儿童教育背景的高校教师相对缺乏,且聋人高等教师相对较少。因此可以通过专业机构组织的活动、培训等途径,系统地更新教师专业知识;积极鼓励、帮助教师提高有关聋人文化方面的知识;制定相应政策,提供辅助设施,改善教师交流技能;开设培养聋人师资的专业。

(2) 改善教学方法。目前我国高等特殊教育还是以传统的讲授方式为主,较少依据听觉障碍学生的特殊需求采取相应的教学策略,有必要在这方面加以改善。一般而言,听觉障碍学生视觉能力较好,因此在教学中可以多加采用视觉教学技术来提升教学效果。此外,需要对听觉障碍学生进行因材施教,对课程内容、考试的标准和考试方式进行一定的调整。例如,大部分入校的聋人大学生写作能力比较差,基于这一现实,可以为其开设额外的写作活动。考试时除了传统的纸笔写作测验外,也可以采用电影制作、话剧创作等方式进行。

(3) 提供恰当的辅助措施。受限于语言,信息沟通交流不畅成为听觉障碍学生学习的最大困难。这不仅表现在与教师的信息交流上,还表现在日常生活中与同学的交往上。手语翻译、实时字幕、笔记记录志愿者等都是解决此问题的有效方法,但是我国在这方面还有待提高。

(4) 改善大学入学前教育。这是影响听觉障碍学生高等教育质量的重要影响因素之一。但目前我国听觉障碍高中学校较少,听觉障碍大学生多来自于初中学校或是聋哑学校,这也直接导致了听觉障碍学生无法完成高等教育中英语、数学等课程。因此,政府需要大力发展聋人高中教育,通过改变高考试题,引导良好的高中教育。

(5) 与用人单位合作,加强职业教育。听觉障碍学生普遍感到担忧的是毕业后是否能够顺利就业,他们面临的问题是企业追求效益,不想招收聋人。这种局面的形成一方面与企业对聋人不了解有关,另一方面是聋人不具备良好的工作素质或经验。在此问题上,高校可与企业建立长期的合作关系,通过一对一或团体培训形式增加用人单位对聋人能力的认识,以帮助聋人获得工作经验。

(6) 提高听觉障碍学生的交流能力。绝大多数的听觉障碍学生认为教师的手语水平不足,课堂上无法清晰接受教师的授课内容。要想解决这个问题,一方面需要对教师进行手语培训,鼓励健听生学习手语;另一方面,需要开展讨论会,为教师和听觉障碍学生设计一套符合他们习惯的交流法则。[1]

(三) 相关服务与高等教育

在高等教育中,相关服务特别是如何增进听觉障碍学生与教师和同学的交流显得尤为重要。以下简要介绍三种高校提供的提高听觉障碍学生沟通能力和学习质量的相关服务。

(1) 手语翻译。这里主要指教学翻译者,他们的作用是促进听觉障碍学生与教师同学的交流,使听觉障碍学生完成高等教育成为可能。手语翻译者的职责并不固定,他们可能承担听觉障碍学生的辅导任务,也可能辅助普通教师教学,还能对普通教师、健听学生做手语培训。

(2) 同声字幕。因为听觉障碍学生无法跟上教授讲课的步伐,而且当需要记录笔记时,

---

[1] Patricia, A., et al. 中国聋人高等教育:现状、需求和建议[J]. 中国特殊教育, 2007, 86(8): 12-17.

他们无法通过听觉来获取所教授的信息。因此需要通过视觉来弥补听觉障碍学生的这一不足。同声字幕是解决这一问题的有效方法。受过训练的字幕员在电脑上使用速记代码记录下教授讲授的内容,然后采用特殊软件翻译出这些代码,并实时呈现于屏幕或学生的个人电脑上。这对那些不能从翻译者中获益的听觉障碍学生极其有益。

(3) 笔记分享。在手语翻译者或同声字幕的帮助下,听觉障碍学生能够记录大量教师教授的内容,但有时候也无法记录全部内容,这就需要在课堂外进行补充,与同学分享上课的笔记成为一条必要的途径。健听学生可作为志愿者在上课中详细记录教师讲授的内容,课后与听觉障碍学生分享,并共同讨论。

五、职业教育

与其他社会个体一样,听觉障碍儿童最终也要步入社会,参加工作。一方面,听觉障碍儿童需要通过工作来维持自己的生计;另一方面参加工作能够提高个体的主观幸福感和生活满意度。但是对于听觉障碍个体而言,参与工作又是困难的,他们的语言发展水平以及思维发展水平严重制约着他们的就业,因此,有必要对听觉障碍儿童个体进行职业教育。

(一) 听觉障碍儿童职业教育概况

美国听觉障碍学生的职业教育始于19世纪初,后来加劳德特大学成立,开始了高等职业教育进程。目前美国的听觉障碍儿童职业教育有两年制职业项目教育和四年制大学职业教育,此外,还有其他各类职业教育培训。美国各州的职业康复系统对听觉障碍儿童的职业发展发挥着重要的作用。它们由美国联邦康复服务管理处统一管辖,向所有残疾儿童提供就业支持,所提供的服务和支持包括:职业评估、职业咨询、职业指导、就业安置、职后支持以及高等教育支持等内容。

严格意义上讲,我国听觉障碍儿童的职业教育包含四个层次:初等职业教育、中等职业教育、高等职业教育以及各类职业教育培训。从广义上讲,我国的听觉障碍儿童职业教育还包括了基础教育阶段的小学职业教育,一般称之为劳动技术教育,小学职业教育可为之后的职业技术教育做准备。在这里我们主要指严格意义上的职业教育形式。

初等职业教育主要由初级职业技术学校以及九年一贯制聋哑学校来实施,相当于义务教育阶段的初中,学制为2～3年,一般开设各种职业培训班级,如:缝纫班、按摩班、厨师班等。

中等职业教育主要由特殊学校或者聋人中等技术学校来实施。这类学校的学制也为2～3年,招收接受完九年义务教育的听觉障碍学生。在这一个阶段,职业教育的主要目标是让听觉障碍学生初步掌握初级专业技术知识和操作技能;专业技术考核达到国家/部颁标准初、中级工应知、应会水平或当地劳动部门认可的相应专业技术水平;学生应初步具备职业心理、职业人格和职业竞争的能力。[①]

高等职业教育主要由残疾人或聋人高等职业技术院校来实施,以培养高等技术应用型人才。在这一阶段,听觉障碍学生不仅需要掌握一门技术、获得中级以上的职业资格证书,还要掌握较高的理论水平。例如,天津聋人工学院机械制造专业的学生需要掌握计算机常

---

① 赵树铎,杨春增.《聋校劳动、劳动技术与职业教育大纲》可行性研究报告[J]. 中国特殊教育,1999,24(4):16-18.

用软件,掌握冲压模具等基本技能,并要求达到一定的理论水平以获取美国 Auto-Desk 公司的机械设计 CAD 证书。①

其他各类职业培训主要由各级职业培训中心提供,他们主要针对即将就业但是还存在困难的听觉障碍人群进行。因此,相对而言各类职业培训的针对性比较强。

职业教育培训的目的是提高听觉障碍个体的就业,以保证他们同普通人群一样具有平等就业的权利。相比文化教育而言,职业教育培训对整个特殊人群,包括听觉障碍人群都具有特殊的意义。在听觉障碍职业教育的方向设计上,需要符合现实社会的需要,同时,发挥听觉障碍儿童在视觉和动手能力方面的优势,以增强其就业竞争力。

(二)职业康复服务与职业教育

职业康复服务主要是针对听觉障碍个体的就业需求而提供的相关服务,包括职业评估、职业规划、职业培训以及职后服务等内容。与职业教育不同,职业康复服务一般由国家专门设置的机构执行,美国为职业康复中心,我国主要为各级职业培训中心。如果说职业教育是培养听觉障碍个体的就业专业技能,那么职业康复服务更多的是为听觉障碍个体提供可以帮助他们更好获得专业技能并运用于求职过程中的一种服务。

1. 听觉障碍个体职业康复服务内容

从理论上讲,听觉障碍个体的职业康复服务内容应该包含职业评估、职业培训、职业规划、技术支持、职后服务等内容。表 6-5 为美国职业康复服务中心所提供的各项服务,这些服务适用于所有的特殊儿童,也包括听觉障碍儿童,主要通过"个别化职业计划"来实现。

表 6-5 美国职业康复服务中心所提供的各项服务②

服务类型	主要内容
评估	个体获得职业康复服务的资格、服务范围、服务类型等
诊断与治疗	手术、补偿矫正、养护服务、职业治疗、物理治疗、语言治疗、药物等
职业康复咨询	具体的治疗咨询和服务指导,包括:个人适应能力咨询;关于医疗、家庭和社会事宜的咨询;职业咨询以及其他的咨询服务
学院或大学培训	高等教育全日制或者部分时间的学业培训,以获取学位、职业资格证书
职业培训	由社区学院、职业学校或各类经济技术学校提供职业培训,无学位或职业资格证书
在职培训	特殊的工作技能培训,一般需要付费
基础学业或文化培训	在工作中能够运用的文化培训和基础学业能力的培训,以提高竞争力
工作准备训练	恰当的工作行为、着装打扮、提高工作效率的方法等工作准备训练
技能训练	康复教学、唇读、手语、认知训练等
求职辅助	帮助障碍个体寻找合适的工作,包括:准备简历、鉴别合适的工作机会、面试技巧训练、与公司接洽等
职业安置辅助	就业推荐,以获得就业的机会
在职支持	工作指导、工作追踪、工作保持服务等,以帮助个体保持工作稳定

---

① 鲍国东,李强. 聋人高等职业技术教育人才培养方向探讨[J]. 天津理工学院学报,2006,16(1):36-37.

② Dutta, A., et al. Vocational rehabilitation services and employment outcomes for people with disabilities: A United States Study[J]. Journal of Occupational Rehabilitation,2008(18):326-334.

续表

服务类型	主要内容
交通服务	使用公共交通工具系统的训练
生活费用	为具有资格的障碍人群提供食物、居住、衣服等方面的资金支持,并在"个别化职业计划"中体现
康复技术	教育、康复、职业、生活娱乐等领域的康复工程服务,辅助技术设置,复制技术服务等
翻译服务	为聋或重听个体提供手语或口语翻译服务,为聋、盲个体提供触觉翻译服务,包括:同步字幕服务,但不包括语言翻译
私人随从服务	为障碍个体提供私人服务者,以帮助个体进行洗澡、吃饭、穿衣、移动或交通等
技术辅助服务	技术辅助和其他的咨询服务以帮助个体进行市场分析、设计商业计划及提供相关资源
信息或转接服务	为那些需要其他机构服务,而不是职业康复服务的人提供信息
其他服务	如:职业执照、工具设备、医疗服务等

2. 职业康复服务的作用

职业康复服务的内容广泛,既包括了对职业教育的支持性服务,也包括了对障碍个体就业的支持,对听觉障碍个体的就业具有重要的帮助。在杜塔(Dutta)等人的研究中,诊断治疗、职业安置辅助、在职支持、交通服务、康复技术、生活费用六项服务措施对听觉障碍个体的求职具有重要的帮助,接受过此类服务的听觉障碍个体的就业率达到了75%。[①] 在另外一项研究中,布廷(Boutin)发现尽管听觉障碍个体参与了学院或者大学的职业培训,获得了相应的学位,这对其就业有促进作用,但是如果与其他的相关服务(如:求职辅助、职业安置辅助、康复技术等)相结合,听觉障碍个体的就业几率将大大增加。[②] 所以总体而言,职业康复服务对听觉障碍个体的就业具有重要的意义,具体表现在以下几个方面。

首先,职业康复服务是职业教育的一种补充。并不是所有的学生都可以接受正规的初等或高等职业教育,而职业康复服务能够提供各类职业培训的机会,甚至进入大学进行学习的机会。正如布廷所言,学历性的职业教育是不够的,它需要各项职业康复服务,以提高听觉障碍个体的就业竞争力。[③]

其次,职业康复教育是职业教育的重要补充。主要表现为职业康复教育能够提供各项技术辅助。例如,帮助在进行职业教育的学生配备实时字幕翻译或者手语翻译等。同时,其为听觉障碍个体提供的语言治疗、听力训练等都将有助于个体更好地进行职业教育。

---

① Dutta, A., et al. Vocational rehabilitation services and employment outcomes for people with disabilities: A United States Study[J]. Journal of Occupational Rehabilitation, 2008(18): 326-334.

② Boutin, D. L., Wilson, K.. An analysis of vocational rehabilitation services for consumers with hearing impairments who received college or university training[J]. Rehabilitation Counseling Bulletin, 2009, 52(3):156-166.

③ 同上。

最后，职业康复服务是一个动态的过程，它不仅具有职前培训，还有在职培训和职后辅助，这是职业教育无法达成的。这些不仅为听觉障碍个体提供了就业机会，还为听觉障碍个体更好地适应工作环境、保持工作的稳定性提供了各项支持。

（三）听觉障碍学生职业生涯教育

职业生涯教育是有目的、有计划、有组织的培养个体规划自我职业生涯的意识与技能、发展个体综合职业能力、促进个体职业生涯发展的活动，是以引导个体进行并落实职业生涯规划为主线的综合性教育活动。

与健听学生一样，听觉障碍学生同样要面临毕业、择业和职场竞争，同样要挑选用人单位并被用人单位挑选，同样要在职业价值观的引领下评估自己的职业选择，同样要规划自己的职业生涯。在这个过程中，生理和心理的特殊性，使得听觉障碍生比健听生存有更多的迷惘、困惑和误区，因此非常有必要对听觉障碍学生进行职业生涯教育。

鉴于听觉障碍学生身心特点与认知水平，其职业生涯教育应包含以下内容：

其一，"知己"，即要让听觉障碍学生对自己的性格、兴趣、能力，及其与职业之间的匹配关系等有一个比较全面的认识，对诸如"我喜欢做什么"、"我擅长做什么"、"我能够做什么"、"我适合做什么"、"我有什么优势"、"我存在什么劣势"等做到了然于胸。

其二，"知彼"，即要让听觉障碍学生对职业的分类、职业道德、行业职业道德规范、就业形势、与就业相关的劳动法规和制度、当今社会存在的一些就业陷阱等有一个比较清晰的了解，知道社会需要什么样的人。

其三，"规划"，即要引导听觉障碍学生对自己在校的学习生涯和未来的职业生涯进行合理的规划并付诸行动，提高他们对职业生涯的认识，明确职业发展方向，掌握职业生涯规划的方法。

其四，"指导"，即要对听觉障碍学生的择业、求职、面试、实习、创业等加以指导，使他们能选择适合自己的职业，掌握求职和面试的技巧，学会职场自我保护，增强创业意识，为提高他们的就业竞争力、成功应聘和将来的发展与成才打下良好的基础。

（四）听觉障碍学生职业适应能力评价

职业适应能力评价是对听觉障碍学生所具备的胜任职业的各项能力进行评价，也是对职业教育效果的评价。通过职业适应能力评价，可以了解当前听觉障碍儿童的职业适应能力，从而对职业教育进行改革，并最终提高听觉障碍学生的就业率。

职业适应能力一般包括职业能力、职业兴趣、职业价值观、职业期望等方面。鉴于听觉障碍儿童听力受损的事实，一般还需要包括感知能力。我国学者刘艳虹根据聋人实际情况编制了"北京市聋人职业适应性量表"，该量表将个体的职业适应能力划分为感知觉、职业能力、职业兴趣、职业价值观四个方面的内容。其中职业能力指一般职业能力，即从事一切职业都必须具有的共性的能力，如语言、推理、运动协调等。表6-6是听觉障碍学生职业适应能力的一般构成。

表 6-6　听觉障碍学生职业适应能力的一般构成[①]

一级指标	二级指标	目的
感知觉	听觉	评价感知外界，规避风险的能力
	实体觉	
	色觉	评价颜色视觉，辨别颜色的能力
职业能力	言语能力	评价词语运用、语法掌握、段落理解和基本言语的表达能力
	数理能力	评价对基本数学规律的掌握以及解决应用问题的能力
	知觉能力	评价符号知觉、空间关系、平面图形知觉和推理能力
	运动协调能力	评价对手眼协调以及手指手腕的灵活度
职业兴趣	常规型	偏爱按部就班的活动，不太喜欢过多的冒险和创新活动
	现实型	评价对有规则的劳动和需要基本操作技能的工作的兴趣
	研究型	评价以理性思考的方式探究事物，独立地解决问题的兴趣
	企业型	评价追求经济效益和个人成就的兴趣
	社会型	评价对社会交往性工作的兴趣
	艺术型	评价借助音乐、文学、形体、色彩等形式表达自己感受的兴趣
职业价值观	最为重要因素	评价与工作有关的最为重要的影响因素
	较为重要因素	评价与工作有关的较为重要的影响因素
	最不重要因素	评价与工作有关的最不重要的影响因素
	不太重要因素	评价与工作有关的不太重要的影响因素

本章小结

听觉障碍教育已经有五百多年的历史，经历了以西班牙为中心、英国为中心、法德为中心、美国为中心的四个发展阶段，并最终形成了手语教学法、口语教学法、综合沟通法、双语-双文化法等教育取向，并日益注重听觉障碍儿童教育的个别化、功能化、社区化和家长参与，以提高听觉障碍教育的质量。在教育安置上，形成了"瀑布式"的教育安置体制，越来越多的听觉障碍儿童被安置在普通班级中，融合教育已经成为听觉障碍教育的重要理念。在教育体制上，形成了早期教育、基础教育、中等教育、高等教育和职业教育的层级模式，且早期教育、高等教育和职业教育日益受到重视。

我国的听觉障碍教育虽然起步较晚，但最近几年发展迅速，紧跟世界的脚步。部分地区也开始尝试双语-双文化教学，日益重视听觉障碍的特殊需求。目前，我国形成了随班就读、特殊班级、特殊学校、送教上门的教育安置体制，但仍然以特殊学校为主体。由于资金、师资等方面的欠缺，随班就读听觉障碍学生出现回流和"随班混读"现象。在教育体制上，我国听觉障碍儿童早期教育、职业教育发展迅速，高等教育也有了一定发展，但还不完善。

但无论如何，在听觉障碍儿童的教育中需要根据听觉障碍儿童的个体需求来进行教学方法、教育安置的选择，并设置合理的教育体制和相关服务以促进听觉障碍儿童的最大发展。

---

① 刘艳虹，等."北京市聋人职业适应性量表"的编制[J]. 中国特殊教育，2009，106(4)：24-29.

思考与练习

1. 国外听觉障碍儿童的发展历史经历了哪几个阶段？其代表人物和主要观点是什么？
2. 我国的听觉障碍教育发展现状如何？主要问题有哪些？
3. 听觉障碍儿童的教育原则有哪些？它们之间有何联系？
4. 听觉障碍儿童的教育安置形式有哪几类？各自的优势和劣势是什么？
5. 如何为听觉障碍儿童选择恰当的教育安置形式？
6. 听觉障碍儿童随班就读所取得的成就和主要问题是什么？

第7章 听觉障碍儿童早期干预

学习目标

1. 掌握早期干预的概念,了解其重要性。
2. 掌握早期干预方案的优势与劣势。
3. 学会设计早期干预计划——个别化家庭教育计划。
4. 掌握听觉障碍儿童早期干预的基本内容及干预方法。

特殊儿童早期干预的重要性已经得到教育者的重视。幼儿阶段是儿童学习最为敏感和发展最快的阶段,儿童的语言、动作、认知、社会性等都在此阶段获得了巨大的发展。一旦错过这个发展阶段,儿童各方面的发展将受到阻碍。例如,过了语言发展关键期(2~3岁),就极有可能出现语言获得困难现象。

对于听觉障碍儿童而言,听力损失导致了其在语言发展、动作技能发展、认知能力发展方面异于普通儿童,而且经常表现为发展迟缓。为了使听觉障碍儿童最大程度地获得与普通儿童相似的发展模式,需要教育者重视对其进行早期干预。多年的听觉障碍儿童早期干预实践证明:系统科学的早期干预在一定程度上能够提高听觉障碍儿童的语言能力和社会适应能力,是听觉障碍儿童康复成功的关键。[①]

本章将着重阐述听觉障碍儿童早期干预的定义及重要性、早期干预的实施程序、早期干预的内容及方法等。

第1节 听觉障碍儿童早期干预概述

一、早期干预的概念及其重要性

(一)早期干预的定义

早期干预一般指为0至5岁儿童及其家庭提供的一种有组织、有目的(包括教育、营养、医疗、心理咨询、社区服务及家庭养育指导等内容)的介入服务,用以减轻障碍对个体各方面

---

① 李娜,张福娟.听力障碍幼儿早期干预的个案研究[J].中国特殊教育,2007,86(6):24-27.

发展的影响,预防障碍所带来的各种问题继续存在于儿童以后的生活学习中。①

在研究中,通常将早期干预分为从出生到两岁和学前三至五岁两个年龄段。在这两个年龄段中,早期干预所提供的服务大体相同,只有细微的差别。从出生到两岁这一年龄段较注重基本能力(如基本动作技能、认知、语言等)的教育,而三至五岁更注重语言阅读、认知、社会性发展等,主要为入学做准备。但在实际研究中并没有将两个阶段做严格的区分。

早期干预不仅包括教育部分,还包括早期发现和早期治疗两个部分。早期发现是通过观察记录、专业评估,对个体的障碍类别和程度做出鉴别的过程。例如,对听觉障碍儿童的听力能力进行评估以判定其听力损失的程度。早期治疗具有医治、康复的作用,但更多地指补偿性质的医疗康复服务,如人工耳蜗植入、佩戴助听器等。早期发现和早期治疗是为对听觉障碍儿童进行教育做好必要的准备,以提升早期干预的效果。

(二)早期干预的意义

早期干预对听觉障碍儿童的发展具有长期的益处,这些益处不仅表现在对听觉障碍个体本身,还表现在对家庭、社会压力的缓和上,主要包括以下几个方面。

第一,对听觉障碍儿童的语言、认知、动作及社会性发展具有重要作用。

第二,增加融合教育的可能性,也便于听觉障碍儿童早日融入社会。

第三,可以节省额外的教育和社会服务费用。

第四,减缓家长所承担的压力。早期干预为家庭提供的各项服务和技术支持,将使家长能够了解听觉障碍儿童的心理特点,从而掌握恰当的教育方式。

第五,减少听觉障碍儿童成年后对社会的依赖。②

已有研究证明,早期干预的作用遵循着这样一条原则:越早进行干预,效果越好,对听觉障碍儿童发展的影响越深远。吉永板野对听觉障碍儿童早期干预的影响进行梳理,得出如下结论:与较晚进行早期干预相比,在新生儿出生后一年内进行听觉障碍鉴别并及时进行早期干预所取得的效果更好,在语言发展(词汇、语法、语音、言语智力)、社会情绪发展、亲子依恋上都取得了巨大的进步,而且缓和了家长的消极心理状态。③

二、早期干预基本方案

听觉障碍儿童早期干预存在三种基本的方案:基于家庭的方案、基于中心的方案、家庭-中心相结合的方案。④ 大部分的听觉障碍儿童都在家庭或是中心接受早期干预,且家庭在早期干预中的地位越来越重要。

(一)基于家庭的方案

顾名思义,基于家庭的方案以家庭为中心,强烈依赖家庭的支持,家长是听觉障碍儿童

---

① [美]威廉·L.休厄德.特殊儿童——特殊教育导论[M].第七版.孟晓,等译.南京:江苏教育出版社,2007:164.

② 同上书,第190页.

③ Yoshinaga-Itano, C.. Early intervention after universal neonatal hearing screening: Impact on outcomes[J]. Mental Retardation and Developmental Disabilities, 2003(9): 252-266.

④ [美]威廉·L.休厄德.特殊儿童——特殊教育导论[M].第七版.孟晓,等译.南京:江苏教育出版社,2007:185.

早期干预的主要实施者。在以家庭为中心的早期干预方案中,对家长的支持显得尤为重要,通常由早期干预专家对家长进行培训,授予其手语、视觉策略或者其他与听觉障碍儿童沟通的方法。他们还对家长所进行的早期干预进行评估,以帮助家长改进自身的教学方法和重新制定听觉障碍儿童的教学目标。

家庭成员与专业人员的关系是基于家庭的早期干预方案的重要影响因素。互相信任、尊重、沟通、协商的关系才有利于建立有效的早期干预方案。要建立如此关系,不仅需要专业人员改变自身对家长的态度,还需要家长调整对专业人员的态度。对专业人员而言,不要试图改变听觉障碍儿童或其所在家庭,而应建立一个基于儿童和家庭优势的早期干预计划。对家长而言,不能采用传统的教学方法和态度,而要主动了解听觉障碍儿童的特点以求得为其创造适宜的家庭文化。

以家庭为中心的早期干预是对以儿童为中心的早期干预的一次突破。[①] 第一,它将早期干预从儿童扩展到整个家庭,以帮助家庭成员调整听觉障碍儿童带来的心理压力和特殊需求。第二,它支持和尊重家庭的决定,以家庭和儿童的需要为重。第三,它顾及了家庭作为听觉障碍儿童生活环境的优势,考虑家长的全程参与,对儿童的发展起到帮助作用。从生态学角度上看,以家庭为中心的早期干预是在为听觉障碍儿童构建一个和谐而优良的环境。而从家庭系统论来看,以家庭为中心的早期干预则是调动了家庭所有成员与资源以支持听觉障碍儿童的早期干预。

但基于家庭的干预方案也存在不足之处,具体有以下几点。

第一,家长需要花费太大的精力习得各种与听觉障碍儿童沟通和进行教育的方法。一方面家长不具备如此多的时间,另一方面并不是所有的家长都会对这种干预方案给予足够的重视。

第二,在以家庭为中心的方案中,听觉障碍儿童所接触的早期干预服务范围较为狭窄,并且不是由各种专业人员直接进行教育。在家庭中,儿童与其他普通儿童或同类儿童进行社会互动的机会较少。

第三,对专业人士而言,一时间还难以改变从传统的以儿童为中心的服务提供模式中解放出来,不具备与家庭进行合作的技巧和经验。

第四,尽管基于家庭的方案受到提倡,但对如何有效地建立此方案尚缺乏具体的指导规范。

(二) 基于中心的方案

基于中心的方案是在家庭以外的环境中为听觉障碍儿童提供早期干预服务,家庭以外的环境既可以是幼儿园,也可以是听力语言康复机构,还可以是各级政府所提供的听觉障碍儿童康复中心。但无论是何种类型的中心,都是由语言、听力、言语、运动、心理、教育、医学等不同领域的专业人员共同组成。

与基于家庭的方案相比,家长在基于中心的早期干预中的作用被减弱,专业人员的责任

---

① Selda Özdemir. A paradigm shift in early intervention services: From child-centeredness to family-centeredness [J]. Ankara Üniversitesi Dil ve Tarih-Coğrafya Fakültesi Dergisi, 2007, 47(2): 13-25.

则加大。在此类早期干预方案中，专业人员占主导地位，为听觉障碍儿童进行评估、诊断、制订个别化教育计划并实施。专业人员之间的沟通合作也成为影响听觉障碍儿童早期干预效果的关键，而此时家长仅仅作为一名辅助者或参与者。他们可以参与到听觉障碍儿童的活动中，扮演各种角色，陪儿童共同学习；他们也可以与专业人员一起共同讨论听觉障碍儿童目前所存在的问题、可能需要的服务；他们还可以接受培训以便在家里配合中心的教学康复活动。

由于其专业性，基于中心的早期干预方案具有以下优势。

第一，各类专业性的人员能够为听觉障碍儿童提供全面的干预，并进行生态性评估，这将有利于促进听觉障碍儿童语言、言语、运动等的全面发展。

第二，以中心为基础的早期干预方案强调儿童之间的社会互动性，能够为听觉障碍儿童提供与普通儿童或是同类儿童交往的机会。

第三，康复教育的责任主要集中在中心的专业人员身上，这样可以减轻家长的心理压力。

（三）家庭-中心相结合的方案

此方案是将基于家庭的方案和基于中心的方案相结合，取二者的优势。因此，在家庭-中心相结合的方案中，专业人员的专业教育和家长的全力支持同等重要。

一般此类方案可分为中心干预部分和家庭干预部分两个部分。中心干预部分在各类康复中心内进行，由语言、言语、运动、社会、教育、心理、医学等各领域的专业人员进行专业集中干预，家长可以不参与。家庭干预部分在家庭内进行，家长接受专业人员的支持和培训，习得各类沟通技巧和教育措施。同时，专业人员对家庭教育进行评估诊断、指导帮助。这两部分早期干预的比重，可根据听觉障碍儿童的具体需要来制定。

尽管家庭-中心相结合方案抵消了基于家庭的方案和基于中心的方案各自的缺陷，但又不可避免地出现了自身的劣势，具体有以下几点。

第一，由于将早期干预分为两部分（中心干预部分和家庭干预部分），两部分干预的专业性、花费精力上有所不同，这给早期干预效果的评估带来了挑战。

第二，专业人员和家长都参与到早期干预中，二者所采取的教学方式可能无法保持一致，甚至出现相悖的现象，这会给听觉障碍儿童的学习带来混乱，不利于取得良好的教学效果。

第三，可能出现家长和专业人员之间的责任分散效应。

以上三种早期干预方案各有优缺，但随着《所有残障者教育法案》中规定要为听觉障碍儿童制订"个别化家庭服务计划"后，基于家庭的早期干预方案日益受到重视，家长在早期干预中的重要性也为教育者所共识，家长也开始参与到听觉障碍儿童教育的方方面面。

三、个别化家庭服务计划

（一）个别化家庭服务计划概念

个别化家庭服务计划是为具有特殊需要的儿童及其家庭提供各种早期干预和相关服务的书面计划和指导性文件，是对个别化教育计划的延伸。个别化家庭服务计划是《所有残障者教育法案》中 Part C 的重要内容，特殊儿童的早期干预需要根据个别化家庭服务计划来实施,它包含了特殊儿童及其家庭特殊服务需要的信息。通过个别化家庭服务计划,家庭成员和专业人员可共同制定、实施和评估为儿童提供的符合其家庭需要的服务。

(二) 个别化家庭服务计划的内容

根据美国《所有残障者教育法案》的规定,个别化家庭服务计划需要包括以下内容。

第一,特殊儿童当前的发展水平,包括身体发育、认知能力、交流能力、社会和情绪发展、适应性发展水平等。

第二,家庭当前所具有的资源、优势和教育服务需求。

第三,特殊儿童和家长所要达成的主要教育目标;计划实施的标准、步骤及期限;是否需要对计划实施结果进行调整或修订。

第四,特殊儿童及其家庭的独特的早期干预服务需求,包括早期干预服务所需频率、强度和服务提供的方法等。

第五,进行个别化家庭服务的自然环境以及在自然环境中不能够提供此服务的程度的陈述。

第六,个别化家庭服务计划开始的时间及所期望的周期。

第七,个别化家庭服务计划的执行者,他们将负责计划的执行并与相关的单位和人员进行沟通协调。

第八,为了特殊儿童过渡到学前班或其他适当服务而采取的步骤。[①]

除了以上八项内容之外,美国教育部还要求将医疗、其他相关服务、资金来源等列入个别化家庭服务计划,同时允许家长负责某些服务,一旦家庭负责了某项服务,也需要在个别化家庭服务计划中体现出来。

(三) 个别化家庭服务计划的制订

个别化家庭服务计划由特殊儿童家长、服务协调员及评估人员共同组成的多学科小组制订,制订过程包括以下步骤。[②]

(1) 鉴别家庭需求、优势及其资源。家庭需求、优势及资源将影响整个个别化家庭服务计划的制订。早期干预应该被视为一个供家庭使用的支持和服务系统,以帮助家庭提高养护特殊儿童的能力。在个别化家庭服务计划的第一步骤,早期干预小组与家庭之间的合作关系需要被确立并得到维护。

(2) 鉴别家庭活动环境。此步骤需要记录分析家庭的价值观、日常活动(如洗澡的时间、吃饭、游戏活动等)以判断家庭是否给予特殊儿童持续的参与和学习的机会。同时,还需要鉴别社区活动环境(如小区活动、游泳等)为儿童所提供的学习机会。

(3) 进行功能性评估。有效的功能性评估过程需要做到:关注家庭关于促进儿童发展的问题,重点在于关注每一个家庭成员所关心的和优先考虑的问题;收集特殊需要的信息,如:儿童是否具有参与相关服务的资格;对儿童的优势、需求以及活动、材料和环境偏好进行完全而精确的描述;由一名与儿童熟悉的人员在其熟悉的环境进行观察和其他的评估活动。

(4) 协商制定干预目标。根据收集到的评估信息,工作小组需要开会整理这些信息并

---

① Bruder,Mary Beth. The Individual Family Service Plan (IFSP). ERIC Digest #E605. 2000:1-8.
② 同上。

掌握家庭关心的问题、优先权以及可用的资源等以制定教育目标。在这一步骤中,家庭参与是必需的。提升家庭教育能力和促进儿童参与有意义的家庭活动是干预目标关注的焦点。

(5) 干预责任分配。当干预目标制定好后,早期干预小组需要分配各服务项目的责任。个别化家庭服务计划要求必须具备一个整合的、相互协助的干预小组。采用跨学科的干预小组是整合不同专业信息和技能的方法之一。在这一步骤中,所有的小组成员都需共同进行教学、学习和工作以完成各项干预目标。但是在这个工作小组中,只有少数成员是早期干预的主要执行者,其他成员仅提供直接或间接的服务,如医疗人员、物理治疗师等。

(6) 制定执行干预计划的策略。在这一步骤中,干预小组需要增加特殊儿童学习的机会,充分利用环境来促进儿童的学习,选择最有效的策略、强化物来支持儿童学习。一般情况下,早期干预策略应能促进特殊儿童将所习得的技能泛化到不同的环境中,应能在一个活动中包含不同的干预目标,同时还应能帮助儿童在自己的世界中更加独立。因此,从理论上讲,早期干预策略必须满足以下条件:① 嵌入日常生活环境中;② 强调功能性能力的习得;③ 增加儿童参与到环境中的可能性;④ 囊括社会性活动和非社会性活动。

(四) 个别化家庭服务计划的实施

对于听觉障碍儿童而言,其早期干预主要集中于语言获得和交流能力发展上。由于听觉障碍儿童与其家庭成员之间希望尽早建立流畅的沟通,因此其沟通交流和语言发展的目标不仅要关注儿童自身语言的多方面发展,还需要加强听觉障碍儿童与养育者之间的沟通。

干预策略选择应该基于实际效果和个体发展的适宜性。一般要求专业人员与家庭进行协商以确保所提供的服务是个别化家庭服务计划内的服务内容,并能够反映家庭的观念和生活方式。弹性的干预策略是必需的,它允许家庭对已获得的服务和干预方法进行修正以符合儿童和家庭不停变化的需求。在策略重新选择的过程中,家庭可能只是选择了那些他们自认为有用的服务,这时专业人员有责任向家庭推荐并鼓励他们去争取那些符合儿童利益的服务。

在沟通策略和辅助技术的选择上,家庭与专业人员也需要进行协商,需要不断观察听觉障碍儿童在游戏过程中的沟通和日常交流以判断其沟通和语言发展水平,并最终根据这些信息对沟通策略和辅助技术做出调整。

总而言之,个别化家庭服务计划的实施过程更多的是家庭与专业人员不断进行协商从而对干预策略和方法做出调整的过程。

(五) 个别化家庭服务计划的评估

对任何早期干预计划而言,进行持续和定期的评估都是必要的。评估的重点在于听觉障碍儿童所达成的预期干预目标的程度和早期干预项目本身的质量,将对干预策略的有效性、目标达成程度、服务质量进行全面的评估,评估的方法有很多种,如观察、视频、家庭访谈、量表等。无论何种评估方式都必须包含以下几个问题。

第一,听觉障碍儿童达成干预目标的程度和速度如何?

第二,所选择的干预策略和活动是否促进了听觉障碍儿童的发展?

第三,是否需要对个别化家庭服务计划做出调整?[①]

对个别化家庭服务计划的定期修订是一种分享听觉障碍儿童进步并将其纳入个别化家

---

① Bruder, Mary Beth. The Individual Family Service Plan (IFSP). ERIC Digest #E605. 2000: 1-8.

庭服务计划的重要方法。《所有残章者教育法案》要求每年都对个别化家庭服务计划进行评估和修订,并且需要每6个月进行一次定期性评估。这种持续性的评估将为家庭和儿童提供持续性的支持以使其认识自身的优势和了解可供其使用的教育资源。

(六)个别化家庭服务计划与个别化教育计划的区别

在某种程度上说,个别化家庭服务计划是个别化教育计划向幼儿的延伸,在本质上都属于个别化教育的一部分。但二者在几个重要的问题上存在差异,个别化家庭服务计划主要遵循以下几点原则。

第一,以家庭为中心,因为家庭是儿童生活的重要部分。

第二,将家庭纳入早期干预对象中来。

第三,采纳了自然环境的理念,包括家庭和社区环境,如公园、儿童中心、健身课等。这将在日常生活和活动中为儿童创造学习的机会,而不仅是创设环境。

第四,包括卫生机构和公共事业机构提供的干预服务,为早期干预做出补充。

第五,任命一名服务协调员帮助家庭制订、实施和评估个别化家庭服务计划。[1]

四、早期干预的基本原则

为了提升效果,听觉障碍儿童的早期干预应遵循以下八个原则。

第一,早期鉴别和诊断。这是听觉障碍儿童早期干预的最基本原则。虽然美国和我国都开展了儿童早期听力筛查,但是有部分儿童在初次筛查后才出现听觉障碍。因此需要家庭持续关注儿童的行为,以早日发现儿童是否具有听觉障碍。

第二,持续的听觉评估。听觉评估需由受过培训的专业人员来执行,他们具备与听觉障碍幼儿和儿童进行交流的知识和经验。

第三,早期干预小组需要帮助家庭了解听觉障碍儿童的自然特性。例如,儿童属于传音性耳聋还是感音性耳聋,各自的特征是什么,在平时的教育过程中需要注意哪些问题等。

第四,早期干预要求工作小组相互合作,而家庭是这个小组的重要成员。专业人员和机构提供支持、辅助和建议以帮助家长更好地满足儿童的独特需求。这就要求在小组成员之间以无偏见的方式共享各类信息。

第五,在沟通过程中,家长与儿童是合作者,因此必须发展一套有效的沟通系统来帮助儿童语言系统的发展。早期干预项目需要为家庭提供各类的沟通方式,包括口语、手语、双语、全面沟通法(见第6章第1节)。但是专业人员需要避免有偏向地引导家庭选择某一种交流方法,而应该帮助他们选择适合其家庭和听觉障碍儿童的语言发展策略。

第六,在儿童出生那一刻起就要发展听觉障碍儿童的语言,并且需要在日常生活中发展儿童的语言。

第七,家长必须帮助儿童管理助听器或其他听觉设备。早期干预项目必须帮助家庭了解如何维护助听器和其他扩音设备。

第八,家长是听觉障碍儿童权利的主要维护者和倡导者。早期干预项目需要帮助他们了解自身的法律权利。[2]

---

[1] Bruder, Mary Beth. The Individual Family Service Plan (IFSP). ERIC Digest #E605. 2000:1-8.

[2] Barbara Bard, et al. Young children who are hard of hearing or deaf: Intervention guidance for service providers and families. Connecticut Birth to Three System, 2007:1-44.

第 2 节 早期干预的内容与方法

听觉障碍儿童早期干预的目标为:根据聋儿的生理和心理特点,用科学的方法发掘聋儿的听觉、视觉、触觉、运动觉等其他感官代偿功能的作用,教会聋儿听和说,建立聋儿的有声语言体系,发展聋儿的语言交往能力,使聋儿接受教育获得知识,促使其体、智、德、美全面发展,为他们回归主流社会做好准备。[①] 可见,运动、认知、社会技能、生活自理能力与儿童的语言发展密切相关。0~5岁作为儿童各个方面发展最快的时期,需要教育者将运动、语言、认知、社会技能、生活自理纳入这个时期的早期干预计划中。

一、运动能力

(一)运动能力的内容

人体运动包括粗大动作和精细动作两个部分。在运动能力发展上,听觉障碍儿童与普通儿童具有相似的发展轨迹。

1. 粗大动作

在早期干预阶段,听觉障碍儿童的粗大动作的发展遵循以下的规律:

儿童首先学会头朝上,然后才学会依靠手臂和腿坐起来,进而通过手抓东西,转动身体来保持身体平衡。接着,儿童才学会爬行,以协调手臂和腿的动作,促进大脑的发育。之后,他能够借助外物站立起来,并逐渐学会行走并发展为跑跳,开始在更大范围探索周围的事物,这有助于其大脑的发育、认知和社会技能的发展。

2. 精细动作

粗大动作是在精细动作的基础上发展起来的,主要指手和手指动作。在手部动作发展的基础上,儿童发展出的精细动作包括三个主要方面:抓握动作、涂画和写字动作、生活自理动作。

(1)抓握动作。抓握动作是发展最早也是最基本的精细动作。婴儿刚出生便出现了无意识的抓握动作,至5个月左右开始有意识的主动抓握。大约6、7个月左右开始用手指抓握玩具,8、9个月时可以用拇指、食指开始捏的动作。之后,发展手眼协调动作。

(2)涂画和写字动作。这是儿童精细动作发展的重要一环。大多数儿童在15~20个月时就开始出现无规则、无目地乱涂乱画。之后才会画曲线和基本几何图形,并逐渐学会把不同图形进行组合。写字较涂画发展较晚,需要儿童能够熟练画不同图形后才能发展写字动作,一般要到4岁左右儿童才能书写数字和字母。

(3)生活自理动作。大约1岁左右儿童开始出现生活自理动作,包括穿衣、洗漱、进食等基本技能,其中穿衣、洗漱、进食等还包括了多种类型的动作。

(二)听觉障碍儿童的运动问题

部分听觉障碍儿童可能伴有感觉统合失调,常容易出现以下问题:生活自理能力与同

---

① 万选蓉. 简述聋儿早期干预理论及实施方法[J]. 中国听力语言康复科学杂志,2004,4(3):44-46.

龄儿童相比不足,如不能主动如厕、洗手、吃饭等;做事情动作缓慢;上下楼梯动作不协调、双脚不会交替;走路不稳,偏向一方;小肌肉运动能力与同龄儿童相比不足,如涂色、折纸、用剪刀差等。[1] 可见,部分听觉障碍儿童很有可能出现粗大动作和精细动作的发展滞后。

无论是粗大动作还是精细动作,复杂技能的出现都是建立在初级技能的基础上的。如果儿童在某一个技能上发展不完善或者滞后,将无法习得与之相关的其他高级的技能。所以早期干预要注意发展听觉障碍儿童的每一项动作能力。

(三)干预方法

1. 粗大动作训练

相较精细动作,听觉障碍儿童的粗大动作发展得较好。在粗大动作的训练上,听觉障碍儿童所需要的努力也相对比较小。在新生儿初期,可以将新生听觉障碍儿童竖起来抱或俯卧以练习抬头和爬的动作。同时可以对儿童进行抚摸、按摩、轻拍以及变换姿势来刺激其触觉,还可以摇动以刺激其前庭器官。

到了乳儿期,便需要制订详细的计划对其进行训练。由于儿童的粗大运动能力发展迅速,因此可以以月为单位制订计划。需要进行的训练包括:俯卧举头、头竖直、翻身仰卧到侧卧、婴儿体操、翻身、坐、独坐、爬、扶站、独站片刻、扶栏行走、蹲下起立等。

至婴儿时期,粗大动作已经发展得很好,因此可以创设各种游戏情境进行粗大动作训练。如:扶栏比赛上下楼梯、跑步、独脚站、双足跳、跳高、跳远等活动。这些活动可使听觉障碍儿童的粗大动作更加自动、迅速、柔和。以下简要介绍两例粗大动作训练。[2]

案例 7-1

青 蛙 捉 虫

目的: 发展听觉障碍儿童分合跳的能力。

材料: 若干自制的荷叶,一个用硬纸做的青蛙头,若干用卡片做的虫子等。

过程: 妈妈在地上将荷叶按照"一片、两片"的顺序前后摆放(如图7-1所示)。然后在这些荷叶的前面放上用卡片做的虫子。儿童戴上用硬纸做的青蛙头,扮演青蛙,在荷叶上分合跳。小青蛙跳到荷叶的前面,捉到害虫后再按原路跳回来,将捉到的虫子交给妈妈。

注意事项: 事先需要妈妈用手语或口语与听觉障碍儿童讲明规则,并进行示范。进行游戏时,每次跳的时间不宜过长。在做游戏的过程中,如果宝宝能独立完成动作妈妈要给予鼓励以增强他的自信心。

图7-1 摆放荷叶

---

[1] 刀维洁,等.感觉统合失调聋儿的教育对策[J].中国听力语言康复科学杂志,2006,18(5):48-50.
[2] 刘贵媛,吴燕霞.发展宝宝大肌肉动作的亲子游戏之三——跳[J].启蒙(0~3岁),2005(12):38.

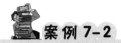

案例 7-2

小兔拔萝卜

目的： 发展宝宝向前行进跳的能力。

材料： 若干塑料圈，若干用硬纸做的萝卜等。

过程： 妈妈把塑料圈在地上摆好（如图 7-2 所示），当成小河。妈妈和听觉障碍儿童扮成小兔子。妈妈用手语或其他方式对宝宝说："你看小河对面有许多萝卜，你去拔一个给妈妈，好吗？"让宝宝双脚连续逐个跳过塑料圈到河对岸去拔萝卜。拔完萝卜后，再沿原路跳回来，把萝卜交给妈妈。

图 7-2　摆放塑料圈

2. 精细动作训练

精细动作的发展与粗大动作是相互交叉的，因此在进行粗大动作训练的同时，需要进行精细动作训练。关于精细动作干预的方法多种多样，主要还是通过各种游戏来完成。

（1）手部基本动作训练。一般在 0～3 个月时，家长就需要和婴儿一起做一些触摸抓握的游戏，尽量让婴儿接触各种不同质地、形状的东西，如硬的小块积木、塑料小球、小摇铃、软的绒毛动物、橡皮娃娃、吹气玩具等以丰富他的触觉经验，锻炼手的抓握能力。至 9～10 个月可以通过撕纸、打开瓶盖、捏橡皮泥等活动来提高其手指的对捏能力。

（2）手眼协调训练。大约 2 岁左右，可以让听觉障碍儿童进行仿画基本的直线或图形，也可以进行各种折纸训练。至 2 岁以后，可以对听觉障碍儿童进行更复杂的图画训练。之后进行剪刀的使用训练，以提高儿童的手眼协调能力。

（四）运动能力干预的原则

听觉障碍儿童动作训练需要遵循以下原则。

首先，由于个体的运动发展具有自上而下、由远及近、由粗大再到精细的规律，不可颠倒。因此，在进行运动训练时，需要根据听觉障碍儿童的年龄和实际动作发展水平来进行动作训练，并遵循儿童动作的发展规律。只有这样，训练才能够有效，并事半功倍。

其次，在日常生活中进行训练。幼儿时期儿童的学习很多都是通过日常生活习得的。家长需要做生活的有心人，在生活中发现能使幼儿进行学习的机会。如：让儿童打开瓶盖，触摸各种水果蔬菜以及玩具等。

二、语言

语言训练是早期干预的首要任务。与普通儿童不同，听觉障碍的语言有手语和口语两种。在制订语言训练计划、进行语言训练之前必须先确定选择何种语言进行训练。是选择手语，还是选择口语？或者选择手语、口语并重？这都需要家长根据听觉障碍儿童的需要来抉择。

但有一点可以肯定,在听觉障碍儿童的语言训练中实际上包含了手语训练和口语训练两个部分。手语一直被视为听觉障碍儿童的自然语言,也是第一语言,因此习得比较简单,训练所需要的努力也相对较小。而口语是听觉障碍儿童的主要问题之一,也是语言训练的重点内容之一。从广义上讲,口语训练可分为语音、词语、句子和语用四项内容。但在听觉障碍儿童早期康复实践过程中,常采用语言基本训练和语言交际训练"二分法"以明确构成语言训练的内容。其中,口语基本训练包括听觉训练、呼吸训练、发音训练、词语训练、句子训练;语言交际训练包括语言理解训练和语言表达训练。但不管如何进行分类,口语训练都离不开听、说、看。"听"包括狭义的听觉训练和听话训练,统称为听觉训练;"说"包括呼吸训练、发音训练、词语训练、句子训练、语言交际训练,统称为说话训练;"看"主要指看话训练,即"唇读",这也是语言训练的重要组成部分。以下将对口语"听"、"说"、"看"和手语训练的内容和方法进行详细阐述。

(一)听——听觉训练

听觉训练是指充分利用听觉障碍儿童的残余听力和助听设备的作用,通过专门而系统的训练以提高听觉障碍儿童的听觉能力。为了更准确地把握听觉训练这个概念的本质,这里需要将"听觉"和"听力"两个概念区分开来。听力是个体先天的能力,是依赖于听觉器官而对声音的感知能力;听觉是个体后天习得的,依赖于正常的大脑皮层来有意识地听取声音信号并进行综合分析、理解记忆的能力。因此听力或助听设备的佩戴是听觉训练的先决条件,听觉训练的目的是充分发挥听觉障碍儿童的残余听力或助听设备的作用。

1. 听觉训练的内容

个体的听觉能力发展分为声音觉察、声音分辨、声音识别、声音理解四个阶段。[1]

声音察觉是对声音的感知,包括感知声音的有无、声音的开始与结束等,是个体听力发展的最初阶段。这一阶段的训练内容包括:听觉游戏条件反应的建立、自发性机警反应的建立、对自然环境声音和音乐的感知。儿童需要学习适当的回应声音,从听到声音后有一些自发性反应(如:眼神寻找、转头或停下手边的活动等),到儿童一岁以后可开始练习对声音做出回应(如:听到声音后,搭一块积木)。能对声音做出明确回应,有助于提升听障儿童行为测听的准确性。

声音分辨阶段儿童开始将听到的不同声音区分开来。在这一阶段儿童必须习得的内容包括区分声音的时长、区分声音的响度、区分声音的音调。声音辨别能力训练也一般用于当儿童在识别及理解训练中出现错误时,进一步判断儿童是"听不好"还是说不好的问题,如辨别"裤子"和"兔子"是否一样。

到了声音识别阶段,儿童能够将听觉刺激与发声客体进行匹配,在于建立声音—意义联结,形成听觉表象,此阶段的声音开始变得有意义。在练习时,可从声音差异较大的物品开始,如先区分音节数不同的词语(苹果和梨)再到区分音节数相同的词语(苹果和香蕉),先从区分差异较大的拟声词("汪汪汪"和"嘎嘎嘎")再到差异较小的拟声词("吱吱吱"和"叽叽

---

[1] 梁巍. 听觉训练[J]. 中国听力语言康复科学杂志,2005,6(1):62-63.

叽")。

声音理解阶段是个体听觉能力水平发展较高的阶段。在此阶段儿童能够根据语境和上下文来理解语言的含义。训练的内容包括对日常用语和熟语的理解、对连续语言的理解、对简短故事中顺序关系的理解、在噪声背景中理解对话、对拟声或抽象语言的理解。

根据这四个阶段的发展水平和内容来看,声音觉察、声音辨别是较为初级的阶段,是对自然声音和人类声音的识别和理解,属于狭义上所说的"听觉训练"阶段。而声音识别和声音理解是对人类语言音素和含义的理解,属于高级阶段,为平常所指的听话训练阶段。二者共同组成了广义的"听觉训练"。

2. 听觉训练的方法

听觉训练的方法多种多样,如:声-物匹配法、听觉-反应游戏法、听声识图法、听声指认法、听声复述法、声音辨别法、视觉提示法、触觉提示法等。以下简要介绍声-物匹配法、声音辨别法、听-动协调法的训练方法。[①]

(1)声-物匹配法。声-物匹配法为最基本的听觉训练方法,适用于听觉训练的最初阶段。此方法将声音刺激和发出声音的物品同时呈现给儿童,让儿童在声音和物品之间建立起联系。如:当发出"呜呜～～～"的汽笛声时,将玩具火车呈现在其面前;当出现"汪汪～～～"的狗叫声时,拉一只狗到儿童面前,并用手指着它;当说出"苹果"这一词汇时,放一只苹果在儿童的手里。如果没有实物,可以用图片、照片或者录像替代。

(2)声音辨别法。声音辨别法可以分为两类:一类为辨别不同的声音;另一类为听声音辨别物品或图片。前者是指同时呈现各种不同的声音让儿童辨别出都是什么声音,或者呈现嘈杂的声音让儿童从噪音中辨别出声音。如:同时呈现火车、汽车、轮船、自行车、摩托车等的声音,让儿童一一辨别出来;呈现个体在嘈杂的街道上说话,让儿童辨别出个体所说的内容。后者是在儿童听到声音之后让他辨别是什么物体发出的声音。如:放牛叫的声音,让儿童在羊、猪、牛中选择正确的图片或者说出是什么动物发出的声音。

声音辨别法实际上是声-物匹配法的逆向,能够巩固听觉训练的效果。

(3)听-动协调法。听-动协调法能巩固听觉训练的效果,也称为"听觉-反应游戏法"。此方法可以分为听觉-动作法和听声复述法。听觉-动作法意即当儿童听到声音时,需要根据发出声音的物体或动物做出相应的动作反应。如:听到算盘的声音时,需要拨打算盘;听到积木的声音时,要搭积木;听到敲门的声音时,需要起身去开门;听到汽车的声音时,需要做出开车的动作。听声复述法则是当儿童听到声音或语言时,要进行复述。如:听到猫叫模仿猫叫;听到"a"的声音,自己也发出"a"的声音。

这三种方法是最基本的听觉训练方法,通过此三种方法又衍生出了不同的训练方法。如:通过声-物匹配法衍生出了听声识图法。但这些听觉训练法在本质上都是将声源与声音相匹配。在实际的操作过程中,则是将多种方法相结合,充分调动儿童的手、眼、触觉、听觉等多感官通道。

---

① 刘全礼. 特殊儿童的家庭教育[M]. 天津:天津教育出版社,2007:30.

(二)说——说话训练

1. 呼吸训练

呼吸可分为自然呼吸和言语呼吸两类。自然呼吸是人在自然状态下自动进行的吸气换气活动。言语呼吸是指人在言语过程中主动进行的吸气换气活动,这时自然呼吸已经不能满足言语的要求,需要个体对自己的气流进行控制。这里所指的呼吸训练主要是言语呼吸训练。

有效控制自身的呼吸,是人进行流畅、清晰的语言交流的重要条件。如果呼吸不均匀、气流控制不佳,将导致声带控制不佳,极有可能出现发音不清,甚至无法言语。因此,对听觉障碍儿童进行言语呼吸训练的重点在于气流控制训练。在听觉障碍儿童中,经常出现的言语呼吸问题有:底气不足,发音微弱而不清晰;不会换气,语音丢失严重;口腔、后唇、齿舌无法配合,发音短促,没有声调。但说到底,听觉障碍儿童的呼吸问题在于其过度依赖于胸式呼吸,而非腹式呼吸或歌唱呼吸。而后者在人的言语呼吸中占有重要的作用。

根据听觉障碍儿童的呼吸特点,有两种比较可行的早期干预方法:腹式呼吸训练和歌唱呼吸训练,二者的目的都是将听觉障碍儿童的胸式呼吸转换为腹式呼吸。

腹式呼吸训练的主要任务是训练听觉障碍儿童能够自如地运用腹部进行呼吸。腹式呼吸训练可以按照如下的顺序进行训练。①

上述几个步骤中的每一个步骤都须完成,如有一个步骤未完成则退回前一步骤,直至形成自然舒适的腹式呼吸运动。在此阶段,早期干预者需要帮助听觉障碍儿童将胸式呼吸转化为腹式呼吸。如在儿童的腹部放置一本小书,让儿童能够观察到呼气吸气时腹部的起伏变化;或者教育者可以用手轻按腹部帮助儿童采用腹部吸气等。此外,还需要对呼吸肌群进行训练,如肋间肌、膈肌、腹肌等,以使听觉障碍儿童能够吸入更多气体。训练可以通过各种游戏运动来进行,如慢跑、蹦床等。

在进行腹式呼气和吸气训练时,要遵循循序渐进的原则。在建立了较自然的腹式呼吸训练后,需要提高对其吸气深度和呼气长度的要求。训练方法可以多种多样,如:可以让儿童吹蜡烛或是吹泡泡;当进行仰卧位腹式运动训练时可以在儿童的嘴部覆盖一张彩色薄纸,让其呼气时用力吹起,吸气时深深凹陷。进行腹式呼气和吸气训练最为常用的方法为呼吸锻炼操,它是一系列的动作练习,目的是帮助听觉障碍儿童的呼气肌肉群和吸气肌肉群正常发育。常见呼吸锻炼操如下:

呼吸锻炼操

第一节:扩胸运动(二、八拍)

两臂弯曲平举至胸前,然后把两臂伸开向后甩,注意不要缩脖子和端肩。一拍一个动作。

第二节:呼吸运动(四、八拍)

---

① 王衍龙. 聋儿听力语言康复中的呼吸训练及定量测量[D]. 吉林:吉林大学,2004.

两手缓缓向上吸气,两手缓缓向下呼气。两拍一个动作。

歌唱呼吸训练法是通过唱歌的形式来训练听觉障碍儿童的呼吸运动,是一种难度较高的呼吸方式。它要求吸入更大量的气体,而在呼气歌唱时,也需要更好地控制气流以满足歌唱时所需的宽广音域以及音长。所以采用儿歌的形式对儿童进行呼吸训练是一种有效的方法,而且儿歌也更能引起听觉障碍儿童的兴趣。

2. 构音、发音器官训练

构音、发音器官是进行语音发声的基础,是影响语言清晰度的重要因素之一。构音器官主要包括唇、舌、软腭、口等部位,而发音器官主要指声带。由于听觉障碍儿童的这些器官得不到合理的锻炼,因此听觉障碍儿童常出现各种构音和发音障碍,所以,需要对构音和发音器官进行训练。训练方法有本体感觉神经肌肉促进法、口腔运动法、舌操三种方法。

(1) 本体感觉神经肌肉促进法。本体感觉神经肌肉促进法是一种利用运动感觉、姿势感觉等刺激,增强有关神经肌肉反应,促进相应肌肉收缩的锻炼方法。运用在构音和发音器官的训练中就是对与构音发音相联系的唇舌、空腔等相关肌肉施加外界刺激,促进相关肌肉收缩。常见的刺激方法有:感觉刺激、压力、牵拉和抵抗。感觉刺激就是用学习牙刷左右刷舌头上表面、下表面、舌尖以及刷口腔内上下、左右粘膜;压力就是对舌肌、舌骨施加压力,用学习牙刷压;牵拉即牵拉舌肌,诱发更大的收缩,用学习牙刷轻轻拍打舌肌;抵抗指舌肌、咬肌等抗阻运动,用学习牙刷压抵舌尖(向上或向下)。

(2) 口腔运动法。口腔运动法主要包括下颌运动、唇运动、舌运动、软腭运动以及交替运动等方面的训练。下颌运动又包括张闭口、下颌前伸、左右侧移;唇运动包括撅嘴、闭唇、鼓腮等;舌运动包括前伸、左右摆动、后卷、环形"清扫"等;软腭运动包括用力叹气,发"a"音,发"pa"、"da"、"ma"、"si"、"shu"、"ni"音;交替运动包括张闭口、唇前噘后缩、舌头伸出缩回左右等。进行口腔运动训练时,可以采取游戏的形式进行。例如,在进行鼓腮训练时,可以让孩子一边摸训练者的腮帮,一边让孩子做出相应的动作。

(3) 舌操。舌操是舌运动的重要训练方法。进行舌操训练时,需要遵循以下的步骤。

第一步:舌尖抵住上齿龈,舔着上腭往后钩,然后舌尖舔着上腭慢慢放在齿后。

第二步:舌尖放下后再向嘴外慢慢伸,伸得越长越好,然后快速收进。

第三步:舌尖用力顶左腮,顶得面部越鼓越好,然后用同样的方法顶右腮,反复交替多次。

第四步:舌头平放,用牙齿轻轻咬舌面,牙齿边咬舌头边往外伸,然后又慢慢地缩回来。也可用牙齿轻刮舌面。

3. 发音训练

在听觉障碍儿童能够控制气流且构音发音器官能够收放自如后便可进行发音训练。发音训练包括语音发声训练、语词发音训练、语句发音训练、语言模仿跟踪游戏等内容,具体见表7-1所示。

表 7-1 听觉障碍儿童发音训练的主要内容[1]

项目分类	内容提示		内容要点
语音发声训练	自然起音感知训练	软起音感知训练 快/慢节奏	以/h/为自然起音感知训练内容,结合快慢不同的节奏,以幼儿律动的方式进行训练
		硬起音感知训练 快/慢节奏	
	目标起音训练	目标音软起音训练 快/慢节奏	目标音: ① 6个单元音、4个前响复韵母(ai/ei/ao/ou)、5个后响复韵母(ia/ie/ua/uo/ue)和3个声母(b/y/w) ② 2个中响复韵母(uai/uei)、4个前鼻尾韵母(an/in/en/un)和7个声母(p/d/t/f/m/z/c)
		目标音硬起音训练 快/慢节奏	③ 2个中响复韵母(iao/iou)、4个前鼻尾韵母(ian/uan/üan/uen)和7个声母(s/j/q/x/zh/ch/sh) ④ 8个后鼻尾韵母(ang/iang/uang/eng/ing/ueng/ong/iong)和6个声母(g/k/h/l/n/r) 注意快慢节奏、声调的选择及游戏方式
语词发音训练	快/慢节奏		语词的选择要包含目标音,且选择的词汇应符合听觉障碍儿童的语言年龄和水平
语句发音训练	快/慢节奏		语句内容的选择要包括目标语词、注意句长、注意句式和语气韵律
语言模仿跟踪游戏	快/慢节奏		综合训练和检查孩子含有文化色彩的连续语言的语言发音能力

发音训练的方法多种多样,如掩蔽法、甩臂后推法、哼唱法等。尽管方法多种多样,但在发音过程中一定要按照"示范—模仿—反馈—矫正"的顺序进行。在这一原则下,既可以单独进行发音训练,也可以将听觉训练、词句训练相结合来训练发音。

4. 词语、句子训练

学前阶段,尤其是1~3岁是儿童语言发展最迅速的时期,因此应当抓紧婴儿期的词语、句子训练,帮助儿童理解日常用语、积累词汇、学会简单的表达、学习简单句式的使用。

词汇学习是一个将物品和词汇相结合的过程。它不仅仅需要学会一个词如何发音,更要掌握这个词汇所代表的含义。词汇的种类较多,包括名词、动词、代词、虚词、连词、副词、介词、量词等。在幼儿时期主要以名词、代词和动词的学习为主。在词汇训练过程中,需要遵循以下三个原则:第一,在日常生活中进行词汇积累。这是对听觉障碍儿童比较有效的学习方式。词汇的积累依赖父母无时无刻地对听觉障碍儿童进行教学。待词汇积累了一定量后,还需要采取游戏等方式帮助儿童将词汇进行分类。第二,通过不同感官体验来表达感知方面的词汇。如:视觉上的远近、快慢、大小、各种颜色等;通过触觉来分辨粗细、硬软等;通过味觉来识别苦、甜、酸、辣等;通过心理感受来习得哭、笑、生气、惊讶等表情。第三,先教

---

[1] 梁巍. 发音训练[J]. 中国听力语言康复科学杂志,2005,9(2):52-53.

学基本词,再教学复杂的词。如:一般先学习名词,再学习相关的动词,之后才学习代词。[①]

在学前时期,儿童所能够习得的句子类型有限,主要有陈述句、祈使句、疑问句、把字句等。在这个阶段的训练中同样要遵循先简单再复杂的原则。同时,句子的练习要放在日常生活对话情景中进行,父母要经常多与听觉障碍儿童说话。其中,最为有效的教学方法是讲故事。家长可以每天晚上与儿童一起讲故事。在讲故事的过程中,既可以家长讲,也可以儿童讲,更可以是二者扮演不同的角色进行对话。通过讲故事不仅可以增加儿童的词汇和句式,还能够促进儿童的语言表达能力。

但是在词汇训练和句子训练的过程中,父母不要过度关注听觉障碍儿童的发音问题,只要适当的矫正即可,更多的注意力应该放在培养儿童的积极性、鼓励儿童多用口语表达词汇和句子、在日常生活中多与他人交流等方面。

5. 语言交际训练

语言的最终价值在于运用。而所谓的语用,其实就是利用已经学得的词汇、句式,与他人进行恰当的、符合情景的语言交际。语言交际实际上是语言训练的最后一个环节。

听觉障碍儿童的语言交际训练包含了听话训练、表达训练等多方面的内容。听话训练已经在"听"那部分介绍过了,这里只介绍表达训练。以下是表达训练的两种基本方法。

(1)角色扮演法。角色扮演法是由听觉障碍儿童和家长分别扮演不同的任务角色,进行对话的一种训练方法。下文以"指偶游戏"为例简要介绍角色扮演法。

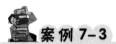

案例7-3

指 偶 游 戏

目的: 锻炼听觉障碍儿童的会话技能及想象力

人员: 听觉障碍儿童和家长

材料: 指偶两个(小熊和长颈鹿)

过程: 家长和听觉障碍儿童各自挑选一个指偶,戴在食指上。由家长开启话题,引导儿童进行对话。对话按照为指偶命名——成为朋友——一起去公园玩——回家再见的过程展开

注意: 家长需要引导听觉障碍儿童展开对话,但需要顺着儿童的意向进行引导

在角色扮演过程中,家长只是扮演引导的角色,而非语言的主导者,家长需要注意引导听觉障碍儿童成为语言发展的主导者。

(2)故事复述法。故事复述法包括听故事和讲故事。复述故事不是让儿童背诵故事,而是要求儿童能用自己的话将故事说出来。一开始儿童可能会出现背诵的现象,但教师或家长不要干涉,应逐步训练儿童到能用自己的话去说故事大意的程度。在此基础上,还可以采用续编故事或创编故事的方法进一步拓展孩子的语言能力。

---

① 梁巍. 语言训练[J]. 中国听力语言康复科学杂志, 2005, 10(3): 55-56.

(三)看——唇读训练

1. 唇读

唇读,又称"看话",是指聋人利用视觉信息,感知言语的一种特殊方式和技能。看话人通过观察说话人的口唇发音动作、肌肉活动及面部表情,形成连续的视知觉,并与头脑中储存的词语表象相比较和联系,进而理解说话的内容。[①] 唇读在听觉障碍儿童的学习和生活中占有重要的地位。

由于唇读高度依赖于视觉,因此说话者说的内容的可见性便成为影响唇读的重要因素,这里的可见性不仅指音素可见性,还包括了长度可见性。[②] 在汉语拼音中,音素可见性是指单韵母、复韵母、声母的可见性。研究结果表明,单韵母的可见性最高,听觉障碍儿童对此的辨别也是最好。这是由于单韵母为元音,其具有自身独特可见的视觉形状。复韵母次之,因为复韵母是由元音和鼻音等其他音组成,元音的可见性使得复韵母的可见性提升,但是由于多个音的组合延长了发音,又给唇读带来了困难。声母的可辨别性最低,因为声母均由辅音构成,可见性比较低。因此,听觉障碍儿童的唇读语音识别的难点是声母。

关于长度可见性,实际上指字词长度或句子长度对唇读的影响。一般情况下,听觉障碍儿童对单个字的认识要好于对词的认识,而对词的认识又好于对句的认识。在句子中,短句又稍好于长句。在实际生活中,一般所碰到的都是句子,这必然给听觉障碍儿童的唇读带来挑战。这种挑战体现在对听觉障碍儿童工作记忆能力的高要求,还体现在对听觉障碍儿童环境和语境的准确把握能力的高要求。

其实,影响听觉障碍儿童唇读能力的因素还有很多。例如,长期的口语教学方式能提高听觉障碍儿童的唇读能力,[③]佩戴助听器儿童的唇读能力也高于没有佩戴助听器的儿童。[④]但是最根本的影响因素为音素的可见性,因此听觉障碍儿童的唇读训练内容主要是训练听觉障碍儿童对基本音素,特别是声母的唇型辨别。

2. 唇读训练

唇读训练的具体形式多样,基本上可以归纳为两种形式:一种为面对面的唇读教学,即教师和儿童面对面坐着进行唇读训练;另一种为影像唇读教学,即儿童通过观察影像的口型来进行唇读训练。对于学前幼儿而言,面对面的唇读教学可能更加适合。唇读训练的内容包括音素唇读、单词唇读、词句唇读、故事唇读四个部分。

唇读训练需要经过以下步骤:① 记忆阶段。向儿童呈现某个音、词、句的口唇的运动形式,并教听觉障碍儿童记住。② 模仿阶段。让听觉障碍儿童模仿这一口唇运动形式。③ 理解阶段。向儿童呈现这一口唇运动形式与它所代表的事物的含义,以建立二者的联系。④ 表达阶段。让听觉障碍儿童将自己所读懂的口唇含义,通过自己的语言表达出来。

针对唇读训练,曾凡林和汤盛钦提出了如下的建议:第一,发音清晰,语调正常,不要只见口部动作而不发音。第二,唇读训练开始时语速稍慢,逐渐加快至正常语速。第三,口部

---

① 朴永馨. 特殊教育辞典[M]. 北京:华夏出版社,1996:188.
② 雷江华. 听觉障碍学生唇读的认知研究[M]. 北京:中国社会科学出版社,2009:80-85.
③ 雷江华,方俊明. 口语教学对听觉障碍学生唇读语音识别技能发展的作用研究[J]. 教育研究与实验,2007(3):70-72.
④ 雷江华,等. 助听器对听觉障碍学生唇读汉字语音识别的作用[J]. 心理科学,2006,29(6):1442-1443.

动作、面部表情和手势动作要自然,不要夸张。第四,说话要连贯,自然生动,声情并茂。第五,短句一气说完,长句则要根据意群略有停顿。第六,不同的词要避免音同。第七,句式灵活,同义反复。①

为了提高唇读训练的效果,还需要借助辅助技术以帮助听觉障碍儿童看清唇型。常见的辅助技术有:触觉辅助、助听器辅助和手语辅助三种方式。触觉辅助主要是将幼儿的手置于发音者的口唇处或是喉部,以感觉发音时这些部位的运动方式;助听器辅助是通过助听器使得个体能够听到说话人的声音,将声音和口唇形状结合起来进行语言辨别;手语辅助,是通过打手势来帮助听觉障碍个体理解说话人所表达的内容。业已证明这三种方式对听觉障碍儿童的唇读训练有效。但是在使用这些辅助技术时,还需要注意听觉障碍个体对辅助措施的过度依赖。

(四)手语学习

手语学习与口语学习一样,都遵循从词汇到句子的发展过程。因此,教听觉障碍儿童习得手语需要从这两个方面入手,循序渐进。在进行手语教学之前,家长和教师自身先要进行系统的手语学习。

1. 手语词汇的习得

听觉障碍儿童首先要学会他周围与之相关的人或物的手语词汇,因此家长或教师需要留心儿童的兴趣,帮助其学习手语词汇。当教学手语词汇时,最好靠近所说的人或事物,以帮助儿童建立手语和人或物之间的关系,并反复打几次,以确定儿童是否明白。如果儿童明白了,要鼓励他,并重复几次。之后,尽可能地再次使用这个手语词汇,以帮助儿童巩固知识。

当儿童习得相应的词汇后,家长或教师同样需要帮助儿童将手语词汇进行分类。同时,还需要鼓励听觉障碍儿童开始使用这些词汇,表达简单的需求。在鼓励儿童进行词语表达时,反馈非常重要。家长和教师需要对他所打的手势进行观察,判断其手势所表达信息的清晰度。之后家长和教师需要打出正确手势,并重复几遍。最后让儿童模仿家长和教师的手势。

2. 手语句子的习得

在习得了手语词汇后,听觉障碍儿童便可以将不同的词汇放在一起形成词组或者句子,表达更为完整的意思。在进行手语句子表达之前,儿童首先要理解他人所表达的手语句子。

在手语句子理解阶段,当儿童打出一个词汇时,家长或教师需要扩展他的话,将其词汇扩展为一句简短的话,然后观察儿童的反应。如果儿童明白了就表扬他,并重复几遍,直至其学会。在这个阶段,更为重要的任务是让儿童习得手语的语法结构或者词组结构。

在手语句子表达阶段,听觉障碍儿童的主要任务是将习得的手语词根据句子结构表达成一句话。方法可以多样,可以鼓励儿童模仿家长和教师所扩展的句子;也可以采用问答的形式,让儿童用句子回答家长和教师的问题;还可以采用对话的形式进行手语聊天。与口语句子理解相似,手语句子习得的重要方式也是讲故事和角色扮演。在这里就不再复述。

尽管手语和口语属于不同的语言体系,但它们都是一种语言,都由词、句、语法等构成。其教学的方法也大体相同,可以相互通用。

三、认知

根据皮亚杰的认知发展阶段理论,早期干预时期听觉障碍儿童的认知发展还处于感知

---

① 曾凡林,汤盛钦. 言语的语言特征和听力障碍儿童的看话训练[J]. 特殊儿童与师资研究,1994(1):30-33.

阶段和前运算阶段(2~7岁),其认知能力的特点为能使用语言表达概念并具有自我中心倾向、能使用符号代表实物、能思维但不合逻辑、能局部看待事物。听觉障碍儿童早期的认知发展如表7-2所示。

表7-2 0~5岁儿童的认知能力发展①

年龄	认知能力
3个月	认识负责照顾他的人,不舒服或饿时会哭
6个月	对物体感兴趣,并开始用不同的方式玩玩具
12个月	能够解决简单的问题,开始理解因果关系
2岁	能搭配物体,把不同的物体联系起来,并能较长时间集中于一个活动
3岁	能拼放形状符合的物体;把东西分类;将东西分开和合并
5岁	具有简单的方向感;会简单的拼图;开始理解数字

听觉障碍儿童的认知发展与他们的语言发展和动作发展密切相连。语言发展滞后也是个体认知能力发展特别是抽象思维能力发展滞后的主要原因之一。听觉障碍儿童的认知能力需要通过语言和动作表现出来。

对学龄前听觉障碍儿童的认知教育可以在不同的年龄段进行。② 在新生儿时期,可以对听觉障碍儿童进行视觉刺激和触觉刺激。至乳儿期,认知能力训练可以围绕认识周围的物品来进行。先从触摸、抓握、找玩具、敲打和摇动玩具等动作开始感知周围的物品,接着可以通过抓取、双手玩玩具、投入、认识物品、认识图片等来认识物品。婴儿时期,听觉障碍儿童的认知获得了进一步发展,可通过动手游戏,如:搭积木、插片、盖盒子、装东西、图画、穿珠子、画图、点数来教儿童基本的认知概念,这些认知概念包括长短、大小、粗细、形状、颜色等。婴儿期后,儿童的认知更加抽象。这一阶段的训练则可以通过更为复杂的游戏活动进行训练,如拼图、数字学习、迷宫、手工制作等来提高他们的方向感、数的概念、问题解决、事情之间的联系等认知能力。

四、社会技能

作为一个社会人,听觉障碍儿童社会行为的发展同样重要。根据埃里克森(Erikson)个体的发展阶段理论,个体在早期干预阶段的主要社会发展任务是与家人建立信任的依恋关系,与他人建立良好的关系,能够求助并帮助他人。这一时期,儿童的社会发展特点如表7-3所示。

表7-3 0~5岁儿童的社会行为发展和主要任务③

年龄	社会交往能力	主要任务
3个月	用声音或抚摸可以哄他;玩的时候会笑	接受照料,建立对环境的信任
6个月	害怕陌生人;需要别人的注意;认识他人	
12个月	学会使用姿势;会和他人进行游戏;家长离开会哭泣	

---

① 桑迪·尼尔曼,等.聋童早期干预指南——家庭和社会共同帮助听觉障碍儿童成长[M].吴安安,译.南京:江苏教育出版社,2009:235-244.
② 万选蓉.简述聋儿早期干预理论及实施方法[J].中国听力语言康复科学杂志,2004,4(3):44-46.
③ 桑迪·尼尔曼,等.聋童早期干预指南——家庭和社会共同帮助听觉障碍儿童成长[M].吴安安,译.南京:江苏教育出版社,2009:235-244.

续表

年龄	社会交往能力	主要任务
2岁	和其他小朋友一起玩；模仿照顾他人；需要时向他人求助	模仿他人的社交方式，建立自主的性格
3岁	喜欢在家帮忙；喜欢他人夸奖；意识到别人的感受	
5岁	和其他儿童一起玩耍；理解规则及诸如对错、公平的含义；能表达自己的感受	认同自己，能够发起活动并喜爱学习

听觉障碍儿童的社会交往技能习得困难。由于听力受损，加之沟通能力有限，听觉障碍儿童往往无法理解他所看见的行为以及行为背后的动机或原因，这也导致他们出现了各种行为问题，而无法像普通儿童一样获得如表7-3所示的社会发展过程。因此，在早期干预阶段，听觉障碍儿童的主要任务是学习如何与他人进行沟通、如何与他人合作以及如何控制他们的问题行为。

（一）社会交往技能

社会交往技能的发展是听觉障碍儿童社会行为发展最为主要的任务，包括建立友谊和交流情感两个重要方面。

因为无法理解他人的行为，听觉障碍儿童与他人建立良好的关系困难。他们在社会交往中更多地表现为以自我为中心、较为孤立。为了帮助他们与其他儿童建立良好的友谊，家长和教师往往需要付出极大的努力。首先，家长和教师需要帮助听觉障碍儿童了解与伙伴共同玩耍的一些基本规则，如加入游戏之前需要征求他人的同意，玩耍时如何合作、分享等。其次，家长和教师需要帮助其他儿童学会如何与听觉障碍儿童交流。

情感交流是听觉障碍儿童需要学会的另一个重要任务。一个无法用语言清晰表达自己情感的儿童，其必然不会通过恰当的行为来表示自己的情感。所以家长和教师要帮助听觉障碍儿童建立良好的情感交流模式。一方面，家长和教师可以通过帮助儿童习得情绪手语或词汇来表达自己的情感；另一方面，家长和教师可以引导儿童感受自己的情绪，并开始了解如何控制自己的情感。

在对听觉障碍儿童社会交往技能的培养上，有对友谊建立和情感交流分别进行干预的项目，但更多的是将二者融合于同一社交技能干预项目中进行综合的训练。一般情况下，社会交往技能干预项目需要包含以下内容：基本的礼仪、协商的能力、矛盾解决的能力、合作和分享的能力、感情表达。一般的干预程序如下。

第一，教师进行社交技能的介绍和讲解。

第二，教师进行社交技能的示范。

第三，听觉障碍儿童进行角色扮演。

第四，教师对儿童的表现进行反馈、强化。

第五，与儿童一起讨论他们的表现以及应该采取什么方式。

第六，不断地练习，并泛化到其他的情境中。[1]

---

[1] Suarez, M.. Promoting social competence in deaf students: The effect of an intervention program[J]. Journal of Deaf Studies and Deaf Education, 2000, 5(4): 323-336.

(二) 问题行为管理

听觉障碍儿童问题行为的产生多与沟通问题相联系。当他们无法与成人或健听儿童进行有效沟通时,他们就会气馁、不安和生气。因此,要有效地管理听觉障碍儿童的问题行为,提高他们的沟通能力,以下几种便是可供选择的方式。

第一,直接告诉听觉障碍儿童。此方法较适合听力较好的儿童,告诉他时语气要坚决。

第二,用手势解释说话的意思。

第三,用图片呈现出听觉障碍儿童需要做的行为。

第四,手把手地帮助听觉障碍儿童按照说话者的要求完成。[1]

但是教育者需要注意,对儿童问题行为的管理方式不可采用打骂的方式进行。更为重要的是,教育者自己要言传身教,给听觉障碍儿童树立良好的行为榜样,以供他们模仿。

第3节 听障儿童早期干预方法的发展

听觉障碍者的核心障碍是听觉损失,进而引发语言障碍,导致沟通困难,影响其学习能力、情绪、人格发展、社会适应、职业生活等各方面的问题。但听觉并非学习语言的唯一管道,且随着听力补偿技术等补救方案的发展,听觉障碍儿童可以和普通儿童一样接受教育、发展语言与沟通的能力。语言训练是听障儿童早期干预中的重要任务,本节着重介绍听障儿童早期干预中各类方法的发展和现状。

一、听障儿童的沟通途径

沟通是维持生命的基本技能。根据 Haward(1995)的定义,沟通包括信息的编码、传递与解码。德内斯(Denes)和平森(Pinson)提出言语链(Speech Chain),在输出部分的第一步骤是沟通者心中的想法或概念通过语言编码变成信息,第二个步骤涉及选定语音的构音和发音,使用发音器官产生声波。当声波到达人耳时就开始沟通的输入历程。听觉机制运用四周的声波将信息传达给大脑解码的系统,解码者必须想出和编码者原来信息一样的信息,才是有效、成功的沟通。听觉障碍者在沟通的输入部分,因听力损失使得听觉信号的接收有困难,而重度听障者因长期缺少听觉信息的输入,也在一定程度上影响对语言信息的解码过程,阻碍沟通各环节的完整达成。[2]

但言语并非沟通的唯一途径,对听障人士而言可以有如下一些沟通途径:(1)手语,即用手和手指表达语言。经过长期发展,手语被广泛认为是一种语言系统,如美国手语(American Sign Language)和中国手语等。(2)口语,即指通过发音,采用言语的形式来沟通。对于听觉障碍儿童而言,听力补偿技术和剩余听力的充分利用为其口语发展提供了基础。(3)语言编码系统,例如英语编码系统(English Coding Systems),其使用视觉的方法来表达英语。编码系统本身并非语言,英语编码系统中采用美国手语中的手势和指拼来代表英语,同时也

---

[1] 桑迪·尼尔曼,等.聋童早期干预指南——家庭和社会共同帮助听觉障碍儿童成长[M].吴安安,译.南京:江苏教育出版社;2009:129.

[2] 林宝贵.沟通障碍理论与实务[M].台北:心理出版社,2004.

采用英语语法和词语顺序。(4)暗示语(Cued Speech),即可以帮助听觉障碍人士更好地听懂口语所采用的发音辅助记号,例如在发音的同时,用不同的手势区分"b"和"p",以使得听觉障碍人士听得更清楚。(5)自然肢体动作,指让他人可以理解信息的自然手势、肢体动作和面部表情等。(6)书面语,一些听觉障碍人士可以通过书面语进行沟通。除这些之外,各种可用于沟通的方式均可认为是一种沟通途径。基于对不同沟通途径的偏重形成了不同的听障儿童语言干预取向和方法,包括持续多年的手语法和口语法争论。

二、听障儿童早期干预方法简介

关于听觉障碍儿童教育中采用何种教学方法的观点与取向已在本书第6章第1节进行过探讨。而在听觉障碍儿童早期干预中,我们还是会面临对不同沟通方法的选择和各取向干预方法的问题。随着听力筛查检测技术和助听技术的发展,在听障儿童早期干预中,口语成为大多数听障儿童家长们所选择和期待发展的听障儿童沟通途径。加拿大安大略湖省儿童与青少年服务部于2002年的全省数据普查结果得知,90%的家庭选择将口语作为听障幼儿的沟通方式。[①] 因此,一些基于口语的干预方法在听障儿童早期干预中较为盛行。此外,综合沟通法也受到较多关注。以下分别介绍口语干预方法和综合沟通法。

(一)口语干预方法

尽管手语被认为是聋人的第一语言,但口语教学法在听觉障碍儿童的教育中也具有悠久的历史。口语教学法的萌发源于对听障儿童残余听力的利用。据马凯兹(Markides)记录,一名希腊医生阿基根尼斯(Archigenes)曾建议在听觉障碍者的耳朵上挂一个喇叭来治愈耳聋。这种做法虽然太极端,却与后来的口语干预方法中利用残余听力的原则相一致。[②]一些文本记录,早在200多年前就有一些人开始了与现代听觉口语法相似的听觉口语教学实践,如伊塔尔(Itard)于1821年发现和记录了经常进行大音量的声音输入有助于提高听障儿童的言语知觉。[③]但口语教学法的真正快速发展源于听力补偿技术的进步。20世纪40年代后,科学技术和听力学学科的发展为听觉口语法的发展带来了新契机。"二战"后,听力学发展成为一门独立学科,听力检测技术、测听设备不断进步与发展,为详细了解听障儿童的残余听力、发挥其听觉潜能提供了技术支持。随着20世纪中后期新生儿筛查的开展及助听器、人工耳蜗等助听技术的发展,口语干预法迎来了前所未有的发展机遇。[④]

1. 口语干预法简介

在听障儿童的语言干预方法发展过程中,关于口语干预方法的名称和种类很多,而且同一种方法随着时间发展还会变更名字。大多方法以一些简单的词语命名,如"口语"(Oral)、"听觉"(Aural/Auditory)、"听觉—口语法"(Auditory-Oral)、"听和说"(Listen & Speak / Listen & Talk)等。因干预方法名词的繁多和重复,其中许多方法都无法追溯到起源。但从

---

① Mitchell, R., Karchmer, M.. Chasing the mythical ten percent: parental hearing status of deaf and hard of hearing students in the United States[J]. Sign Lang Stud, 2004(4):138-163.

② Markides, A.. The use of residual hearing in the education of hearing impaired children—a historical perspective[J]. Volta Review, 1988(5), 57-66.

③ 同上。

④ 张莉,陈军兰,董蓓.听觉口语法的发展历史与现状[J].中国听力语言康复科学杂志,2013(6):425-427.

英国相关文献中可发现其中最常提及的口语干预方法为听觉口语法(Auditory-Verbal，AV)、自然口语教学法或自然听觉教学法(Natural Oralism /Natural Auralism)和母亲反馈法(Maternal Reflective Method)；而在北美的文献中口语干预方法主要包括听觉口语法(Auditory-Verbal，AV)、听觉口说法(AuditoryOral)和暗示法(Cue Speech)[1]。以下主要介绍几种常见的口语干预法。

(1) 听觉口语法(Auditory-Verbal)

听觉口语法指应用技术、教学策略、教学技巧和过程来让听障儿童学习听和理解口语，以达到口语交流目的的一种教学法。[2] 1978年，海伦·毕比(Helen Beebe)、多琳·波拉克(Doreen Pollack)和丹尼尔·林(Daniel Ling)在美国华盛顿州发起会议，集结听觉口语从业人员成立专门的委员会，以支持推行听觉口语法；采纳丹尼尔·林的建议使用"Auditory-Verbal"一词作为专有名称命名听觉口语法，用以区别于其他口语教学方法，这标志着听觉口语法的正式诞生。[3]

在国际上，过去几十年内，听觉口语法从美洲逐渐传播至大洋洲、欧洲和亚洲等地区，并日益成为听障儿童早期干预项目中深受专业人员和听障儿童家庭青睐的项目之一。[4] 早在20世纪末，听觉口语法就被介绍到中国，国内有少部分专业人员学习了听觉口语法，并在康复工作实践中加以运用和探索。自2007年起，中国聋儿康复研究中心先后与相关企业及台湾雅文儿童听语文教基金会开展合作推广听觉口语法，在我国聋儿康复系统内将听觉口语法作为个别化听觉言语康复干预的主要技术手段。中国聋儿康复研究中心还组织全国听觉口语师资培训班，培训周期为3～4个月。截至2013年8月受训专业人员人数超过120人[5]。

听觉口语法实施的关键在于强调为听觉辅具的合适性及良好的听能管理，在良好听觉补偿效果的基础上，以听作为主要语言输入刺激，开展以家长为中心的服务模式，提供及早、密集性的干预，协助听障儿童透过听能学习语言与说话，促进家长在日常生活融入听能活动，以提升听障儿童在一般环境中的适应力[6]。

听觉口语法主要具有如下特点：

第一，强调听觉的运用。听觉口语法是所有以听觉发展口语的方法中最强调使用听觉发展口语的方法。[7] 波拉克和其他学者都特别强调需注重引导听障儿童学习使用听觉接受信息，并且禁止听障儿童使用视觉进行唇读等。[8] 教师通常会使用遮住嘴和听觉优先等技巧

---

[1] Spencer, Patricia Elizabeth, and Marc Marschark, eds. Advances in the spoken language development of deaf and hard-of-hearing children [M]. New York：Oxford University Press，2006.

[2] Estabrooks, W.. Auditory-verbal therapy[M]. Washington, D. C.：Alexander Graham Bell Association for the Deaf,1994.

[3] 张莉,陈军兰,董蓓.听觉口语法的发展历史与现状[J].中国听力语言康复科学杂志,2013(6):425-427.

[4] 林桂如.以家庭为中心的听觉障碍早期疗育：听觉口语法理论与实务[M].台北：心理出版社,2014:36-48.

[5] 张莉,陈军兰,董蓓.听觉口语法的发展历史与现状[J].中国听力语言康复科学杂志,2013(6):425-427.

[6] 林桂如.以家庭为中心的听觉障碍早期疗育：听觉口语法理论与实务[M].台北：心理出版社,2014:36-48.

[7] Estabrooks, W.. Auditory-verbal therapy[M]. Washington, D. C.：Alexander Graham Bell Association for the Deaf,1994.

[8] Pollack, D.. Educational audiology for the limited-hearing infant and preschooler (2nd ed.)[M]. Springfield, IL：Charles C. Thomas,1985.

来避免儿童视觉和听觉并用来加工言语信息。

第二,强调听觉障碍确诊之后尽快进行干预,国际上普遍采用一对一的方式实施听觉口语法,教学时间通常为1~1.5小时,频次为每周1~2次。实施干预前教师会对听障儿童进行干预前评估,以作为干预计划和干预内容制定的参考。

第三,强调最好能进行双耳佩戴助听设备,而且强调持续使用助听设备,并进行及时监控听障儿童的听力状况和教授家长相应的听能管理知识。麦克拉肯(McCracken)指出在早期干预过程中需十分注重听障儿童的听力状况,包括实时了解听障儿童的听力波动、保证助听设备的良好工作状态等。[1] 要使得听觉障碍儿童在早期干预中获得良好听能和成功地运用参与听力成功学习语言,他们必须获得和适配助听设备,如助听器、FM调频系统和人工耳蜗等。在每次干预课程开始之前,教师会强调进行助听状况检测,以确保听障儿童最大程度的发挥残余听力。

第四,依据儿童正常发展规律和序列来教学。听觉口语法的课程分为五大领域:听能、言语、语言、认知和沟通,均是以正常发展为框架,遵循各领域发展规律为听障儿童设置相应目标,以促进听障儿童全面发展。其中,听能领域目标在于培养儿童在日常环境中随时倾听的习惯;言语领域目标在于帮助儿童的语音更加精准,提升发音清晰度;语言领域目标在于经由单字的重复、词汇运用到词句的组合,让儿童在自然有意义的活动情境中进行模仿与学习;认知领域目标在于根据儿童的年龄及发展水平,循序渐进地给予认知目标,并融入听能及语言目标;沟通领域目标在于让听障儿童具有与他人沟通的能力,更有自信地与他人互动。[2]

第五,父母和家庭深度参与干预过程。在教学过程中,听觉口语教师或治疗师在课堂上通过告知-示范-参与-回馈四个步骤进行教学和家长指导,通过指导协助家长成为听障儿童语言发展的首要促进者。告知指在进行每个活动前,先告知、说明目标;示范指教师通过示范教学,清楚让家长明白教学目标及策略;参与指课堂中家长根据教师的告知及示范,练习实施教学活动;回馈指教师根据教学活动实施情况及家长在教学技巧运用情况等给予直接反馈。父母在听觉口语法教师的指导下积极主动参与到教学,并在此过程中学习听觉口语法的教学技巧。在家中,父母更要将课堂中所学得的知识技巧在自然和有意义的情境中对听障儿童进行语言输入及其他发展领域引导。

第六,鼓励将听障儿童融入家庭、社区、学校和社会活动中。听觉口语法也十分注重指导父母在日常生活中教授幼儿来达到干预目标。同时在干预目标的设置上也通常会考虑到日常生活中的实际运用,例如,在听能方面,进行嘈杂环境聆听的练习,从而更加符合实际生活场景。

(2) 听觉口说法(Auditory Oral)

听觉口说法的基本要素与听觉口语法基本相同,也强调通过对听障儿童剩余听力的利用来发展其口语交流能力。其与听觉口语的差异主要有:① 在视觉和听觉上使用的差异,克拉克(Clark)、柯尔(Cole)和令(Lling)以及其他人都认为在发展早期时听觉口说法允许进

---

[1] McCracken, W.. A review of good practice: Audiological management. In Congress, 2000: Achieving in the 21st Century [C]. Proceedings of the 19th International Congress on Education of the Deaf [CD], Sydney: Quilcopy Audio Recording Services.
[2] 林桂如. 以家庭为中心的听觉障碍早期疗育:听觉口语法理论与实务[M]. 台北:心理出版社,2014.

行唇读,教师们还研究如何从唇读中获得音素信息,可见较为鼓励儿童结合听觉和视觉线索来学习口语。①②③ 而发展到近代,听觉口说法的支持者们有了一些微妙和重要的转变。在考虑视觉通道时,不会刻意避免唇读和自然手势,但是也不再特别关注这方面技能的培养。② 听觉口说法和听觉口语法在语言教学的关注点上也存在一些差异。如以上所提及的,听觉口语法关注听觉、沟通和认知等方面的正常发展序列,训练干预的发展过程根据诊断评估结果遵循自然或生态的规律。听觉口说法则不强调此部分内容,训练的语言目标主要考虑的是什么语言可以结构化的方式或以自然的方式学习。

(3) 自然口语教学法(Natural Oralism)

自然口语教学法也称为自然听觉教学法(Natural Auralism),于20世纪80年代发源于英国。该方法主要关注两点:一是最大限度地使用听障儿童的剩余听力;二是强调听障儿童的语言发展规律与正常儿童相同,强调为听障儿童创设语言环境,进行有意义语言的输入。

(4) 母亲反馈方法(Maternal Reflective Method)

母亲反馈方法主要通过听障儿童与成熟语言使用者之间的对话互动来进行。最初的谈话作为发展语法结构的基础,强调父母在与幼儿说话时,就是在为幼儿储存各种语言。鼓励幼儿思考语言,如语言的语法、风格、语言类型等。为了更好地学习,对话内容会被记录下来,与教师进行联系和分析。这种记录方法为口语提供了文本保护,使其不容易丢失和易于分析。

(5) 暗示法(Cued Speech)

暗示法是由奥林·科尼特(Orin Cornett)于1966年提出的,现今已在40种语言中得到使用。暗示法是一种辅助言语理解的手势。暗示语由两部分组成:手势和手势所在的位置。在美国英语中共有8个手势和4个唇边位置。暗示法中,口语信息主要通过手势暗示和唇读信息来互补传递,每当说话者说出一个元-辅音音节时,同时也需做出相应的手势放在特定的位置。暗示法的产生主要是为了辅助听障儿童更好地接收口语信息。

可见,多种基于口语的干预方法之间均存在一些差异,但同时也具有许多共同点。而且随着一些因素的发展,这些干预的方法可能会越来越趋向于更多的共同点。这些因素有以下几种。第一,新的技术,随着助听技术的发展,各类教学法都自然地加强对剩余听力的利用。第二,早期诊断和干预,早期诊断和早期干预的重要性被广泛认同和接受,早期诊断和关键期理论均较大程度地促进了早期干预的推进。第三,家长的主导地位,家长在儿童发展中的中心作用越来越被接受,而照料者和儿童之间的交流与儿童语言发展关系现在已被证实。第四,更为有效的利用语言理论,例如教师们发现结构化语言教学程序的消极经验,使

---

① Clark, M.. Language through living for hearing-impaired children[M]. London: Hodder and Stoughton,1989.

② Cole, E. B.. Listening and talking: A guide to promoting spoken language in young hearing-impaired children [M]. Washington, D. C.: A. G. Bell Association for the Deaf,1992.

③ Ling, D.. Speech and the hearing impaired child: Theory and practice[M]. Washington, D. C.: Alexander Graham Bell Association for the Deaf,1976.

得各类干预方法都趋向于更加强调重视自然的语言学习环境。[1]

2. 口语干预方法之成效

口语法虽然较难学习,但对听觉障碍者语文能力的增强却有很大的帮助。口语法具有下列优点:① 符合一般语文的语法、语序、语型,可避免听觉障碍者使用手语法而产生的许多错误语言习惯。② 有助于听觉障碍者与一般人沟通。③ 可表达抽象语汇与复杂句型。口语法虽然具有上述优点,但也有其局限性:① 听觉障碍者难以学习。能够以口语进行充分沟通的听觉障碍者毕竟不多。口语的学习成效也容易受听觉障碍者的智力、早期训练、听力损失程度、失聪年龄、学习动机、父母态度等因素的影响。② 即使学会若干口语,但听觉障碍者彼此之间欲以口语作沟通,实非易事。③ 许多字词的发音、语调、口型,皆非常类似,欲作分辨并不容易。④ 许多听觉障碍者即使幼年或小学阶段曾接受口语的训练,但年级渐增,课程内容增多,口语教学往往会耽误教学进度。有时迫使教师改用手语,放弃以往辛苦学习的若干口语经验。⑤ 学生毕业离校,若未继续进行训练,则以往所学的口语经验,将难以保持。[2]

研究者们也对口语教学法的成效进行了一些研究,尤其是人工耳蜗技术出现,研究者们对人工耳蜗术后康复效果的关注,进一步推动了对听障儿童康复成效的研究。口语干预法的发展较大限度促进了听障儿童口语能力的发展,较大限度地提升了听障儿童沟通和语言能力发展。高德伯格(Goldberg)和弗莱克斯纳(Flexer)的研究中,157 名接受听觉口语法教学的学生均进入了普通学校就读,95%的高中毕业学生升入了下一教育阶段。[3] 雷伊(Wray)、弗莱克斯纳和瓦卡罗(Vaccaro)研究了 19 名参与听觉口语法早期干预的学生融合教育情况及识字水平。研究结果表明,16 名学生可以很好地适应普通学校课堂,这 16 名学生的阅读水平均超过所在年级情况。[4] 此外,20 世纪末还有一些准实验研究、对照组研究陆续出现,证明了听觉口语法的有效性。[5] 然而,也有一些研究结果得出了较为消极的结果。布莱米(Blamey)等对 47 名佩戴人工耳蜗 3 岁听障儿童和 40 名佩戴助听器 3 岁听障儿童的言语意识、言语和语言技巧进行研究,所有的被试均采用听觉口说法进行干预。研究结果表明两组被试在语言技能方面不存在显著差异,研究者认为其他影响因素包括唇读信息的观察、读写能力和内在因素(如智力)很大程度影响语言发展。采用回归模型进行分析,结果发现到 12 岁时,听障儿童将比健听儿童语言发展平均迟缓 4~5 岁。[6]

---

[1] Spencer, Patricia Elizabeth, and Marc Marschark, eds. Advances in the spoken language development of deaf and hard-of-hearing children [M]. New York: Oxford University Press, 2006.

[2] 张宁生. 听障者语言沟通法的历史演变[J]. 中国听力语言康复科学杂志,2004(2):6-8.

[3] Goldberg, D. M. & Flexer, C.. Outcomes survey of auditory-verbal graduates: A study of clinical efficacy [J]. Journal of the American Academy of Audiology, 1993(4): 189-200.

[4] Wray, D., Flexer, C. & Vaccaro, V.. Classroom performance of children who learned spoken language communication through the auditory-verbal approach [J]. Evaluation and treatment efficacy. Volta Review, 1997, 99(2): 107-120.

[5] 张莉,初冬明,陈军兰,梁巍. 听觉口语法有效性研究的"循证实践"分析[J]. 中国听力语言康复科学杂志,2014(12):19-22.

[6] Blamey, P. J., Sarant, J. Z., Paatsch, L. E., Barry, J. G., Bow, C. P., Wales, R. J., et al. Relationships among speech perception, production, language, hearing loss, and age of children with impaired hearing [J]. Journal of Speech, Language and Hearing Research, 2001, 44(2):264-285.

（二）综合沟通方法

1. 综合沟通法简介

综合沟通法即是利用手语法、口语法、指语法、笔谈及其他各种沟通方法，让听障者在沟通的过程中，提升沟通效能，达到完全有效沟通的最终目的。① 综合沟通法认为在教育环境和家庭环境中的沟通不需要固定一种沟通方法。其理念是提供多种语言信息输入途径和灵活的表达机会，从而最大化地发展幼儿的沟通能力。② 综合沟通方法理念的体系如图 5-3 所示。

综合沟通法的提倡，与下列几个观念的转变有关：① 手语法与口语法各有优缺点，若能综合采用，应有助于促进听觉障碍者的沟通能力发展。② 手语有其结构性与完整性，并非不完全的语言。③ 采用手语教学会阻碍口语学习的观点，并未得到实证性研究的支持。④ 双亲皆聋的听力残疾儿童，其语文能力优于双亲或单亲听力正常的听力残疾儿童。⑤ 口语虽然是最理想的沟通方式，但其教学也有很大的限制。⑥ 为适应学生的个别差异，综合采用各种沟通方法，符合个别化的特殊教育原则。③

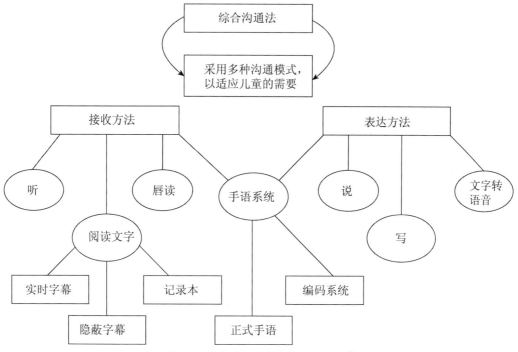

图 5-3 综合沟通理念的模型示意图④

2. 综合沟通法之成效

综合沟通法强调在儿童与特定的人在特定场合沟通交流时，儿童可以有多种沟通方式

---

① 林宝贵.沟通障碍理论与实务[M].台北：心理出版社，2004.
② Scouten, E.. Turning points in the education of deaf people[M]. Danville, IL: Interstate Printers and Publishers, Inc, 1984.
③ 张宁生.听障者语言沟通法的历史演变[J].中国听力语言康复科学杂志，2004(2):6-8.
④ Spencer, Patricia Elizabeth, and Marc Marschark, eds. Advances in the spoken language development of deaf and hard-of-hearing children [M]. New York: Oxford University Press, 2006.

进行选择[①]，因此，使用综合沟通法的听障儿童可在许多情境下进行沟通。如当无法使用助听设备或助听设备无效、背景噪声很大时，可以使用手语；当成人未掌握手语时，听障儿童可通过口语来进行沟通交流。弗农(Vernon)和安德鲁斯(Andrews)指出了一系列研究表明综合沟通法有助于促进听障儿童积极的心理、语言、学业等方面的发展。[②]

由于综合沟通法的核心理念在于为听障儿童提供个体所需要的沟通方式，因此在教学过程中无法形成常规化和量化的模式，如听觉训练、语言训练及某种手语方法训练具体时间分配比率等，由此为研究综合沟通法的有效性带来了困难。此外，在评价综合沟通法的有效性时也不能只以口语发展情况作为标准。然而很少研究从综合沟通法的核心理念出发来评估和测量其有效性。但在综合沟通法的实践使用过程中，也出现了一些对此方法的争议，其中最主要的争议在于：研究者认为人类的注意容量有限或认知容量有限，这可能会阻碍聋人从两种不同的语言表达方式中获得益处。[③] 听觉康复中的观点指出综合沟通法中儿童既不能通过视觉通道也无法通过听觉通道来学习。[④] 反对者们还提出如果一个通道的效能不是最优的，儿童将会选择阻力最小的途径。而对于听障儿童而言，采用视觉媒介的手语比语音信号更明显。听障儿童如果更易于采用手语进行沟通，他可能就不会发展听能、唇读或者口语技能。基于这些原因，综合沟通法的反对者们反对采用任何手语，因为他们觉得这些将会阻碍口语和唇读技巧的发展。[⑤] 也有一种说法认为聋人的听觉剥夺的存在，使得其视觉知觉得以发展，从而成为视觉型加工者，因此更加依赖视觉。[⑥] 然而应该注意的是，以上这些争议都没有实质数据给予支持，也没有令人信服的证据表明聋人会形成某种感觉依赖或发展成为视觉注意或加工模式。

三、听障儿童早期干预方法的发展方向

听障儿童早期干预沟通途径和语言干预方法的选择均应基于符合听障幼儿及其发展需要。然而根据目前的发展状况来展望未来的发展趋势，有以下几点值得我们思考：

第一，听觉障碍始终是听障儿童的核心障碍特征，也是阻碍听障儿童各方面发展的根本原因。助听器和人工耳蜗等助听技术的发展，使得听障儿童的残余听力得到充分发挥，听觉能力得到较好的补偿，由此，口语能力的发展将会更加受到期待。

第二，目前助听设备均还无法实现人耳的所有功能，助听设备的功能发挥受到距离、声学环境等方面因素的影响，因此仅仅依靠听能来实现沟通中的输入环节可能还是不足够的。

[①] Hawkins, L. & Brawner, J.. Educating children who are deaf and hard of hearing: Total communication [M]. Reston, V. A.: ERIC Clearinghouse on Disabilities and Gifted Education, 1997:130-139.

[②] Vernon, M. & Andrews, J.. Psychology of deafness[M]. New York: Longman,1990.

[③] Wood, D.. Total Communication and the education of deaf children [J]. Developmental Medicine and Child Neurology, 1992,34(2):266-269.

[④] Knauf, V.. Language and speech training. In J. Katz (Ed.), Handbook of clinical audiology[M]. London: Williams & Wilkins,1978.

[⑤] Watson, T. J.. Methods of communication currently used in the education of deaf children[J]. Royal National Institute for the Deaf, 1976(4): 3-8.

[⑥] Bosworth, R. & Dobkins, K.. The effects of spatial attention on motion processing in deaf signers, hearing signers, and hearing nonsigners [J]. Brain and Cognition, 2002(49):152-169.

摩尔斯(Moorers)在对《聋童教育》(Educating the deaf)一书的第三版修订中,依然保留如下一段:尽管单一感官教学法的教学项目依然坚持其单一感官的本质,但对这类教学程序的仔细分析可以发现,他们也十分倚重视觉和触觉的方式。实际上,人类的天性包括幼儿的各种感觉功能是一个整体,幼儿更加依赖于感觉经验。因为听觉、视觉和触觉是互相影响和互相补充的,不可能总是强调听觉的单一感官。①

第三,未来的发展方向可能不会是某种干预方法独占鳌头。张宁生认为未来听障者教育的沟通方法应该是多元的。他认为每一种沟通方法的选用及其优势发挥需要多种条件配合,对多种沟通方法适用性的探索将不会止步。而且随着社会文明程度的提高,事物发展的多元化会越来越被接受,包括"聋人文化"、"双语双文化"的局面也会逐步得到接受。②

 本章小结

早期干预是当今特殊教育的重要发展趋势之一,是为出生至五岁的儿童及其家庭所提供的教育及相关服务。它对听觉障碍儿童的语言、社会技能、动作等各方面的发展都具有重要的作用。目前,进行早期干预的方案包括基于家庭的早期干预方案、基于中心的早期干预方案和家庭-中心相结合的早期干预方案。其中基于家庭的早期干预方案日益受到重视,并在实践中以"个别化家庭服务计划"的形式体现。个别化家庭服务计划是为听觉障碍儿童提供早期干预和相关服务的教育措施,包括个别化家庭服务计划的制订、实施、评估等步骤,家长和其他家庭成员都是重要的参与者。

早期干预的具体内容包括运动能力、语言、认知和社会技能四个方面的教育。运动能力训练包括粗大动作和精细动作训练。语言训练由听觉训练、说话训练、唇读训练、手语学习四项内容构成。认知训练包括认识周围的事物、基本的认知概念、抽象概念等。社会技能训练包括社会交往技能和问题行为管理。其中语言训练是最主要的部分,它直接影响着个体运动、认知和社会行为的发展。对听觉障碍儿童运动、语言、认知和社会技能的训练都要遵循符合个体发展规律和个体差异的原则,所设计的游戏或训练课程必须与日常生活相联系,具有一定的功能性。

语言训练是听障儿童早期干预中的重要任务。听障儿童可选择的沟通方法有口语、手语、语言编码系统、暗示语、自然肢体动作和书面语等。不同沟通途径的选择形成了不同的听障儿童语言干预取向和方法。随着新生儿听力筛查技术及助听技术的发展,目前口语干预法和综合干预法得到了较多关注。

 思考与练习

1. 早期干预的定义与开展早期干预的意义是什么?

---

① Moores, D. F.. Educating the deaf: Psychology, principles, and practices (5th ed.). Boston: Houghton Mifflin, 2001:120.
② 张宁生.听障者语言沟通法的历史演变[J].中国听力语言康复科学杂志,2004(2):6-8.

2. 听觉障碍儿童早期干预的基本方案有哪些？如何为听觉障碍儿童选择恰当的早期干预方案？

3. 如何制订听觉障碍儿童的个别化家庭服务计划？

4. 听觉障碍儿童的早期干预包含哪些内容？语言训练在听觉障碍儿童早期干预中所处的地位是什么？

5. 听觉障碍儿童运动、语言、认知和社会交往之间在早期干预中的地位如何？怎样处理它们之间的关系？

第8章 听觉障碍儿童的课程

学习目标

1. 了解课程及聋校课程概况。
2. 了解聋校课程培养目标的历史发展和理论基础。
3. 掌握我国聋校课程设置的依据与原则。
4. 了解《聋校义务教育课程设置实验方案》的编写原则及具体内容。

课程是什么?这个问题目前在课程研究领域尚无定论。受苏联凯洛夫教育学的影响,不少人习惯于把课程当成为教学制定的一种"计划",当成教学赖以进行的"蓝图"。这是一种典型的"小"课程观。随着时代的进步和后现代主义思潮的蓬勃发展,人们对课程也呈现出更加多元化的理解。课程,是由知识、技能及与之相应的学生的活动组成的,[①]它既是一种"教育计划",又是一段"教育进程",不仅包括教学内容、教学时数和顺序安排,还包括学生的活动及其在活动中获得的"教育经验"。那么,在此背景下,聋校的课程应该遵循怎样的目标与原则?本章将围绕该问题展开细致分析。

第1节 课程概述

在我国长期的中央集权的课程管理体制背景和凯洛夫教育学的强烈影响下,我国大多数教育者都视课程为教学的"蓝图"。20世纪80年代中期以来的课程改革,已经使我国课程管理体制从"中央集权"转型为中央、地方和学校三级管理的体制。在这样的背景下,国内外的课程实践发展和课程研究的理性成果,不断地丰富着我们的认识。这种认识要求我们超越"蓝图"说,从强调目标、计划到强调过程本身的价值,从强调科学内容到强调学习者的经验和体验。

纵观我国聋教育一百多年的经历,我国虽然建立了相对较为完整的教育体系,但随着时代的发展,我国聋教育也存在一些问题。和普通教育一样,聋教育也存在着严重的一元化倾向,片面强调课程在知识传承方面的作用,唯知识、唯分数是从。值得欣慰的是,2007年颁布的《聋校义务教育课程设置实验方案》涉及了聋校课程类型的变化、课程结构的调整,开启了聋校课程改革的新局面。那么,课程类型有哪些?什么是课程结构?聋校的课程结构发生了哪些变化呢?本节将对以上问题作详细讨论。

---

① 钟启泉.现代课程论[M].上海:上海教育出版社,2003:4.

一、课程类型

在课程理论与实践中,典型的课程类型包括:学科课程与活动课程,分科课程与综合课程,必修课程与选修课程,显性课程与隐性课程等。

(一)学科课程与活动课程

学科课程,是以文化知识(科学、道德、艺术)为基础,按照一定的价值标准,从不同的知识领域选择一定的内容,根据知识的逻辑体系,将所选出的知识组织为学科。学科课程有利于传承人类文化遗产,有利于学生获得系统的知识,便于提高教学效率。但是,过分强调逻辑体系的学科知识容易忽视学生的需要和经验,导致死记硬背。

活动课程也称经验课程,是以儿童的主体性活动经验为中心组织的课程。它的基本着眼点是儿童的兴趣和动机,以动机为课程与教学组织的中心。过分强调"活动",又会使教育滑向"轻视知识"的危险边缘。因此,在课程设置的过程中,要慎重考虑学科课程与活动课程的比例,使学科课程与活动课程相辅相成,相得益彰。

早在1993年颁布的《全日制聋校课程计划(试行)》中,就已经把"活动"纳入了国家课程结构。活动的类型包括:① 思想品德类。以思想品德教育和日常行为规范为主要内容,通过晨会、班队会活动和传统教育活动,使学生受到思想政治教育和基础道德教育。② 学科类。培养聋生对语言、数学、自然等基础学科的兴趣,扩展并运用学科知识加强技能和智能训练。③ 科技类。以小发明、小制作为主要内容,通过了解科技信息,实际操作,培养学生爱科学、学科学、用科学的创造精神。④ 文艺类。通过音乐、美术、艺术品视觉等活动,培养学生感受美、鉴赏美、创造美的能力,发展学生艺术的爱好和特长。⑤ 体育类。通过开展田径、球类等群体性体育活动,培养学生自觉锻炼身体的习惯和团结合作精神。⑥ 劳动实践类。以参观工厂,参加生产劳动、技能训练等社会实践为主要内容,使学生关心大自然、热爱劳动,养成劳动习惯,提高劳动技能。其实,活动课程就是重视聋生的亲身体验,让学生在参与活动的过程中运用知识、生成知识的课程。

2007年《聋校义务教育课程设置实验方案》又增设了沟通与交往、综合实践活动课程,这是聋校新课程的一大亮点。沟通与交往课程的主要内容包括:口语沟通、手语沟通、其他沟通方式的学习和训练。沟通与交往课程旨在帮助聋生掌握多元的沟通交往方式,促进聋生语言的发展。综合实践活动课程的主要内容包括:信息技术教育、研究性学习、社区服务与社会实践等。综合实践活动课程可使聋生通过亲身实践,发展收集与处理信息的能力、综合运用知识解决问题的能力以及交流与合作的能力,增强其社会责任感,并逐步形成创新精神与实践能力。

(二)分科课程与综合课程

顾名思义,分科课程强调的是学科本身的逻辑体系,割裂了学科之间的联系。综合课程是指一种课程组织取向——有意识地运用两种或两种以上学科知识的知识观和方法论去考察和探究一个中心主题或问题。[①] 综合课程是针对分科课程过于强调学科本位,学科间缺乏

---

① 张华.课程与教学论[M].上海:上海教育出版社,2000:266.

整合的弊端而提出来的。

《聋校义务教育课程设置实验方案》指出：课程设置要坚持综合课程与分科课程相结合，各门课程都应重视学科知识、社会生活和聋生经验的整合，加强学科渗透。小学阶段（一至六年级）以综合课程为主，初中阶段（七至九年级）设置分科与综合相结合的课程。具体而言：一至三年级设品德与生活课程，四至六年级设品德与社会课程，这样设置课程是为了适应聋生的生活范围逐步从家庭扩展到学校、社会；四至九年级设科学课，旨在使聋生能从生活经验出发，体验探究过程，学习科学方法，形成科学精神；一至三年级设置生活指导课，三至六年级设置劳动技术课，七至九年级设置职业技术课，这样设置课程是为了通过劳动实践和职业技术训练，帮助聋生逐步形成劳动能力和就业能力。

在聋校课程的分科与综合的问题上，全国聋校新课程方案研制组组长程益基对此做了进一步的解读：课程的综合和分科相结合是针对过分强调学科本位，缺乏整合的现状而提出的。它体现在三个方面：一是加强学科之间的联系与综合，重视学科知识、社会生活和学生经验的整合。二是设置综合课程。小学阶段以综合课程为主，初中阶段设置分科与综合相结合的课程，高中阶段以分科为主。结构比重随着教育层次的变化而变化。如一至三年级设置品德与生活，它从低年级聋童的生活经验出发，内容涵盖品德教育、劳动教育、社会教育和科学教育，提倡通过儿童自主实践活动，为学生适应学校生活和未来参与社会生活打下基础。四至六年级设置品德与社会课程，旨在从学生品德形成、社会认识的需要出发，以人与他人、人与社会、人与自然为主线，进行爱国心、品德、行为规范、法制、历史、地理、环境等融为一体的教育。七至九年级开设思想品德课。同时，不同年级安排不同的综合课程，如历史与社会、科学、艺术、体育与健康等。考虑各地的差异与需要，历史与社会是综合课程，也可以选择分科课程，可选择历史、地理。科学是综合课程，也可以选择分科课程，可选择生物、物理、化学。三是增设综合实践活动课程。从本质上讲，这是基于生活实践领域的课程，是一门非学科领域的课程，但它又是十分重要的不可缺少的课程。各校根据需要，可分散安排，也可集中安排。①

（三）必修课程与选修课程

必修课程是指同一学年的所有学生都必须修习的公共课程，是为保证所有学生的基本学力而开发的课程。选修课程是指依据不同学生的特点与发展方向，允许个人选择的课程，是为适应学生的个体差异而开发的课程。

以往我们总体上是将所有的学生看成一类人，让他们在一个跑道中去奔跑。即使这个跑道上有各种科目，但几乎所有的学生都必须学习同样的科目。其实，不同的学生有不同的智能倾向。英国和法国早就明确应该根据学生的性向设计课程，不同的学生应该有不同的学习方式和学习领域。现在，教育者逐渐认识到，为了使学生最大限度地发展，学校应该为不同的学生提供不同的发展道路。《基础教育课程改革纲要》指出："教师应尊重学生的人格，关注个体差异，满足不同学生的学习需要。"

在此大背景下，聋校课程进行了新课程方案的规划设计、实验方案的实施，在灵活适应

---

① 程益基. 以生为本，构建聋教育课程新体系[J]. 现代特殊教育，2007(4)：7.

地方社会发展的现实需要,根据学生的兴趣、特长及实际情况,为学生提供多种发展选择方面做出了一定调整。如,各地聋校纷纷进行的校本课程的研发;结合市场需求与区域特色,聋校不仅在中等职业教育方面为学生提供了多样的选修课程,而且在其他教育阶段,也尽可能在促进学生的潜力开发方面进行了积极有益的探索。

(四)显性课程与隐性课程

我们通常所说的学校课程,是指明确的、事先编制的课程,也称显性课程。与显性课程对应的是隐性课程(hidden curriculum)。隐性课程是指:"不在课程规划中反映,不通过正式教学进行的课程,通常体现在学校和班级的情境之中,对学生起潜移默化的影响作用,促进或干扰教育目标的实现,主要包括物质情境(如学校建筑、设备),文化情境(如教室布置、校园文化、各种仪式活动)和人际情境(如师生关系、同学关系、学风、班风、校风)。"[①]

实际上,隐性课程旨在说明学校生活中有许多因素对学生的成长发生影响。学生自踏入学校大门的第一天起,就在学校和教师有目的、有计划的指导下开始了显性课程的学习,同时也不知不觉地受到隐性课程的感染和熏陶。显性课程与隐性课程各司其职、互相补充、互相作用。就学校而言,要充分发挥隐性课程的积极影响,充分考虑校园文化、办学理念对学生的影响,努力做到以优美的环境熏陶人,以良好的思想引导人,从而实现隐性课程的真正价值。

对于聋校的儿童来说,由于听觉的损伤、语言发展关键期的错过,他们需要大量的视觉信息输入,以提升文字语言的理解与表达及全沟通能力等。隐性课程的发展在聋校显得尤为重要,它不仅承载着学校的办学理念、学校传统与校园文化;而且更为重要的是,它还承载着对孩子们价值观、人生观与做一个良好社会公民应具备的品质的培养。这些将需要通过校园文化环境的创设来实现,以不断提升隐性课程的质量。

二、课程结构

课程结构是课程各部分的配合和组织,它是课程体系的骨架,主要规定了组成课程体系的学科门类,各学科内容的比例关系,必修课与选修课、分科课程与综合课程的搭配等,体现出一定的课程理念和课程设置的价值取向。课程结构是针对整个课程体系而言的,课程的知识构成是课程结构的核心问题,课程的形态结构是课程结构的骨架。

各课程类型和科目都具有自身的价值,在课程结构中具有相应的地位,与其他课程形成价值互补。新一轮特殊教育课程改革实现课程结构的均衡性、综合性和选择性。课程结构的均衡性,是针对课程结构存在着课程类型过分单一、科目设置比重失衡,学科课程、分科课程、必修课程占主导地位,经验课程、综合课程、选修课程缺失,国家课程一统天下,完全没有地方课程和校本课程空间的现象提出的。课程结构的调整要实现课程类型的多样化、科目比重均衡化的要求。课程结构的综合性,是针对课程结构"学科本位、科目过多、缺乏整合"的弊端提出的,力争从加强学科综合、设置综合课程、增设综合实践活动三个方面,努力提高课程的综合化程度。课程结构的选择性,是针对课程结构过分追求统一性、缺少弹性和灵活性的弊端,为适应地方、学校、学生的差异,满足地方、学校、学生发展的特定需要而提出的。

[①] 袁振国. 当代教育学[M]. 北京:教育科学出版社,2004:145.

一方面课程结构要能够提供一定数量的课程供学生选择,以促进学生个性的发展;另一方面要能够为地方和学校提供空间以开发自身的课程,建设具有地方特色和学校特色的课程。

《聋校义务教育课程设置实验方案》对聋校的课程结构做出了重要调整。沟通与交往课程、综合实践活动课程的开设,打破了学科课程"一统天下"的局面,丰富了活动课程的内容;综合课程的设置,加强了各学科之间的联系,加强了知识、生活与学生经验的联系,使学生能够在一个有机整体中全面地认识世界;此外,《聋校义务教育课程设置实验方案》还要求根据各地区、各聋校的实际需要和聋生的个体差异,在课程设置上提供选择的空间。

第2节 我国聋校培养目标的历史发展和理论基础

一、我国聋校培养目标的历史发展

培养目标,是对各级各类学校在各个阶段应达到某种要求的总体规定,体现了不同性质的教育和不同阶段的教育的价值。它适应某类学校的所有教育教学人员,一经制定,就要求学校的各门课程乃至各项教育活动都要服从这一目标的要求。培养目标不仅明确了人才培养的方向,还明确了某类学校的办学性质、方向、途径等。

伴随着我国听障教育事业的发展,其培养目标也发生了一定的变化。

1962年教育部制定《全日制盲童(聋童)学校教学计划(草案)》,确定特殊学校的任务是"必须在党的领导下,贯彻教育为无产阶级政治服务,教育与生产劳动相结合的方针,通过学校教育与训练,力求弥补盲(聋)童的视(听)觉缺陷,使他们在德育、智育、体育几方面都得到发展,成为有社会主义觉悟的有文化的劳动者"[①]。

1984年7月27日《全日制八年制聋哑学校教学计划(征求意见稿)》规定的培养目标(任务)是:根据党的教育方针,针对聋哑学生生理、心理特点,采取各种有效措施,补偿聋哑学生的听觉缺陷,形成和发展他们的语言,使聋哑学生德智体全面发展,成为热爱祖国、热爱社会、热爱生活,有良好道德品质,有初等文化程度和一定劳动技能,身心正常发展,适应社会生活的劳动者,并为他们继续接受各种形式的教育和自学打下基础[②]。

1993年10月12日国家教委印发《全日制聋校课程计划(试行)》,规定的培养目标是:按照国家对义务教育的要求,对听力语言残疾学生实施全面发展的基础教育,补偿生理心理缺陷,使他们在德、智、体诸方面生动、活泼、主动地得到发展,具有良好的思想道德品质、进步的文化知识、健康的体质和一定的生活能力、社会交往能力,掌握初步的劳动技能,为他们适应社会生活,成为社会主义的建设者和接班人奠定基础[③]。

2007年颁布的《聋校义务教育课程设置实验方案》规定聋校的培养目标为:全面贯彻党的教育方针,体现时代要求,使聋生热爱社会主义,热爱祖国,热爱中国共产党;具有社会主义民主法制意识,遵守国家法律和社会公德;具有社会责任感,逐步形成正确的世界观、人生观、价值观,努力为人民服务;具有初步的创新精神、实践能力、科学和人文素养以及环境意

[①] 朴永馨. 我国盲、聋学校培养目标的特色[M]//盲校教学文萃. 北京:中国盲文出版社,1997:129-131.
[②] 中国特殊教育网. http://www.spe-edu.net/Html/zuopinyuandi/200604/6615.html.
[③] 李仲汉. 认真实施聋教育课程计划,全面提高聋校教育质量[J]. 中国特殊教育,1996(3):7.

识;具有适应终身学习的基础知识、基本技能和方法;具有生活自理能力、社会适应能力和就业能力;具有健壮的体魄、良好的心理素质,养成健康的审美情趣和生活方式,培养自尊、自信、自强、自立的精神,成为有理想、有道德、有文化、有纪律的一代新人。[①]

纵观我国聋校课程计划中的培养目标,有一条主线贯穿始终,那就是培养具有爱国主义和集体主义精神的社会主义劳动者、建设者。在培养目标的演变过程中,产生了以下主要变化:第一,"全面发展"的内涵日益丰富;第二,从缺陷补偿走向潜能挖掘。

(一)"全面发展"的内涵日益丰富

全面发展是国家对各级各类学校培养目标的统一要求。使听力残疾儿童与普通儿童一样实现全面发展,是聋校教育的依据和方向。我国传统上把个人的全面发展解释为"受教育者的全面发展,包括生理和心理两个方面的发展。生理方面的发展主要指受教育者身体的发育、机能的成熟和体质的增强;心理方面的发展主要指受教育者的智、德、美几个方面的发展"[②]。随着社会的发展,聋生"全面发展"的内涵也日益丰富了。从 1962 年的"德育、智育、体育几方面都得到发展"到 1993 年的"在德、智、体诸方面生动、活泼、主动地得到发展,具有良好的思想道德品质、进步的文化知识、健康的体质和一定的生活能力、社会交往能力",再到 2007 年对法制意识、环境意识、人文素养、终身学习能力、正确人生观、价值观等的强调,"全面发展"的内涵日益丰富,对聋校教育也提出了更高的要求。

(二)从缺陷补偿走向潜能挖掘

特殊教育领域的缺陷补偿教育原则认为,受损的组织或器官的功能可以通过采取一定的措施进行弥补或代偿,尤其是在残疾儿童的教育过程中,"某种缺陷可能引起儿童整体发展水平的相对滞后,但也可以通过其他途径来使缺陷得到一定程度的补偿"[③]。然而,随着社会的发展和时代的进步,越来越多的人认为过去特殊教育着眼于补偿,注重补偿教育的观念已经落后了,过分强调补偿,一味关注缺陷,只注重残疾矫正,就会忽视潜能的挖掘与开发。因此,补偿是在机体某种器官受损、缺失或某种机能受损时所采取的一种适应性措施,是一种与正常发展过程不全相同的有特殊性的发展过程。在此过程中被损的机能可被不同程度的恢复、弥补、改善或替代。补偿后的效果有正、负两种,受生物因素、环境因素、个人因素影响。而潜能是潜在的、一种可能性、具有可成为某种东西的能力。无论是普通人,还是存在听觉、视觉障碍的人都具有大量尚未利用的潜力。

在以上"我国聋校培养目标的历史发展"中,可以清晰地发现 1962 年《全日制盲童(聋童)学校教学计划(草案)》,1984 年《全日制八年制聋哑学校教学计划(征求意见稿)》以及 1993 年的《全日制聋校课程计划(试行)》都明确提出"缺陷补偿",而在 2007 年《聋校义务教育课程设置实验方案》的培养目标的叙述中我们不再看到"缺陷补偿"的影子,而更多地把"聋生"作为一位普通人来看待。相应的,在 2007 年颁布的《聋校义务教育课程设置实验方案》中,将"注重缺陷补偿"改为"积极开发潜能,补偿缺陷",作为聋校课程设置的原则。[④] 在这看似简单的文字变化背后其实蕴涵了深刻的教育思想、理念的变革。这一转变,要让教师认识到在教育教学上不应该再把重点放在学生缺陷补偿和残疾的矫治上,而应该放在满足

[①] 教育部.聋校义务教育课程设置实验方案[J].现代特殊教育,2007(3):8.
[②] 王道俊,等.教育学[M].北京:人民教育出版社,1999:154.
[③] 方俊明.视障教育理论初探[J].中国特殊教育,2002(1):11.
[④] 教育部.聋校义务教育课程设置实验方案[J].现代特殊教育,2007(3):8.

其特殊需要和开发潜能上。①

（三）从封闭办学走向开放

多元开放的学校形态是现代化教育的重要特征之一，特殊教育学校也不例外。由于听觉障碍儿童的特殊性，聋校更要关注开放办学，把"培养听觉障碍儿童融入主流社会"作为课程和教学的起点与目标，在课程设置方面，关注社会进步、关注听觉障碍儿童与主流社会连结的建立，为他们将来独立自主步入成人社会打好基础。

在《聋校义务教育课程设置实验方案》中，首次提出了"学会学习、学会生活、学会合作、学会生存"，不仅关注听觉障碍儿童在聋校接受教育过程中知识与技能的发展，更将学校教育的全程与未来听觉障碍儿童学习能力、生活能力、合作能力、生存与发展进行了统整。与此同时，在课程实践层面，也分别提出了"通过生活实践、劳动实践和职业技术训练，帮助听障儿童逐步形成生活自理能力、劳动能力和就业能力"及"帮助聋生掌握多元的沟通交往技能与方式，促进听障儿童语言和交往能力的发展"等具体要求，直面听觉障碍儿童参与社会生活的需要。另外，在本方案中，还特别强调了聋校要组织听觉障碍儿童积极参与社会服务与社会实践，将办学社会化、充分利用社区资源等理念落实到具体的课程与教学策略层面。

二、理论基础

培养目标直接影响和制约着课程内容、课程组织、教学实施等后续课程因素的设计和操作，直接影响和制约着日常的教育教学行为。同时，培养目标不是凭空想象出来的，它是基于一定的理论基础，并结合教育实践而制定出来的。总的来说，融合教育理念、多元智力理论、人本主义思想、后现代主义思潮、终身教育理念为确立聋校课程培养目标奠定了基础，提供了理论依据。

（一）融合教育理念

融合教育是基于满足所有学生多样化学习需要的信念，在具有接纳、归属和社区感文化氛围的邻近学校内的高质量、年龄适合的班级里为特殊儿童提供平等接受高效的教育与相关服务的机会。② 融合教育起源于 20 世纪 50 年代的美国，对特殊教育发展具有深远的影响。虽然融合教育主要关注点在于将特殊学生安置到主流学校中，并且融合教育富有我国特色的安置模式为"随班就读"，这两个概念看似与聋校课程设置关系不大，但事实上，由于融合教育理念接受程度的日益提升及其在实践层面的影响逐步扩展，必然为聋校课程建设带来更为多元的视角与观点。无论在何种安置方式下接受教育，听觉障碍儿童最终是要融入主流社会的，所以，聋校课程研究与实践中，理应基于融合教育理念审视课程设置与实施，加强聋校课程与主流社会的连结，研究不同安置方式下听觉障碍儿童发展的优势与不足，不断调适，充分利用主流社会的教育资源，从课程的多元化、开放化等角度贯彻融合教育理念。

（二）多元智力理论

多元智力理论是由美国哈佛大学心理学家加德纳（Gardner）教授提出来的，该理论在教育理论和实践领域产生了极大的影响。在加德纳看来，智力是一种或一组个人解决问题的能力。智力是以组合的方式来进行的，每个人都是具有多种能力组合的个体。受这种思想

---

① 程益基. 以生为本，构建聋教育课程新体系[J]. 现代特殊教育，2007(4)：7.
② 邓猛. 融合教育与随班就读：理想与现实之间[M]. 武汉：华中师范大学出版社，2009：228.

的影响,人们对特殊儿童的认识也发生了变化。特殊儿童尽管在某一方面存在缺陷或障碍,但是在其他方面还是具有极大的发展潜能的。

在《智能的结构》一书中,加德纳提出了"言语/语言智力、逻辑/数理智力、视觉/空间关系智力、音乐/节奏智力、身体/运动智力、人际交往智力、自我反省智力"[①]。很长一段时间以来,人们都把"聋童"等同于"低智商儿童"。根据多元智力的理论,我们发现这种观点是极其错误的。"聋童"在言语/语言智力方面比较弱势,但这并不意味着其他方面也同样弱势。因此,多元智力理论要求聋校教育课程公平地对待学生的多种智能,最大限度地挖掘学生的潜能,使学生尽可能全面、协调地发展。

(三)人本主义思想

无论是健全人还是在某方面存在障碍的人,他首先应该是作为一个人,一个受尊重的人,一个受尊重的学习者而存在。教育最重要、最根本的目的就是培育人与生俱来成长的可能性。人本主义强调人的自由、平等、尊严、个性等,这就要求我们公平地对待"有特殊需要"的儿童。而且,在对待"有特殊需要"的儿童时,我们的信念是"有特殊需要"的儿童首先是儿童,然后才是"有特殊需要"。始终坚持以学生的发展为本,是聋教育永恒的课程价值观。1994年联合国教科文组织在西班牙萨拉曼卡召开了"世界特殊需要教育大会",并通过了《萨拉曼卡宣言》和《特殊需要教育行动纲领》,大会更是提出了"融合教育"的思想。融合教育要求学校要主动适应儿童,要加强学生的参与,要促进学生参与就近学校的文化、课程、社区的活动,并减少学生被排斥的现象,满足所有学生的正常与特殊需要。将所有人(包括有特殊需要的学生)培养成社会有用之人。

(四)后现代主义思潮

后现代主义思潮主要表现在与"现代"思想的对立上。"现代"思想的核心,在世界观、认识论方面表现为确定性和目的性;在价值观方面表现为对人类理性的崇尚。然而,量子物理学的诞生打破了人类对事物确定性的信仰。20世纪中期以后的文化危机更让人们看到,仅靠"理性"建立起来的"秩序"并不能完全解决社会当中的问题。后现代思想让人们看到了另一面,告诉人们不要忽视教学过程中人的情感以及儿童在生活中的独特经验所特有的价值。

后现代教育思潮强调课程向生活的回归。课程和教育改革的目的,不是使儿童远离生活,而是使儿童生活化地发展;课程和教学只能在生活中展开。对于聋校来说,学校必须为聋童提供过渡性课程以帮助他们适应成人生活,发展其独立生活的技能。课程设计要注重学生的平等参与,注重从生活中发现问题、解决问题。

(五)终身教育理念

终身教育理念是新世纪教育改革的一个重要指导思想。终身教育认为学习在时间上是持续人一生的活动,学习将从胎儿时起,伴随人的一生,直至个体走向死亡的全过程。在现代社会中成年人的工作和生活从其基本和发展需要上都是不可能离开教育和学习的。因此,在基础教育阶段,学生应学会学习。新一轮基础教育课程改革强调学习方式的转变,使学生由接受学习转变为发现学习,为终身学习奠定基础。在聋校义务教育阶段也是如此。聋校课程必须着眼于听觉障碍学生的长远发展。2007年的《聋校义务教育课程设置实验方案》站在学生终身教育的高度,强调聋教育的"基础",要求学生"具有适应终身学习的基础知

---

① 田友谊. 多元智能理论视野中的特殊教育[J]. 中国特殊教育,2004(1):16-18.

识、基本技能与方法",为可持续发展打下坚实的基础。聋校教育新课程不仅强调学习基础——学会学习,更强调做人的基础——学会做人。这与过去从学科角度强调"双基",形成鲜明对比。

第3节 聋校课程设置

一、聋校课程设置的依据

聋校课程的设置要根据培养目标、课程观,以及听觉障碍儿童的身心发展特点来进行。首先,培养目标是课程设置的重要依据。培养目标为课程设置指明方向,课程设置是培养目标的具体化。其次,不同的课程观决定了不同的课程设置。理念是行动的指南,在相同的培养目标下,若课程观不同,则会设置出截然不同的课程。在特殊教育历史上,出现过多种课程观,如知识中心的课程观、儿童中心的课程观等。20世纪90年代在特殊教育领域所兴起的"生活质量"课程观是一种典型的以儿童为中心的课程,对聋校课程改革的影响较大。最后,听觉障碍儿童身心发展的特点在具体内容层面上决定了聋校的课程。

(一)基于学习科学的"学生观"与聋校课程设置

学习科学的兴起将教育者的视野从知识、技能传授与学生外在表现,带入到认知心理学、发展心理学、神经科学、人类学等组成的全新领域。学生不再被看成是接受知识的容器,而是知识的建构者与生成者。教师只有把学习者带到学习任务中的已有知识和观念作为新学习的起点,并给予学生多一点学习和建构的机会,才能促进学生的学习。[①] 在学习科学的视阈中,对听觉障碍儿童的学习机制的认识也不能简单地停留在听觉通道有障碍或听觉言语能力受损这样单一的维度上,而应该深入研究听觉损伤给他们的感知觉、认知、思维等方面带来的深远影响,甚至分别对听觉受损部位不同、听觉受损程度不同的听觉障碍儿童在学习特质方面的差异进行更有针对性的研究,唯有精准地把握教育对象内在的学习机制,才能在课程与教学层面做出更为科学有效的设计。

对听觉障碍儿童作为学习者的基本认识,不仅要充分考虑他们听觉受损所带来的不利影响,也应该更为客观地认识到:他们主要的学习与沟通手段的多样性特点;他们多采用视—动觉等学习策略;他们的感知觉与健听人相比既有落后之处,也有特定的优势。这些学习特质应该作为课程设置和教学实践的重要影响因素,听觉障碍儿童学习机制的研究成果,应该越来越多地运用到课程与教学中去。

(二)"生活质量"课程观与聋校新课程

"生活质量"课程观是一种典型的儿童中心课程观。首先,它注重学生的自我期望和潜能,主张课程的培养目标在于帮助一个"有特殊需要"的儿童实现自己的自我期望,最大化地发挥一个人所具有的潜能。许多自强不息的残疾人内心都有一个强烈的人生愿望。课程的目的就在于帮助他们借助教育来实现自己的梦想。在聋校新课程中,综合实践活动课程的设置,为聋生提供了一个发挥想象力与创造力,探究生活、创生知识的舞台。

其次,注重学生的独立性。"生活质量"课程观认为学生的学习过程就是一个从"依赖的

[①] 约翰•D.布兰思特,等.人是如何学习的[M].程可拉,孙亚玲,王旭卿,译.上海:华东师范大学出版社,2013:2.

人"走向"独立的人"的过程。在新课程中,一至三年级设置"生活指导"课程,培养聋生的独立生活能力。四至六年级设置"劳动技术"课程,使学生具备一定的动手操作能力。七至九年级设置"职业技术"课程,为听觉障碍学生走向社会奠定基础。

第三,注重学生的社区参与。秉持"生活质量"课程观的人主张让聋童融入社区,参与社区生活,建立积极、友好的人际关系,在社区生活中成为一个有用的人。

第四,"生活质量"课程观注重学生的幸福感。主张通过教育,让学生正确认识自我,树立正确的观念,健康地生活。

(三) 听觉障碍儿童的身心发展特点与聋校新课程

聋校的课程是为聋童设置的,因此需要满足聋童的以下特殊需要。

1. 缺陷补偿

对于聋童来说,缺陷补偿就是:第一,佩戴助听器,进行听觉言语训练,发掘和利用残余听力;第二,利用视觉、触觉、嗅觉、运动觉等其他感官功能替代与代偿听觉功能的不足,发展聋童的语言能力。"律动"、"沟通与交往"课程是针对聋童的特殊需要而设置的课程。律动课的内容包括音乐感受、舞蹈、体操、游戏等。设置该课程的目的是"发展学生的动作机能,即运动的灵活性、协调性和节奏感;利用学生残存的听觉锻炼他们的触觉、振动觉;培养学生对韵律的初步感受能力"[①]。沟通与交往课程旨在帮助聋生掌握多种沟通交往的技能与方法,促进聋生语言和交往能力的发展。沟通与交往课程的主要内容包括:感觉训练、口语训练、手语训练及其他沟通方式和沟通技巧的学习与训练。

2. 全面发展的需要

听觉障碍儿童在某些方面存在缺陷,这种缺陷往往促使人们采用急功近利的措施去个别矫正或纠正这些缺陷。我国传统的特殊教育正是基于这点而将缺陷补偿视为特殊教育的根本属性和意义。但是这种观点忽视了对学生应有的人文关怀。现代特殊教育由强调特殊儿童的特殊性走向对特殊儿童与普通儿童发展共性的把握与融合。因此,聋校新课程在课程门类上参考普通学校义务教育阶段的课程门类,设立品德与生活、品德与社会、思想品德、历史与社会、语文、数学、科学等课程,这些课程的总课时数占总体课时数的比例高达53.2%~54.8%。

当然,各类辅助设备的使用、手语的使用都是听觉障碍儿童特殊需要的课程内容。

二、聋校课程设置的原则

《聋校义务教育课程设置实验方案》指出:聋校的课程设置要贯彻基础教育课程改革精神,体现聋教育的特点,应以人为本,以德育为核心,以培养创新精神和实践能力为重点,以人的发展和综合素质的提高为宗旨,以信息技术为基础,通过课程改革,全面推进聋校素质教育的实施。[②] 具体来说,有以下三个原则。

第一,均衡性与特殊性相结合。课程设置要强调形成积极主动的学习态度,使聋生获得基础知识和基本技能的过程同时成为学会生存、学会学习、学会关心、学会合作和形成正确价值观的过程。课程设置要体现聋生身心发展规律和聋教育的特点,在缺陷补偿的同时,积

---

① 赵树铎. 特殊教育课程与教学法[M]. 北京:华夏出版社,1994:97.
② 教育部. 聋校义务教育课程设置实验方案[J]. 现代特殊教育,2007(3):8.

极开发潜能,增设具有聋教育特点的课程,注重发展聋生的语言能力,尤其是书面语言的能力。

第二,综合课程和分科课程相结合。课程设置要坚持综合课程与分科课程相结合,各门课程都应重视学科知识、社会生活和聋生经验的整合,加强学科渗透。小学阶段(一至六年级)以综合课程为主,初中阶段(七至九年级)设置分科与综合相结合的课程,增设沟通与交往课程、综合实践活动课程。

第三,统一性与选择性相结合。课程设置既要坚持面向全体学生,又要根据各地区、各聋校的实际需要和聋生的个体差异,在课程上提供选择的空间。学校应创造条件,积极开设选修课程,开发校本课程,以适应聋生个性发展的需要,如:浙江省杭州市聋人学校就根据学校实际适当调整了学校的课程设置。[①]

三、《聋校义务教育课程设置实验方案》的具体课程设置

总的来说,聋校的课程可以分成一般性课程与选择性课程。一般性课程体现对学生素质的基本要求,着眼于学生的基本需求。选择性课程着眼于学生个别化发展需要,注重潜能开发,体现学生发展差异的要求。

(一)一般性课程

一般性课程是指国家统一安排的列入《聋校义务教育课程设置实验方案》的课程。它在提高学生的思想品德,科学文化知识,劳动技能和生理、心理素质方面,都承担着别的学科不可替代的作用。《聋校义务教育课程设置实验方案》中的品德类课程(品德与生活、品德与社会、思想品德),历史与社会,科学,语文,数学,沟通与交往,体育与健康,艺术类课程(律动与美工),劳动类课程(生活指导、劳动技术、职业技术),综合实践活动都是一般性课程。具体的课程安排详见"聋校义务教育课程设置表"(见表8-1)及其使用说明(见表8-2)。科学、综合实践活动、沟通与交往是此次新课程中新出现的课程门类或名称,简要介绍如下。

表8-1 聋校义务教育课程设置表[②]

课程门类\周课时\年级	一	二	三	四	五	六	七	八	九	测算课时	占总课时比例(%)
品德类课程	品德与生活			品德与社会			思想品德			628	6.7~6.5
	2	2	2	2	2	2	2	2	2		
历史与社会							2	2	2	208	2.2~2.1
科学			2	2	2	2	2	2	2	418	4.5~4.4
语文	8	8	8	7	7	7	7	7	7	2303	24.6~23.9
数学	5	5	5	5	5	5	5	5	5	1570	16.8~16.3
沟通与交往	3	3	3	2	2	2	1	1	1	629	6.7~6.6
外语							2	2	2	208	2.1~2.2
体育与健康	3	3	3	3	3	3	2	2	2	838	9.0~8.7

---

① 杨慧丽.探索适合聋生需要的课改和教材[J].现代特殊教育,2008(2):8.
② 教育部.聋校义务教育课程设置实验方案[J].现代特殊教育,2007(3):9.

续表

课程门类	周课时\年级	一	二	三	四	五	六	七	八	九	测算课时	占总课时比例(%)
艺术类课程	律动	2	2	2							210	9.0~8.7
	美工	2	2	2	2	2	2	2	2	2	628	
劳动类课程		生活指导			劳动技术			职业技术			453~730	4.8-7.6
		1	1	1	1	1	1	2~4	2~5			
综合实践活动					2	2	2	2	2	2	418	4.5~4.3
学校安排的课程		3	3	3	3	3	3	2	2	2	838	9.0~8.7
周总课时数		29	29	29	29	29	30	31~33	31~34	31~34	/	
学年总课时数		1015	1015	1015	1015	1015	1015	1085~1155	1085~1190	1085~1190	9380~9660	

表 8-2 聋校义务教育课程设置的有关说明[①]

1. 本课程设置表为聋校义务教育阶段一至九年级的课程设置、各年级周课时数、学年总课时数、九年总课时数和各门课程课时比例,每门课的课时比例有一定弹性幅度。学校课程的课时和综合实践活动的课时共占总课时的 13%~13.5%。

2. 每学年上课时间为 35 周,其中九年级第二学期毕业复习考试时间为 1 周,实际上课时间为 34 周。

3. 每周按 5 天安排教学,每课时一般为 40 分钟。

4. 晨会、班团队活动、文体活动、心理健康教育等,由各校自主安排。

5. 沟通与交往课程是国家规定的必修课,聋校可根据聋生的个体差异和不同的发展阶段,选择适合的教学内容和训练方式。

6. 综合实践活动是国家规定的必修课,综合实践活动的课时,可以与学校安排课程的课时结合使用。各校可以根据需要,采用分散安排的方式,也可以集中安排。

7. 信息技术教育,小学阶段为 102 课时,一般从四年级起开设,初中阶段不少于 102 课时。有条件的学校可提前开设和增加课时量。

8. 劳动类课程,各校可根据当地的经济建设的需要,选择不同的劳动和职业技术教育的内容,也可以结合校本课程的实施,统筹安排。职业技术课程一般以集中安排为宜。

9. 体育与健康课程中,一至九年级均应贯彻"健康第一"的原则,可结合相关体育活动,使聋生了解一些体育健康知识,但必须充分保证聋生参加体育活动的时间。

10. 外语作为选修课程,各校可根据不同地区和聋生实际选择开设。

11. 各门课程均应结合本学科特点,有机进行思想道德教育。各种专题教育渗透在相应的课程中进行,不单独安排课时。

---

① 教育部.聋校义务教育课程设置实验方案[J].现代特殊教育,2007(3):10.

1. 科学课

2007年之前,聋校课程中并无"科学课"这一提法。1993年的《全日制聋校课程计划(试行)》中用"科学常识"来指代科学课,它包括了自然常识、社会常识和理科,而2007年的《聋校义务教育课程设置实验方案》则直接以"科学"代之,并指出"科学"是综合课程,也可以选择分科课程,如生物、物理、化学。科学课在聋教育中至关重要。聋生在日常生活中,由于缺乏科学知识,没有形成良好的科学生活态度,如偏食、不愿参加体育锻炼、自控能力差等。加强科学教育,引导他们学习与周围世界有关的科学知识,帮助他们体验科学活动的过程,有助于培养他们的科学素养,并以此改变他们的生活方式,提高他们的生活质量。

在课程内容上,"科学"更强调了学科间的联系与融合,注重课程内容与聋童生活内容的联系,关注聋童的兴趣和经验。此外,科学教育不应该受时间和空间的限制,学校要积极开展科普活动,带领聋生走向校园、家庭、社区和大自然,给学生创造了解外部世界、探究外部世界的机会。

2. 综合实践活动课程

综合实践活动课程,是我国新一轮基础教育课程改革的一大亮点,已被列为从小学到高中的必修课程。根据《基础教育课程改革纲要(试行)》中的规定,其内容主要包括:信息技术教育、研究性学习、社区服务与社会实践以及劳动与技术教育,强调学生通过实践,增强探究和创新意识,学习科学研究的方法,发展综合运用知识的能力,增进学校与社会的密切联系,培养学生的社会责任感。聋校设置综合实践活动课程,并将其也设置为必修课程,既是顺应我国新一轮基础教育课程改革的要求,又是针对我国聋教育现状的一次改革。因此,聋校的综合实践活动课程在内容上一方面要与基础教育课程一致,另一方面也要体现聋教育的特点和要求:"使聋生通过亲身实践,提高收集与处理信息的能力、综合运用知识解决问题的能力以及交流与合作的能力,增强社会责任感,并逐步形成创新精神与实践能力。"[①]综合实践活动课程,在进行课程设置的时候,应该综合考虑知识的整合、聋生的生活经验,让学生以合作的方式发现生活中的问题,解决生活中的问题。

3. 沟通与交往课程

《聋校义务教育课程设置实验方案》指出,"沟通与交往课程的内容主要包括:口语沟通、手语沟通、其他沟通方式的学习和训练,旨在帮助聋生掌握多元的沟通交往方式,促进聋生语言的发展"[②]。该课程是新课程的一大亮点。课程从聋生的特殊需要出发,以培养学生的沟通能力为主要目的,为学生奠定作为一个"社会人"的基础。

(二) 选择性课程

选择性课程是学校根据当地的区域环境、学校特点、学生的潜能开发需要而设计的以供学生选择的课程。《聋校义务教育课程设置实验方案》明确指出"外语"课为选修课。另外,有条件的学校可提前开设和增设信息技术课,而且《聋校义务教育课程设置实验方案》还给各个学校开设形形色色的校本课程留有余地。

选择性课程的设置,有利于因材施教,发展学生的个性,有利于照顾城乡差别和各地的

---

① 教育部.聋校义务教育课程设置实验方案[J].现代特殊教育,2007(3):8.

② 同上。

不同情况,有利于适应社会多方面人才的需要。在聋校,学生的升学任务不重,大多数学生经过九年义务教育后,直接走向社会。他们该如何适应社会需要,是一个无法回避的现实问题。所以《聋校义务教育课程设置实验方案》顺应时代发展的潮流,首次将"英语课"列入课程方案。从七年级开始安排"外语"选修课,课时量占总课时的2.1%~2.2%,并且为校本课程留有一定的空间,其课时量占总课时的8.7%~9.0%。这样,各地区的聋校就能更好地结合本地区、本学校的实际情况,开发不同的课程,使本校的课程更有利于聋生的发展。

《聋校义务教育课程设置实验方案》安排了838节学校课程,这是个不小的比重。各个学校应根据地区、学生和家长的需要,积极开发具有本校特色的选修课或专题性的短期课,合理安排开设年级以及课时分配,尽量优化学校课程结构,使之在发展学生个性,发扬学校特色上发挥最大的作用。例如,学校可以根据本校需要,为聋生开设心理健康课程。听觉障碍儿童的发展与正常儿童比较,既符合一般儿童的发展规律,又有其特殊性,比一般儿童更容易产生心理问题,如自卑、自闭等。有的"特殊需要"儿童在其成长过程中还可能遇到一些难以预料的事,如父母离异或遭受周围人的歧视等。这都会对他们产生不良影响,因此,在聋校开设心理健康课程,对聋生进行心理健康方面的教育显得非常必要。此外,还可以经常带领学生参与社会活动,为社会奉献爱心,使学生了解社会,关心社会。

四、课程的实施与评价

(一)课程的实施

课程实施是"将某项课程计划付诸实践的具体过程"[①]。课程实施是课程改革的关键环节,直接决定着课程改革的成败。然而课程实施又是一个庞大而复杂的系统工程,受课程方案本身的特征、学校、教师以及校外环境等各方面因素的影响。课程方案设计的合理性,课程方案本身的复杂性与实用性直接影响着课程实施主体对课程的认识,进而影响课程实施的效果。学校是课程实施的主要场所,校长对自身角色的定位,对新课程的认识又在很大程度上影响了学校层面的课程改革。教师是课程实施的关键人物,在课程实施过程中,教师不是一个被动的实施者,而是一个主动的决策者,他们要面对许多与课程相关的问题,需要依据不同情况随时做出相应的专业判断,其判断的正确性与准确性直接影响着课程实施的质量。

为了确保课程改革的顺利开展、课程的有效实施,校长和教师应如何应对呢?

对校长而言,首先,要树立新的课程理念。新课程的实施,是一场变革,难免会对学校原有的制度、经验产生冲击。面对这样的冲击,传统"制度控制"式的管理不仅不利于新课程的推进,反而会引发教师对新课程的抵触情绪。这时校长应超越传统的"课程管理"的思想,树立"课程领导"的全新理念,通过营造民主和谐、共同探究的学校氛围,运用各种激励机制,带领全体教师在课程改革中不断成长。其次,校长应多管齐下,采取多种措施推进新课程。如:组织教师培训,改进校本教研,建立新的教师评价制度等。

对教师而言,首先,新课程要求教师具有全新的教育理念。在传统的聋教育中,"缺陷补

[①] 张华. 课程与教学论[M]. 上海:上海教育出版社,2000:331.

偿"是一项重要任务,在这种观念影响下,教师们更多地关注学生的"缺陷"。而新课程提出了"积极开发潜能,补偿缺陷"的理念,这就要求教师用发现的眼光去寻找学生身上的闪光点,发现学生的特长、兴趣、爱好,对其加以适当的引导,培养他们发挥自己的长处去适应社会的能力。这意味着教师必须重新审视自己的教育价值观,发现聋教育的真正价值所在。其次,聋校新课程要求教师做一名研究者。新课程,无论是分科课程还是综合课程,都体现了全新的教学理念,这必将导致课程实施中教学方法、教学行为的变化。对教师来说,最大的障碍来自自己的"习惯"。这就要求教师在教学过程中,主动放弃原来熟悉的一套方法和程序,积极探索新方法,促进新课程的有效实施。

(二) 课程评价

评价就是做出某种价值判断;课程评价,就是对课程方案、活动及其结果等进行价值判断。教师、学生、教材以及学习环境都是课程评价的对象。随着新课程的实施,课程评价也应从"单一化"走向"多元化",由"量化评价"走向定性评价与定量评价相结合,并且在评价功能的定位上,超越"选拔与甄别",走向"诊断与改进"。各聋校在具体实施中应做到以下几点。

第一,建立促进学生全面发展的评价体系。评价要注重学业成就评价与发展性评价相结合,既关注学生的学业成绩,又要关注、发现和发展学生多方面的潜能;注重终结性评价与过程性评价相结合,既关注学生学习的结果,又关注学习过程;既注重学生积极参与评价的主动性,又注重评价主体和评价方式的多元性,使评价过程成为帮助学生认识自我、建立自信、走向自强的过程,促使学生在原有水平上有所发展。

第二,建立促进教师不断提高的评价体系。强调教师对自己教学行为的分析与反思,建立以教师自评为主,校长、教师、学生及其家长共同参与的评价制度,使教师从多种渠道获得信息,不断提高教学水平。

第三,建立促进课程不断发展的评价体系。周期性地对学校课程执行的情况、课程实施中的问题进行分析评估,调整课程内容,改进教学管理,形成课程不断革新的机制。

 本章小结

课程既是一种"教育计划",又是一段"教育进程",不仅包括教学内容、教学时数和顺序安排,还包括学生的活动及其在活动中获得的"教育经验"。在基础教育课程改革的引领下,我国聋校课程也开始了一场变革,主要表现在课程类型的丰富、课程结构的调整,以及对学生学习方式要求的转变上。聋校新课程的培养目标建立在融合教育观、多元智力理论、人本主义思想、后现代主义思潮以及终身教育理念的基础之上,对聋校提出了更高的培养要求。聋校课程设置应遵循以下原则:均衡性与特殊性相结合的原则;综合课程与分科课程相结合的原则;统一性与选择性相结合的原则。总的来说,聋校的课程可以分成一般性课程与选择性课程。一般性课程体现对学生素质的基本要求,着眼于学生的基本需求。选择性课程着眼于学生个别化发展需要,注重潜能开发,体现学生发展差异的要求。增设沟通与交往课程、综合实践活动课程,把校本课程与外语课纳入课程体系,既体现时代要求,又有利于聋生的全面发展与个性发挥。聋校新课程对各学校和教师提出了较大的挑战,要求校长和教师转变观念,在实践中研究和创新。各学校应在研究中不断完善自己的课程评价体系,以评价促改进,真正把新课程落到实处,使广大聋生、从事聋校的教师以及各聋校在新课程的实施中获得最大的发展。

 思考与练习

1. 我国聋校课程培养目标的理论基础有哪些?
2. 解释课程设置的综合课程与分科课程相结合的原则。
3. 你是如何认识《聋校义务教育课程设置实验方案》的?
4. 面对聋校新课程,校长和教师应如何应对?
5. 你认为怎样的课程评价体系是合理的?

第 9 章 听觉障碍儿童的教学

1. 掌握当前对听觉障碍儿童学习特性的认识。
2. 了解聋校语文、数学课程的教学要求、内容与方式。
3. 了解聋校其他各科的教学要求。

第 1 节 听觉障碍儿童教学概述

教学作为学校教育的基础与核心,在实现与完成学校教育目的中具有重要的地位。教学是教师、学生的共同活动,是指在教师的指导下,学生自觉的、积极的认识活动。一方面,教学包括教师的活动,也就是教;另一方面,教学也包括学生的活动,也就是学。教师和学生,教和学,是教学相互联系的两个方面,而且是教学不可缺少的两个方面。[①] 在整个教学活动中,教师自身的教育理念、专业发展水平、个性特征,学生本身的认知特征、个性特征与发展潜能直接影响着教育目标的设计、实施、实现与评价。因此,长期以来,听觉障碍儿童的教育与教学一直围绕以下三个核心问题展开:第一,听觉障碍儿童应该被安置到哪里进行教学;第二,应该如何对听觉障碍儿童进行教学;第三,应该教给听觉障碍儿童什么东西。尽管各国学者对上述问题分别进行了大量阐释,但这些问题依然是彼此分离的。实际上,这三个问题彼此有着非常复杂的联系,一个问题解决方案的抉择必然对另外两个问题解决方案的抉择有着重要影响,到现在为止,这三个问题依然没有最终答案。[②] 实际上,第一个问题关注的是听觉障碍儿童的教育安置问题;第二个问题关注的是教学语言的问题,即是采取口语教学、手语教学、手口并用的综合教学方式,还是采取双语教学等;第三个问题关注的是教学内容的问题。

当前,在融合教育和听觉障碍儿童有可能在学业上与正常儿童获得同样成就的思潮影响下,大量听觉障碍儿童进入正常班级进行学习;我国听觉障碍儿童采取随班就读的方式步入正常班级接受教育,但大量的听觉障碍儿童依然在聋校接受学校教育。

采取何种语言进行教学,才能有效地促进听觉障碍儿童学习,提高教学效率一直是聋教育界的古老话题。我国学者何文明通过选用聋校中年级一堂具有代表性的语文课作为研究样本,通过聋生看话和看手语写话的方式对聋校教学语言效率进行检验的研究发现,教师教

---

① 丛立新. 教学概念的形成与意义[J]. 北京师范大学学报:社会科学版,2007(5):6.
② Donald Moores, David Martin. Deaf Learners-Developments in Curriculm and Instruction [M]. Washington D. C.: Gallaudet University Press,2006:3.

学语言效率比较低,效率最高大约只有55.2%,平均为39.87%。提高聋校教学语言效率已成为提高聋校教学的首要问题。[①]

此外,对听觉障碍儿童学习特性的认识与期望,也是直接制约教学目标、教学内容、教学方式与教学评价方式抉择的重要影响因素。整体看来,历史上对听觉障碍人士学习特性的认识经历了三个阶段:第一个阶段认为听觉障碍人士在认知方面相对较差,即听觉的缺乏对听觉障碍人士智力或认知的发展有不良影响;第二个阶段认为听觉障碍人士是具体思维者;第三个阶段认为听觉障碍人士是正常的,即听觉障碍人士和正常人一样有着同样的认知潜能,聋本身并没有给听觉障碍人士带来限制。第三个阶段反映的是当今时代人们对听觉障碍学习者的认识。[②] 实际上,学者马克斯查克认为不少研究对聋人在认知、记忆方面与健听人存在相似或差异性具有一致性的研究结果;但他强调差异并不代表缺陷,在某些任务上,聋人的表现要超出健听人。聋本身与认知能力的关系还需进一步研究。[③]

我国聋教育在顺应世界聋教育发展潮流中,也首次在《聋校义务教育课程设置实验方案》中提出了对聋生进行"积极开发潜能",这要求聋校教师、班里有听觉障碍儿童的随班就读教师更新教育理念,关注听觉障碍儿童学习方式、信息加工方式与健听儿童的差异性,尽可能把"积极开发潜能"作为一条红线贯穿于整个教学活动中,很好地处理好行为目标、生成性目标与表现性目标[④]三类教学目标的关系与实践性,采取有利于听觉障碍儿童有效学习的教学方式与手段,采取适合于听觉障碍儿童的教学评价方式,最大限度地充分挖掘听觉障碍儿童的潜能,促进其全面发展。

鉴于我国听觉障碍儿童大多被安置在聋校,也有部分听觉障碍儿童随班就读,本章第2、3、4节将集中探讨聋校中的各科教学,第5节将关注听觉障碍儿童随班就读教学。

第2节 聋校语文教学

一、聋校语文教学的要求

1993年国家《全日制聋校课程计划(试行)》中对中小学语文的基本要求为:"聋校语文教学的基本要求是要进行发音、听话、说话教学,形成和发展耳聋学生的口语能力,进行视觉训练和看话训练,形成初步的语文能力;培养聋生正确地运用及理解词语的能力,从而发展

---

① 何文明. 聋校教学语言效率研究[J]. 中国特殊教育,2003(1):36-40.
② Donald Moores, David Martin. Deaf Learners-Developments in Curriculum and Instruction [M]. Washington D. C.: Gallaudet University Press, 2006:11.
③ 同上.
④ 行为目标是对教学活动完成后学生身心方面所发生的变化的预期结果,又称预设目标,通常是教师在教学活动开始之前对开展此次教学活动所要达到的结果作出的预期。生成性目标是伴随着教学活动的开展,教师灵活捕捉教学过程中一些新的、预料之外的教育因素,使学生身心发展得到非预期的结果。通常是教师在教学活动中,根据学生当时的学习情况随机提出新的学习任务,是对学生学习结果产生的新期待,而实际的教学活动也具备了达到非预期学习结果的种种可能性。表现性目标是学生在完成某项学习任务时,创造性地解决问题,取得新颖独特的学习结果。通常是在教学活动结束之时,被教师发现并确认的学生所取得的创造性的学习成果。(范蔚. 三类教学目标的实践意义及实现策略[J]. 教育课程研究,2009(1):50.)

他们的认知能力和思维能力;听觉障碍学生掌握汉语拼音、常用汉字和词汇,正确理解词义、句意、段意和课文内容。会使用字典、词典等工具书来阅读文章,初步掌握阅读的方法,有良好的阅读习惯,能读懂日常应用文和通俗文章,有初步分析、概括段意和文章主要内容的能力,学习语法知识,提高语言能力;培养学生的观察能力和运用语言表达思想的能力。"

二、聋校语文教学的内容与方法

聋校语文教学主要包括看(听)话教学、词汇教学、句子教学、阅读教学和作文教学等。

(一) 看(听)话教学

发展听觉障碍儿童的语言能力是聋校语文教学的重要目的与任务,对听觉障碍儿童进行发音、听话、说话教学,形成和发展听觉障碍学生的口语能力是聋校语文教学的任务之一;尤其对听力损失严重的学生需要进行视觉训练,看话训练,借助看话来习得语言。在第7章听觉障碍儿童的早期教育中,我们对学龄前听觉障碍儿童的看话教学进行了详细的阐述。这里将从学校尤其是聋校教育的角度出发,对学龄期听觉障碍儿童的看(听)话教学进行简单介绍。

1. 看话教学

(1) 看话意义。看话对听觉障碍学生具有重要意义。首先,看话是理解口语的前提,是培养听觉障碍学生有声语言能力的重要内容。其次,看话能保证教学语言的规范化,为学生学习和运用语言的楷模,对完成教学任务有利。第三,看话能缓解听觉障碍学生社会交际中的语言障碍,提高社会参与能力。[1]

(2) 看话训练的方法。看话训练包括视觉训练和看话训练两部分。

视觉训练是指视觉分析器功能的训练,它是看话训练的基础。视觉训练的目的在于提高听觉障碍学生的视觉分析器机能。训练内容主要包括视觉正确性的训练和视觉灵敏度的训练。正确性训练的目的是要求学生把展现在眼前的东西看正确,从物体的细小变化的展现时间长短来提高视觉功能。物体的变化是采用先易后难的方法,如:先展示一幅"鸡"的图,逐步发展到辨别一幅缺了一条腿的鸡的图,一幅缺了一个脚趾的鸡的图,缺了鸡冠的鸡的图,训练学生能正确辨别细小的变化,或者一幅图画了几只鸡,有的缺了翅膀,有的缺了眼睛,有的缺了腿等,要学生正确区别出来。视觉灵敏度训练的目的是要求学生在一瞬间就能把物体看清楚,就能辨别出物体的细微变化。[2]

看话训练的目的在于培养听觉障碍学生观察说话人的口部动作,理解说话内容的能力,它是随学词、学句、学文进行训练的。看话训练的基本方法是教师借助词语卡片显示读词语的口形,再演示词语的内容,把这一词语的口形、书面形式、内容三者紧密结合起来,然后要求学生模仿口形读词语,识字、理解词语的意思。[3]

2. 听说教学

(1) 反复练习。听说训练要反复进行,充分练习。同一项训练内容,要采取各种不同的

---

[1] 胡蓉. 看话能力教学谈[J]. 贵州教育,2004(15):38-39.
[2] 同上.
[3] 同上.

形式来进行训练,直到真正掌握。而且在间隔一段时间后,还要进行巩固练习。因此,不论从时间上、反复的次数上、强化的程度上,都要有保证。同时,还要注意学生的反馈。

(2) 重视个别指导。每个学生的言语缺陷表现不同,程度不同,造成的原因也各异。因此,要有的放矢地安排计划,落实措施,在日常教学过程中开展有针对性的训练。

(3) 加强训练的趣味性。听说训练要采取灵活多样的方法以引起学生训练的兴趣,调动学生参与训练的积极性。训练的方法多种多样,常见的有:演示讲解,互相问答,看图说话,参观访问,听故事复述,游戏比赛,角色扮演,儿歌背诵,运用电化教学手段等。

3. 循序渐进地进行听说训练

小学一年级的拼音教学是进行语言训练的基础,为了打好这一基础,教师要重视学生的发音,一个字母一个字母地教。教师可以利用发音器官模型,用来展示唇、齿、舌的位置关系,并利用挂图、实物等教具,力争为学生创造一个好的感觉形象,让学生充分体会到声音是怎样通过口腔、鼻腔发出的。教师还可以通过小镜子,让学生对照自己的口型与教师的口型是否一致,来学习拼音的发音方法。此外,教师还可以通过许多直观教具及多媒体课件,尽量调动听觉障碍学生学习口语的积极性,打下拼音的基础。

4. 结合各科教学进行训练

听说训练不仅仅是语文教师的任务,其他学科教师在教学中也应重视加强对学生的听说训练。

5. 争取家长的参与和配合

听说训练应课内外结合。教师要多与家长沟通,争取他们对训练的支持与配合,让家长在日常生活中多给孩子做说话示范,多指导训练孩子说话,家校协手共同提高孩子的听说水平。

(二) 词汇教学

词汇教学是帮助听觉障碍学生形成和发展语言、思维的重要手段。通过学习词汇,提高他们的阅读理解能力,扩大他们的知识面,发展他们的抽象思维能力。多样化的循序渐进的词语教学,可以点燃听觉障碍学生学习的热情,使其学得扎实有效,最终收到良好的教学效果。

1. 坚持直观形象的教学原则

由于词是对客观现实的抽象概括,因此,词语教学必须与实际相结合。由于听觉障碍学生的思维方式更倾向于直观形象思维,所以借助客观事物来学习、把握抽象概念的直观教学既符合他们直观性的认识和思维特点,又可以使枯燥的词语学习变得富有生趣,从而取得事半功倍的效果。例如:在学习"笤帚"一词时,先把笤帚拿给学生看,然后问学生这是什么?有什么用处?又如在学习"黄瓜"、"茄子"、"冬瓜"等词语时,把实物拿给学生看,问学生是否见过,它们的形状、颜色、用途各是什么?在学习"工厂"一词时,可把学生带到工厂里面,问学生这是什么地方?都有谁?他们在做什么等问题。通过实物及实际参观,观察理解所学词的意思,这样学习的印象就会深刻,记得牢固。所以直观形象教学原则是聋校词语教学的重要原则,也是聋校词语教学的经典方式,但是在运用直观形象教学的过程中也要做到适当和适度。

2. 坚持"字不离词,词不离句"的教学原则

从聋生开始接触生字时,教学就应采取"字不离词"的方法,尽可能地将生字放到单词、词组之中。特别是在同音字和同字异音上要结合词组,从而使学生分辨清楚每一个字的真正含义,达到音、形、义的结合。例如:"圆"与"园"、"坐"与"座","长"有"长大"、"长短"之

分,"种"有"种田"、"种子"之分等。在教学以上生字时,要通过组词让学生理解它们之间的异同。在进行"以词代句"的教学过程中,首先应使用课文的范句,然后结合词义,列举其他句子,使学生能够融会贯通。学生学完单词后,只知道每一个单词的意思,并不一定懂得其之间有何联系,而把单词融进句子里,便可使学生学会用一句话来表达意思。如在学习"簪帚"、"扫地"两词之后,引导学生根据"谁拿什么,做什么"的句式说写各类句子。这样由于学生对所学的词及句式已掌握,写起句子来格式各异,思维得到很好的发展。这样做便于聋生掌握单词,有利于聋生语言的开发。

3. 坚持书面语和口语同步推进的教学原则

聋校词语教学具有帮助听觉障碍学生发展口语和学习书面词语的双重功能,因此既要注意发展听觉障碍学生的口语又要注意发展他们的书面词语,尤其低年级的词语教学更要注意二者之间的有机结合。按教学大纲要求,聋校语文教学的主要目的是培养听觉障碍学生正确理解和运用语言文字的能力。在施行口语教学的同时,教师的口语必须按照教学要求,以浅显易懂的语言来讲解,教学语言要采用普通话、要符合语法、变速要适中,这样便于学生接受。如在教学《扶起来》一课时,可通过利用幻灯画面、动作演示等手段来启发听觉障碍学生理解句子中的"摔倒"、"向"、"跑去"、"扶起来"等重点词的意义,重视指导听觉障碍学生把要学的话说清楚,使别人听得懂,还要注意正音教学。以上教学体现了先说后认,以认促说的特点。在实行口语教学的同时,应尽可能地要求学生把所学的知识落实到作业上来。如看教师的口形、手语将句子正确完整地写出来,从学生的作业中可以看出他们对语言的掌握程度,以便于进一步组织教学。

4. 坚持学以致用,将知识生活化

语言是工具,使用工具的能力只有通过自身的实践才能获得,练习教学法对培养语言实际能力有重要作用。在聋校低年级的语言启蒙教育阶段尤其是这样。因此要强化练习,从而弥补他们语言实践少的缺陷。练习要在理解的基础上进行,在读、说的基础上正确地表达自己的思想。如带听觉障碍学生去公园或其他场合游玩、参观及观察周围发生的事情,随时随地对他们进行训练,扩大语言范围,巩固学过的语言知识。聋校词语教学还必须坚持扩展原则,从听觉障碍学生的实际需要出发,从而发展他们的词汇量,使听觉障碍学生学会与他人交际,适应社会的发展。

(三) 句子教学

句子教学是聋校语文教学中的重要任务,对培养听觉障碍学生的语文能力有重要意义。在语文教学中,务必帮助听觉障碍学生正确建立句子的概念,使其能读懂句意,懂得一句话中词语的顺序以及它们之间的关系,进一步提高联系上下文和联系生活实际理解句子的能力,对含义较深的句子或结构较复杂的句子,能联系上下文理解含义或体会句子表达的思想感情。学会读句写句,逐步培养对句子的理解与表达能力。

句子教学的内容,在低年级时主要选取聋童生活中常用的句子,通过生活中学句、看图学词学句、看多媒体学句、看图(演示)学句几种方式进行。当逐步进入中、高年级时,就要求听觉障碍学生进一步学习用联系上下文和联系生活实际的方法理解句子含义;学会修改各种病句,从感性上学习修辞方法;认识比喻、拟人、排比、反问等句式,并掌握其特点,能从实际上运用修辞手段,把意思表达得比较生动;学习欣赏文章中优美的语句,积累妙词佳句并学习运用。

句子教学的方法多种多样,但有三条重要的原则需要把握。

一是要将句子形象化。即在进行句子教学时,多帮助听觉障碍学生观察句子所描述的形象,将事物形象与语言文字联系起来,从而理解句子内容,形成句子概念。在形成了句子的概念之后,可以通过朗读、表演、写句练习等来增强听觉障碍学生运用句子表达语言的能力。

二是句子教学应该遵循由易到难的顺序。一般而言,从表达完整意思的简单句开始,逐步发展到结构稍复杂的句子,再过渡到用几个连贯的句子表达一个完整意思的句群。随着句子教学的加深,听觉障碍学生对词语之间、句子之间相互联系的理解能力也会随之提升。

三是要将学习的句子作为句式不断进行练习。可以采取不同的方法来进行句式练习。首先,可以用课文中学习的新词语替换句子中相应部分组成新句;其次,可以利用听觉障碍学生已有的生活经验,将学过的词语替换句子中相应部分组成新句。通过句式读写更多的句子,不仅增加了听觉障碍学生句子的数量,丰富了他们的语言,更主要的是让听觉障碍学生感悟句子的表达方法,逐步形成独立造句的能力。

(四) 阅读教学

阅读教学的主要任务是培养听觉障碍儿童理解和吸收书面信息的能力。阅读教学有助于扩大听觉障碍儿童的词汇量,丰富其语言知识,使其熟悉语言的使用环境。从读入手,不仅是聋校阅读教学的切入途径,也是聋校语文教学的切入点。[①]

1. 在阅读教学中,教师首先要重视学生阅读的主体地位

课堂上,教师要创设情景,努力将学生引入主体角色,使他们积极地置身于课文中去。让学生带着问题阅读、思考,可以有效地激发学生积极主动地参与语言实践,从而提高阅读教学的效果。教师要力求做到:一要准确透彻地把握课文,了解课文背景和作者的意图;二要掌握设疑的要求,讲究启发的艺术,按照思维的逻辑性循序渐进层层深入地提出问题;三要对学生在阅读中遇到的问题适时地予以点拨或启发指导,用自己的观点和最贴近学生生活的材料帮助他们解惑;四要组织学生开展讨论,交流彼此的阅读感受,要求他们提出自己的观点,展开争鸣。教师要指导学生养成查阅词典、搜集资料的良好习惯,鼓励学生利用上下文猜测词义,使学生在阅读中做到以下几点:需要翻阅资料的,自己翻阅资料;需要查阅字典的,自己主动地查阅字典;应当仔细分析的,自己仔细地分析;应当综合理解的,自己尽量综合理解;意在言外的,要能够体会出言外之意,从而逐步获得独立阅读的能力。

2. 教师要在阅读教学中形成"精读——泛读——速读"的序列训练

精读是主体,泛读是补充;精读是准备,泛读是应用。泛读的目的是运用精读的经验和方法,由学生自己读书、自己发现,迅速了解全篇大意,领会作者意图,抓住要领。速读是在规定的时间内运用内部语言对所读的材料进行高度概括、高度缩略的阅读,是培养学生综合能力的有效途径。加强速读训练是时代向语文阅读教学提出的要求,它可以使学生有选择地获取更多的有益的知识,有利于学生思维和综合能力的培养和提高。

3. 阅读的目的是理解

教师在指导学生阅读时,要使学生弄懂"阅读——思考——表达"三者之间的关系。阅

---

① 段成来. 从读入手——聋校语文教学的切入点[J]. 中国特殊教育,2003(1):49-51.

读,要求学生懂得怎样读书,懂得怎样抓住词与词、句与句、段与段之间的关系。思考,需要教师引导学生学会解决如"什么"、"怎样"的问题。表达,要求教师引导学生在头脑中消化知识、形成文字。除此之外,教师还要指导学生用自己的语言描述"为什么"和"怎样"。学生若能够做到以上几点,就证明他们真正读懂了文章,学会了阅读。此外,也有学者通过实验研究证明,将组织策略运用在高年级聋校语文阅读教学中,能够有效地发展听觉障碍学生的语言与思维能力,提高听觉障碍学生的阅读监控水平,促进听觉障碍学生对课文整体信息的理解,提升聋校高年级语文阅读教学的效率。[①]

4. 培养和激发学生阅读的积极性,提高学生的阅读能力

学生阅读能力的提高不是靠教师在课堂上"讲"出来的,而是靠学生自己在平时的阅读训练中"悟"出来的。为此,教师要大胆放手让学生自己去阅读,注重培养学生自身的阅读能力。阅读教学要改变教师的观念,转变教师的角色,应充分体现学生在课堂中的主体性和主人地位。要把阅读的权力还给学生,给学生以适当的时间,以训练为主线,让学生自己去阅读、去欣赏、去品味,在阅读中培养学生自己的理解能力和感悟能力。教师要认真研究学生的心理和阅读情趣,向学生推荐一些适合他们阅读的文章和读物,让他们自己去思考、分析、理解和享受。

(五)作文教学

第一学段的作文教学主要是通过强化口语、学词学句、说写并举的教学,促进听觉障碍学生语言和思维的发展,使其逐步具有写的能力,形成语言文字表达的初步基础。第二学段的作文教学主要是通过强化口语、句段训练、读写并举的教学,发展听觉障碍学生的语言能力、观察能力和思维能力,继续提高听觉障碍学生听话(看话)、说话能力,使其具有段的表达能力。第三学段的作文教学是通过篇章阅读及作文策略训练、读写并举的教学,进一步发展听觉障碍学生的语言能力、观察能力和思维能力,培养听觉障碍学生整体的表达能力。

1. 第一学段写句教学

低年级的写句教学内容,主要取自听觉障碍学生生活中常用的句子,通过生活中学句、看图学词学句、看多媒体学句、看图(演示)学句几种方式进行。可以通过句子与形象结合,将事物形象与语言文字联系起来,理解句子内容,形成句子概念,练习运用句子表达事物的能力,并发展听觉障碍学生的思维能力。这一阶段应从表达完整意思的简单句开始,逐步发展到结构稍复杂的句子和用几个连贯的句子表达一个完整意思的句群。通过练习使听觉障碍学生感悟句子表达方式,逐步形成独立运用句子的能力。

2. 第二学段叙述和作文教学

叙述教学是从写句到作文的过渡,是听觉障碍学生学习语文的重要任务之一,包括看图叙述、看演示叙述和复述,要求培养听觉障碍学生观察事物、分析事物的能力和用词造句、连句成段的能力。叙述教学必须围绕着培养、提高听觉障碍学生语言表达能力和认识、分析事物的能力来进行,要求听觉障碍学生能正确地、有顺序地观察图片或简单事物,如看几幅图或几个连贯动作或场景,懂得事物间的先后顺序,仿照课文中某个片断,写一段语句完整、通

---

① 贾彩贞,宋永宁,杜晓新,黄昭鸣. 组织策略在聋校高年级语文阅读教学中的应用[J]. 中国特殊教育,2008(2):31-34.

顺、意思连贯的话,或借助插图复述课文。

作文教学包括写片断训练、写情景、笔谈、自白和作文。片段是文章的一个组成部分,包括一个场景、几句对话、天气现象、人物外貌、一件事的开头、结尾、某个行为、心理活动等,是培养听觉障碍学生作文能力的一项基础训练内容。写情景是在看演示叙述基础上的发展和提高,能培养听觉障碍学生较完整地表达一件简单事的能力,是作文的雏形。笔谈的内容很多,有对话、问答、谈论等,题材涉及生活的各个方面,它能帮助听觉障碍学生表达思想、与人对话,达到沟通意向、交流思想的目的,是一种既实用又便捷的交往方式。自白是听觉障碍学生表达自我情况及思想感情的一种方式,能展现听觉障碍学生思想感情最真实的一面,可以叙事,也可以是观点阐述。作文是在叙述教学的基础上的发展,题材多来自听觉障碍学生的生活,从训练有序地、细致地观察图片和简单事物逐步发展到训练有选择地观察图片和事物、初步了解事物间的相互关系。

3. 第三学段作文教学

高年级的作文教学要继续培养观察事物、分析事物的能力和用词造句、连句成段、连段成篇的能力,观察了解事物间的相互联系,进行合理的想象。这一学段要求听觉障碍学生能编写作文提纲,会写简短记叙文,能根据要求选材,做到条理清楚,中心明确,能表达真实的思想感情。这一学段一般根据写人、记事、写景、状物的不同要求进行分类训练。

第3节 聋校数学教学

听觉损失导致听觉障碍儿童语言发展迟缓,在某种程度上,影响了其数学经验和抽象思维的形成与发展。这在一定程度上造成了听觉障碍儿童学习数学的特殊性。听觉障碍儿童的数学教学主要存在哪些特殊性及困难?这些困难又可以通过何种途径进行解决?本节将对其进行讨论。

周小建针对聋生视觉的认知特点与听觉障碍学生个性特征,提出了聋校数学教学的三化——即数学教学生活化、数学教学游戏化与数学教学动态化。[1] 也有学者提出要注意实际操作在聋校数学教学中的应用。[2] 还有学者提出在积极看待听觉障碍学生学习潜能的基础上,对听觉障碍学生的数学教学采取视觉化的数学教学方法、生活化的教学方法、合作与探究性的数学教学方法、双语教学的数学教学方法与个别化的数学教学方法。[3]

本节将根据国家1993年出台的《全日制聋校课程计划(试行)》对数学教学的基本要求,结合上述聋校数学教学的理论观点,展开对聋校数学教学的内容与方法的阐述。

一、数学教学的要求

《全日制聋校课程计划(试行)》对数学教学的基本要求是:"使学生掌握整数、小数和分数的基础知识以及四则运算的技巧,掌握简单的几何图形知识及计量、统计、记账的初步方

---

[1] 周小建.聋校数学教学的三化[J].陕西教育(教学),2005(12):24-25.
[2] 孙岩香.增长学生智慧的金钥匙——实际操作在聋校数学教学中的应用[J].呼伦贝尔学院学报,2003(3):77-78.
[3] 赵庆春.新课程理念下聋校数学教学方法的研究[J].现代特殊教育,2008(7-8):39-41.

法,具有代数、平面几何的初步知识和运算能力,发展学生的逻辑思维能力和空间观念,以及运用所学的数学知识解决简单实际问题的能力。"

二、数学教学的内容与方法

从《全日制聋校课程计划(试行)》可以看出,聋校数学教学的三个主要内容为:计算的教学、几何知识的教学、应用题的教学。

(一)计算的教学

1. 数学计算教学的内容

聋校计算教学的内容主要有:整数、小数、分数的四则计算;百分数、小数和分数的互化;比的化简、解比例和解简方程。

2. 数学计算内容的编排特点

计算内容的编排是采用圆周式的方式由浅入深,循序渐进,适当分散,螺旋上升编排的,即按整数、分数、小数四则计算的内容编排分段进行,螺旋上升,逐级提高。

20以内:重点教学一位数的加法和相应的减法。

100以内:重点教学乘法口诀表内乘除法和两位数加减一位数。

万以内:重点教学三位数加减法和乘、除数是一位数的乘除法。

3. 数学中的计算方式

计算教学中采用的主要计算方式有口算和笔算。

口算是指不借助工具直接通过思维求出结果的一种计算方法。口算将整个计算过程保留在记忆中,具有快速简便的优点,口算是所有计算的基础。例如,在教学全日制聋校数学教材第二册"20以内的进位加法"中"9+2"的教学时,用"凑十法"计算,先让学生动手操作学具,先数出9根小棒放在左边,再数出2根小棒放在右边;然后从2根小棒里取出1根,和9根捆在一起,并将10根小棒捆成一捆;最后得出9+2=11。再让学生用同样的方法计算"9+3"、"9+4",掌握"凑十法"。

口算在形式上可通过看卡片,教师手语报题、学生手语报得数,定期开展口算比赛等帮助记忆。

笔算是在计算时先用笔列出算式,再按照竖式计算的规则,算出结果的一种计算方法。笔算一般从低位算起,不论数目大小都按照法则按固定的程序进行计算,计算过程步步笔录在案,清晰可见。如计算"$7.5 \times 35 + 35 \times 25 + 35$",教师引导学生观察后发现"35分别乘以7.5、25、1";又发现这个算式似乎可以用乘法分配律的性质进行简便运算,引导学生用积不变的性质,可以把算式进一步改写为"$35 \times (7.5 + 25 + 1)$",就变为标准形式了。

(二)几何知识的教学

数学几何初步知识部分是听觉障碍学生更好地认识和描述生活空间并进行交流的重要工具。首先,听觉障碍学生所接受的主要信息来源于视觉,这些信息比较直观形象。而在学习几何过程中需要的较为抽象的空间观念正是听觉障碍学生所欠缺的。因此,几何知识的教学需要教师注重直观性,以进一步发展听觉障碍学生的空间思维和推理能力。可以采用的途径有:联系已有的生活经验或借助生活原型直观演示。例如,学习圆的认识,教师可以从平时学生接触的硬币、瓶盖、光盘等生活中常见的圆形物体引入。又如,讲解三角形的稳定性,教师可以让学生动手操作,通过自制直观教具并演示对比三根木条和四根木条组成的三角形和四边形的稳定性,来帮助听觉障碍学生理解和建立三角形稳定性的概念。其次,几何知识教学要贯彻由浅入深、由具体到抽象的教学原则。如开始讲长方形的面积时,让听觉障碍学生根据要求做边长分别是1厘米、1分米的正方形作为单位去量一量指定物体的表面积,数一数共有多少平方厘米、平方分米,然后再通过量长和宽,得出计算面积的公式,使听觉障碍学生理解公式的由来。听觉障碍学生在理解的基础上熟记公式,再由公式去计算实际问题。教师可以组织听觉障碍学生量一量讲台面、黑板面等的长和宽,引导听觉障碍学生分别计算出几个物体的面积,以使听觉障碍学生通过实践加深认识和理解,从而掌握面积计算的方法,达到灵活运用的目的。这一过程要避免从概念到概念、从公式到公式的脱离实际的教学方法。

(三)应用题的教学

1. 应用题教学要求

通过应用题教学使学生获得常见的一些数量关系和解答应用题的方法,逐步学会有条理、有根据地思考问题。应用题教学要注意联系学生的生活实际,在实际情境中进行探索,引导学生分析数量关系,掌握解答思路。

2. 应用题教学内容与方法

应用题教学贯穿于聋校数学的全过程,是整个聋校数学教学的重要组成部分。应用题的内容包括:一步应用题、两步应用题和复合应用题,分数应用题,比例应用题,解答应用题的算术解法和方程解法,常见的数量关系等。

对于解答应用题,学生首先要理解题意,能分离出条件与问题,找出有关的数量关系,然后才能列式运算,最后写出答案。教师在教学时,可以根据这一思路,灵活运用应用题教学的一般步骤:① 读题和理解题意;② 找出已知条件和问题;③ 分析数量关系和选择算法;④ 列出算式和进行计算;⑤ 作出答案和检验。在这里,读题和理解题意是基础,分析数量关系和选择算法是关键,列式计算是重点,检验是手段。

听觉障碍学生由于耳聋、信息渠道受阻,因而缺少语言和感性经验。听觉障碍学生对题目的内容不理解,是聋校应用题教学中的最大困难。教会学生怎么读题,培养学生的读题习惯成为应用题教学的重要内容。可对题目中的生字注音、教手语并结合生活实际进行讲解,使学生了解题目所反映出的事理。特别对那些表达数量关系的词句,如"增加"、"减少"、"已经"、"剩下"、"其中"、"多多少"、"比……多"、"照这样计算"、"按同样的速度"等更应重点地进行排疑解难。教师在教学稍复杂的应用题时,为了看清楚已知条件和问题之间的关系,可以用摘录条件和问题的方式,也可以用画图的方式来理清题意,这将有助于学生正确理解应用题中条件与问题之间的关系,确定解题方法的依据和思考问题的方向。在此基础上再引导学生找出已知条件和所求问题,为分析数量关系做好准备。

要想提高解答应用题的能力,除了必须掌握常见的数量关系外,还必须掌握一些分析问题的方法,这样才能做到针对不同的数量和问题,从不同的角度,灵活地选用不同的思维方法,找出有关的数量关系,以探求解题思路。

数量关系是指题目中已知数量和未知数量及所求问题之间的相互关系。由于听觉障碍学生的思维以直观形象思维为主,抽象逻辑思维水平有一定限度,对于隐含在题中的数量关系难以进行有效的分析,因此应根据听觉障碍学生特点,把应用题中的抽象数量用直观的形象展示出来(如让学生动手摆、画),用图形、线段图等作为过渡,帮助听觉障碍学生更深入地理解题意,分析数量之间的关系。例如:小明有 9 颗糖,小军有 3 颗糖,小明的糖数是小军的多少倍?可以用圆片摆一摆,再圈一圈来理解倍数关系。在应用题中,有的题目数量关系简单,容易弄清,有的题目数量关系较为复杂,这时就需要对已知条件中所有的数量及问题运用综合法或分析法加以分析,弄清数量关系,找到正确的解题途径。

第 4 节 聋校沟通与交往教学

一、沟通概述

沟通贯穿于人们生活中的方方面面,人们通过沟通进行信息交换及社会交往。何谓沟通?一般而言,沟通是发送者和接收者之间信息传递的过程。沟通作为人们日常生活中的一项基本活动,主要实现四类功能:① 表达基本需求;② 交换信息;③ 建立社会亲密感;④ 参与社会例行活动。[①]

要确保信息沟通顺畅、有效的进行,需符合以下条件:① 传送信息者要有沟通意图;② 接收信息者要有回应;③ 传递信息者需要编码与构建信息,接收信息者则需要解码、理解信息。这其中信息的编码与解码则必须应用双方共通的媒介或符号,方能达成沟通功能。

沟通的媒介有许多种,包含语言和非语言的方式。中国台湾学者锜宝香将沟通管道分为语言、非语言与副语言三类,并将各类沟通类型归纳构建为一张沟通类型框架图,如图 9-1 所示。其中,语言包括口语、书面语言及手语;副语言包括音量、语调、音色、说话速度及说话口气;非语言包括眼神、脸部表情及肢体动作等。虽然语言是人际沟通中最便利的工具,但非语言与副语言在沟通中依然起着十分重要的作用。非语言沟通可在口语沟通出现问题时,代替口语沟通;可增加口语沟通的效能等。而副语言则可帮助我们更加正确地诠释语言信息,例如可根据说话者的不同语调诠释出赞美、讽刺、嘲笑等意义完全不同的语言信息。[②]

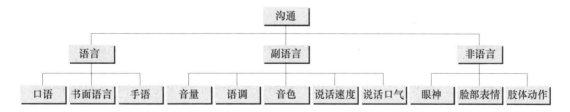

图 9-1 沟通架构图[③]

可见,沟通是一项十分复杂的过程,其具有社会交往属性,并在具体情境中发生,需要个体灵活运用各种沟通媒介,以达到沟通目的。沟通与交往是听障人士适应社会最重要的议

---

① 锜宝香.儿童语言与沟通发展[M].台北:心理出版社,2015.
② 同上。
③ 同上。

题。听力损失影响听障儿童的语言能力,尤其是口语能力的发展,从而对听障儿童的沟通能力也产生重要影响,因此如何帮助听障儿童运用各种沟通管道发展多元沟通能力,促进其沟通及交往能力发展则显得愈加重要。

二、沟通与交往的教学要求

"沟通与交往"是教育部2007年颁布的《聋校义务教育课程设置实验方案》中新增设的一门必修课程。"'沟通与交往'课程的内容主要包括:感觉训练、口语训练、手语训练、书面语训练及其他沟通方式和沟通技巧的学习与训练,旨在帮助听障学生掌握多元的沟通交往技能与方式,促进听障学生语言和交往能力的发展。"[①]

国内聋校教育工作者普遍认为,"沟通与交往"课程的前身是聋校"语言训练",随着现代医学科技的发展,听障儿童的听力补偿或听力重建技术不断提高,听障儿童早期康复工作成效显著,故新增设的"沟通与交往"课程,应在重视培养与发展听障儿童的沟通交往意识、态度、技能与方法的要求上,传承"语言训练"教学的优秀经验,加强听障儿童的听觉言语训练,以更好地促进听障儿童语言能力的发展。因此,"沟通与交往"课程教学内容应包括:听觉训练、看话训练、口语训练、手语训练、书面语训练以及其他沟通方式和沟通技巧的学习与训练。通过学习与实践,帮助听障儿童初步掌握口语、手语、笔谈等多种沟通与交往的方式与方法,学习沟通与交往的基本策略,了解社会交往规范,学习交往礼仪,体验交往乐趣,形成综合、多元的沟通与交往能力,逐步树立勇于沟通、乐于交往、善于表达的自信心。

三、沟通与交往的教学内容与方法

(一)听觉训练

听是说的基础,听到才能模仿发音说话,听清才能听懂,听懂才有交流的意义。对听障儿童进行听觉训练,是听障儿童进行发音说话、培养口头语言的必备条件。开展听觉训练,善用听障儿童的残存听力,能实现多感官学习,能提高听障儿童的听觉技巧,助其建立声音和事物的联系,如听到声音指出相应的事物,按声音指令做事,听懂并复述故事内容、进行情景对话和日常沟通等。

听觉训练的内容,应先从身边生活中熟悉的声音开始,由浅入深,循序渐进。如人发出的声音:爸爸妈妈的、爷爷奶奶的、哥哥姐姐的,哭声、笑声、歌声等;如生活中的声音:流水声、炒菜声、锅碗瓢盆声、鞭炮声、鼓声、锣声等;如自然界的声音:风声、雨声、雷声、各种动物的叫声等。其次,再进入生活中常见事物、简单的常用词句、较为复杂的日常对话的听辨,也可以进行儿歌、童谣、故事的听辨等。

开展听觉训练,发展听障儿童的听觉技巧及听觉策略,应该在听障儿童具有听觉辅具支持的条件下进行。听觉技巧有察觉、分辨、辨识、理解四个层次。从声音的察觉到理解,需要经过大量的、系统的、丰富多样的声音刺激,不断重复信息,才能实现量变到质变[②]。进行听觉训练前,应检查助听设备是否正常。训练时,可从简单的、有视觉提示的开放式训练开始,

---

① 聋校义务教育课程设置实验方案[J]. 现代特殊教育,2007(3):8.
② 管美玲. 听损儿童听觉技巧训练课程[M]. 台北:心理出版社,2007.

如听声音指图片、听声音拿实物、听声音指出文字卡片等;然后,再逐步过渡到封闭式的没有视觉提示的训练,最终建立声音和事物的联系,如进行对话练习、听故事回答问题、复述小故事等。

(二) 看话训练

看话(唇读)是指"听障人士利用视觉信息,感知言语的一种特殊方式和技能。看话人通过观察说话人的口唇发音动作、肌肉活动及面部表情,形成连续的视知觉,并与头脑中储存的词语表象相比较和联系,进而理解说话者的内容"。[①]

在关于语文教学的篇章中,曾有过听障学生学习看话意义的论述。事实上,有的听障学生听力补偿(重建)效果有限,他们不能依靠听觉途径完成发音说话的学习任务,而更多地通过视觉代偿作用,通过观察、模仿等方式进行学习。因此,看话训练从聋校诞生至今,一直是聋校特有的教学任务,是听障学生学习发音说话的必备手段之一。现代社会,助听设备的支持介入,听障学生听看结合,发音说话效果更好。听障学生在听到声音的基础上,通过观察发音说话者的口型变化、表情动作等,信息接收得更全面、更准确,理解效果更到位。一名听障学生,若不具备观察、模仿、看话等能力,其发音说话的效果也不会好。有关研究显示,使用助听器的听障儿童在视听条件下言语感知的正确率为72%,在单一听觉条件下为69%;使用人工耳蜗的听障儿童在视听条件下正确率为60%,单一听觉条件下为48%。同时在运用人工耳蜗与唇读的情况下,被试的语音识别正确率很高,分别为89.2%与92%。将看话与听音相结合,能有效地改善识别率,特别在噪音环境下,效果更明显。因此,听障学生的听觉训练、看话训练,都是在为听障学生的口语训练做准备,听话、看话、说是有机联系的一个整体,教学过程中彼此关联,相辅相成。

听障学生的看话训练,主要是从视觉观察能力的培养、发音器官运动的模仿,到看话内容和事物联系的建立。看话训练的内容,主要是常见的事物名称、现象,以及日常沟通的常用词句、好词好句积累等,也应像培养听障学生听觉能力一样,由简到繁,循序渐进。看话训练起步阶段,应为每名听障学生配备一面小镜子,通过镜前训练,引导听障学生在观察老师示范、图片示例、视频媒体辅助的基础上,模仿发音,熟悉口形,理解意思。应训练听障学生留心观察说话人的神态、表情,感受对方的语气、语调等,引导听障学生通过观察、学习、体验、感悟,逐步形成看话技能。

看话训练,应在情境中进行,内容应以听障学生熟悉的语言知识为主。陌生的场景、不熟悉的事物,听障学生是难以达到看话学习的要求的。目前,由于理念受限,有的聋校教师并不重视听障学生看话能力的培养,这必然造成听障学生说话能力的缺陷。相比听觉技能训练,看话能力的培养,需要聋校教师更多的信心、细心、耐心与恒心,需在日常教学中持之以恒,每课坚持训练,逐步培养能力。听觉技巧加上看话技能,将使听障学生的说话能力如虎添翼,更上层楼。

(三) 口语训练

语言是沟通的工具。口语是书面语的基础。因此,让听障儿童学会发音说话,用口语沟通,形成书面语言能力,是每个听障家庭和聋校教育工作者的目标与追求。

---

① 朴永馨.特殊教育辞典[M].北京:华夏出版社,1996.

听障儿童学习口语,先在模仿的基础上进行。教学中应尽快帮助听障儿童建立声音和事物的联系。训练听障儿童见人说人,见物说物,见事说事。由于重现概率少,遗忘率高,需要老师为听障儿童提供比普通儿童更多的语言刺激,学习内容应紧贴听障儿童的生活经验,简单易懂,由浅入深,循序渐进,语言材料要符合听障儿童的语言、认知发展水平。相比语文和其他学科,"沟通与交往"课程中的口语训练,应更侧重于语言的实践运用,突出语用功能。也就是说,"沟通与交往"课程的口语训练,最好能选择日常生活场景,如学校生活场景、家庭生活场境、社区生活场景等,在情境中以对话的形式进行,突出课程的交际性、互动性、实践性等特点。它最好能以听障儿童的语文学习为基础,根据听障儿童的语言起点,在语言有所积累的基础上,进行主题教学活动。如进行水果单元的主题教学,可先让学生认识一定数量的水果名称,知道水果的形状、颜色、味道、价格等,然后设计各种游戏或教学情境,如让学生根据语言描述猜水果名称、试吃水果分享味道、进行水果分类或水果买卖活动等,在游戏活动或情境教学中进行口语练习。

由于听觉障碍,听障儿童学习口语,并不能像健听人一样自然而然地习得。听障儿童学习发音说话,尤其是错过听觉补偿(重建)及语言发展关键期的听障儿童,应重视拼音教学在其发音说话中的重要作用。可以说,拼音是听障儿童学习发音说话的拐杖,利用拼音,借助听觉训练及看话训练,掌握拼音的发音部位及技巧,听障儿童就相当于掌握了发音说话的技巧与能力,甚至可以利用汉语拼音进行发音说话的自我纠正。实践表明,听障儿童借助汉语拼音指语,可以更好地培养看话、说话、朗读的能力。因此,低年级的"沟通与交往"课程可配合语文教学,安排一定的教学时间,借助哨子、小镜子、发音器官图、视频、多媒体课件等,帮助听障儿童掌握拼音的发音方法和技巧,过好拼音学习关,形成拼读能力。此外,由于听障儿童听力补偿(重建)效果因人而异,对于听力补偿(重建)效果不佳、没有经过早期言语康复训练的听障儿童,要求口型基本正确即可,而不应在听障儿童发言说话的清晰度上大费周折,浪费时间。为培养听障儿童的语感,使其说话放松,低年级课堂教学应建立教学常规,如检查助听设备,进行呼吸训练、声带放松、舌部运动、唇齿运动、拼音练习、唱音练习、听觉训练、看话训练、情境对话等。教学过程应重视加强听障儿童说话表情、语气、节奏的训练。为提高说话的趣味性与积极性,教学形式要丰富多样,可根据需要合理安排辨听、复述、对话、讨论、听故事回答问题、看图说话、分角色表演、儿歌童谣背诵、商品购买、参观访问等教学内容或活动。

如前所述,听觉训练、看话训练与说话训练是听障儿童学习发音说话、形成语言能力的有机整体过程。训练过程中,可以因时因需,相对独立,或有机组合,形成合力。总而言之,"听看是说的基础,看能助力听与说"。在口语学习过程中,听力补偿、重建效果不够理想的听障儿童,需要依靠听觉、视觉、触觉、动觉等多感官的共同参与来完成。

(四)手语训练

手语是一种视觉语言。如果说手语是听障儿童的第一语言,可能会有人表示不认同。但如果说手语是听障人士之间沟通与交往的第一语言,相信没有人会反对。手语是听障人士身份的认同,是他们群体归属感的体现。如同地区方言,手语是听障人士之间沟通交流最便捷的工具。一名优秀的听障人士,能够在健听人、听障人世界里自由穿越,能"见人说人话,见鬼说鬼话",即见到听障人士,他能用准确流畅的手语自如地沟通,与健听人在一起,他能用口语或书面语顺利地表达。因此,让听障儿童学习手语,是尊重其听障身份及其文化的体现,让听障儿童学习口语和书面语,则可帮助他们回归主流社会,实现更好的持续发展。需要注意的是,有的听障儿童听力补偿(重建)效果并不理想,且已错过语言发展关键期,他们主要依靠手语进行学习和认识世界。因此,教学过程应尊重差异,合理选择,因材施教,以便于听障儿童根据自身条件和优势,自主选择合适的沟通方式,以及培养他们的综合沟通能力,满足多元沟通的需要。

对听障儿童进行手语教学与训练,其内容应与听障儿童的口语学习内容保持一致。为实现无障碍沟通,未来的手语学习,应以学习"国家通用手语"为主[1],教会学生查阅手语工具书,运用手语进行日常会话及发问,学习用手语讲故事,进行朗读诗歌、演讲、手语歌表演等,做到手语表达自然、大方、准确、有礼。

需要注意的是,由于手语表达数量有限,对于一些没有手语表达的词汇,为便于表达或记忆,建议给予拼音指语进行辅助支持。拼音指语作为手势语中的一部分必备内容,聋校的每一位师生,都应掌握。其次,就像懂得口语未必懂得书面语,只有两者发生联系,才更有语言学习价值。听障儿童学习手语,必须尽快建立手语和书面语的联系,训练手语和书面语的相互转换能力,使其语言能力得到更好的发展。

(五)书面语训练

聋校的书面语表达训练,即要教会听障儿童学习、懂得并养成运用文字进行沟通的习惯。书面语沟通方式包括笔谈、手机短信、网络聊天各种软件等。事实表明,只有不到30%的听障人士最终能实现用口语和健听人进行沟通交流。书面语沟通方式是听障人士和健听人进行沟通交流的主要方式。因此,书面语言是听障人士语言学习的终极目标,是听障人士回归主流社会,实现持续发展和终身学习的主要工具。不管是口语还是手语学习,都得最终落实书面语。也就是说,只有将口语、手语和书面语建立联系,听障人士的语言学习才最有意义。

口语是书面语的基础。听障人士的书面语训练,应在理解语言的基础上,遵循"强化口语,说写并举,读写并重"的语言教学原则[2],让听障人士多说、多写、多练。"沟通与交往"课程的书面语训练,着重要引导学生在"说不清(口语)、看不懂(手语)"的情况下,多用笔谈进行沟通与交流,表达自己的思想与意愿,实现沟通交流的目的。为便利沟通,节省时间,在特定场景中,沟通与交流教学中的笔谈,应允许适当省略。这点,应有别于语文学科的书面语教学,教师可适当进行指导。笔谈习惯的培养,应从小开始,学用结合,鼓励学生在课堂上多写多用,同时在家庭生活、社区生活中也养成和健听人进行笔谈的习惯。如随身带着纸笔或沟通的小本子(高年级同学还可利用手机、平板电脑等),随时随地和别人进行沟通与交流。

听障学生书面语言能力的形成,还得依托阅读的力量。在实施沟通与交往的教学中,可进行校本处理,引入阅读教学,从小让听障学生阅读绘本,爱上阅读。通过图文结合,培养阅读理解能力,建立文字与事物的联系,感受语言文字的乐趣,培养对语言文字的热爱之情。到了高年级,则引导听障学生进行文本阅读,进行阅读分享交流,不断提高语言文字表达能

---

[1] 中国残联,教育部,国家语委.国家通用手语方案(试行).2016.
[2] 季佩玉,黄昭鸣.聋校新概念语文教学法[M].上海:华东师范大学出版社,2006.

力。起步阶段,可安排相对固定时间进行阅读,师生同读一本书,亲子共读,进行阅读展示等。

综上所述,"沟通与交往"课程的教学过程,是听障学生各种沟通交往语言形式、各种方法技能的学习与训练过程。口语、手语、书面语作为最主要的教学内容,它们之间相对独立又有机联系。口语是听障学生落实书面语的重要手段,其教学内容包括听觉训练、看话训练、说话训练等,要掌握说话技能,必须重视听觉能力和看话能力的训练。书面语是听障学生语言学习的终极目标,是他们回归主流社会的主要沟通方式,是他们实现终身学习、持续发展的必备条件。因此,不管学习口语还是手语,都得将其与书面语言连结起来,最终落实书面语。语言学习是一个学习积累、应用实践的过程。教学过程中,教师应根据教学内容、教学对象、沟通情境的需要,因人、因时、因地所需,选择合适的内容,锻炼和提高听障学生的语用能力,并注意适当处理各种语言关系,优化语言的选择与组合,实施"以口语为主导的全沟通教学",让听障学生在有限的时间里,最大限度地学习掌握各种沟通交往的方法与技能,形成综合、多元的沟通能力,丰富交往素养。

(六)其他沟通方式训练

其他沟通方式包括体态语、图形符号、沟通图片(或沟通板)等辅助工具等。体态语、图形符号、沟通图片(或沟通板)等辅助工具在听障学生多元的沟通与交往方式中,发挥着重要作用。沟通交往过程中,体态优美、着装恰当、举止文明、言语得当,将使沟通与交往活动更加顺畅与美好;理解他人用体态和表情表达的意思或情绪,可以适时调整自己的沟通策略与方法,做出适当的反应;在运用聊天软件时使用表情等各种网络符号,将使沟通表达更加生动和有趣。认识生活中各种常见标志,如天气、消防、交通以及公共场合、各行各业的常用标志的含义,将给自己的日常生活、外出活动等提供便利和安全保障。对于多重障碍的听障学生,在他们无法进行口语、手语、书面语等沟通时,运用沟通图片(或沟通板)等辅助工具,乃为最好选择。

体态语的教学,最能体现"沟通与交往"课程的实践性,要在沟通与交往实践过程中用心观察、认真分析、耐心揣摩和反复训练。图形符号的教学,应课内课外相结合,要在课堂教学中再现生活情境,更要在学校、家庭、社区生活环境中处处留心观察,适时学习。

每个人都是独特的个体,特殊学生的个体差异更大。有教无类,因材施教,为有特殊需要的多重障碍学生选择沟通图片(或沟通板)等辅助工具的教学,是尊重个体差异,实施个别化教育的体现。面对有需要的学生,教师要付出更多的爱心和耐心,为他们提供更多的支持。

(七)沟通交往技巧与策略的学习和训练

从某种意义上说,沟通与交往是一门艺术,需要讲究技巧、策略与方法。进行沟通交往时,应懂得根据沟通对象、沟通环境等选择合适的沟通方式,能目视对方、保持距离、注意倾听、懂得轮流表达,能保持体态优美、着装恰当、举止文明、言语得当、大方有礼,将让人充分感受到沟通与交往活动的愉悦与美好,进而培养出勤于交流、乐于交往、善于表达的好习惯。沟通交往技巧与策略的教学过程,也是实践学习的过程,教师应创设情境,在真实的交往情境中,激发沟通与交往的动机,学习沟通交往的技巧和方法,使其逐步感知、体悟,形成习惯与能力。生活即学习,作为一门实践性课程,家庭生活是重要的学习场所,家庭活动是重要的实践活动,应家校配合,争取家长的支持与配合,让家长在日常生活中指导孩子进行沟通与交往的实践活动,教育孩子文明用语和文明交往,实现学以致用。

此外,沟通与交往也是一门复杂的课程。当今社会,多元复杂,沟通交往过程也存在风险与陷阱。学校应该教给听障学生交往安全意识与知识,让听障学生注意交友安全,尤其是网络交往安全,让其学会安全、文明地进行沟通与交往。

四、沟通与交往的教学内容选择或教材编写建议

自教育部2007年颁布《聋校义务教育课程设置实验方案》以来,作为新增设的一门必修课程,全国各地不少聋校并未开展此课程教学,而是延续原来课程中的1—3年级的语言训练,将4—6年级的教学时间统筹给了语文教学。对于已开展本学科课程教学的学校及教师而言,则非常期待相应课程标准、统编教材的出台。目前,课程标准即将颁布,教材编写仍在规划当中。相信教材的编写出版,仍有一段过程。因此,在相当长的一段时期里,教学内容的选择,校本教材的编写,仍是聋校"沟通与交往"学科教师必须面对的问题。对于教学内容选择或校本教材编写,有关原则建议如下:

1. 坚持实用性原则,教学内容生活化

沟通与交往,是实实在在的活动性课程,因此教学过程必须坚持学以致用,突出语言的实用价值。教学内容的选择和安排,必须具有操作性,突显课程实用性、实践性等特点。教学内容要贴近听障学生生活实际,满足听障学生沟通交往的需要,紧密围绕听障学生的家庭生活、学校生活和社会生活,构建学习的主题。[①]

2. 传承发展,与时俱进,多元创新

在教材内容的选择编写上,一要在传承中华民族的传统礼仪文化精髓的同时,注意吸收现代社会以及西方社会的文明交往礼仪。二要在注意发展听障学生综合沟通、多元沟通能力的基础上,顺应现代医学科技的发展,在越来越多的听障学生实施听力补偿(重建)、接受早期康复教育的基础上,继续传承和发扬口语教学的优秀经验,以更好地发展听障学生的书面语言能力,助其回归主流社会。三是主要语言形式、沟通方法要进教材,其他沟通方式和沟通交往技巧与策略学习等也要列入在其中。

3. 学科整合,强化系统,形成合力

自编教材时,由于1—6年级跨度较大,教师存在更换现象,故在现有的教学内容安排或自编教材中,随意性大,科学系统、螺旋上升的教材极为少见。为理顺教材系列,减少教材的随意性,建议在选择教学内容或自编教材时,参照语文、英语、品德等学科的教学内容,以这些学科的语言学习素材为基础,如英语教学中的日常对话,语文园地中的日积月累、口语交际,品德教学中的行为规范等,参照其相应年级教材编写序列,编写符合听障学生实际情况的教材,让语言知识、行为规范等多角度、多渠道、螺旋上升地呈现,形成教学合力。这应成为统编教材出版前,"沟通与交往"学科科组、备课小组集体教研的主要任务和内容。

4. 因地制宜,因材施教,灵活多样,激发兴趣

沟通无时不有,交往无处不在。为激发学习兴趣,提高学习效果,教学内容的选择或教

[①] 《全日制聋校义务教育〈沟通与交往〉课程标准》,教育部聋校义务教育课程标准编制组.

材编写,可围绕国家、地区等重大新闻事件,以及学校组织的活动或班级同学感兴趣的话题,展开及时的分享和讨论。总而言之,要尊重地域、校本、个体差异,尽可能地满足不同地区、不同学校、不同听障学生的需求,开发与之相适应的课程资源,形成相对稳定而又灵活的课程实施机制,让每个听障学生都能获得适合的沟通与交往的知识与技能。

正如课程标准指出,"沟通与交往"课程是一门学习、运用沟通交往知识与技能的实践性课程。课程从听障学生沟通交往能力发展的需要出发,使听障学生初步学会口语、手语、笔谈等多种沟通方式,具有在不同情境中与人沟通交往的实际能力,养成积极、主动地进行沟通交往的良好态度和习惯,培养听障学生对不同沟通方式的理解和尊重。[①]

新时期新的课程标准理念下的沟通与交往教学,应以生为本,着眼于听障学生的个体发展和社会交往的需要,充分发挥听障学生的主体作用,开展实践性、互动性的课堂教学,让听障学生在师生互动、生生互动、合作学习的过程中,掌握学习方法,形成良好学习习惯,获得语言发展和沟通与交往的方法与技能,提高听障学生的沟通交往素养,为听障学生的终身发展奠定基础。

总体而言,我国一些学者对聋校"沟通与交往"课程的开展现状进行调查研究,结果表明设置"沟通与交往"课程的必要性及价值得到了高度认可,绝大多数教师认为实施"沟通与交往"课程很有必要,将有利于听障学生沟通及交往能力的发展。[②][③] 但由于沟通与交往课程在实施过程中存在实施的规范性和有效性不足、教师专业能力不足、课程资源支持不足等问题,导致沟通与交往课程的教学质量及实施效果不佳。可见,我国聋校"沟通与交往"课程教学的实施还需多方面的支持和投入,如编制教学大纲,确定"沟通与交往"课程的基本内容,为校本教材的编订提供依据;加强对"沟通与交往"课程教师的培训,提升教师专业能力;学校进一步完善课程管理制度,促进课程规范开展等。

第5节 聋校其他各科的教学

一、律动教学

(一)教学要求

我国于1993年出台的《全日制聋校课程计划(试行)》对律动教学的基本要求是:"律动课的教学内容包括音乐感受、舞蹈、体操、游戏等,通过教学发展学生的动作技能,锻炼他们的触觉、振动觉和残存听觉,培养学生对韵律的初步感受能力、欣赏能力和表现能力,培养学生活泼、团结、有爱和遵守纪律的品质,促进其身心的健康发展。"

但随着特殊教育的发展,人们对听觉障碍人士的认识发生了转变——聋并不是一种缺陷。例如,聋人舞蹈《千手观音》在2005年春节联欢晚会的表演,其舞蹈艺术不仅让所有中国人惊讶,而且也让世界惊叹。中国聋人舞蹈艺术所取得的巨大成就无不源于最基础的聋

---

① 《全日制聋校义务教育〈沟通与交往〉课程标准》,教育部聋校义务教育课程标准编制组.
② 谈秀菁,陈蓓琴. 聋校沟通与交往课程实施现状的调查研究[J]. 中国特殊教育,2010(7):30-33.
③ 柯珺. 听障学生"沟通与交往"课程实施现状与对策研究[D]. 武汉:华中师范大学,2015.

校律动课教学。如何在新的时代背景下,进一步提高聋校律动课的教学效率,推进聋人舞蹈的发展是聋校律动课教学所面临的挑战。

（二）教学内容与方法

舞蹈是一种表现"生命、情感、美"三大主题的艺术形式。听聋人士舞蹈是由律动、造型与构图共同凝结而成。舞蹈又含有"舞姿、节奏与情感"三要素。针对大部分听聋人士有残余听力与视觉敏锐的特点,有学者提出聋教律动课的教学要从舞蹈三要素做起。[①] 首先,舞姿训练是听觉障碍人士舞蹈教学的基础。舞蹈是表现人体美的一门艺术,它讲究形象美、动作美、线条美与姿态美,而姿态是经过夸张与美化了的形体艺术动作。听觉障碍学生由于听觉受损,往往会影响舞姿,其反映出来的结果是各种动作的不灵活、不敏捷、不协调与节奏感差。因此,在教学中就要注重基本功的训练、加大模仿练习、不断渗透意念与气息的方法。其次,对节奏掌握的培养是听觉障碍人士舞蹈教学的核心。舞蹈中节奏可分为内在节奏与外部节奏,内在节奏是演员在表演过程中对规定情境中的感知形成的角色在特定情境下应有的内心节奏。在这种内在节奏控制下再表现于外部的形体动作,外部节奏受到内在节奏的制约。由于听觉障碍学生听不到音乐,没有节奏感,因此需要培养听觉障碍学生的节奏感,让听觉障碍学生的内在节奏与外部的音乐节奏相吻合,这样在人们看到听觉障碍学生舞蹈时,才感觉不到他们是听不到音乐的聋人。为达到这一效果,应注意从以下几个感知方面着手训练：触觉对心理节奏的感知、听觉对心理节奏的感知、视觉对心理节奏的感知与动觉对心理节奏的感知。最后,情感表现是聋人舞蹈教学的本质。在教学中,可以从以下几个方面着手进行：对舞蹈内涵的理解、对学生观察能力的培养与加强基础文化知识的学习。

聋校一线教师根据听觉障碍人士特点和自身教学经验,提出在聋校律动教学中,教师除了可以凭借自己的动作示范来教学生、靠脚踏鼓的强音刺激和地板的振动传导以及手打拍时对学生进行训练外,还应充分利用听觉障碍学生视觉优势将多种直观教具引入律动课教学中,如节奏谱、动作图解、板画与装饰性道具等。[②]

二、体育教学要求

我国于1993年出台的《全日制聋校课程计划（试行）》对体育课教学的基本要求是："要使学生掌握体育、卫生、保健的基础知识,初步掌握运动技能,使学生养成自觉锻炼身体的习惯,促进其身体正常发育,增强其体质,培养学生团结合作的精神和勇于竞争的意志品质。"

三、美工教学要求

（一）教学要求

我国于1993年出台的《全日制聋校课程计划（试行）》对美工教学的基本要求是："美工课要求学生掌握绘画、手工工艺制作的基础知识和基本技能,锻炼学生的视觉、运动觉等感觉系统,发展学生的观察能力和想象能力,对学生进行美育教育、培养其审美的能力。"

（二）教学内容与方法

提高聋校美工教学效果,培养听觉障碍学生的审美能力是聋校美术教师及关心聋教育

---

① 文洁. 聋人舞蹈教学三要素[J]. 现代特殊教育,2008(10)：30-32.
② 崔苏奥. 多种教具参与下的聋校律动教学[J]. 连云港师范高等专科学校学报,1998(1)：95.

的人士不断追求的目标。有学者提出在聋校美工教学中,可以通过以下途径来提高美工教学效率,陶冶学生的审美情操:① 趣味导入(包括游戏导入、课件导入、其他方法导入);② 有序观察;③ 大胆想象(审美的想象、色彩的想象、构图的想象);④ 积极的创新(改变式创新、想象式创新、探索式创新);⑤ 科学的评价;⑥ 尽情地展示。[①]

四、劳动教育教学要求

我国于1993年出台的《全日制聋校课程计划(试行)》对劳动教育教学的基本要求是:"一至四年级设劳动课,通过自我服务、家务劳动、公益劳动和简单的生产劳动,使学生掌握一些基本的劳动知识和技能,教育学生热爱劳动、遵守劳动纪律,培养其正确的劳动观念和良好的劳动习惯,以及热爱劳动和热爱劳动人民的感情。五至九年级设职业技术课。根据当地经济发展状况,选择社会职业中某些适当的项目进行基本生产知识教育和操作技能训练,培养学生良好的劳动习惯和劳动态度,掌握劳动技能。八至九年级适当进行职业指导教育,使学生了解关于就业的方针、政策,了解听觉障碍人群就业的主要职业情况、职业特点和素质要求,指导学生根据社会的需要及自身条件正确选择就业的方向。"

第6节 信息技术在聋校教学中的应用

信息技术是指能够完成信息的获取、传递、加工、再生和施用等功能的一类技术,现代信息技术以通信、电子、计算机、自动化和光电等技术为基础[②]。随着21世纪知识经济时代的到来,信息技术成为经济发展的基础,直接影响着国家的综合国力和国际竞争力,教育信息化也成为教育发展的必然趋向,并成为教育改革的重要方面。2000年我国教育部颁发的《中小学信息技术课程指导纲要(试行)》将信息技术教育纳入基础教育课程体系[③]。2010年教育部出台的《国家中长期教育改革和发展纲要(2010—2020年)》将教育信息化上升到国家信息化建设的重要组成部分和战略重点,要求通过教育信息化带动教育现代化。随后2012年3月出台的《教育信息化十年发展规划》及2016年出台的《教育信息化"十三五"规划》均对我国教育信息化的任务、行动计划、保障措施及实施等方面做了详细阐述。其中《教育信息化十年发展规划》中提出三大任务:第一,基本解决各级各类学校宽带网接入与网络学习环境问题,即宽带网络校校通。第二,加强优质资源的建设与共享,每个班级都要用上优质资源,即优质资源班班通。第三,建设实名制网络学习空间环境,努力推动个人自主学习和教育互动,即网络学习空间人人同。要求建设两个平台:教育资源公共服务平台,教育管理公共服务平台。在此背景下,我国聋校在构建信息化校园方面也有了长足发展。信息技术在聋校教学中的应用也深化为对聋校学生学习方式、信息素养培养等深层次的思考。而随着科技发展而涌现出的一些可应用于听障学生教学过程中的先进信息技术,也是信息技术对聋校教学的重要贡献。

---

① 朱六民.新《课标》理念下的聋校美术课堂教学实践[J].四川教育学院学报,2005(4):66-67.
② 黄荣怀.信息技术与教育[M].北京:北京师范大学出版社,2002:10
③ 邬家炜.信息技术教学论[M].广州:华南理工大学出版社,2008:18

一、信息化背景下学习方式的转变

随着信息时代的到来,信息技术及媒体技术不断发展和更新。而随着移动计算的集成化、普及化、便携化及网络化,强大计算和通信功能正逐渐融合到一个可随身携带的手持式网络化多媒体设备中。移动技术的发展将对学习产生重要影响,学习将更大程度地迁移到教室外,进入学习者的真实和虚拟环境。① 在此背景下,学习方式从数字化学习过渡到移动学习再到泛在学习,其间发生了重大变革。其中,被广泛关注和探讨的泛在学习由"泛在计算"衍生而来,指在普适计算环境下未来的学习方式,为学生提供一个可以在任何地方、随时使用手边可以取得的科技工具进行学习活动的 3A(Anywhere、Anytime、Anydevice)学习。也即在泛在技术和普适计算的情境创设与支持下,学习者根据自己的学习内容和认知目标,积极主动地、随时随地地利用易获取的资源来进行的各种学习活动,其是数字化学习和移动学习发展到一定阶段后产生的量变到质变的过程。② 余胜泉指出移动学习从构建移动学习系统、学习环境及内容发展到利用移动技术构建学习模式、规划学习过程,再到目前所关注移动设备情境感知和无缝学习空间的设计体现了学习理论从传输及行为主义范式转向建构性认知范式,再到情境认知范式。

可见在信息化时代中,各项信息技术正逐步融入我们的生活及学习,因此学校教育实践需跟上时代的步伐,积极纳入各类有生命力的技术,培养出适应时代发展的人才。在聋校教育中也是如此,我国一些聋校围绕数字化校园建设、信息技术与教学深度融合、信息技术辅助康复教育、数字资源建设等问题展开了一些实践与探索。例如,南京市聋人学校长期以来致力于运用现代教育技术辅助教育教学,建设了听力语言训练系统、视觉学习综合补偿系统、多媒体信息发布系统、多感官生活服务系统、移动学习系统等。以及通过构建校园无线网络、开放互联网教育资源平台、学习资源平台与资料库及课堂教学平台,提供给学生人手一台移动学习设备,开发学习管理软件等举措,全力打造基于无限网络的移动学习平台与资源,倡导泛在学习理念。③

二、聋校信息技术教育的基本情况

顺应我国新一轮基础教育课程改革的要求,聋校将综合实践活动课程设置为必修课程,而信息技术教育是综合实践活动课程中的一个重要组成部分,是信息技术在聋校教学应用中的一项重要内容。随着信息时代的到来,培养聋生的信息技术能力及信息素养是紧跟时代步伐的举措,对聋生融入主流社会和职业技能的培养均有裨益。

我国聋校对信息技术教学的探索可分为对信息技术教学课程设置和具体教学方法策略两方面的探索。全国目前尚无统一的聋校信息技术教学课程设置,于是一些学校通过校本课程的开发建立了适合本校情况的课程及教材。例如,佛山市启聪学校结合本地区经济发展对信息技术人才的需求和学生特点,确定开设课程,落实教学内容,并针对听觉障碍学生

---

① 余胜泉. 从知识传递到认知建构、再到情境认知——三代移动学习的发展与展望[J]. 中国电化教育,2007(6):7-18.

② 潘基鑫,雷要曾,程璐璐,等. 泛在学习理论研究综述[J]. 远程教育杂志,2010,28(2):93-98.

③ 孙荣宝. 泛在学习背景下聋校信息化架构——以南京市聋人学校为例[J]. 现代特殊教育,2014(3):15-18.

的特点编写校本教材。① 也有一些学校依据听觉障碍学生的学习特征,在对普校的信息技术教学课程和教材进行一定的修改后运用于聋校的教学中。② 这些探索都为我国聋校进行信息技术教学的课程和教材开发提供了重要的实践经验。

基于听觉障碍学生的特殊的认知特征,聋校的教师们也积极探索了聋生信息技术教育的具体策略,主要有:使用目标激励、组织竞赛等,提高听觉障碍学生的学习兴趣和效果;抓好应用教学,使所学的知识尽量与听觉障碍学生的生活实践相结合;着重培养听觉障碍学生的动手能力,在实践中学习等。③ 除了教授听觉障碍学生计算机的使用技术外,还有教师提出在信息技术教学过程中要努力为听觉障碍学生创设一个自主学习的有利环境,鼓励他们在实践中多动脑筋、多创新,充分发挥他们的主体性,培养他们的自学能力。④

培养听障学生的信息素养是信息技术课程的重要目标之一。正如前文所言,信息技术正逐渐改变学习方式,在泛在学习理念下,掌握和运用信息技术已成为个体终生学习的基础技能。而一项对甘肃省特教职业中专学校毕业和在校听障学生进行的调查研究结果表明,聋校听障学生应用信息技术的能力和信息素养普遍偏低,进而提出特殊教育阶段学校要更加重视信息技术教育、提高师资队伍水平、积极开展信息技术类校本教材编写等。⑤

三、信息技术与其他学科课程的整合

我国聋校还积极开展信息技术与其他课程整合的实践与研究,以充分发挥信息技术对聋校教学的作用。信息技术与其他学科课程的整合,主要指利用计算机技术、多媒体技术、网络技术等工具把单一的学科知识,同音频、视频、文字、史料等课程资源有机地结合为一体,使教师的教与学生的学有机地结合起来,在有限的授课时间获得最大容量的知识。⑥

在聋校中信息技术与语文、数学、美术、音乐等课程均有整合,教师通过利用计算机技术、多媒体技术以及网络资源等结合各学科的特点,通过创设教学情景、培养学生兴趣,并结合听觉障碍学生的认知特征,将信息技术运用于教学中。

在语文教学过程中,教师可灵活地将多媒体技术运用于阅读和作文等教学过程中,以形象的图片、声音、动画等为媒介向学生展示所要学习的内容,以激发学生的兴趣,也可利用多媒体技术突破阅读中的难点,帮助学生更好地理解课文知识,还可利用网络技术,培养学生自主学习的态度和能力,拓宽学生的阅读面。

在数学教学过程中,尤其对低年级的听觉障碍学生,通过多媒体技术的展示,能帮助他们突破抽象思维的限制从而更好地理解教学内容。例如类似的应用题:"一座大桥长 2400 米,一列火车通过大桥时每分钟行 900 米,从车头上桥到车尾离开桥共需要 3 分钟,这列火车长多少米?"这类题对听觉障碍学生而言有一定困难。教师通过用多媒体做模拟实验:火车开

---

① 林锦莹. 听觉障碍生信息技术课程设置的实践研究[J]. 科技信息:科学教研,2008(9):299-300.
② 孙继红. 聋校信息技术课程校本化实施的规划与思考[J]. 中小学信息技术教育,2010(2):38-39.
③ 康汝燕. 聋哑学生信息技术课教学模式初探[J]. 才智,2009(32):96-97.
④ 王秀凤. 建立信息技术第二课堂——培养听觉障碍学生自学能力[J]. 中小学电教(下半月),2009(7):105.
⑤ 王昕,王毅. 特殊教育学校培养听障学生信息技术素养制约因素的调查报告[J]. 甘肃科技纵横,2012,41(6):149-151.
⑥ 刘群英,程全洲. 信息技术教育学[M]. 开封:河南大学出版社,2005:161.

始移动,并以车头为准在所行路程上改变色彩,当车尾离开桥面时,再次提示,学生从动画演示中不难看出,火车所行的路程就是桥长和火车长的总和,从而列出求出火车长多少米的算式:(900×3)－2400＝ 300(米)。[①] 由此可见信息技术在数学课程的整合过程是灵活多样的,教师应当发挥自身的创造力和想象力,并结合学生的认知特征,巧妙地将信息技术融入自己的教学过程中。

信息技术与其他学科课程整合的核心意义在于发挥学生的主动性、积极性和创造性,改变传统的以教师为中心的教学模式,实现既能发挥教师主导作用又能充分体现学生主体地位的以"自主、探究、合作"为特征的教与学方式。因此在信息技术与学科课程的整合过程中教师应注意时机和方法,注重培养学生的探索兴趣和积极的探索态度。

信息技术与学科课程的良好整合在很大程度上依赖于教师信息技术能力的培养和学校教育资源和教学环境的建设。强化教师在实际教学中积极运用信息技术的能力是实现信息技术与课程有效整合的关键。相关的调查反映,聋校教师的信息素养存在较大的个体差异,他们绝大部分能使用 PowerPoint 进行基本的课件创作,但在使用专业性较强的课件创作工具时,大部分教师的掌握程度比较低,水平还需进一步提高。但是教师的信息需求意识都比较强,大部分教师都希望能够参与有针对性的培训。[②][③]所以应加强对聋校教师的信息技术能力培训,为聋校教师提供信息技术和学科课程整合的理论依据和实践方法,促进信息技术与课程整合中教师角色的转变、教师内隐观念的转变以及教师的专业知识的转型与发展,促进教师信息技术水平的提高。

另外教学环境的建设和学校教育资源的建设也是信息技术在聋校教学应用中的关键因素。教学环境的建设包括计算机机房建设、校园计算机网路建设和多媒体教学网络教师的建设等。[④] 这些是聋校教育信息化的基本设施,是聋校师生应用信息技术的基本保障,也是实现信息技术在聋校中有效运用的基础。

学校的教育资源建设有四个层次的含义:① 素材类教育资源建设,主要分为八类:媒体素材、试题、试卷、文献资料、课件、案例、常见问题解答和资源目录索引;② 网络课程建设;③ 资源建设的评价;④ 教育资源管理系统的开发。[⑤] 目前普通学校基于"校校通"等资源的建设,在教育资源建设上已取得了一定的成果,但在特殊教育包括聋教育中教育资源的建设还处于低水平的建设状况,因此提升聋教育数字化资源建设质量,在我国具有现实意义。上海市第一聋校利用资源库的管理平台遵循自愿的原则将本校的教学资源管理起来,实现全校范围内优质资源的共享,为教师减轻了重复劳动,全面提高了教师的教学质量,加快了以信息化带动特殊学校教学的现代化发展的进程。[⑥]

四、聋校教学中常用的信息技术

随着科技的发展,涌现出了一些能用于聋校教学过程中的先进的信息技术,这些先进的

---

① 张惠霞. 试论信息技术在聋校数学教学中的运用[J]. 潍坊教育学院学报,2008(3):106-107.
② 练志坚,李晶丽. 聋校教师信息素养现状调查与对策分析[J]. 新课程研究:教师教育,2008(10):126-128.
③ 李之刚. 苏北聋教育信息化现状调查分析[J]. 中国现代教育装备,2009(18):34-36.
④ 邹家炜. 信息技术教学论[M]. 广州:华南理工大学出版社,2008:293-334.
⑤ 同上书,第 273 页。
⑥ 孙雪枫. 聋校教学资源库建设研究课题研究报告[EB/OL]. 上海市第一聋校网站: http://www.shdylx.com/content7.asp?articleid=48.

信息技术对聋校教学起了很大作用。这些信息技术,主要可以分为三类:一类是为听觉障碍学生的无障碍课堂提供辅助的技术。例如,各种语音识别软件,其通过将语音信息转换为视觉信息,来帮助听觉障碍学生在课堂中无障碍地接受信息。[①] 二是为改进教学及康复训练而设计的工具。例如,电子白板具有随意的拖动、删除、添加、拉幕、探照灯、放大镜等功能,可运用于聋校的几何及美术等课程;除此之外,基于视觉的语音训练辅助系统采用语音信号处理的方法,显示输入语音的时频域图形,并通过语音识别对输入语音进行评价从而纠正听觉障碍学生的发音,用于听觉障碍学生的语言训练过程中[②];另外还有多媒体听觉学习系统教学软件等。三是促进听觉障碍学生与健听人交流沟通的辅助用具。例如,文本驱动的面部表情合成系统、中国手语合成系统等。这些辅助技术的运用,对提升听觉障碍学生的语言、认知、社会交往能力等都具有重要的作用。

近年来,随着信息技术的发展,移动设备在听障儿童教育中开始应用。南京聋人学校在2012年8月启动了"移动学习终端应用与聋校课题教学的实践项目",针对iPad在聋校课堂中的应用进行了探索与实践。[③] 而一些研究者专门针对听障学生的学习特点开展了移动学习资源、可视化教学资源研究等应用软件及内容的探索。李东锋在了解听障儿童移动学习的现状下,结合听障儿童的生理特点和认知规律,以全日制聋校实验教材进行案例设计,开展移动学习资源设计。[④] 郑曼开展听障学生可视化教学资源研究,针对听障学生的学习特征,开展听障学生的可视化教学资源设计方法探讨,并开展课例研究,以进一步改进可视化教学资源设计。[⑤] 可见,正如泛在学习理念所体现的情境认知范式学习理论,信息技术在聋校教育中主要用于创设情境化学习环境与资源,以及促进移动学习等方面。

第7节 听觉障碍儿童随班就读的教学

一、随班就读的教学及准备

为了更好地让听觉障碍儿童在随班就读的环境下发展自身以及融入主流社会,随班就读必须有一个全面而又系统化的准备过程。这个准备过程需要形成一定的体系,也需要各方面的合作。

就硬件条件来说,助听器对于随班就读的听觉障碍学生来说是很重要的一个设备。虽然听觉障碍人群都具有不同程度的唇读能力,但是,要应对繁重的学习任务,仅仅依靠唇读可能无法满足他们的需求。目前助听器中的科技含量越来越高,功能也越来越多。比如,最新的师生共用的无线调频式助听器,它的话筒固定在教师的衣服上,耳机戴在听觉障碍学生头上,教师不管在教室的任何地方,不管面向还是背向听觉障碍学生讲话,听觉障碍学生都

---

① 马骏,盛利华,许家成,曲学利.语音识别软件在课堂应用中的影响因素及对策建议[J].南京特教学院学报,2009(1):16-19.
② 吴景松,叶大田.基于视觉的语音训练辅助系统的初步研究[J].北京生物医学工程,2003(4):15-18.
③ 刘彬,陈金友,高燕.iPad应用于聋校课堂教学的探索与实践[J].中国信息技术教育,2013(1):21-23.
④ 李东锋,黄如民,郑权.面向听障儿童的无障碍移动学习资源设计研究[J].现代教育技术,2013,23(9):104-109.
⑤ 郑曼.聋生可视化教学资源研究[D].开封:河南大学,2013.

能听到。在有些地区的聋校里,听觉障碍学生每个人都会配备一台助听器,那么,普通学校的听觉障碍儿童就更有这样的需要了,家庭经济条件好的家长甚至可以考虑给孩子配备使用更方便且有效的数字助听器,以更好地保证听觉障碍儿童听觉输入的效果。然而,助听器的配备需要一定的经济条件支持,所以,这不仅仅是家长和学校的责任,教育部门也应该提供一定的帮助和支持。此外,选配助听器也要讲究科学性。选配助听器一定要到医院的耳科、助听器专卖店或听力语言康复中心,由耳科医生和听力学专业人员做听力检查和指导选购,千万不能未经听力检查就直接去医疗器械用品商店随意选购。随着儿童身体的发育,外耳道会变长变大,原有助听器的耳塞和耳模已不适应,因此应该定期重新配置助听器。

然而,硬件的配备只是一个最基本的条件而已,在听觉障碍儿童随班就读的过程中,教师的作用是举足轻重的。随班就读可以给予听觉障碍学生融入健听学生正常学习和生活的机会,但是也给普通学校的教师提出了更高的要求。在普通学校教师的培训过程中,多数教师都没有经过特殊教育的培训,他们可能对特殊学生的需求和行为习惯不甚了解,从而在教学过程中遇到困难。前面已经提到过,目前的听觉障碍儿童随班就读效果之所以没有达到预期的目标,和普通学校的教师缺乏相应的特殊教育培训有着较大的关系。所以,对于普通学校的教师来说,如果他们的班上有听觉障碍学生,那么他们就有必要接受一定的培训,掌握一定的特殊教育技能,以更好地照顾到听觉障碍学生的特殊教育需求。教师主要需要从以下几方面做好准备。

第一,教师需要了解听觉障碍学生的心理特点。听觉障碍儿童由于听力的损失,其心理过程和健听儿童相比会有所区别,而这些区别会直接影响到他们的学习能力和交往能力。了解和掌握听觉障碍学生心理过程的主要特点,可使教师有针对性地进行指导。听觉障碍学生的心理具有以下一些特点:一般来说,由于听力损伤,听觉障碍学生对事物的认识往往会比较不完整、不准确,但是,他们的视觉、触觉、振动觉、嗅觉、味觉等健全感觉,则会发挥补偿听觉缺陷的作用,其中,视觉起的作用最大。听觉障碍学生在学习和日常生活中常常以目代耳,他们在上课时会盯着教师和其他同学的口型及面部表情变化,以此将听不清或者听不到的话语看懂。此外,来自视觉、触觉、振动觉的刺激容易引起他们的注意。例如他们对彩色挂图、活动的教具有兴趣,能较好地保持注意力。但是,和普通学生可以凭借视觉、听觉等多种感官同时注意多个事物,从而更容易地进行注意的分配不同,听觉障碍学生会在这些方面遇到困难。譬如,如果教师经常面朝黑板边板书边讲解,或者边走动边读课文,听觉障碍学生可能就难以跟上教师的思路。

第二,听觉障碍学生的语言发展严重落后于同龄人的水平。听觉障碍学生口语形成往往比较晚,这又会影响他们书面语的学习。在听觉障碍儿童之间,语言发展水平也高低不一。在随班就读的听觉障碍学生中,有的经过言语康复训练,话说得比较清楚,词语也比较丰富,与普通学生差距不明显;有的听觉障碍儿童说话不清楚,词语也比较单调;有的听觉障碍儿童甚至不会说话,就靠一些手势表达自己的想法。所以,听觉障碍学生的语言发展不仅落后于健听学生,其自身也存在很多复杂性,需要教师在实际的教学和生活中去慢慢了解和掌握。

第三,教师需要了解听觉障碍学生的特殊教育需要,从而有意识地调整自己的教学策略。由于听觉障碍学生语言的形成与发展落后于生理的发展,所以他们的语言和生活经验往往不同步。比如,听觉障碍学生无法将生活中所接收到的刺激和一个抽象的词汇联系起来,从而,他们也无法将课堂上学到的词语与词语反映的具体事物相联系。例如,同样对于"筐"字,即使普通学生也没有学过这个字,但他们在生活中听到过这个字的读音,生活中也见过筐,因此,他们就可以将"筐"的字音与筐的形象相联系,明白该字义。而听觉障碍学生则无法做到这一点。所以,在教学过程中,教师需要负担起更多的责任,帮助听觉障碍学生逐步克服这些问题,教师要时刻注意听觉障碍学生对教材内容的理解程度,或通过复述、作业等实践环节检查他们对学习内容的掌握情况。此外,教师也必须负担起补偿听觉障碍学生语言缺陷的责任。前文提到过,语言的发展可能是听觉障碍学生从随班就读环境"回流"至聋校的重要原因之一,所以,努力提高他们的语言理解和表达能力,对随班就读教育的效果十分重要。各科教师都要结合所教的课程内容,训练听觉障碍学生的听力和发展他们的语言。此外,培养听觉障碍学生的语言能力,不只是在课堂中完成的事。课外活动和日常生活接触到各种现象,有许多是听觉障碍学生在书本中学不到的。这就需要教师注意利用各种场合、各种活动,随时帮助听觉障碍学生学习词汇,不断丰富其语言。

第四,教师需要尽可能地学习手语。虽然随班就读的听觉障碍学生有不少都为轻度听觉障碍,并且经过了康复训练,但是仍有为数不少的中重度听觉障碍儿童参与到随班就读的环境中。因此,普通教师有必要学习一些课堂常用的手语,以及使用生活中的自然手语,以此来帮助听觉障碍学生理解字词和教学内容。这看起来是一项很高的要求,但是并非是让教师掌握流利的手语,而只是当师生语言沟通受到障碍时,或需要手语作为辅助手段时能够使用手语就足够了,有条件的话可以配备一名手语翻译师。

教师的职责不仅仅局限于课堂教学过程中让听觉障碍学生更好地学习,他们也要时刻关注和帮助听觉障碍学生的心理发展。在随班就读的环境下,听觉障碍学生会因自己的生理障碍、学习成绩跟不上或不受同学欢迎等问题,从而产生自卑的心理。作为教师,有责任帮助听觉障碍学生建立起自信心。教师需要做到以下几方面:首先,教师需要为听觉障碍儿童营造一个融洽和谐的班级环境。如果一名听觉障碍学生喜爱他所在的班级,他的心态就会变得积极,情绪也会更稳定。在学习和生活中,他都会带着轻松和愉快的心态。反之,他会体验到不信任,甚至被孤立的感觉,这对他的自信心培养是有很大影响的。其次,教师要对听觉障碍学生多加赞美和赏识。学生的自信心、锐气、灵性以及开朗的性格,来源于别人的赏识。用欣赏的眼光面对随班就读的听觉障碍学生是帮助他们建立自信心的关键。教师要多给他们表现自己的机会,及时发现他们的进步并加以肯定,这样有助于他们树立信心。此外,教师也需要培养听觉障碍学生的耐挫折能力。人生不可能永远一帆风顺,听觉障碍学生在学校中可能会受到教师和同学的帮助和关注,但是毕业以后,他们也会遇到人生的大风大浪。在良好的竞争心理素质中,自信心是十分重要的。一个人如果对自己有信心,就会以自信的热情投入到各种活动中,就更容易发挥自己的能力和水平。[①]

此外,普通学校的老师不仅要成为听觉障碍学生在知识学习过程中的老师,也需要成为他们的心理健康老师。因为听觉障碍学生会产生一些其他的心理问题,比如形成孤僻的性格、较严重的自我中心思想、不善和人交往以及集体观念淡薄等问题。特别是刚入学的随班就读的听觉障碍学生,这些表现更为突出。教师需要及时发现这些问题,时刻关注听觉障碍学生的心理健康,为其提供一个有利于他们身心发展的空间,帮助他们消除心灵的阴影,树

---

① 张蕾. 让随班就读聋生建立起自信[J]. 武汉市教育科学研究院学报, 2006,4(6):78-80.

立自尊、自信、自强、自立精神,形成健全人格,帮助他们更好地融入主流社会。

二、教学案例:听觉障碍学生随班就读中的双语教学

(一)背景

在西方国家,存在着聋人文化的概念,并被不少听觉障碍人士所倡导和支持。他们将耳聋和使用手语定义为一种文化现象,所以听觉障碍人群不再是残疾人的群体,而被视为是语言上的少数民族。聋人文化的支持者们认为,听觉障碍幼儿学习的第一语言应该是聋人文化所特有的语言——手语,这是他们的母语,而他们所在国家的主流语言是第二语言,听觉障碍儿童发展最终应成为平衡的双语使用者,并且能够在聋人文化和主流社会文化之间自由转换。这种思想在西方国家十分盛行,并得到了相关法律的支持。在我国,双语双文化的实验班已经在许多地区启动,天津、南京、昆明地区一些聋校的"双语"教育取得了一些成果,也得到了一些听觉障碍儿童家长的认同。在目前融合教育的大背景下,更多的听觉障碍学生选择进入普通学校随班就读,他们学习和使用手语的机会就大大减少了。在普通学校中缺乏使用手语交流的环境,所以很多学校普遍更重视对听觉障碍儿童口语的训练。所以,让随班就读的听觉障碍儿童,尤其是重度听觉障碍儿童有使用手语的机会,会使他们获得更好的学业表现和心理发展。

(二)我国随班就读双语教学案例

从2007年开始,联合国儿童基金会聋儿双语双文化融合教育实验项目在天津市一所普通小学启动。该实验项目追踪了两名重度听觉障碍的学生,并比较他们和健听学生在学业成就上的表现。[①] 首先,这两名听觉障碍儿童在学前和小学低年级阶段在聋校中学习。学前阶段,教师都以使用口语为主,辅助用手语。两名听觉障碍儿童在这个阶段的主要任务是学习手语和口语,并通过手语和口语去认知周围世界。而进入小学低年级阶段,这两名听觉障碍儿童的教师均为健听人,教师同时使用口语和手语进行教学。小学低年级阶段两名听觉障碍儿童的任务主要是适应小学的生活,掌握小学要求的全部知识。随后,这两名听觉障碍儿童进入了随班就读的普通学校,这个阶段两名听觉障碍儿童的任务是适应普通学校的生活和学习,以使自己达到普通学生的各项要求。

在整个过程中,听觉障碍儿童周围的人们都扮演着重要的角色。而这些角色本身的一些新职责也是双语教学中所必须具有的。首先,手语翻译师的角色就十分重要。手语翻译师是以手语、口语为交流手段,在听觉障碍人士与健听人士之间进行传译服务的人员。手语翻译师的加入,为听觉障碍儿童提供了将周围声音信息翻译成手语的援助。在课堂上,手语翻译师把各科教师讲述的内容通过手势和表情翻译给听觉障碍儿童,使他们能够同步了解讲课内容。而在课下,手语翻译师要进行辅导和答疑,保证学生对课堂知识的掌握和作业的完成。此外,手语翻译师要帮助各科教师和听觉障碍儿童沟通,负责翻译听觉障碍儿童对问题的回答。而在课外,手语翻译师协助听觉障碍儿童参与学校的各种活动。其次,各科教师也要担负一定的责任。他们必须具备更多的责任感,让普通学校更大程度上接纳听觉障碍儿童。同时,各科教师需要注意到听觉障碍学生视觉优势的认知特点,调整教学方法和手

---

① 吴铃,王立群,董存良,崔蕊,罗爱军. 实施聋儿融合教育的课堂教学模式初探——对联合国儿童基金会聋儿双语双文化融合教育实验项目的研究(I)[J]. 中国听力语言康复科学杂志,2009(2):43-48.

段。教师需要增加板书的数量,并使用观察法、实验法、绘图法、卡片法和实物法等适合听觉障碍儿童的学习方法。加上手语翻译师的配合,以达到更有效地传递课堂教学信息的目的。此外,各科教师需要和手语翻译师主动沟通,发现和解决听觉障碍儿童在学习中的困难和问题。再次,由于随班就读班级中的健听学生是听觉障碍学生同伴交往的主要对象,所以,对这些健听学生的教育也十分重要。该案例中参加实验的班级学生,在班主任老师的组织下,对两名听觉障碍儿童的到来做了充分、细致的准备。同学们表现出热情接纳的态度。实验班的学生与教师、手语翻译师组成了一个信息传递的三级网络。在教师和手语翻译师不在或者出现疏漏的情况下,所有学生都主动地为两名听觉障碍儿童及时地传递信息。此外,他们还积极主动教听觉障碍儿童学习发音,为其建立了浓厚的口语氛围,以让这两名听觉障碍儿童的口语能力获得提高。

本案例中两名听觉障碍儿童在各方面的共同努力之下,不论是学习成绩、社会能力还是语言能力,都获得了很大的发展。

首先,他们的社会交往能力得到提高。刚开始,他们表现出了对普通教育环境的不适应,甚至有"回流"的苗头出现,此时,手语翻译师的作用便体现了出来。在手语翻译师的引导和解释下,两名听觉障碍儿童通过学习、排练节目、体育竞赛等活动,成为集体中的一部分,感受到了多样生活的快乐。他们也和老师同学建立了良好的关系。他们适应了普通学校的生活,社会交往能力也得到提高。其中一个重要的原因就是,他们特殊的沟通形式——手语得到了承认和尊重,他们和健听人之间有了沟通的桥梁,他们的合作和融合有了可能。

其次,他们的学习成绩也赶上甚至超过了班上的健听学生。他们在随班就读环境下的学习深度和广度都大大超过了聋校的各科内容,各科学习能力得到提升,在语文、数学、英语、计算机、美术等学科中均表现良好。在一学年的学习中,这两名听觉障碍儿童取得了优异的成绩,两个学期的语文、数学成绩均达到了较好的水平。这也和手语翻译师的工作分不开,因为听觉障碍儿童的手语学习能力是学习潜力开发的基本保障,而正是手语翻译师使得信息传递更加有效。

最后,这两名听觉障碍儿童的双语都得到了较好的发展。显然,手语翻译师的加入使环境中的信息有效地传递给了听觉障碍儿童。在环境和手语翻译师的作用下,这两名听觉障碍儿童的语言能力迅速得到提升。从语言单位来说,表现为词语和句子水平的提升。从语言形式来说,表现为书面语和口语能力的提升。而随班就读的环境也在一定程度上给予听觉障碍儿童锻炼和使用口语的机会。

(三)小结

本案例给听觉障碍儿童的随班就读工作提供了一项重要的启示,那就是:如果听觉障碍儿童可以掌握手语和口语,那么他们便可以在随班就读的环境中获得更好的成就。在手语翻译师的支持下,他们完全有能力完成普通学校的课程,并取得和普通儿童一样的学业成绩。这也不失为听觉障碍儿童随班就读在未来的一条可行之路。

 本章小结

教学作为学校教育的基础与核心,在实现与完成学校教育的目的中具有重要的地位。聋校教学主要包括语文教学、数学教学以及其他各科课程的教学。聋校语文教学主要由看

(听)话教学、词汇教学、句子教学、阅读教学和作文教学等构成。聋校数学教学主要包括计算教学、几何知识教学与应用题教学。听觉缺陷在一定程度上使听觉障碍学生对数学信息的感知和学习与健听生存在一定差异,教师在注意差异性的基础上,可灵活设计有利于促进听觉障碍学生有效学习的教学方式。其他课程如律动、体育、美工、音乐与劳动技术教育等课程的教学,对增强学生体质、培养学生审美情趣、促进学生全面发展具有重要意义。

在融合教育以及听觉障碍学生在学业上有可能与健听生具有同样潜能的双重思潮影响下,越来越多的听觉障碍学生进入正常班级进行学习,如何使随班就读的听觉障碍学生获得充分发展,来实现融合教育的理念,是随班就读教师及关心听觉障碍教育发展的所有人士不容回避的一个问题。

信息技术的广泛运用促进了聋校教育教学质量的提高。我国聋校在积极完善信息技术基础设备,提升聋校教师自身的信息技术能力方面做了探索。多媒体、计算机等已经广泛运用于我国的聋校教育中,并与各个学科进行了有效的整合。此外为听觉障碍学生的无障碍课堂提供辅助技术、为改进教学及康复训练而设计的工具、促进聋生与正常人交流沟通的辅助用具等三类先进的信息技术已经在聋校中得到了有效的运用。

思考与练习

1. 如何看待听觉障碍人士在信息加工方面与健听人士存在一定差异性与缺陷性的看法?谈谈你的观点。
2. 对听觉障碍儿童学习者特性的认识经历了哪三个阶段?谈谈你的观点。
3. 请论述普通学校的教师应该为听觉障碍儿童的随班就读做好哪些准备。
4. 请用已有研究成果来说明听觉障碍人士在一定的认知任务上比健听人有出色表现。

第 10 章　与听觉障碍者对话应有的基本认知

1. 了解听觉障碍者与人交流时"接受面"的困难。
2. 了解听觉障碍者口齿不清的原因。
3. 帮助听觉障碍者提升"听说能力"。

运用语言时,除非是"自言自语式"的一人同时扮演两个角色,否则至少必须具备两个主体:说者与听者。听觉障碍者为了达到交流的目的,必须经过努力习得(或学习)口语、手语、文字和看话等交流方式,才能实施言语行为。在言语行为中,听觉障碍者运用手语时表现的最为自信,使用口语、文字和看话时,虽然内心想完成,但交流的效果不佳。听觉障碍者在信息"表达面"上,能自如地传达语义,就看"健听者是否听懂看懂"而已;但在信息"接受面"上却难以全面把握,要受到说话对象的唇型、态度、风格和文化程度等的制约。听障人士的交流对象如果也是听障人士,会因彼此具有相似的文化与同理心,知道听障人士言语存在的问题,容易减少对话阻碍;听障人士的交流对象如果是健听者,往往因为健听者不太了解听障人士的沟通文化,导致对话的效果不佳。健听者究竟应该具备哪些"能够消除与听障人士对话的障碍"的基本认知,进而达到"增进与听障人士沟通的效率"的目的呢?本章主要探讨健听者如何帮助听障人士获得"接受面"的言语技巧。

第 1 节　协助听障人士接受信息:清楚唇型、读出语义

听障人士与健听者的交流,信息的接受除了依赖助听器补偿听力之外,往往需要判读对方的唇型。听障人士看话是否能够成功?涉及的因素有很多,主要是因为接受面无法完全由听障人士自己把握,所以迫切需要健听者的协助。因此健听者要如何协助听障人士能够清楚当下唇型?使其进一步读出语义呢?

无用的话对健听者而言是废话,无效的唇型对听障人士而言也是废话。无效的唇形表现出多余的语言,并且会增加看话时间。听障人士若无法感知说话者的下列唇型(如图 10-1 所示),则难以理解究竟表达的是"联结""廉洁""连接""凉鞋""谅解"或"代谢"中的哪个语义?因为读出语义是以视觉为导向的语言,是建立在"清楚的唇型"之上的。一旦接收到"清楚的唇型",就可以从众多同音词汇里,根据上下文挑选出正确的词汇,进而准确地"读出语义"。

图 10-1　说话者的唇型

　　影响听障人士看话效果的因素很多，大致可分为内在与外在。总的来说：两者都很重要；仔细分析的话：内在的重要性更甚于外在。事实上：无论内在与外在，看话感知的关键是视素。

第 2 节　了解听觉障碍者的看话感知：视素

　　"视素"与"音素"是两个系统差别很大的概念。

　　健听者与人交流的媒介是以听觉为导向的音素，如果健听者能听出 37 个注音符号，大脑必然能辨析出 37 个音素，也就能毫无障碍地说出 37 个音素，因此能轻松地发出字正腔圆的语音。

　　听觉障碍者的看话感知则是以视觉为导向的视素，如果听觉障碍者能目测 14 个注音符号，大脑也只能辨析出 14 个视素，连带着只能说出 14 个音素，因此在表达时口齿不清。

　　健听者如果明白视素与音素之间的差异，就会明白听觉障碍者表达面发音不准的现象；进而明白听觉障碍者在接受面为什么会有错听情况？

　　健听者能精准听到 37 个音素，听觉障碍者只能笼统地目测出 14 个视素，如下显示（为了方便读者阅读，汉语拼音与注音符号共同呈现）：

　　一、b(ㄅ)视素：p(ㄆ)、m(ㄇ)。

　　二、d(ㄉ)视素：t(ㄊ)、n(ㄋ)、l(ㄌ)。

　　三、g(ㄍ)视素：k(ㄎ)、h(ㄏ)。

　　四、j(ㄐ)视素：q(ㄑ)、x(ㄒ)。

　　五、zh,zhi(ㄓ)视素：ch,chi(ㄔ)、sh,shi(ㄕ)、r,ri(ㄖ)、z,zi(ㄗ)、c,ci(ㄘ)、s,si(ㄙ)。

　　六、o(ㄛ)视素：e(ㄜ)、ou(ㄡ)。

　　七、an(ㄢ)视素：ang(ㄤ)、ai(ㄞ)。

　　八、ê(ㄝ)视素：ei(ㄟ)。

　　九、en(ㄣ)视素：eng(ㄥ)、er(ㄦ)。

　　十、wu,-u(ㄨ)视素：yu,-ü,-u(ㄩ)。

　　十一、f(ㄈ)视素。

　　十二、a(ㄚ)视素。

　　十三、ao(ㄠ)视素。

　　十四、yi,-i(ㄧ)视素。

　　上述一至十的视素，因为唇型相近各有视素群落；其余四者是独立视素。视素群落越多，越难看话；独立视素，看话较为容易。

　　譬如"zh,zhi(ㄓ)、ch,chi(ㄔ)、sh,shi(ㄕ)、r,ri(ㄖ)、z,zi(ㄗ)、c,ci(ㄘ)、s,si(ㄙ)"对健听者而言，靠耳来辨别是 7 个音素，大脑感知清楚，所以能轻易发出标准的音；但对听觉障碍者靠视力辨别而言,因唇型相似不易辨析,就大概地把它们当成一个音素,在大脑的感知方面也表现得很模糊,因此难以精确发音。

因此听觉障碍者自身无从知悉是否将"苏小姐"说成"猪叫血"或"住校妾","刘姐"说成"流血""溜街"或"漏接","搬家"说成"绑架","半价"或"扮假","汤屋"说成"贪污","挡路"或"残酷","我要姜丝"说成"我要僵尸",甚至将"庄子""荀子"说成"装死""寻死"等。因为听觉障碍者不自觉地出错,不是故意地走音跑调,总是惹来健听者的有意模仿而成为同伴嘲笑的对象。

第3节 了解影响听觉障碍者信息接受的外在问题

以前特教专家全力研究听觉障碍者看话的"外在因素",譬如学者林宝贵的著作《听觉障碍教育理论与实务》[①],汤盛钦、曾凡林、刘春玲主编的《教育听力学》[②]已叙述详实。郑国成自幼罹患重度听觉障碍,凭借自身经验累积,在博士论文《国音看话析论》[③]中总结各方专家要点,整理如下:

第一,"人"的因素。说话者掩口、抖身、暴牙、虎牙、唇裂、落腮胡、唇形太小、唇形夸饰、初识陌生、面无表情、脸部残障、他人插嘴、言语速度过快、不在面对面的位置上(侧面的位置也不好)、对话人数过多、不停地左顾右盼;看话者自身视力不佳、国音程度不高、身处疲惫状态。

第二,"物"的因素:叼香烟、戴口罩、喝饮料、嚼食物、戴牙套、光线阴暗、手帕擦嘴、麦克风遮蔽视线、发言者背后光源强烈、帽子阴影遮脸。

第三,"事"的因素:说话者言论内容奇特,使用专业术语,但看话者毫无概念,难以进入话题内容。

第四,"地"的因素:环境吵杂;交谈距离过远;同一词汇会因地域不同,腔调有别,导致唇型动作异常。

第五,其他因素:言谈时间过长、蚊虫在眼前飞舞、插入了非国音系统的词汇。

外在因素并不是听觉障碍者能全面掌控的,因为看话的对象是别人,而非听觉障碍者自己,因此听觉障碍者会在看懂对方唇型方面存在困难,形成看话障碍。

如果进一步深究,影响听觉障碍者看话的外在因素中还包括"容貌语境"。听觉障碍者的手语与脸部表情是一致的,听觉障碍者习惯将内心的想法表现在脸上,坦荡自然,不必费心忖度;但是很多健听者表情则崇尚隐匿个人喜好,喜欢不露声色,隐藏内心情感。然而,健听者却不知道,脸部表情也是语境,因此,对于听觉障碍者而言,对话者的表情少确实是干扰他们判读唇型的原因之一。

人非草木,孰能无情?南朝刘勰的《文心雕龙·明诗》说:"人禀七情,应物斯感,感物吟

---

① 林宝贵.听觉障碍教育理论与实务[M].台北:五南图书出版有限公司,2006:29.
② 汤盛钦,曾凡林,刘春玲.教育听力学[M].上海:华东师范大学出版社,2000:169.
③ 郑国成.国音看话析论[D].台湾暨南大学,2016:101.

志,莫非自然。"[1]喜怒哀乐思维由内心发出,七情六欲透过语言表现出来。对话的目的在于传达语义,学者陈忠《信息语用学》[2]提出:"语境信息是影响言语信息的基本因素之一,是构成言语信息不可或缺的环境因素,也是信息的重要组成部分。语境信息包括语言语境信息和非语言语境信息两部分。语言语境信息主要包括上下文、前后语列信息;非语言语境信息主要包括空间场合、社会、与人交流等当下话语密切关联的信息。"因此"容貌语境"属于"非语言语境信息"。

脸部表情丰富的人,不掩匿牙齿、脸颊、眉毛、眼睛、鼻子、舌头、下巴……他的脸部表情,会自然而然地和"语言语境信息"相匹配,就能提供"你在'看'什么""你在'干'什么""你在'按'什么""你在'扛'什么"与"你在'赶'什么"等的容貌差异;如果是表情障碍者,就很难提供"辨义"与"达义"的效果。

我们请健听者协助做实验,观察下列容貌语境是否有异同?请健听者牵一条狗,面无表情以手指说:"它很(正确信息由健听者确定)。"听觉障碍者则会有"它很乖""它很坏""它很怪""它很帅""它很壮"等不同判读;但对表情丰富者看话,错读机率则大大降低。再者,以面无表情者说:"你好(如图10-2所示,正确信息由健听者确定)。"试看听觉障碍者能否正确判读:"你好'笨'""你好'棒'"或"你好'吗'"?

图10-2 健听者说话

因为当发言者表达"快乐""高兴""喜悦"等词汇时,他的容貌语境是神采飞扬、眉飞色舞的;当表达"生气""愤怒""不爽"等词汇时,他的容貌语境是怒发冲冠、青筋暴露的;当表达"犹豫""怀疑""拿不定"等词汇时,他的容貌语境是眼神飘忽的;当表达"寂寞""无聊""空虚"等词汇时,他的容貌语境是愁眉苦脸的。

相对言之:当健听者容貌语境展现慈眉善目、笑脸盈盈时,可提供听觉障碍者看话趋向选择"快乐""高兴""喜悦"等词汇;当健听者容貌语境展现面目狰狞、怒气冲冲时,提供听觉障碍者看话趋向选择"生气""愤怒""不爽"等词汇;当健听者容貌语境展现眼神不定时,提供听觉障碍者看话偏向选择"犹豫""怀疑""拿不定"等词汇;当健听者容貌语境展现愁眉苦脸时,提供听觉障碍者看话偏向选择"寂寞""无聊""空虚"等词汇。兴奋时有抬头纹、嘴角上扬;忧郁时有皱眉纹、嘴角下沉,二者所表达的词汇有很大差异,判读时即使不能精准定位,至少能够提供粗略的选项。因为"词汇"与"容貌语境"之间是相关联的。

心中真诚,那么言语上就会表现出真诚等正义的意思,心中怀有邪恶的念头,那么语言上也会表现出邪恶等非正义的意思,听觉障碍者在看话时,即使不能十分精确地辨别出来,也不会差得很远。因为自然的生理反应是诚实的:人逢喜事精神爽,遭遇哀事精神萎。除非压抑情感、刻意虚伪。正因"自然生理是诚实的",所以使得"词汇"与"容貌"戚戚相关。譬

---

[1] 人是有喜、怒、哀、惧、爱、恶、欲之七种性情的,受到外界的刺激就会有所不同的反应,从而流泻于诗文的字里行间。

[2] 陈忠.信息语用学[M].济南:山东教育出版社,1999:100.

如表达者说："我要去农地'剪枝'"与"我要去酒店'捡尸'"这一句话,因为"剪枝"与"捡尸"唇型相近,看话者如果没有阅读清楚第四、五字"农地"与"酒店",并且说话者如果没有提供"容貌语境"来补偿听力,就会容易造成整句误会。

万事并非是绝对的,总会有特例,有时表达"同一词汇"时,其"容貌语境"是有分别的。因为有些同一的词汇,由于背后"词义"不同,则导致容貌语境呈现多样化。譬如表达同一"讨厌"的词汇,也有"憎恨式真讨厌"与"撒娇式假讨厌"两种不同的容貌语境;表达同一"上课"的词汇,却有"教师授课"与"学生听课"两种不同的容貌语境。看话者要仔细辨析唇型;同样,说话者提供"清楚明白的容貌语境"也很重要。

最麻烦的是没有提供容貌语境的中性词汇。譬如"我要去'党'部"与"我要去'南'部"语句;"他们是'同志'"与"他们是'同事'"语句,要怎样辨析呢? 主要在于要多提供前后语列词汇,协助对方看话成功:"我要去党部'开会'""我要去南部'旅游'""他们是'爱情'同志""他们是'公司'同事"。

综上所述,说话者的"容貌语境"属与"非语言语境信息"的范畴,但是却在看话的过程中发挥着重要的作用。此中牙齿、脸颊、眉毛、眼睛、鼻子、舌头、下巴等俯仰、左右、启闭、松紧等姿态样貌,听觉障碍者在看话时,都有可参考的地方,怎么能忽视它们的重要性呢?

第4节 了解影响听觉障碍者信息接受的内在问题

前面已经说到,听觉障碍者在信息"接受面"难以完全掌握言语与人交流的全局,还会受到说话对象的唇型、态度、风格和文化程度等制约。尤其是与健听者交流,言语效果受阻程度较高,主要是因为"健听者不甚了解听觉障碍者的沟通文化",不能全面提供听力补偿。

健听者如果想要给听觉障碍者提供全面的听力补偿,健听者就需要具备"爱心与耐心"的性格特质。健听者在信息"表达面"不能拿"与健听者交流"那套畅快的言语的行为方式同等对待听觉障碍者。因为健听者信息接受面条件是音素,听觉障碍者信息接受面条件则是视素,二者的生理接收方式上有差异,目测视素感知比起耳听音素感知更加复杂曲折、耗时费神。如果不具备爱心与耐心,在言语进行中,觉得无趣、不耐烦时,借口"这事不重要,可以不用讲""我还有事情要先离开"等而采取这些"赶紧结束话题"的举措,容易使听觉障碍者心灵受伤。

健听者中包含的不论是父母、师生、手足、朋友,还是陌生人,在具备爱心与耐心前提下,还需具备下列认知,才能促进听觉障碍者看话顺利:

一、语句需要多次停顿

与听觉障碍者对话时,避免采用与健听者"行云流水"式的说话方式,必须采取"多次停顿"的方式,先耐心停顿了解是否听懂这句之后,再开口说下句。譬如"一、四、七、十"唇型、"六、九"唇型容易混淆,健听者要确定对方听懂"明天几点"信息之后,再接续说"在某某地方见面";若发觉对方迷惑不解,必须重复数次直到听懂为止。否则容易使前面说的不明白,后面的更加不明白。说话速度切记不急不缓,过快或过慢都不适宜听觉障碍者看话。

二、声调无法目测判读

王希杰的《修辞学通论》中说:"汉语是一种有声调的语言,它的声调具有区别意义的作用。"[①] 每一个汉语的语音结构,可将语音单位区分声、韵、调。调有阴平、阳平、上声、去声四个基本调。竺家宁的《声韵学》中说:"声母是音节的前段,韵母是音节的后段,它们各占有一定的发音时间。声调是不占时间的,它是附属在韵母上的一种语音成分。"[②]

健听者在日常与人交流的过程中,能够快速了解语义,声调的作用很重要。因为健听者长期受益于声调,习惯成自然,并不觉稀奇珍贵,所以很难体会听觉障碍者在日常言语与人交流的过程中因为音调的限制而无法理解语言的困境。

健听者可以戴上耳塞,亲自体会用眼看唇形,看那些有"附属在韵母上、平时交流中并不占时间的声调"的词汇,看能正确猜出多少?可想而知,实验结果将会是难以判读出来!因为"四个基本调"都由唇上的呼吸器官与唇内的发音器官联合协调控制,唇型毫无差异,是不能从视觉特征上辨别出来的,因此会造成看话的严重局限。因此汤盛钦、曾凡林、刘春玲主编的《教育听力学》中说:"声调无法通过视觉区别,这样,普通话中约三分之二的音节是同音或近音的,可能超过60%的音节是模糊或不可见的。因为同音或近音的音节所显示的视觉特征是相同的。"[③]

"调"用耳朵可以很容易地听出来,但是用眼睛看出来却很难。健听者们相互聊天时,能够依赖声调轻易、快速地听出对方究竟是说"茶花""插花""插画""岔话""沙画"还是"傻瓜"?能够分辨"抹茶""抹煞""磨擦""墨家"还是"谋杀"?也能区别"句子""锯子""橘子""徐氏""须知""句式""据此"还是"树枝"?主要是因为上述"音素有别",健听者用耳朵听就知道它的意思;但是"视素无异",即用眼睛看是毫无差异的,致使听觉障碍者看话困难。

听觉障碍者无法看出唇型并即刻读出意义,关键在于受到"同唇型词"与"类唇型词"的严重干扰:

(一)同唇型词

同唇型词即说话者运用语音系统表达时,看话者依据判读的唇型,需要在脑中搜寻所有的"同音词汇"。

同唇型词比较像健听者入耳词汇的谐音,谐音一定是同音同调。譬如:减法(剪发),害(骇)人,元音(原音、原因),幸(性)福满足,穿出孕(韵)味,保证享受(瘦),状元及第(吉地),战痘(斗)民族,君临天厦(下),调茶(查)栈(站),贤(闲)妻良(凉)母,正是(正式、正视、政事、正事、正室、郑氏),台风梅姬(没机)会来台湾。

同唇型词对于听觉障碍者而言是"同声同韵未必同调",因此"同声同韵四声调"的词汇,在大脑内会出现很多,譬如:悲壮(被撞),你好乖(怪),我要买(卖)房子,这些东西全不(部)是我的,你有冰(饼、病)吗?

我们要知道:听觉障碍者看话中同样唇型词的数量,是"同声同韵同调"词汇数量与"同

---

① 王希杰. 修辞学通论[M]. 南京:南京大学出版社,1996:356.
② 竺家宁. 声韵学[M]. 台北:五南图书出版有限公司,1995:5.
③ 汤盛钦,曾凡林,刘春玲. 教育听力学[M]. 上海:华东师范大学出版社,2000:170.

声同韵异调"词汇数量的总和,它与健听者谐音中仅包含"同声同韵同调"的词汇数量是不同的。因此同样的唇型词对听觉障碍者来说增加了许多,相较健听者,听觉障碍者选择词汇时的困扰要严重得多。

(二)类唇型词

类唇型词即说话者运用语音系统表达语义时,看话者依据判读的唇型,在脑中搜寻所有的"视素相同(同一视素群落)词汇"。类唇型词会比同唇型词干扰看话更严重,会增加判读难度。

健听者因听力能辨声符、韵符与四声调,具有"过滤筛选词汇"的作用,完全没有类唇型词干扰的问题。

听觉障碍者因为依靠眼睛来判读,无法区别四声调,容易受到"同一视素"的严重影响,因此,非但没有"过滤筛选词汇"功能,反而增加了猜选词汇的困惑。譬如:我刚才有看到狮子(石子、柿子、虱子、赤字);爱人(害人、矮人、骇人、还能)好吗;钥匙(要死、咬死、要吃、腰子)掉了吗;我好热(好乐、好饿、好渴);他叔叔(姑姑)是大学教授,在新闻(英文)系当主任。

团体活动中,众人轮流自我介绍,某人说:"我叫'古实良',祖籍'陕西','东华'大学毕业,家住'员林',在'台中'上班,喜欢'兰花'。"如果没有更加详细的解说,听觉障碍者脑中浮现的类唇型词的姓名有:"胡志强""吴志扬""顾思汉""伍吉昂""辜诗亮"等。听觉障碍者还会有其他种种疑问:祖籍是"江西""山西"还是"陕西"? 是读"东华"还是"中华"大学毕业?家住"员林"还是"苑里"? 是在"台中"还是"台东"上班? 是喜欢"浪花""兰花""蓝瓦"还是"南瓜"呢?

综上叙述,可知:"病历、并立""交钱、缴钱、较前""市立、视力、释例、事例、势利、势力、实例、实力、石砾、十粒、失利""愿意、园艺、原意"等,是受"同声同韵未必同调"影响的"同唇型词";而与之对应,"嚣张、潇洒""吃力、私立、失礼、失忆、七亿、十一、拾遗、时宜""涉及、舍弃、什事、奢侈、色艺、设计、社稷""佛跳墙、活跳虾、我调假、我掉枪、我钓虾""同志、同事、董事、懂事、洞知、冻死、痛死"等类唇型词,则是受"未必同声同韵同调"(即"同一视素")影响的"类唇型词"。

三、明白语义中表达的大概意思就好

听觉是接受知识的重要途径之一。听觉障碍者在听力方面存在障碍,语文程度普遍不及健听者。与听觉障碍者对话时,明白他想要表达的大概意思就好,没必要细致地分析每一个字。譬如双方聚会时,健听者说:"我准备周末回家看父母,希望路上不会塞车。"听觉障碍者回答:"如果没有遇到车祸就不会塞车。"健听者大可不必动怒,因为听觉障碍者所说"遇到"是"沿路'看到'车祸现场"的意思,而非反讽"亲自'发生'车祸"的意思。再如听觉障碍者询问店家老板:"准备几点关门?"老板也无需生气,因为听觉障碍者所说"关门"是指"打烊"的意思,而非诅咒经营不善要"倒店"的意思。

本章小结

基于"'听音能力'与'说话能力'成正比"的定律,健听者此刻应该了解:声音、说话对于健听者而言,是很简单的;但声音、说话对于听觉障碍者而言就很难。听觉障碍者看话之所以容易混淆不清,普遍发生声误、韵误、调误的现象,关键在于所感知的视素,无法精准辨析说话者传达的"同唇型词(正是、正式、正视、政事、正事、正室)"与"类唇型词(正是、正式、正视、政事、正事、正室、真是、甄试、珍视、怎是、曾是、甚至、审视、城市、程序、成事、乘势、诚实、臣是、尘世、陈事、陈氏)"。

听觉障碍者看话说话都受感知影响,时常错将"农夫"当"龙虎","豆鼓"作"豆腐","同学"成"洞穴","父亲"变"妇心","清高"换"警告",因此发音不自觉走音走调,这也就是为什么会将"'旁观'者清"发音为"'膀胱'者清",将"相见不如'怀'念"歌词唱成"相见不如'歪'念"或"相见不如'拐'念",将"我要吃'瓜子'"说成"我要吃'袜子'""我要吃'瓦斯'",引人讪笑,受尽屈辱。

健听者与听觉障碍者对话时,除具备爱心与耐心之外,应了解他们的看话感知是视素而非音素,容易受到"同唇型词"与"类唇型词"的干扰,因此交谈的时候唇型一定要清楚,脸部要提供恰当表情。只有这样有针对性的协助,才能提升听觉障碍者的"听说能力"。

 本章思考题

1. 视素是什么?与音素有什么不同?对听觉障碍者的听说能力有什么影响?
2. 声调可以用视觉进行判读吗?对听觉障碍者的听说能力有什么影响?
3. "容貌语境"为何属于"非语言语境信息"?"容貌语境"对听觉障碍者的看话能力有什么影响?
4. "同唇型词"是什么?对听觉障碍者的看话能力有什么干扰?
5. "类唇型词"是什么?对听觉障碍者的看话能力有什么干扰?

参考文献

中文部分

1. 陈忠.信息语用学[M].济南：山东教育出版社,1999：100.
2. D.W.卡罗尔.语言心理学[M].缪小春,译.上海：华东师范大学出版社,2004.
3. 方俊明,等.特殊教育学[M].北京：人民教育出版社,2005.
4. 管美玲.听损儿童听觉技巧训练课程[M].台北：心理出版社,2007.
5. 韩德民,许时昂.听力学基础与临床[M].北京：科学技术文献出版社,2004.
6. 贺荟中.聋生与听力正常学生语篇理解过程的认知比较[M].上海：复旦大学出版社,2004.
7. 黄荣怀.信息技术与教育[M].北京：北京师范大学出版社,2002.
8. 蒋云尔.特殊教育管理学[M].南京：南京大学出版社,2007.
9. 季佩玉,黄昭鸣.聋校新概念语文教学法[M].上海：华东师范大学出版社,2006.
10. 教育部师范教育司.聋童心理学[M].北京：人民教育出版社,2004.
11. 雷江华.听觉障碍学生唇读的认知研究[M].北京：中国社会科学出版社,2009.
12. 理查德·格里格.心理学与生活[M].王垒,译.北京：人民邮电出版社,2003.
13. 林宝贵.听觉障碍教育与康复[M].台北：五南图书出版股份有限公司,1998.
14. 林宝贵.沟通障碍理论与实务[M].台北：心理出版股份有限公司,2004：188.
15. 林桂如.以家庭为中心的听觉障碍早期疗育——听觉口语法理论与实务[M].台北：心理出版社,2014：36-48.
16. 刘全礼.特殊儿童的家庭教育[M].天津：天津教育出版社,2007.
17. 刘群英,程全洲,信息技术教育学[M].开封：河南大学出版社,2005.
18. 路德·特恩布尔.今日学校中的特殊教育(下册)[M].方俊明,汪海萍,等译.上海：华东师范大学出版社,2004.
19. 彭聃龄.普通心理学[M].北京：北京师范大学出版社,2004.
20. 朴永馨.我国盲聋学校培养目标的特色——盲校教学文萃[M].北京：中国盲文出版社,1997.
21. 朴永馨.特殊教育辞典[M].北京：华夏出版社,1996.
22. 锜宝香.儿童语言与沟通发展[M].台北：心理出版社,2015.
23. 桑迪·尼尔曼,德沃尔·格林斯坦,达林·戴维.聋童早期教育指南[M].吴安安,编译.南京：江苏教育出版社,2009.
24. 汤盛钦,曾凡林,刘春玲.教育听力学[M].上海：华东师范大学出版社,2000.
25. 王道俊,等.教育学[M].北京：人民教育出版社,1999.
26. 王希杰.修辞学通论[M].南京：南京大学出版社,1996.
27. 王志毅.听力障碍儿童的心理与教育[M].天津：天津教育出版社,2007.
28. 威廉·L.休厄德.特殊儿童——特殊教育导论(第七版)[M].孟晓,等译.南京：江苏教育出版社,2007.
29. 邬家炜.信息技术教学论[M].广州：华南理工大学出版社,2008.

30. 谢鼎华. 基础与应用听力学[M]. 长沙：湖南科学技术出版社，2003.
31. 余敦清. 听力障碍与早期康复[M]. 北京：华夏出版社[M],1994.
32. 竺家宁. 声韵学[M]. 台北：五南图书出版股份有限公司,1995.
33. 张福娟,马红英,杜晓新. 特殊教育史[M]. 上海：华东师范大学出版社,2000.
34. 张华. 课程与教学论[M]. 上海：上海教育出版社,2000.
35. 张华. 助听器[M]. 北京：人民卫生出版社, 2004.
36. 张宁生. 听力残疾儿童心理与教育[M]. 大连：辽宁师范大学出版社,2002.
37. 赵树铎. 特殊教育课程与教学发[M]. 北京：华夏出版社,1994.
38. 中华人民共和国民政部. 中国残疾人抽样调查系列资料：残疾儿童资料[M]. 北京：中国社会出版社，1991.
39. 钟启泉. 现代课程论[M]. 上海：上海教育出版社,2003.
40. 朱智贤. 儿童心理学[M]. 北京：人民教育出版社,2003.
41. 鲍国东,李强. 聋人高等职业技术教育人才培养方向探讨[J]. 天津理工学院学报,2006,16(1)：36-37.
42. 曹克利. 人工耳蜗植入技术及其进展[J]. 中国医学文摘耳鼻咽喉科学,2007,22(5)：259-261.
43. 迟放鲁,吴拥真,康厚禹,等. 全植入式人工耳蜗的研究进展[J]. 中国医学文摘耳鼻咽喉科学,2009,24(5)：241-242.
44. 陈凤芸. 试论聋童汉语述宾结构的习得特征[J]. 中国特殊教育,2008,1：50-55.
45. 陈敏,孙丰丽. 青年技术学校聋生生活语言训练绩效的实验研究[J]. 中国特殊教育,2000,25(1)：54-55.
46. 程益基. 以生为本,构建聋教育课程新体系[J]. 现代特殊教育,2007,4：7.
47. 池君,陶泽璋. 新生儿行为测听方法学的几个问题[J]. 听力学及言语疾病杂志,2001,9(4)：246-247.
48. 丛立新. 教学概念的形成与意义[J]. 北京师范大学学报（社会科学版）,2007(5)：6.
49. 催苏奥. 多种教具参与下的聋校律动教学[J]. 1998(1)：95-97.
50. 刀维洁. 关注聋儿的同伴交往[J]. 中国听力语言康复科学杂志,2004(5)：37-39.
51. 刀维洁,等. 感觉统合失调聋儿的教育对策[J]. 中国听力语言康复科学杂志,2006：18(5)：48-50.
52. 第二次全国残疾人抽样调查残疾标准——中国残疾人联合会[EB/OL]. http://www.cdpf.org.cn/sytj/content/2007-11/21/content_30316052_2.htm.
53. 段成来. 从读入手——聋校语文教学的切入点[J]. 中国特殊教育,2003(1)：49-51.
54. 高成华. 儿童耳聋预防[J]. 现代康复,2000(12)：1916-1917.
55. 国华. 自然手语习得与优生语言习得之比较及其启示[J]. 中国特殊教育,2007(3)：21-25.
56. 郭俊峰. 聋童个别化教育方案之我见[J]. 现代特殊教育,2004(7)：56-57.
57. 范蔚. 三类教学目标的实践意义及实现策略[J]. 课程与教学,2009(1)：49-52.
58. 方俊明. 我国特殊教育研究的回顾与展望[J]. 中国特殊教育 2000(1)：1-4.
59. 方俊明. 感官残疾人认知特点的系列实验研究报告[J]. 中国特殊教育,2001(1)：1-4.
60. 方俊明. 视障教育理论初探[J]. 中国特殊教育,2002(1)：11.
61. 韩德民. 儿童人工耳蜗植入的术前评估和术后康复[J]. 中国听力语言康复科学杂志,2005,10(3)：6-8.
62. 贺荟中. 聋人阅读研究进展与动态[J]. 中国特殊教育,2004(5)：52-56.
63. 贺荟中,方俊明. 聋人短时记忆研究回顾与思考[J]. 中国特殊教育. 2003(5)：28-31.
64. 贺荟中,贺利中. 4—6岁听障与健听儿童语用交流行为之比较[J]. 华东师范大学学报（教育科学版），

2009(3):63-72.
65. 贺荟中,贺利中.聋生篇章阅读过程的眼动研究[J].中国特殊教育,2007(11):31-35.
66. 贺利中.影响儿童语言发展的因素分析及教育建议[J].教育理论与实践,2007(3):31-33.
67. 何文明.聋校教学语言效率研究[J].中国特殊教育,2003(1):36-40.
68. 何迎春.探索聋童语言发展规律[J].现代特殊教育,2003(11):21-22.
69. 胡蓉.看话能力教学谈[J].贵州教育:2004(15):38-39.
70. 黄丽辉,倪道凤,等.我国婴幼儿"早期听力检测及干预指南"编写思考[J].听力学及言语疾病杂志,2009,17(2):93-94.
71. 贾彩贞,宋永宁,杜晓新,黄昭鸣.组织策略在聋校高年级语文阅读教学中的应用[J].中国特殊教育,2008(2):31-34.
72. 康汝燕.聋哑学生信息技术课教学模式初探[J].才智,2009(32):96-97.
73. 柯珺.听障学生"沟通与交往课程"实施现状与对策研究[D].华中师范大学,2015.
74. 雷江华,方俊明.口语教学对听觉障碍学生唇读语音识别技能发展的作用研究[J].教育研究与实验,2007(3):70-72.
75. 雷江华,李海燕.听觉障碍学生与正常学生视觉识别敏度的比较研究[J].中国特殊教育,2005(8):7-10.
76. 雷江华,等.助听器对听障学生唇读汉字语音识别的作用[J].心理科学,2006,29(6):1442-1443.
77. 李东锋,黄如民,郑权.面向听障儿童的无障碍移动学习资源设计研究[J].现代教育技术,2013,23(9):104-109.
78. 李娜,张福娟.听力障碍幼儿早期干预的个案研究[J].中国特殊教育,2007,86(6):24-27.
79. 李娜,张福娟.上海市随班就读学校资源教室建设和运作现状的调查研究[J].中国特殊教育,2008,100(10):66-72.
80. 李家荔,孔维佳.新生儿听力普遍筛查中听力学检查技术和各国运用现状[J].临床耳鼻咽喉头颈外科杂志,2007,21(19):909-912.
81. 李晓璐,卜行宽.自动听性脑干反应在新生儿听力筛查中的应用[J].中国儿童保健杂志,2008,16(1):47-50.
82. 李洁,赵守琴.骨锚式助听器研究进展[J].听力学及言语疾病杂志,2009,17(2):175-178.
83. 李焰.聋童与正常儿童视觉反应时比较[J].沈阳师范学院学报(社科版),1995(4):9-13.
84. 李之刚.苏北聋教育信息化现状调查分析[J].中国现代教育装备,2009(18):34-36.
85. 李仲汉.认真实施聋教育课程计划,全面提高聋校教育质量[J].中国特殊教育.1996(3):7.
86. 连福鑫.4岁重度听障儿童与其健听母亲语用交流行为特点及其关系研究[D].华东师范大学,2007.
87. 练志坚,李晶丽.聋校教师信息素养现状调查与对策分析[J].新课程研究(教师教育),2008(10):126-128.
88. 梁巍.历史新阶段开展聋儿早期康复教育工作的观念与对策[J].中国听力语言康复科学杂志,2004,2(1):34-37.
89. 梁巍.长时记忆的类型与加工[J].中国听力语言康复科学杂志,2004(6):61.
90. 梁巍.听觉训练[J].中国听力语言康复科学杂志,2005,6(1):62-63.
91. 梁巍.语言训练[J].中国听力语言康复科学杂志,2005,10(3):55-56.
92. 梁巍.发音训练[J].中国听力语言康复科学杂志,2005,9(2):52-53.
93. 林宝贵.沟通障碍理论与实务[M].台北:心理出版股份有限公司,2004.
94. 林锦莹.听障生信息技术课程设置的实践研究[J].科技信息(科学教研),2008(9):299-300.
95. 林镜秋.大中小学生注意转移的实验研究[J].天津师范大学报,1996(6):33-37.

96. 刘彬,陈金友,高燕. iPad 应用于聋校课堂教学的探索与实践[J]. 中国信息技术教育,2013(1):21-23.

97. 刘德华.聋生书面语中动词及相关成分的异常运用[J].中国特殊教育,2002(2):43-46.

98. 刘贵媛,吴燕霞.发展宝宝大肌肉动作的亲子游戏之三——跳[J].启蒙(0—3岁),2005(12):38.

99. 刘昊,社区中的教育资源对于推行全纳教育的作用[J].中国特殊教育,2003,42(6):6-9.

100. 刘胜林.欧美国家近年来聋教育发展的几个新动向[J].中国特殊教育,2009,103(1):46-51.

101. 刘万伦. 短时记忆研究综述[J]. 巢湖学院学报,2003(3):6-10.

102. 刘翔,郑亿庆.中耳植入式助听器的研究进展[J].听力学及言语疾病杂志.2002,10(4):273-275.

103. 刘艳虹,等.《北京市聋人职业适应性量表》的编制[J].中国特殊教育,2009,106(4):24-29.

104. 龙墨. 小儿游戏测听前期准备有关问题[J].听力学及言语疾病杂志,2004,12(5):342-343.

105. 聋校义务教育课程设置实验方案[J].现代特殊教育,2007(3):8.

106. 陆玲,邢光前,卜行宽 . 30 名聋校学生扩展低频听力测试报告[J]. 南京医科大学学报,2000(5):234.

107. 马珍珍.初中听力障碍学生同伴关系及其影响因素研究[D].华东师范大学,2006.

108. 马骏,盛利华,许家成,曲学利.语音识别软件在课堂应用中的影响因素及对策建议[J].南京特教学院学报,2009(1):16-19.

109. 欧华,梁传余,等.自动听性脑干反应在普遍新生儿听力筛查中的评价和应用[J].听力学及言语疾病杂志,2001,9(1):60-62.

110. 潘基鑫,雷要曾,程璐璐,等. 泛在学习理论研究综述[J]. 远程教育杂志,2010,28(2):93-98.

111. 卜行宽. WHO《发展中国家助听器及其服务指南》在我国的推广和应用[J]. 中国医学文摘耳鼻喉科学,2009,24(2):63-64.

112. 卜行宽,黄丽辉. 2008 年国际新生儿听力筛查会议(NHS 2008)简介[J]. 听力学及言语疾病杂,2008,16(4):334-335.

113. Patricia, A., et al. 中国聋人高等教育:现状、需求和建议[J]. 中国特殊教育,2007,86(8):12-17.

114.《全日制聋校义务教育〈沟通与交往〉课程标准》,教育部聋校义务教育课程标准编制组.

115. 瞿秋霞.关于加强聋生书面语教学的思考[D].华中师范大学,2005.

116. 任重,金济霖. 人工中耳的基础和临床[J].国外医学耳鼻喉科学分册,1989,13(3):133-135.

117. 沈励,刘民. 听力残疾的流行病学研究进展[[J]. 中国康复医学杂志,2009(3):281-283.

118. 沈晓明. 我国新生儿听力筛查的现状[J]. 中华医学杂志,2003,83(4):266-267.

119. 沈玉林,杨七平,陈金有,杨剑梅. 向希望的延伸——我国部分聋校高中课程建设综述(上)[J]. 现代特殊教育,2010(4).

120. 宋炳楠,蔡超,李永新. 人工中耳发展现状[J]. 国际耳鼻喉头颈外科杂志,2008,32(6):348-351.

121. 孙彬彬.聋生语篇阅读过程中的连接推理研究[D].华东师范大学,2009.

122. 孙继红.聋校信息技术课程校本化实施的规划与思考[J].中小学信息技术教育,2010(02):38-39.

123. 孙荣宝.泛在学习背景下聋校信息化架构——以南京市聋人学校为例[J].现代特殊教育,2014(3):15-18.

124. 孙喜斌. 聋儿助听器选配(第 4 节)[J]. 现代康复. 2000,4(7):1118-1119.

125. 孙喜斌. 视觉强化测听法[J]. 中国听力语言康复科学杂志,2004(5):26.

126. 孙喜斌,李兴启,张华. 中国第二次残疾人抽样调查听力残疾标准介绍[J]. 听力学及言语疾病杂志,2006(6):447-448.

127. 孙喜斌,于丽玫,张晓东,张彩萍,曲成毅. 中国 0~17 岁听力残疾儿童抽样调查分析[J]. 中国听力语言康复科学杂志,2008,5:14.

128. 孙岩香.增长学生智慧的金钥匙——实际在聋校数学教学中的应用[J].呼伦贝尔学院学报,2003(3):77-78.
129. 谈秀菁,陈蓓琴.聋校沟通与交往课程实施现状的调查研究[J].中国特殊教育,2010(7):30-33.
130. 唐志辉,甘志珊,等.婴幼儿、青少年和老年人听力筛查——香港经验[J].中国医学文摘耳鼻咽喉科学,2009,24(1):18-20.
131. 陶征,王燕英.婴幼儿视觉强化测听法及其进展[J].听力语言学及言语疾病杂志,1995,3(3):153-155.
132. 童欣,等.分析借鉴美、俄聋人高等融合教育经验——以美国国家聋人工学院和俄罗斯鲍曼技术大学聋人中心为例[J].中国特殊教育,2009,106(4):30-34.
133. 田友谊.多元智能理论视野中的特殊教育[J].中国特殊教育,2004(1):16-18.
134. 万选蓉.简述聋儿早期干预理论及实施方法[J].中国听力语言康复科学杂志 2004,4(3):44-46.
135. 王和平.随班就读资源教师职责及工作绩效评估[J].中国特殊教育,2005,61(7):37-41.
136. 王杰,王跃建.应用传统布景箱与计算机动画进行视觉强化行为测听的比较[J].听力语言学及言语疾病杂志,2008,16(6):480-482.
137. 王乃怡.听力正常人与聋人短时记忆的比较研究[J].心理学报.1993,25(1):9-16.
138. 王秋菊,倪道凤.早期听力检测和干预项目的原则和指南[J].听力学及言语疾病杂志,2008,16(5):359-373.
139. 王树峰.康复听力学及其康复措施[J].中国听力语言康复科学杂志,2006,14(1):73-75.
140. 王永华,舒红,顾蓓.聋儿与正常儿童在自然交往中障碍表现的观察研究[J].中国特殊教育,1998(1):23-24.
141. 王秀凤.建立信息技术第二课堂——培养听障学生自学能力[J].中小学电教(下半月),2009(7):105.
142. 王衍龙.聋儿听力语言康复中的呼吸训练及定量测量[D].吉林大学,2004.
143. 文洁.聋人舞蹈教学三要素[J].现代特殊教育,2008(10):30-32.
144. 卫生部.人工耳蜗临床技术操作规范.2007.
145. 吴皓,马衍.新生儿听力筛查的现状和展望[J].中国眼耳鼻喉科杂志,2007,7(5):273-275.
146. 吴景松,叶大田.基于视觉的语音训练辅助系统的初步研究[J].北京生物医学工程,2003(12):253-256.
147. 吴铃,王立群,董存良,崔蕊,罗爱军.实施聋儿融合教育的课堂教学模式初探[J].中国听力语言康复科学杂志,2009(2):43-48.
148. 吴永玲,国家亮.聋童注意的特点及其培养[J].特殊儿童与师资研究.1994(2):31-34.
149. 郗昕.助听器选配[J].中华耳科学杂志,2004,2(1):76-78.
150. 郗昕,冀飞,洪梦迪.人工耳蜗技术报告(Ⅲ):人工耳蜗植入前的评估和候选[J].中国听力语言康复科学杂志,2006,16(3):33-35.
151. 夏滢,周兢.融合环境下听力损伤幼儿同伴交往特点研究[J].学前教育研究,2008(3):41-45.
152. 肖非.关于个别化教育计划几个问题的思考[J].中国特殊教育,2005,56(2):8-12.
153. 肖非.中国的随班就读:历史.现状.展望[J].中国特殊教育,2005,57(3):3-7
154. 肖艳.关于社区教育在特殊教育中作用的思考[J].中国特殊教育,2004,51(9):13-16.
155. 肖自安,谢鼎华.遗传性基因研究——进展和未来应用[J].听力学及言语疾病杂志,2004,12(2):124-131.
156. 行宽.国际新生儿听力筛查概况[J].中国医学文摘耳鼻咽喉科学,2007,22(1):3-4.
157. 徐步云.聋校低年级学生同伴关系的社会网络分析研究."融合教育背景下特殊教育的发展"研讨会论

文集, 2009.
158. 徐美贞, 杨希洁. 资源教室在随班就读中的作用[J]. 中国特殊教育, 2003, 40(4)：13-18.
159. 徐秀, 王穗芬, 彭咏梅, 刘湘云. 上海地区2378名新生儿听力筛查分析[J]. 中华儿科杂志, 1997, 35(11)：571-573.
160. 杨飞燕. 听障高中生阅读能力现状调查及其思考[D]. 南京师范大学, 2006.
161. 杨慧丽. 探索适合聋生需要的课改和教材[J]. 现代特殊教育, 2008(2)：8.
162. 虞荣宝. 聋儿残余听力的开发利用[J]. 浙江预防医学, 1999(s1)：113-114.
163. 余胜泉. 从知识传递到认知建构、再到情境认知——三代移动学习的发展与展望[J]. 中国电化教育, 2007(6)：7-18.
164. 余小燕. 随班就读听障儿童"回流"的反思[J]. 中国听力语言康复科学杂志, 2007, 20(1)：44-46.
165. 袁鹏. 交互式电子白板在聋校美术教学中的应用[J]. 现代特殊教育, 2010, (1)：25-27.
166. 袁文刚. 聋人与听力正常人短时记忆比较研究[J]. 中国特殊教育. 2000(1)：27-30.
167. 袁茵. 听觉障碍中小学生汉语阅读能力研究[D]. 辽宁师范大学, 2004.
168. 曾凡林, 汤盛钦. 言语的语言特征和听力障碍儿童的看话训练[J]. 特殊儿童与师资研究, 1994(1)：30-33.
169. 张东红, 于君, 白晶, 李丹. 280例成年聋人听力状况调查[J]. 中华物理医学与康复杂志, 2002(2)：91.
170. 张华, 王靓, 王硕, 等. 普通话言语测听单音节词表的编辑与初步等价性评估[J]. 中华耳鼻咽喉头颈外科杂志, 2006, 41(5)：341-345.
171. 张华, 王靓, 王硕, 等. 普通话言语测听双音节词表的编辑与初步等价性评估[J]. 中华耳鼻咽喉头颈外科杂志, 2006, 41(6)：425-429.
172. 张华, 陈静, 王硕, 等. 汉语(普通话)语句测听句表的编辑与评估[J]. 中华耳鼻咽喉头颈外科杂志, 2005(40)：774-778.
173. 张惠霞. 试论信息技术在聋校数学教学中的运用[J]. 潍坊教育学院学报, 2008(3)：106-107.
174. 张俊宏. 利用电子白板提高聋校几何课堂教学的有效性[J]. 南京特教学院学报, 2009(4)：61-62.
175. 张蕾. 让随班就读聋生建立起自信[J]. 武汉市教育科学研究院学报, 2006, 4(6)：78-80.
176. 张莉, 陈军兰, 董蓓. 听觉口语法的发展历史与现状[J]. 中国听力语言康复科学杂志, 2013(6)：425-427.
177. 张莉, 初冬明, 陈军兰, 梁巍. 听觉口语法有效性研究的"循证实践"分析[J]. 中国听力语言康复科学杂志, 2014(12)：19-22.
178. 张纶帮. 聋校《美工》新教材的使用与思考[J]. 中国特殊教育, 1998(3)：12.
179. 张宁生, 听障者语言沟通法的历史演变[J]. 中国听力语言康复科学杂志, 2004(2)：6-8.
180. 赵俊峰, 张杰, 黄卫红. 聋儿心理理论的发展及其培养[J]. 中国特殊教育, 2006(12)：44-49.
181. 甄芳. 听力障碍学生和听力健全学生推理思维的对比研究[J]. 中国特殊教育, 2004, 45(3)：71-74.
182. 张茂林. 聋生与听力正常学生在非对称性视觉搜索中的比较研究[J]. 中国特殊教育, 2007(2)：19-22.
183. 张勉, 高阳. 聋哑学校聋儿听力调查结果的比较和分析[J]. 中国耳鼻咽喉头颈外科, 2008(12)：671-673.
184. 张明. 听觉障碍人群的注意加工机制[J]. 中国特殊教育, 2005(8)：11-14.
185. 张兴利, 施建农. 听力障碍对视觉注意的影响(综述)[J]. 中国心理卫生杂志, 2006(8)：501-503.
186. 张兴利, 施建农, 黎明, 宋雯. 听力障碍与听力正常儿童视觉注意技能比较[J]. 儿童心理卫生, 2007, 21(12)：812-817.
187. 赵庆春. 新课程理念下聋校数学教学方法的研究[J]. 现代特殊教育, 2008(7—8)：39-41.

188. 赵守琴,韩德民. 植入式助听器[J]. 中国耳鼻咽喉头颈外科,2008,15(4):193-196.
189. 赵树铎,杨春增.《聋校劳动、劳动技术与职业教育大纲》可行性研究报告[J]. 中国特殊教育,1999,24(4):16-18.
190. 郑国成. 国音看话析论[D]. 台湾暨南大学,2016.
191. 郑曼. 聋生可视化教学资源研究[D]. 河南大学,2013.
192. 中华人民共和国国家统计局. 2006年第二次全国残疾人抽样调查主要数据公报(第二号)[EB/OL]. http://202.123.110.3/fwxx/cjr/content_1308391.htm.
193. 中国残疾人康复协会听力语言康复专业委员会. 助听器验配操作规范[试行][J]. 中国康复理论与实践,2009,15(4):393-394.
194. 中国残联和教育部、国家语委. 国家通用手语方案(试行). 2016.
195. 中国国家教育部. 聋校义务教育课程设置实验方案[J]. 现代特殊教育,2007(3):8
196. 邹建华. 儿童行为测听技术的应用与发展[J]. 中国听力语言康复科学杂志,2007,21(2):28-29.
197. 邹凌. 主观测听还是行为测听:不仅是词义的区别[J]. 中国听力语言康复科学杂志,2006,16(6):63-65.
198. 周晓妮,华清泉,曹永茂. 儿童言语测听材料[J]. 听力学及言语疾病杂志,2008,16(2):160-163.
199. 周小建. 聋校数学教学的三化[J]. 各科教学平台,2009(9):11-13.
200. 朱丽雅,董明敏,魏育今. 100例耳聋学生的听力情况调查[J]. 中国民政医学杂志,2001(4):215.
201. 朱六民. 新《课标》理念下的聋校美术课堂教学实践[J]. 四川教育学院学报,2005(4):66-67.

外 文 部 分

1. Amatzia Weisel. Issues Unresolved: New perspectives on language and deaf education[M]. Washington. D. C.: Gallaudet University Press,1998.
2. Barbara, R. Schirmer. Language and Literacy Development in Children Who Are Deaf[M]. New York: Merrill Pub Co.,1993.
3. Bodner-Johnson, et al. The young deaf or hard hearing child: A family-centered approach to early education[M]. Pennsylvania: Paul H. Brookes Publishing Co. 2003.
4. Chomsky,N.. Aspects of the theory of syntax[M]. Cambridge MA: MIT Press,1965.
5. Clark, M.. Language through living for hearing-impaired children[M]. London: Hodder and Stoughton,1989.
6. Cole, E. B.. Listening and talking: A guide to promoting spoken language in young hearing-impaired children[M]. Washington, D. C.: A. G. Bell Association for the Deaf,1992.
7. Donald, F. Moores & David, S. Martin. Deaf Learners—Developments in Curriculm and Instruction[M]. Washington D. C.: Gallaudet University Press,2006.
8. Erting,C. J.,Prezioso,C.. From gesture to language in hearing and deaf children[M]. Washington D. C.: Gallaudet University Press,1998.
9. Estabrooks, W.. Auditory-verbal therapy[M]. Washington, D. C.: Alexander Graham Bell Association for the Deaf,1994.
10. Greenberg, M. T. & Kusche, C. A.. Promoting social and emotional development in deaf children: the PATH project[M]. Washington D. C.: University of Washington Press,1993.
11. House Committee on Education and Labor. Hearing on the Commission on Education of the Deaf and Special Education Programs. Hearing before the Subcommittee on Select Education of the Committee on Education and Labor. House of Representatives, One Hundredth Congress, Second Session[M].

Washington, D. C. : U. S. Government Printing Office, 1988.

12. Ling, D.. Speech and the hearing impaired child: Theory and practice[M]. Washington, D. C. : Alexander Graham Bell Association for the Deaf,1976.
13. Marc Marschark. Educating Deaf Students[M]. New York: Oxford University Press,1979.
14. Marc Marschark. Educating Deaf Students[M]. New York: Oxford University Press,2002.
15. Mark. Marschark. Psychological Development of Deaf Children[M]. New York : Oxford University Press,1993.
16. Meadow,K. P.. Deafness and child development[M]. Berkeley:University of California Press,1980.
17. Moores, D. F.. Educating the deaf: Psychology, Principles and Practices[M]. Boston: Houghton Mifflin Company,1978.
18. R. John Bench. Communication skills in hearing-impaired children[M]. London: Whurr Pubishers ltd, 1992.
19. Volterra, V.. From gesture to language in hearing and deaf children[M]. Washington D.C.: Gllaudet University Press,1994.
20. Scouten, E.. Turning points in the education of deaf people [M]. Danville: Interstate Printers and Publishers, Inc,1984.
21. Spencer, P. E. & Marc Marschark, eds. Advances in the spoken language development of deaf and hard-of-hearing children [M]. New York: Oxford University Press, 2006.
22. Pollack, D.. Educational audiology for the limited-hearing infant and preschooler (2nd ed.)[M]. Springfield, IL: Charles C. Thomas, 1985.
23. Vernon, M. & Andrews, J.. Psychology of deafness[M]. New York: Longman,1990.
24. Watson, T. J.. Methods of communication currently used in the education of deaf children[M]. London: Royal National Institute for the Deaf, 1976.
25. Abrahamsen, A., Cavallo,M.. Is the sign advantage a robust phenomenon? From gesture to language in two modalities [J]. Merrill-Palmer Quarterly,1985, 31(2):177-209.
26. Antia, S. D.. Social interaction of partially mainstreamed HI children [J]. American Annals of the Deaf, 1982(127): 18-25.
27. Armstrong, B.A., Neville, H. J., Hillyard, S. A.. Auditory deprivation affects processing of motion, but not color [J]. Cognitive Brain Research, 2002, 14 (3):422-434.
28. Bavelier, D., et al. Impact of early deafness and early exposure to sign language on the cerebral organization for motion processing[J]. Journal of Neuroscience,2001(21):8931-8942.
29. Bavelier, D., Tomann, A., Hutton, C., et al. Visual attention to the periphery is enhanced in congenitally deaf individuals[J]. Journal of Neuroscience, 2000, 20(17): 1-6.
30. Bavelier, D., Tomann, A., Mitchell, T., et al. Cortical reorganization for visual functions in congenitally deaf subjects. Part I. Motion processing [C]. Society for Neuroscience Abstract. 1998: 24 (2):2094.
31. Barbara Bard, et al. Young children who are hard of hearing or deaf: Intervention guidance for service providers and families[J]. Connecticut Birth to Three System, 2007: 1-44.
32. Bat-Chava, Y.. Antecedents of self-esteem in deaf people: A meta-analytic review [J]. Rehabilitation Psychology, 1993(38): 221-234.
33. Bat-Chava, Y.. Group identification and self-esteem of deaf adults [J]. Personality and Social Psychology Bulletin, 1994(20): 494-502.

34. Bates, E.. Inegrating language and gesture in infancy [J]. Development Psychology, 1989, 25(6):1004-1019.
35. Bavelier, D. & Neville, H. J.. Cross-modal plasticity: where and how? [J]. Nature Review of Neuroscience. 2002(3): 443-452.
36. Bavelier, D., Tomann, A., Hutton, C., et al. Visual attention to the periphery is enhanced in congenitally deaf individuals[J]. Journal of Neuroscience,2000, 20(17): 1-6.
37. Bettger, J. G., Emmorey, S. H., et al. Enhanced facial discrimination : effects of experience with American Sign Language [J]. Journal of Deaf Studies and Deaf Education, 1997(2):223-233.
38. Bellugin, U., Klima, E. S., Siple, P.. Remembering in signs[J]. Cognition, 1975(3): 93-95.
39. Blamey, P. J., Sarant, J. Z., Paatsch, L. E., Barry, J. G., Bow, C. P., Wales, R. J.,et al. Relationships among speech perception, production, language, hearing loss, and age of children with impaired hearing [J]. Journal of Speech,Language and Hearing Research, 2001, 44(2): 264-285.
40. Boutin, D. L., Wilson, K.. An analysis of vocational rehabilitation services for consumers with hearing impairments who received college or university training[J]. Rehabilitation Counseling Bulletin, 2009, 52(3):156-166.
41. Bosworth, R., & Dobkins, K.. The effects of spatial attention on motion processing in deaf signers, hearing signers, and hearing nonsigners [J]. Brain and Cognition, 2002(49):152-169.
42. Brackett, D., Marian, H.. Communicative interaction of preschool hearing impaired children in an integrated setting [J]. Volta Review, 1976(78): 276-285.
43. Brasel,K.,Quigley,S. P.. Influence of certain language and communicative environments in early childhood on the development of language in deaf individuals[J]. Journal of speech and Hearing Research, 1977(20): 95-107.
44. Bruder & Mary Beth. The Individual Family Service Plan (IFSP) [J]. ERIC Digest #E605. 2000: 1-8.
45. Campbell, R.,& Wright, H.. Deafness and immediate memory for picures: dissociatons between"inner speech" and the "inner ear" [J]. Journal of Experimental Child Psychology, 1990(50): 259-286.
46. Cambra, C.. The attitude of hearing students towards the integration of deafstudents in the classroom [J]. Deafness and Education, 1997(21): 21-25.
47. Cornelius, G., Hornett, D.. The play behavior of hearing-impaired kindergarten children[J]. American Annuals of Deaf, 1990(135): 316-321.
48. Dodd, B. ,& Hermelin, B.. Phonological coding by the Prelingually deaf[J]. Perception and Psychophysics, 1977(1): 413-417.
49. Donald, F. Moores & David, S.. Martin. Deaf Learners—Developments in Curriculm and Instruction [M]. Washington D. C. : Gallaudet University Press,2006.
50. Donna, Gilbertson, Scot, Ferre, D.. Considerations in the Identification, Assessment, and Intervention Process for Deaf and Hard of Hearing Students with Reading Difficulties[J]. Psychology in the Schools. ,2008, 45(2): 104-120.
51. Dutta, A., et al. Vocational rehabilitation services and employment outcomes for people with disabilities: A United States Study[J]. Journal of Occupational Rehabilitation, 2008(18): 326-334.
52. Dyck, M. J. & Denver, E.. Can the Emotion Recognition Ability of Deaf Children be Enhanced? A Pilot Study [J]. Journal of Deaf Studies and Deaf Education, 2003(8): 348-356.
53. Dyck, M., Farrugia, C., Shochet, I. & Holmes-Brown, M.. Emotion recognition ability in deaf or

blind children: Do sounds, sights, or words make the difference [J]. Journal of Child Psychology and Psychiatry. 2004, 45(4): 789-800.

54. Emmorey, K., Corina, D.. Mental rotation within linguistic and nonlinguistic domains in users of American Sing Language [J]. Cognition, 1998(68):221-46.

55. Eriks-Brophy, A., et al. Facilitators and barriers to the integration of orally educated children and youth with hearing loss into their family and communities[J]. The Volta Review, 2007, 107(1): 5-36.

56. Evans, V. & Fredericks, B.. Functional Curriculum [J]. Journal of Developmental and Physical Disabilities, 1991,3(4):409-447.

57. Everhant, V. S.. Linguistic flexibility in the written and signed/oral language[J]. Reading Reseafch Quarterly, 1988, 46(2): 174-193.

58. Ewoldt, C.. A psycholiguistic description of selected deaf children reading in sign language[J]. Reading Research Quarterly,1981, 17(1):58-89.

59. Finney, E. M., et al. Visual stimuli activate auditory cortex in deaf subjects: evidence from MEG [J]. Neuro report, 2003(14):1425-1427.

60. Geers, A.. Acquistion of spoken and signed Engilsh by profoundly deaf children[J]. Jounal of Speech and Hearing Disorders,1984, 49(4):378-388.

61. Goldberg, D. M. & Flexer, C.. Outcomes survey of auditory-verbal graduates: A study of clinical efficacy [J]. Journal of the American Academy of Audiology, 1993(4):189-200.

62. Goldin-Meadow, S., Mayberry, R.. How do profoundly deaf children learn to read? [J]. Learning Disabilities Research& Practice,2001(16):222-229.

63. Goodwyn, S. W., Acredolo, L. P.. Symbolic gesture versus word: Is there a modality advantage for onset of symbol use? [J]. Child Development,1993, 64(3): 688-701.

64. Gray,C., Hosie, J., Russell, P., Scott, C. & Hunter, N.. Attribution of Emotions to Story Characters by Severely and Profoundly Deaf Children [J]. Journal of Developmental and Physical Disabilities, 2007(19): 148-159.

65. Greenberg, M. & Marvin, R.. Attachment patterns in profoundly deaf preschool children[J]. Merrill-Palmer Quarterly, 1979(25): 265-279.

66. Harris, R. I.. The relationship of impulse control to parent hearing status, manual communication, and academic achievement in deaf children [J]. American Annuals of the Deaf, 1978(123): 52-67.

67. Harste, J. Jerry. Harste speaks on reading and writing [J]. The Reading Teacher, 1990, 43 (4): 316-318.

68. Hawkins, L. & Brawner, J.. Educating children who are deaf and hard of hearing: Total communication [J]. Reston, VA: ERIC Clearinghouse on Disabilities and Gifted Education,1997.

69. House Committee on Education and Labor. Hearing on the Commission on Education of the Deaf and Special Education Programs. Hearing before the Subcommittee on Select Education of the Committee on Education and Labor. House of Representatives, One Hundredth Congress, Second Session. Washington, DC: U. S. Government Printing Office, 1988.

70. Jambor, E. & Elliott, M.. Self-esteem and Coping Strategies among Deaf Students [J]. Journal of Deaf Studies and Deaf Education, 2005,10(1): 62-81.

71. James, S. L.. Normal language acquisition[J]. Semin Pediatr Neurol, 1997,4(2):70-76.

72. Kluwin, T. N.. Commulative effects of mainstreaming on the achievement of deaf adolescents[J]. Exceptional Children, 1993(60): 73-81.

73. Knauf, V.. Language and speech training. In J. Katz (Ed.), Handbook of clinical audiology[M]. London: Williams & Wilkins,1978.

74. Lederberg, A. R.. Social interaction among deaf preschoolers: the effects of language ability andage [J]. American Annals of the Deaf,1991(136): 53-59.

75. Lederberg, A. R., Chapin, S. L., Rosenblatt, V. & Vandell, D. L.. Ethnic, gender, and age preferences among deaf and hearing preschool peers [J]. Child Development, 1986(57): 375-386.

76. Lederberg,A. R. & Mobley,C. E.. The Effect of Hearing Impairment on the Quality of Attachment and Mother-Toddler Interaction[J]. Child Development, 1990(61): 596-1604.

77. Lederberg, A. R., Rosenblatt, V., Vandell, D. L. & Chapin, S. L.. Temporary and long term friendships in hearing and deaf preschoolers [J]. Merrill-Palmer Quarterly, 1987(33): 515-533.

78. Lederberg,A. R. ,Willis,M. G. & Frank, K. H.. A Longitudinal Study of the Effects of Deafness on the Early Mother-child Relationship[J]. Paper presented at the biennial meetings of the Society for Research in Child Development,1991:1-7.

79. Levy-Shiff, R. & Hoffman, M. A.. Social behavior of hearing impaired and normally hearing preschoolers [J]. British Journal of Educational Psychology, 1985(55): 111-118.

80. Logan, K., Mayberry, M., Fletcher, J.. The Short -term memory of Profoundly deaf people for Words, Signs, and Abstract Spatial Stimuli [J]. Applied Cognitive Psychology,1996(10): 105-119.

81. MacSweency, M., Campell, R., Donlan, C.. Varieties of short-term memory coding in deaf teenagers [J]. Journal of Deaf Studies and Deaf Education, 1996, 1 (4) : 249-262.

82. Markides, A.. The use of residual hearing in the education of hearing impaired children—a historical perspective[J]. Volta Review, 1988(5): 57-66.

83. Maxon, A. B., Brackett, D. & van Den Berg, S. A.. Self perception of socialization: the effects of hearing status, age and gender [J]. Volta Review, 1991(93): 7-18.

84. McCracken, W. (2000, July). A review of good practice: Audiological management. In Congress 2000: Achieving in the 21st Century [C]. Proceedings of the 19th International Congress on Education of the Deaf [CD]. Sydney: Quilcopy Audio Recording Services.

85. McCullough, S., Emmorey, K.. Face processing by deaf ASL signers: evidence for expertise in distinguished local features. Journal of Deaf Study and Deaf Education[J]. 1997, 2(4):212-222.

86. McNeill,D.. So you think gestures are nonverbal? [J]. Psychological Review,1985, 92(3):350-371.

87. Meier,R. P.. Out of the hand of babes:On a possible sign advantage in language acquisition[J]. Language,1990, 66(1):1-23.

88. Mertens, D. M.. Social experiences of hearing-impaired High School youth [J]. American Annals of the Deaf, 1989,134(1): 15-19.

89. Mitchell, R., Karchmer, M.. Chasing the mythical ten percent: parental hearing status of deaf and hard of hearing students in the United States[J]. Sign Lang Stud 2004(4):138-163.

90. Mitchell, T., Quittner, A. L.. Multimethod study of attention and behavior problems in hearing impaired children[J]. Journal of Clinic Child Psychology, 1996(25):83-96.

91. Minnett, A., Clark, K., Wilson, G.. Play behaviour and communication between deaf and hard of hearing children and their hearing peers in an integrated preschool [J]. American Annals of the Deaf, 1994(139): 420-429.

92. Moeller, M. P.. Early Intervention and language development in children who are deaf and hard of hearing [J]. Pediatrics, 2000(106): 3.

93. Moores, D. F.. Educating the deaf: Psychology, principles, and practices (5thed.)[M]. Boston: Houghton Mifflin,2001.
94. Nelson,K.. Structure and strategy in learning to talk [J]. Monographs of the Society for Research in child development,1993, 38(1-2):149.
95. Neville, H. J., Lawson, D.. Attention to central and peripheral visual space in a movement detection task: An event-related potential and behavioral study. II. Congenitally deaf adults[J]. Brain Research, 1987, 405(2): 268-283.
96. Newkirk,T.. The non-narrative writing of young children[J]. Research in the Teaching of English, 1987, 21(2): 121-144.
97. Nunes, T., Pretzlik, U. & Olsson, J.. Deaf children's social relationships in mainstream schools [J]. Deafness & Education International, 2001,3(3):123-136.
98. Oller, D. K.,Eilers,R. E.. The role of audition in infant babbling[J]. Child Development, 1988, 59(2):441-449.
99. Olusanya, B., et al. Community-based infant hearing screening for early detection of permanent hearing loss in Lagos, Nigeria: a cross-sectional study[J]. Bulletin of the World Health Organization, 2008, 86(12): 956-953.
100. Owers, R.. Hearing children's attitudes towards deafness [J]. Journal of the British Association of Teachers of the Deaf, 1996(20): 83-89.
101. Peterson, C. C.. Theory-of-mind development in oral deaf children with cochlear implants or conventional hearing aids [J]. Journal of child Psychology and Psychiatry, 2004(45): 1096-1106.
102. Peterson, C. C. & Siegal, M.. Deafness, conversation and theory of mind [J]. Journal of Child Psychology and Psychiatry, 1995(36): 457-474.
103. Peterson, C. C. & Siegal,M.. Representing inner worlds: Theory of mind in autistic, deaf, and normal hearing children [J]. Psychological Science, 1999(10): 126-129.
104. Petitto, L. A.. On the autonomy of language and gesture:Evidence from the acquisition of personal pronouns in American Sign language[J]. Cognition,1987, 27(1):1-52.
105. Poizner, H. ,Tallal, P.. Temporal processing in deaf signer s[J]. Brain and Language, 1987(23): 52-62.
106. Prinz, P. M.. Simultaneous acquisition of ASL and spoken English[J]. Sign language studies,1979(25):238-296.
107. Rea, C. A.,Bonvillian, J. D. & Richards, H.C.. Mother-infant interactive behaviors: Impact of maternal deafness[J]. American Annuals of the Deaf, 1988(133):317-324.
108. Reynolds, H. N.. Effects of foveal stimulation on peripheral visual processing and laterality in deaf and earring subjects [J]. American Joumal of Psychology,1993(106): 523-540.
109. Rhys, J. S., Ellis, H. D.. Theory of mind: deaf and hearing children's comprehension of picture stories and judgments of social situations [J]. Journal of Deaf Studies and Deaf Education, 2000, 5(3): 248-265.
110. Rieffe, C. & Medrum -Terwegt, M.. Deaf children's understanding of emotion : desires take precedence [J]. Journal of Child psychology and psychiatry, 2000(42): 601-608.
111. Rodriguez, M. S., Lana, E. T.. Dyadic interactions between deaf children and their communication partners [J]. American Annuals of the Deaf, 1996(141): 245-251.
112. Russell, P. A., Hosie, J. A., Gray, C. D., Scott, C., Hunter, N., Banks, J. S. & Macaulay,M.

C.. The development of theory of mind and deaf children[J]. Journal of Child Psychology and Psychiatry, 1998(39): 903-910.

113. Selda zdemir. A paradigm shift in early intervention services: From child-centeredness to family-centeredness[J]. Ankara üniversitesi Dil ve Tarih-Corafya Fakültesi Dergisi, 2007,47(2): 13-25.

114. Shand, M. A.. Sign based short-term coding of ASL signs and printed English Words by Congenitally Deaf Singers[J]. Cognitive Psychology, 1982(14): 1-12.

115. Smith, L. B., Quittner, A. L., Osberger, M., et al. Audition and visual attention: The developmental trajectory in deaf and hearing populations[J]. Development Psychology, 1998, 34 (5): 840-850.

116. Spencer, P. E.. Communicative behaviors of hearing mothers and their hearing impaired and hearing infants[J]. Paper presented at the biennial meetings of the Society for Research in Child Development, 1991.

117. Spencer, P., Koestler, L. S., Meadow-Orlans, K.. Communicative interactions of deaf and hearing-children in a day care center: an exploratory study [J]. American Annals of the Deaf, 1994 (139): 512-518.

118. Stivalet, P., Moreno, Y., Richard, J., et al . Differences in visual search tasks between congenitally deaf and normally hearing adults [J]. Cognitive Brain Research,1998 (6) : 227 -232.

119. Stoel-Gammon,C.,Otomo,K.. Babbing development of hearing-impaired and normally hearing subjects [J]. Journal of Speech and Hearing Disorders,1986, 51(1):33-41.

120. Suarez, M.. Promoting social competence in deaf students: The effect of an intervention program[J]. Journal of Deaf Studies and Deaf Education, 2000, 5(4), 323-336.

121. Treisman, T., Gormican, S.. Feature analysis in early vision : evidence from search asymmetries [J]. Psychological Review, 1988(95) : 1548.

122. United States Congress. Education for All Handicapped Children Act,1975.

123. Vandell, D. L. & George, L. B.. Social Interaction in Hearing and Deaf Preschoolers: Successes and Failures in Initiations [J]. Child Development, 1981(52): 627-635.

124. Van Gurp,S.. Self concept of deaf secondary school students in different education settings[J]. Journal of deaf students and deaf education,2001, 6(1): 54-69.

125. Warren, C. & Hasenstab, S.. Self-concept of severely to profoundly hearing-impaired children [J]. Volta Review. 1986(88): 289-295.

126. Wedell-Monnig, J. & Lumley,J. M.. Child Deafness and Mother-Child Interaction[J]. Child Development, 1980(51): 766-774.

127. Weisel, A. & Kamara, A.. Attachment and Individuation of Deaf/Hard-of-Hearing and Hearing Young Adults [J]. Journal of Deaf Studies and Deaf Education,2004, 10(1): 51-62.

128. Wendy Lynas. Controversies in the education of deaf children [J]. Current Paediatrics, 2005 (15): 200-206.

129. Wilson, Emmorey, K.. Working memory for sign language : a window into the architecture of the working memory system[J]. Journal of Deaf Studies and Deaf Education, 1997, 2 (3) : 121 -130.

130. Woolfe, T. & Smith, P. K.. The self-esteem and cohesion to family members of deaf children in relation to the hearing status of their parents and sibling [J]. Deafness and Education International, 2001, 3(2): 80-96.

131. Woolfe, T., Want, S. C., Siegal, M.. Siblings and theory of mind in deaf native signing children [J].

Journal of Deaf Studies and Deaf Education, 2003, 8 (3) : 340-347.
132. Wood, D.. Total Communication and the education of deaf children [J]. Developmental Medicine and Child Neurology, 1992, 34(2), 266-269.
133. Wray, D., Flexer, C. & Vaccaro, V.. Classroom performance of children who learned spoken language communication through the auditory-verbal approach [J]. Evaluation and treatment efficacy, Volta Review, 1999(2): 107-120.
134. Yoshinaga-Itano, C.. Early intervention after universal neonatal hearing screening: Impact on outcomes[J]. Mental Retardation and Developmental Disabilities, 2003(9): 252-266.

北京大学出版社
教育出版中心 精品图书

21世纪特殊教育创新教材·理论与基础系列
特殊教育的哲学基础　　　　　　　方俊明 主编 36元
特殊教育的医学基础　　　　　　　张　婷 主编 36元
融合教育导论（第二版）　　　　　雷江华 主编 45元
特殊教育学（第二版）　　　　雷江华 方俊明 主编 43元
特殊儿童心理学（第二版）　　方俊明 雷江华 主编 39元
特殊教育史　　　　　　　　　　　朱宗顺 主编 39元
特殊教育研究方法（第二版）　杜晓新 宋永宁等 主编 39元
特殊教育发展模式　　　　　　　　任颂羔 主编 33元
特殊儿童心理与教育（第二版）　杨广学 张巧明 王　芳 编著 49元

21世纪特殊教育创新教材·发展与教育系列
视觉障碍儿童的发展与教育　　　　邓　猛 编著 33元
听觉障碍儿童的发展与教育　　　　贺荟中 编著 38元
智力障碍儿童的发展与教育　　刘春玲 马红英 编著 32元
学习困难儿童的发展与教育　　　　赵　微 编著 39元
自闭症谱系障碍儿童的发展与教育　周念丽 编著 32元
情绪与行为障碍儿童的发展与教育　李闻戈 编著 36元
超常儿童的发展与教育（第二版）　苏雪云 张　旭 编著 39元

21世纪特殊教育创新教材·康复与训练系列
特殊儿童应用行为分析　　　　李　芳 李　丹 编著 36元
特殊儿童的游戏治疗　　　　　　　周念丽 编著 30元
特殊儿童的美术治疗　　　　　　　孙　霞 编著 38元
特殊儿童的音乐治疗　　　　　　　胡世红 编著 32元
特殊儿童的心理治疗（第二版）　　杨广学 编著 45元
特殊教育的辅具与康复　　　　　　蒋建荣 编著 29元
特殊儿童的感觉统合训练　　　　　王和平 编著 45元
孤独症儿童课程与教学设计　　　　王　梅 著 37元

自闭谱系障碍儿童早期干预丛书
如何发展自闭谱系障碍儿童的沟通能力　朱晓晨 苏雪云 29元
如何理解自闭谱系障碍和早期干预　　　苏雪云 32元
如何发展自闭谱系障碍儿童的社会交往能力　吕　梦 杨广学 33元
如何发展自闭谱系障碍儿童的自我照料能力　倪萍萍 周　波 32元
如何在游戏中干预自闭谱系障碍儿童　　朱　瑞 周念丽 32元

如何发展自闭谱系障碍儿童的感知和运动能力
　　　　　　　　　　　　　韩文娟，徐芳，王和平 32元
如何发展自闭谱系障碍儿童的认知能力　潘前前 杨福义 39元
自闭症谱系障碍儿童的发展与教育　　　周念丽 32元
如何通过音乐干预自闭谱系障碍儿童　　张正琴 36元
如何通过画画干预自闭谱系障碍儿童　　张正琴 36元
如何运用ACC促进自闭谱系障碍儿童的发展　苏雪云 36元
孤独症儿童的关键性技能训练法　　　　李　丹 45元
自闭症儿童家长辅导手册　　　　　　　雷江华 35元
孤独症儿童课程与教学设计　　　　　　王　梅 37元
融合教育理论反思与本土化探索　　　　邓　猛 58元
自闭症谱系障碍儿童家庭支持系统　　　孙玉梅 36元

特殊学校教育·康复·职业训练丛书（黄建行 雷江华 主编）
信息技术在特殊教育中的应用　　　　　　55元
智障学生职业教育模式　　　　　　　　　36元
特殊教育学校学生康复与训练　　　　　　59元
特殊教育学校校本课程开发　　　　　　　45元
特殊教育学校特奥运动项目建设　　　　　49元

21世纪学前教育规划教材
学前教育概论　　　　　　　　　　李生兰 主编 49元
学前教育管理学　　　　　　　　　　王　雯 45元
幼儿园歌曲钢琴伴奏教程　　　　　　果旭伟 39元
幼儿园舞蹈教学活动设计与指导　　　董　丽 36元
实用乐理与视唱　　　　　　　　　　代　苗 40元
学前儿童美术教育　　　　　　　　　冯婉贞 45元
学前儿童科学教育　　　　　　　　　洪秀敏 39元
学前儿童游戏　　　　　　　　　　　范明丽 39元
学前教育研究方法　　　　　　　　　郑福明 39元
外国学前教育史　　　　　　　　　　郭法奇 39元
学前教育政策与法规　　　　　　　　魏　真 36元
学前心理学　　　　　　　　　　涂艳国、蔡　艳 36元
学前教育理论与实践教程　　　王　维 王维娅 孙　岩 39元
学前儿童数学教育　　　　　　　　　赵振国 39元

大学之道丛书

书名	作者	价格
市场化的底限	[美] 大卫·科伯 著	59元
大学的理念	[英] 亨利·纽曼 著	49元
哈佛：谁说了算	[美] 理查德·布瑞德利 著	48元
麻省理工学院如何追求卓越	[美] 查尔斯·维斯特 著	35元
大学与市场的悖论	[美] 罗杰·盖格 著	48元
高等教育公司：营利性大学的崛起	[美] 理查德·鲁克 著	38元
公司文化中的大学：大学如何应对市场化压力	[美] 埃里克·古尔德 著	40元
美国高等教育质量认证与评估	[美] 美国中部州高等教育委员会 编	36元
现代大学及其图新	[美] 谢尔顿·罗斯布莱特 著	60元
美国文理学院的兴衰——凯尼恩学院纪实	[美] P.F.克鲁格 著	42元
教育的终结：大学何以放弃了对人生意义的追求	[美] 安东尼·T.克龙曼 著	35元
大学的逻辑（第三版）	张维迎 著	38元
我的科大十年（续集）	孔宪铎 著	35元
高等教育理念	[英] 罗纳德·巴尼特 著	45元
美国现代大学的崛起	[美] 劳伦斯·维赛 著	66元
美国大学时代的学术自由	[美] 沃特·梅兹格 著	39元
美国高等教育通史	[美] 亚瑟·科恩 著	59元
美国高等教育史	[美] 约翰·塞林 著	69元
哈佛通识教育红皮书	哈佛委员会撰	38元
高等教育何以为"高"——牛津导师制教学反思	[英] 大卫·帕尔菲曼 著	39元
印度理工学院的精英们	[印度] 桑迪潘·德布 著	39元
知识社会中的大学	[英] 杰勒德·德兰迪 著	32元
高等教育的未来：浮言、现实与市场风险	[美] 弗兰克·纽曼等 著	39元
后现代大学来临？	[英] 安东尼·史密斯等 主编	32元
美国大学之魂	[美] 乔治·M.马斯登 著	58元
大学理念重审：与纽曼对话	[美] 雅罗斯拉夫·帕利坎 著	40元
学术部落及其领地——当代学术界生态揭秘（第二版）	[英] 托尼·比彻 保罗·特罗勒尔 著	33元
德国古典大学观及其对中国大学的影响（第二版）	陈洪捷 著	42元
转变中的大学：传统、议题与前景	郭为藩 著	23元
学术资本主义：政治、政策和创业型大学	[美] 希拉·斯劳特 拉里·莱斯利 著	36元
21世纪的大学	[美] 詹姆斯·杜德斯达 著	38元
美国公立大学的未来	[美] 詹姆斯·杜德斯达 弗瑞斯·沃马克 著	30元
东西象牙塔	孔宪铎 著	32元
理性捍卫大学	眭依凡 著	49元

学术规范与研究方法系列

书名	作者	价格
社会科学研究方法100问	[美] 萨子金德 著	38元
如何利用互联网做研究	[爱尔兰] 杜恰泰 著	38元
如何为学术刊物撰稿：写作技能与规范（英文影印版）	[英] 罗薇娜·莫 编著	26元
如何撰写和发表科技论文（英文影印版）	[美] 罗伯特·戴 等著	39元
如何撰写与发表社会科学论文：国际刊物指南	蔡今忠 著	35元
如何查找文献	[英] 萨莉拉·姆齐 著	35元
给研究生的学术建议	[英] 戈登·鲁格 等著	26元
科技论文写作快速入门	[瑞典] 比约·古斯塔维 著	19元
社会科学研究的基本规则（第四版）	[英] 朱迪斯·贝尔 著	32元
做好社会研究的10个关键	[英] 马丁·丹斯考姆 著	20元
如何写好科研项目申请书	[美] 安德鲁·弗里德兰德 等著	28元
教育研究方法（第六版）	[美] 乔伊斯·高尔 等著	88元
高等教育研究：进展与方法	[英] 马尔科姆·泰特 著	25元
如何成为学术论文写作高手	华莱士 著	49元
参加国际学术会议必须要做的那些事	华莱士 著	32元
如何成为优秀的研究生	布卢姆 著	38元

21世纪高校职业发展读本

书名	作者	价格
如何成为卓越的大学教师	肯·贝恩 著	32元
给大学新教员的建议	罗伯特·博伊斯 著	35元
如何提高学生学习质量	[英] 迈克尔·普洛瑟 等著	35元
学术界的生存智慧	[美] 约翰·达利 等主编	35元
给研究生导师的建议（第2版）	[英] 萨拉·德拉蒙特 等著	30元

21世纪教师教育系列教材·物理教育系列

书名	作者	价格
中学物理微格教学教程（第二版）	张军朋 詹伟琴 王恬 编著	32元
中学物理科学探究学习评价与案例	张军朋 许桂清 编著	32元
物理教学论	邢红军 著	49元
中学物理教学评价与案例分析	王建中 孟红娟 著	38元

21世纪教育科学系列教材·学科学习心理学系列

书名	作者	价格
数学学习心理学（第二版）	孔凡哲 曾峥 编著	38元
语文学习心理学	董蓓菲 编著	39元

21世纪教师教育系列教材

书名	作者	价格
教育学基础	庞守兴 主编	40元
教育学	余文森 王晞 主编	26元
教育研究方法	刘淑杰 主编	45元
教育心理学	王晓明 主编	55元
心理学导论	杨凤云 主编	46元
教育心理学概论	连榕 罗丽芳 主编	42元
课程与教学论	李允 主编	42元
教师专业发展导论	于胜刚 主编	42元
学校教育概论	李清雁 主编	42元
现代教育评价教程（第二版）	吴钢 主编	45元
教师礼仪实务	刘霄 主编	36元
家庭教育新论	闫旭蕾 杨萍 主编	39元
中学班级管理	张宝书 主编	39元
教育职业道德	刘亭亭	39元
教师心理健康	张怀春	39元
现代教育技术	冯玲玉	39元
青少年发展与教育心理学	张清	42元
课程与教学论	李允	42元

21世纪教师教育系列教材·初等教育系列

书名	作者	价格
小学教育学	田友谊 主编	39元
小学教育学基础	张永明 曾碧 主编	42元
小学班级管理	张永明 宋彩琴 主编	39元
初等教育课程与教学论	罗祖兵 主编	39元
小学教育研究方法	王红艳 主编	39元

教师资格认定及师范类毕业生上岗考试辅导教材

书名	作者	价格
教育学	余文森 王晞 主编	26元
教育心理学概论	连榕 罗丽芳 主编	42元

21世纪教师教育系列教材·学科教育心理学系列

书名	作者	价格
语文教育心理学	董蓓菲 编著	39元
生物教育心理学	胡继飞 编著	45元

21世纪教师教育系列教材·学科教学论系列

书名	作者	价格
新理念化学教学论（第二版）	王后雄 主编	45元
新理念科学教学论（第二版）	崔鸿 张海珠 主编	36元
新理念生物教学论（第二版）	崔鸿 郑晓慧 主编	45元
新理念地理教学论（第二版）	李家清 主编	45元
新理念历史教学论（第二版）	杜芳 主编	33元
新理念思想政治（品德）教学论（第二版）	胡田庚 主编	36元
新理念信息技术教学论（第二版）	吴军其 主编	32元
新理念数学教学论	冯虹 主编	36元

21世纪教师教育系列教材·语文课程与教学论系列

书名	作者	价格
语文文本解读实用教程	荣维东 主编	49元
语文课程教师专业技能训练	张学凯 刘丽丽 主编	45元
语文课程与教学发展简史	武玉鹏 王从华 黄修志 主编	38元
语文课程学与教的心理学基础	韩雪屏 王朝霞 主编	
语文课程名师名课案例分析	武玉鹏 郭治锋 主编	
语用性质的语文课程与教学论	王元华 著	42元

21世纪教师教育系列教材·学科教学技能训练系列

书名	作者	价格
新理念生物教学技能训练（第二版）	崔鸿	33元
新理念思想政治（品德）教学技能训练（第二版）	胡田庚 赵海山	29元
新理念地理教学技能训练	李家清	32元
新理念化学教学技能训练（第二版）	王后雄	36元
新理念数学教学技能训练	王光明	36元
新理念小学音乐教学法	吴跃跃 主编	38元

王后雄教师教育系列教材

书名	作者	价格
教育考试的理论与方法	王后雄 主编	35元
化学教育测量与评价	王后雄 主编	45元
中学化学实验教学研究	王后雄 主编	32元
新理念化学教学诊断学	王后雄 主编	48元

西方心理学名著译丛

书名	作者	价格
荣格心理学七讲	[美]卡尔文·霍尔	45元
拓扑心理学原理	[德]库尔德·勒温	32元
系统心理学：绪论	[美]爱德华·铁钦纳	30元
社会心理学导论	[美]威廉·麦独孤	36元
思维与语言	[俄]列夫·维果茨基	30元

书名	作者	定价
人类的学习	[美] 爱德华·桑代克	30元
基础与应用心理学	[德] 雨果·闵斯特伯格	36元
记忆	[德] 赫尔曼·艾宾浩斯 著	32元
儿童的人格形成及其培养	[奥地利] 阿德勒 著	35元
幼儿的感觉与意志	[德] 威廉·蒲莱尔 著	45元
实验心理学（上下册）	[美] 伍德沃斯 施洛斯贝格 著	150元
格式塔心理学原理	[美] 库尔特·考夫卡	75元
动物和人的目的性行为	[美] 爱德华·托尔曼	44元
西方心理学史大纲	唐钺	42元

心理学视野中的文学丛书

书名	作者	定价
围城内外——西方经典爱情小说的进化心理学透视	熊哲宏	32元
我爱故我在——西方文学大师的爱情与爱情心理学	熊哲宏	32元

21世纪教学活动设计案例精选丛书（禹明 主编）

书名	定价
初中语文教学活动设计案例精选	23元
初中数学教学活动设计案例精选	30元
初中科学教学活动设计案例精选	27元
初中历史与社会教学活动设计案例精选	30元
初中英语教学活动设计案例精选	26元
初中思想品德教学活动设计案例精选	20元
中小学音乐教学活动设计案例精选	27元
中小学体育（体育与健康）教学活动设计案例精选	25元
中小学美术教学活动设计案例精选	34元
中小学综合实践活动教学活动设计案例精选	27元
小学语文教学活动设计案例精选	29元
小学数学教学活动设计案例精选	33元
小学科学教学活动设计案例精选	32元
小学英语教学活动设计案例精选	25元
小学品德与生活（社会）教学活动设计案例精选	24元
幼儿教育教学活动设计案例精选	39元

全国高校网络与新媒体专业规划教材

书名	作者	定价
文化产业概论	尹章池	38元
网络文化教程	李文明	39元
网络与新媒体评论	杨娟	38元
新媒体概论	尹章池	45元
新媒体视听节目制作	周建青	45元
融合新闻学	石长顺	39元
新媒体网页设计与制作	惠悲荷	45元
网络新媒体实务	张合斌	39元
网页设计与制作	惠悲荷	39元
突发新闻教程	李军	45元
视听新媒体节目制作	周建青	45元
视听评论	何志武	32元
出镜记者案例分析	刘静 邓秀军	39元
视听新媒体导论	郭小平	39元

全国高校广播电视专业规划教材

书名	作者	定价
电视节目策划教程	项仲平 著	36元
电视导播教程	程晋 编著	39元
电视文艺创作教程	王建辉 编著	39元
广播剧创作教程	王国臣 编著	36元

21世纪教育技术学精品教材（张景中 主编）

书名	作者	定价
教育技术学导论（第二版）	李芒 金林 编著	33元
远程教育原理与技术	王继新 张屹 编著	41元
教学系统设计理论与实践	杨九民 梁林梅 编著	29元
信息技术教学论	雷体南 叶良明 主编	29元
网络教育资源设计与开发	刘清堂 主编	30元
学与教的理论与方式	刘雍潜	32元
信息技术与课程整合（第二版）	赵呈领 杨琳 刘清堂	39元
教育技术研究方法	张屹 黄磊	38元
教育技术项目实践	潘克明	32元

21世纪信息传播实验系列教材（徐福荫 黄慕雄 主编）

书名	定价
多媒体软件设计与开发	32元
电视照明·电视音乐音响	26元
播音与主持艺术（第二版）	38元
广告策划与创意	26元
摄影基础（第二版）	32元

21世纪教师教育系列教材·专业养成系列（赵国栋主编）

书名	定价
微课与慕课设计初级教程	40元
微课与慕课设计高级教程	48元
微课、翻转课堂和慕课设计实操教程	188元
网络调查研究方法概论（第二版）	49元
PPT云课堂教学法	88元